W0331183

Le monde
Auteur par auteur

OPTIMUM

Collection dirigée par Fabien Fichaux

Le monde
Auteur par auteur

Littérature, philosophie, culture générale. Prépa ECG. Concours 2023

Sous la direction de :

Ugo BATINI et Guillaume TONNING

Professeurs de philosophie en CPGE économiques et commerciales à Intégrale (Paris)

ellipses

ISBN 9782340-067431
©Ellipses Édition Marketing S.A., 2022
8/10 rue la Quintinie 75015 Paris

DANGER
LE
PHOTOCOPILLAGE
TUE LE LIVRE

Le Code de la propriété intellectuelle n'autorisant, aux termes de l'article L. 122-5.2° et 3°a), d'une part, que les « copies ou reproductions strictement réservées à l'usage privé du copiste et non destinées à une utilisation collective », et d'autre part, que les analyses et les courtes citations dans un but d'exemple et d'illustration, « toute représentation ou reproduction intégrale ou partielle faite sans le consentement de l'auteur ou de ses ayants droit ou ayants cause est illicite » (art. L. 122-4).
Cette représentation ou reproduction, par quelque procédé que ce soit constituerait une contrefaçon sanctionnée par les articles L. 335-2 et suivants du Code de la propriété intellectuelle.

www.editions-ellipses.fr

Avant-propos : Il faut deux touts pour faire un monde

Urbi et orbi

« *Urbi et orbi* », « à la ville », c'est-à-dire à Rome, et « au monde » dont elle serait la capitale : la bénédiction solennelle des papes se veut universelle. Il est éloquent que la liturgie catholique emprunte, pour lui donner un sens nouveau, cette expression aux *Fastes* d'Ovide :

> « *Gentibus est aliis tellus data limine certo ;*
> *Romanae spatium est urbis et orbis idem* »
> « *Les autres peuples ont des limites qu'ils ne doivent pas franchir :*
> *les limites de la ville de Rome et de l'univers sont identiques* »
>
> (Ovide, *Les Fastes*, II, 683-684).

Telle une ville, le monde rassemble ses citoyens dans une orbe aux dehors inquiétants. Nous ne sommes donc pas à ce titre dans le monde comme dans un contenant mais comme dans un foyer où se rassemble tout ce qu'il y a d'humain et d'accessible à la parole humaine – qu'elle soit ou non de prédication. Être du monde, c'est être ainsi d'un espace humanisé-humanisant qui rejette hors de lui l'immonde, c'est-à-dire repousse hors de lui le repoussant (le sale, l'impur, pour suivre le latin « *immundus* »). Être mondain, dans son sens restreint et social, c'est également affirmer sa distinction par relégation du répugnant. Les systèmes de castes opposent ainsi la noblesse sans mélange des purs aux immondes devenus intouchables. « *Noli me tangere* », « *ne me touche pas* » pour revenir de la sociologie puis de l'Inde à la rhétorique chrétienne et à la parole d'un Christ ressuscité : comment celui dont le royaume n'est pas de ce monde mais d'un autre plus élevé consentirait-il à se laisser atteindre par des mains pécheresses ?

Le silence universel

L'univers pourtant semble bien vaste à nous autres modernes. Il n'est plus ce monde clos des anciens dont la terre constituait l'ombilic mais un infini sans dimensions, sans haut ni bas ni centre ni périphérie, pure ouverture dont l'éternel silence nous effraie. La révolution copernicienne induit bien davantage qu'un changement de paradigme : une crise métaphysique et morale, de telle sorte que n'est plus seulement, comme l'assure l'Hamlet de Shakespeare, le temps qui sort de ses gonds (« *The time is out of joint* » ; « *Le temps est hors des gonds. Maudit malheur que je sois né pour le remettre à l'heure* », *Hamlet*, acte 1, scène 5), mais bien le monde lui-même :

> « *Comme l'humanité, la structure du monde*
> *Est disloquée [...]*
> *Et la philosophie nouvelle met tout en doute :*
> *L'élément du feu est éteint ; comme la terre,*
> *Le soleil est perdu, et l'esprit de nul homme*
> *Ne peut nous indiquer où l'on peut les trouver.*
> *Et c'est bien confesser que ce monde est usé*
> *Que de chercher au ciel et parmi les planètes*
> *Tant de mondes nouveaux : on voit que celui-ci*
> *S'émiette et, retournant à l'état des atomes,*
> *Vole en éclats, toute cohérence abolie,*
> *Toute juste mesure et toute relation.* »

(John Done, « Premier Anniversaire : Anatomie du monde », 1611).

« *Toute cohérence abolie* », où trouver encore des repères ? À quoi se vouer si le monde n'est plus *notre* monde, fait sinon pour notre usage du moins à notre dimension ? Élargi, béant, le *cosmos* est désormais ce dans quoi, précaires, nous errons, à l'éternelle dérive sur le vaisseau fantôme de la terre.

Le miroir du monde

Dériver, cependant, n'est pas seulement se perdre. Ou se perde n'est pas sans délice. L'effroi de n'avoir plus d'horizon s'accompagne de possibilités elles aussi infinies : celles de la rêverie, d'un imaginaire qui, flottant dans un univers sans limite, est dans son élément. Nous pouvons alors regarder ce qui en retour nous regarde ; nous sentir observés de toute part, par mille regards, comme si se déployait en contrepoint du monde humain un autre, non pas inhumain mais extra-humain, son miroir profond infiniment habité. Le poète Jules Supervielle peut ainsi loger dans son ciel ces extra-terrestres familiers que sont nos morts :

> « *Dans l'orbite de la terre,*
> *Quand la planète n'est plus*
> *Au loin qu'une faible sphère*
> *Qu'entoure un rêve ténu,*
> *[...]*

On voit les morts de l'espace
Se rassembler dans les airs
Pour commenter à voix basse
Le passage de la Terre »

(*Gravitations*, « Le cœur astrologue », « Souffle »).

Parce que « *rien ne consent à mourir / de ce qui connut le vivre* », l'au-delà est un cimetière qui accueille ceux qui n'étant plus ne cessent pas d'avoir été, mais convertissent en empreinte céleste la trace de leur passage ici-bas.

À l'évidence, il faut deux touts pour faire un monde. La totalité d'abord de ce qui nous rassemble dans le *cosmos* commun, le chez-soi rassurant ou nous partageons avec d'autres que nous un air de famille ; la totalité ensuite de ce qui nous dépasse, nous excède et nous met en question – cette totalité ouverte sans clôture ni identité. « Le » monde résulte de leur dialectique ou moins pompeusement de leur confrontation. Il n'a d'unité que par elle. Monde affirmé puis contesté sans relâche, sans cesse défait et sans cesse refait. Le monde, le monde, toujours recommencé.

Mode d'emploi général de l'ouvrage

L'apprentissage de première année de classes préparatoires demeure, on ne le soulignera sans doute jamais assez, fondamental tant pour l'acquisition des méthodes que pour la mise en place d'un paysage conceptuel général. Il s'agit en somme d'apprendre à penser et à disserter. La préparation d'un thème unique, comme c'est le cas en deuxième année, appelle cependant de nouvelles façons de procéder dont nous pouvons caractériser les principales étapes :

- Détermination des problématiques essentielles au thème et de leurs correspondances
- Détermination d'éléments de savoir autonomes susceptibles de nourrir la réflexion
- Détermination de liens entre ces éléments depuis les fils problématiques permettant de les mettre en réseau (de les interconnecter)

Le présent ouvrage n'a pas été conçu comme un cours magistral se substituant au travail des professeurs (encore moins à celui des élèves) et produisant de façon mécanique des axes de réflexion, mais comme **un compagnon pour la difficile et stimulante année de concours** qui vous attend. Vous y trouverez donc un ensemble de vingt-sept chapitres pensés pour offrir une réflexion à la fois mobilisable en elle-même et susceptible d'entrer en interaction avec celle des articles connexes.

Il est possible de prétendre sans exagération que le monde représente une notion centrale de l'histoire de la philosophie : nombre d'œuvres l'envisagent de façon indirecte et permettent la réflexion, depuis le *Timée* de Platon jusqu'à *De la pluralité des mondes* de David Lewis. Mais cela peut se dire de la même manière de la littérature, et du cinéma ! C'est la raison pour laquelle nous avons fait le choix d'équilibrer les contributions de philosophie et de lettres, avant de consacrer les quatre derniers chapitres au cinéma. Les autres arts méritaient sans doute de faire l'objet d'un traitement que le format du présent ouvrage n'autorisait cependant pas... Mais n'hésitez pas à en explorer les domaines ! D'une manière générale, ils peuvent être précieux en copie et ne sauraient être tenus pour de simples compléments ou pour un agrément, comme on le constate encore trop souvent. Il n'y a pas plus d'autorisation à les réduire au statut de simples illustrations, qu'il n'y a de hiérarchie des disciplines. Disserter, c'est à tout moment et par tous les moyens *penser un problème*, et non exclusivement philosopher.

La construction des chapitres

Les chapitres du volume sont construits selon un modèle commun, qui facilite l'appropriation du contenu. Voici dans l'ordre d'apparition ce qui vous y trouverez et comment en faire usage :

- Un **résumé analytique** : précédant l'article, il permet d'en saisir rapidement l'essentiel et de comprendre le parcours suivi : c'est le fil d'Ariane de votre lecture. Mais il fait également partie, comme le mode d'emploi, des éléments qui rendent la référence mobilisable en copie. Dans l'idéal vous devriez vous-même vous constituer, au fil de votre cours et de vos lectures personnelles, de tels résumés qui d'une part faciliteront le travail de révision, d'autre part garantiront votre mainmise sur les parcours de réflexion. Qui ne peut pas exposer la démarche d'un auteur en quelques mots, ne saurait prétendre en maîtriser la pensée (même de façon minimale).

- **L'article** : il constitue bien entendu le cœur du chapitre, et représente en lui-même une clarification complète de la façon dont des auteurs essentiels (ou les courants le cas échéant) se rapportent au thème. Vous trouverez des références précises, quelques citations stratégiques et les points névralgiques de leur caractérisation de ce qu'aimer veut dire. L'essentiel est mis en valeur par une typographie plus épaisse.

- **La notion clef** : elle isole un point central sur lequel l'auteur développe un positionnement original, et depuis lequel sa pensée peut être efficacement articulée avec d'autres références. Les notions clefs constituent autant de petits repères qui trouveront leur utilité aussi bien à l'écrit qu'à l'oral – dans la mesure où elles font d'aimer de point de départ de multiples réflexions (ainsi le cosmos, la nature, l'utopie, la nature, la modernité, l'errance, l'être au monde, l'horizon...). Là encore, nous ne pouvons que vous encourager à produire tout au long de l'année de courtes synthèses ou un petit « vocabulaire » qui vous sera personnel et facilitera la production d'une réflexion qui ne s'en tienne pas à la récitation étroite d'éléments doxographiques.

- **Le texte choisi** : outre les nombreuses citations proposées dans l'article, un texte choisi pour son caractère classique (les incontournables) ou au contraire pour son originalité (les valeurs ajoutées) vous est proposé en fin de parcours. La précision s'impose dans vos copies : chacun préférera évoquer un extrait bien maîtrisé (et sur l'argumentation duquel la réflexion se construit) qu'une référence générale dont on ne dit finalement rien ou pas grand-chose. C'est le meilleur moyen de fuir l'illustration gratuite. Faut-il préciser que, là encore, la constitution d'un petit recueil de textes est pour le candidat une excellente pratique ?

- **L'analyse** : une référence non commentée n'est d'aucun intérêt. Rien ne « parle » (ni les auteurs ni les textes) sinon vous. Analyser, c'est en somme rendre explicite l'intérêt d'une référence dans le mouvement d'une réflexion, dégager non seulement des « thèses » (le médiocre « Platon dit que... ») mais aussi des arguments, des tensions, des enjeux. À l'évidence, l'analyse proposée dans l'article ne peut valoir que comme préalable à une autre que vous produirez en situation, en fonction d'un problème nouveau et d'une argumentation vivante.

- **Le mode d'emploi**: c'est le dernier élément de l'article, qui récapitule ce qui représente le caractère mobilisable de la référence. Il s'agit moins de proposer des façons stéréotypées de faire que de suggérer au contraire quelques premières pistes de réflexion. Sont ainsi d'une part isolés les sujets types où la mention de l'auteur apparaît pertinente, d'autre part précisés les moyens de réussir sa mobilisation. L'essentiel est d'éviter tout placage ou parachutage artificiel. Si vous ne percevez pas en quoi l'auteur sert la réflexion proposée, c'est qu'à l'évidence quelque chose vous échappe encore dans sa compréhension. Dans ce cas, inutile de se voiler la réalité: retour à l'article, qui n'est pas convenablement maîtrisé!

Les différentes composantes du chapitre renvoient donc en somme aux grandes lignes du travail que vous devez produire pendant l'année. Il ne vous reste qu'à ajouter progressivement de nouveaux chapitres et à enrichir ceux que propose l'ouvrage...

Sans doute n'est-il pas inutile de rappeler enfin à quel point la culture générale ne peut se réduire, comme l'assurent les cyniques, à un exercice de style favorisant les belles plumes... Le ramage des phénix de la discipline doit se rapporter à leur plumage – tant les correcteurs sont soucieux d'entendre une voix originale plutôt que d'assister à une vaine parade. Voilà qui ne dispense pas au contraire de procéder avec méthode, cette dernière apparaissant comme ce par quoi une pensée prend forme et se déploie pleinement.

Les références cinématographiques

Prendre au sérieux l'intitulé de la discipline suppose également que nous mesurions l'écart entre culture générale d'une part, philosophie et littérature d'autre part. Tout ce qui renvoie à la culture personnelle du candidat (pourvu qu'elle conserve un caractère recevable...) demeure bienvenu dans une copie. C'est dans cette perspective que l'ouvrage vous propose une ouverture vers le cinéma. Cela suppose bien entendu que dans certains chapitres, les « textes » soient remplacés par des « scènes ». Dans ce cas, la mobilisation de la référence efficace suppose le visionnage des films.

Précision enfin brièvement, dans le cas des références cinématographiques, quelques règles d'usage, souvent moins maîtrisées que dans le cas des références philosophiques et littéraires. Veillez tout d'abord à la recevabilité des films mobilisés. Il n'est pas question de proposer des critères objectivement déterminables, mais d'en appeler au bon sens (voire parfois au bon goût): pas plus qu'on ne proposera Guillaume Musso en littérature, Bernard Henry-Lévy en philosophie (quoi que l'on pense de l'un ou de l'autre, là n'est pas le problème), on se gardera d'évoquer « Fast and Furious 5 », fût-ce le plus réussi de la série... D'une manière générale, il est important de ne pas vous replier vers les blockbusters grand public mais de choisir avec discernement des films qui offrent matière à réflexion – ils ne manquent pas. Prenez également garde à citer correctement les œuvres en indiquant certes le titre mais aussi le nom du réalisateur et si possible la date de première diffusion ou de production.

Puissent ces indications ne pas limiter vos appétits mais au contraire les aiguiser !

Table des contributeurs

Alliet Jérémie
Ancien élève de l'ENS, professeur agrégé de lettres modernes

Armand Guilhem
Maître de conférences en littérature française à l'Université de La Réunion (Saint-Denis)

Arthur Stéphane
Professeur de lettres en CPGE économiques et commerciales au lycée Voltaire (Orléans)

Batini Ugo
Professeur de philosophie en CPGE économiques et commerciales à Intégrale (Paris)

Béguin Victor
Ancien élève de l'ENS, Agrégé et docteur en philosophie, ATER à l'Université Grenoble Alpes

Berland Frédéric
Professeur en CPGE littéraires au lycée de la Légion d'Honneur (Saint-Denis)

Blanc Sébastien
Professeur de philosophie en CPGE littéraires au lycée Saint Marc (Lyon)

Boulier Philippe
Professeur de philosophie en CPGE économiques et commerciales au lycée Saint-Exupéry (La Rochelle)

Chemineau Jean-Philippe
Ancien élève d'HEC Paris, Professeur agrégé de philosophie au lycée Paul Éluard (Saint-Denis)

Cossart Natalie
Professeur de lettres en CPGE économiques et commerciales au lycée Saint-Jean (Douai)

Cousin Frédéric
Professeur de philosophie en CPGE économiques et commerciales au lycée Saint Michel de Picpus (Paris)

Durand-Gasselin Jean-Marc
Professeur de philosophie en CPGE économiques et commerciales au lycée Voltaire (Orléans)

Durand-Gasselin Joana
Professeur agrégé de lettres modernes au Lycée Benjamin Franklin (Orléans)

Kessler Jean
Professeur de philosophie en CPGE littéraires au lycée Bertran-de-Born (Périgueux)

Leblanc Cécile
Maître de conférences en littérature française à l'Université Sorbonne Nouvelle (Paris 3)

Letoulat Alice
Docteure en études cinématographiques, Chercheuse indépendante FoReLLIS (Poitiers) / IRCAV (Paris 3)

Morelle Louis
Ancien élève de l'ENS, professeur agrégé de philosophie au lycée Marceau (Chartres)

Navarro Pierre
Professeur agrégé de philosophie au lycée Jean-Baptiste Corot (Savigny-sur-Orge)

Pijaudier-Cabot Louis
Professeur agrégé de philosophie, ATER à l'ENS de Lyon

Rabot Magali
Professeur agrégé de lettres modernes au lycée Marceau (Chartres)

Rasoli Mathieu
Professeur agrégé de lettres modernes, conseiller cinéma-audiovisuel (Versailles)

Stouder Muraru Émilie
Professeur agrégé de lettres modernes au lycée Marceau (Chartres)

Tlemsani-Cantin Jawad
Professeur agrégé de lettres modernes au lycée François Rabelais (Dardilly)

Tonning Guillaume
Professeur de philosophie en CPGE économiques et commerciales à Intégrale (Paris)

Partie 1
Philosophie

Chapitre 1
L'envers du monde : de la naissance du cosmos grec aux mondes inversés de Platon

Frédéric Berland

De même que la notion latine d'*ars* (qui a donné en français « art ») ne traduit la notion grecque de *tekhnè* (qui a donné en français « technique ») qu'au prix de déplacements qui sont devenus problématiques, le terme latin *mundus* n'est pas une traduction neutre du terme grec *cosmos*. L'idée de « cosmologie », dont on fait justement remonter l'origine aux penseurs de la Grèce archaïque, implique plus que la simple somme de l'ensemble des êtres naturels. L'exigence de ces pères fondateurs de la science qui tentèrent de s'affranchir d'une compréhension mythique de la réalité pour en livrer une première explication rationnelle, est une exigence de mise en ordre des phénomènes au moyen d'une loi unique. Platon, à qui nous devons le plus ancien traité de cosmologie complet à nous être parvenu, le *Timée*, peut être considéré comme le point où culmine l'ensemble des premières tentatives pour articuler l'ancienne sagesse mythique des poètes avec le nouveau savoir logique des physiciens et des philosophes. C'est en étudiant la série des mythes qu'il consacre au *cosmos*, le plus souvent dans une perspective politique, que nous pourrons mieux appréhender, à travers la vertigineuse séquence de renversements successifs à laquelle il nous invite à assister, la manière dont la loi du *cosmos* relève pour lui de l'art du tissage où la logique des opposés doit nous permettre de nous élever par-delà ce qui nous apparaît à première vue contradictoire. Cet apogée sera aussi le début d'un nouveau crépuscule où, progressivement, l'exigence d'universalité se mettra ensuite à décliner jusqu'au recouvrement du *cosmos* par la notion de monde, en une éclipse qui nous voue à sombrer dans ce que le mythe de l'Atlandide nomme « l'océan indéterminé de la dissimilitude ».

Le terme grec *cosmos* qui est celui que les Latins traduiront par *mundus* est traditionnellement considéré comme un néologisme dû à Pythagore. Diogène Laërce nous apprend en effet qu'il « a le premier donné le nom de *monde* à l'univers et enseigné que la terre est ronde[1] ». Cette innovation se situe à une période antérieure à l'apparition de la philosophie dans la pensée de Socrate et dans l'œuvre de Platon, lors d'une époque où s'affrontent de nombreuses doctrines que l'on a pris l'habitude de rassembler de ce fait sous le nom de *présocratiques* ou *préplatoniciennes*. Néanmoins, comme l'indique déjà l'embarras de la traduction qui utilise aussi bien le terme de *monde* (en grec *cosmos*) que celui d'*univers* (qui traduit ici le grec *ouranos*, littéralement : le Ciel), cette nouvelle notion s'inscrit au sein d'un réseau de distinctions subtiles où apparaît déjà l'ensemble des problèmes que la nouvelle approche rationnelle de la nature va susciter en Grèce.

I. De la cosmogonie à la cosmologie : la physique ionienne

La question du fondement : Thalès et Anaximandre

Ceux que l'on nomme les « physiciens » ioniens, du nom de la région de l'actuelle Turquie où leur pensée se développa au sein de ces deux centres intellectuels que furent les villes de Milet et d'Éphèse, sont à l'origine d'une révolution sans précédent dans l'histoire de l'humanité. Ils opposèrent l'idée de science à la vision mythique du monde telle qu'elle était décrite par Hésiode dans sa *Théogonie* (son long poème sur l'origine des dieux) et défendue par les « maîtres de vérités » de la Grèce archaïque, c'est-à-dire les aèdes (les artistes comme Homère qui chantaient les épopées), les devins ou le « roi de justice ». Sans nier que les dieux existent, ils les naturalisèrent et les transformèrent en principes d'explication rationnelle. Les dieux primordiaux comme *Ouranos* et *Gaïa* se mirent à désigner littéralement le *Ciel* et la *Terre* et le panthéon tout entier se traduisit en éléments comme l'eau, l'air et le feu. Pour Thalès de Milet, qui peut être considéré comme le fondateur de l'école de Milet, le principe fondamental de la nature était l'eau. **Il ne s'agit pas ici d'une thèse matérialiste, ce qui distingue les physiciens grecs de nos physiciens actuels. L'eau est un principe conceptuel de fluidité qui est susceptible d'épouser toutes les formes.** L'eau n'a pas en elle-même de forme fixe et c'est parce qu'elle n'a pas de détermination figée qu'elle peut devenir un symbole d'universalité.

Les successeurs de Thalès, Anaximène et Anaximandre ont tenté de postuler la même universalité à partir d'autres principes, que ce soit l'air pour le premier ou, pour le second, l'*apeiron*, c'est-à-dire littéralement « ce qui n'a pas de limite » et qui sera traduit dans les langues latines par la notion d'*in-fini*. Cette dernière locution, d'une nouveauté extraordinaire, affirme clairement la négation des différences au sein de la multiplicité de la nature. Ce principe infini est également *éternel* car, puisqu'il doit expliquer le commencement, il ne doit pas avoir lui-même

1. Diogène Laërce, *Vie et doctrine des philosophes de l'antiquité*, VIII, 1, trad. C. Zévort.

commencé. Au-delà des quatre éléments de la physique naissante (l'eau, l'air, la terre et le feu), il est le principe de circulation entre ces éléments, un principe de relation plus qu'une essence.

Héraclite et l'unité des opposés

C'est cette interprétation de l'*apeiron* comme non-commencement qui va profondément marquer Héraclite, le premier penseur dont nous avons gardé la trace d'un usage systématique du terme de *cosmos*, qu'il va ainsi penser comme un univers sans origine et en perpétuel mouvement entre des couples d'opposés dont la physique permet de penser l'unité :

> « Ce monde, le même pour tous, ni dieu ni homme ne l'a fait, mais il était toujours, il est et il sera, feu toujours vivant, s'allumant en mesure et s'éteignant en mesure[1]. »

Le *cosmos* d'Héraclite, c'est-à-dire l'ordre du monde, ne concerne plus ici simplement le Ciel (*ouranos*) comme c'était le cas dans la citation prêtée à Pythagore, mais la totalité des réalités temporelles (qui étaient, sont et seront), dans la mesure où pour Héraclite « *tout* s'écoule[2] » (*panta rhei*). **Le monde s'identifie ainsi la nature (en grec *phusis* qui désigne littéralement « tout ce qui pousse »), et est ainsi pensé comme un grand fleuve dans lequel jamais on ne se baigne deux fois**, car tout y est emporté dans un cycle de mutations, d'apparitions et de disparitions. Mais, si ce mobilisme manifeste l'unité « océanique » du monde, Héraclite n'est pas un penseur de l'eau comme Thalès, mais du feu. Ce feu « toujours vivant » dit à la fois ce qui n'en finit jamais de passer sans forme définie, mais aussi ce que le monde sera toujours : une vie qui renaît lorsqu'une autre s'éteint. Le monde est un vivant créateur d'ordre qui toujours se renouvelle. Le Ciel comme la Terre, le Divin comme les Mortels sont des vivants, c'est-à-dire des systèmes ordonnés et harmonieux qui ne tirent pas leur ordre d'une réalité qui les précéderait, mais ils sont eux-mêmes ordonnateurs de leurs propres ordres où s'unifient les contraires, la vie et la mort, le monde de Zeus et celui d'Hadès.

> « Il y a pour les éveillés un monde unique et commun, mais chacun des endormis se détourne dans un monde particulier[3]. »

L'unité du *cosmos* englobe ainsi la multiplicité des mondes particuliers qui le composent et expriment, chacun selon la diversité de son mode, l'universalité de la loi fondamentale de l'union des opposés. **Si la guerre (*polemos*) est l'origine de toutes choses[4], c'est au sens de cette lutte des contraires qui ne s'anéantissent jamais complètement mutuellement, mais sont la source de l'engendrement du monde.** Cette guerre ne s'oppose donc pas à la paix, mais la contient en elle et y est nouée indéfectiblement. Le monde n'est pas ainsi la simple sommation de tous les

1. Héraclite, DK B 30 ; trad. M. Conche dans Héraclite, *Fragments*, Paris, PUF, 1986, p. 279.
2. Héraclite, *Ibid.*, p. 467.
3. Héraclite DK B 89 ; trad. *Op. cit.*, p. 63.
4. Héraclite DK B 80 ; trad. *Op. cit.*, p. 437.

éléments divers dont il est parsemé, il est ce nœud où vont « de toutes choses l'un et de l'un toutes choses[1] ». Si « l'adverse est bénéfique[2] » c'est qu'une harmonie ne peut naître que de tensions en sens contraire. L'arc et la lyre, aussi opposées que soient les réalités qu'ils symbolisent, tirent leur beauté de cette même tension qui fait dire à Plutarque dans son traité *De la tranquillité de l'âme* : « L'harmonie du monde est alternative comme celle de la lyre et de l'arc[3] ».

Plutarque fait ici référence au fragment 51 d'Héraclite où il est question d'un « ajustement par actions de sens contraire[4] » (*palintropos harmonie*) où nous retrouvons, non seulement la loi de l'unité des contraires, mais plus encore la caractérisation de cette loi du *cosmos* comme un *accord* qui, comme le précise M. Conche, « ne lui vient pas du dehors : c'est lui-même qui se divisant s'unit, s'écartant se rassemble, s'opposant s'accorde[5] ». Nous verrons que la cosmologie platonicienne sera elle-même marquée par cette compréhension « musicale » du monde où c'est ce mouvement de flux et de reflux de l'Un en direction du multiple (la procession) et du multiple en direction de l'Un (la conversion) qui exprime la loi cosmique de ce qui en tout et partout demeure.

Déjà dans le *Banquet*, c'est au sein du discours d'Éryximaque, à propos du lien entre la médecine que ce dernier pratique et la musique, que Platon reprend cette même proposition d'Héraclite : « L'unité, se constitue en s'opposant elle-même à elle-même, comme c'est le cas pour l'accord de l'arc et celui de la lyre[6] ». Néanmoins, le déplacement qu'opère Platon du *cosmos* vers la notion d'unité est ici tout sauf anecdotique. Il annonce déjà toute la complexification des thèmes héraclitéens qui structure le dédoublement que Platon va imposer au *cosmos* : au mythe « vraisemblable » du *Timée* qui présente une cosmologie « blanche », c'est-à-dire explicite et positive, s'oppose la cosmologie « grise », implicite et négative, que livre le mythe invraisemblable du *Politique* où l'étranger décrit un monde inversé, un monde se retournant et procédant en sens inverse (*palin anestrephen*)[7] du *cosmos* originel. **Ce monde à l'envers n'est autre que notre monde en sa fatale naturalité.** Mais afin de comprendre le sens de ce renversement, il nous faut préciser à quoi vient à se confronter, au sein de la cosmologie de Platon, la physique des ioniens.

1. Héraclite DK B 10 ; trad. *Op. cit.*, p. 433.
2. Héraclite DK B 8 ; trad. *Op. cit.*, p. 401.
3. Plutarque, *Œuvres morales. Traités 27-36*, trad. J. Dumortier et J. Defradas, Paris, Les Belles Lettres, p. 119.
4. Héraclite DK B 51 ; trad., *Op. cit.*, p. 425.
5. M. Conche, commentaire aux *Fragments* d'Héraclite, *Op. cit.*, p. 426.
6. Platon, *Le Banquet*, 187a ; trad. L. Brisson et J.-F. Pradeau, Flammarion, 2008, p. 97.
7. Platon, *Le politique*, 272e.

II. Le renversement du *cosmos* : la dialectique éléatique

La question de l'Être

Nous venons de voir que pour Héraclite le monde est ce qui englobe l'ensemble des contraires, il est ainsi le lieu où le Ciel et la Terre, les mortels et le Divin cohabitent. Mais, comme le souligne M. Conche dans son introduction au *Poème* de Parménide, ce lieu n'est pas pour ce dernier un monde, mais simplement la Présence. En effet : « Héraclite peut dire : "Il y a le monde" ; mais avant de dire "il y a le monde" et pour le dire, il faut dire : "il y a". *Il y a* : quand ? où ? Ici et maintenant. Le *il y a*, dit Parménide, "reste *ici même* fixé". »[1] La remarque de Parménide est déroutante. Elle marque pourtant le moment où la réflexion philosophique va trouver sa voie propre. Les philosophes de la région d'Élée (dans le sud de l'actuelle Italie), ne se demanderont plus en effet ce qu'est le *cosmos*, quel en est le principe, comment il s'est formé et se maintient, mais quelle est la nature de cet « Il y a », c'est-à-dire qu'ils vont poser la question de l'Être. **Or, et c'est là la thèse fondamentale qui va mettre en crise la pensée du *cosmos*, si « l'être est », alors le « non-être » n'est pas. Ce qui n'a l'air d'être qu'un truisme d'une grande platitude est ce qui va conduire à rompre la belle harmonie ionienne.** En effet, le devenir qui caractérise la loi naturelle du *cosmos* ionien est lui-même un passage de l'être au non-être ou du non-être à l'être. Devenir bachelier implique d'avoir d'abord été non-bachelier. Mais si tel est le cas, le devenir, entaché de non-être ne peut donc pas relever de l'être, le monde pourrait bien n'être qu'une illusion :

> « C'est pourquoi ne sera qu'entité nominale, et pur jeu de langage, tout ce que les mortels, croyant que c'était vrai, ont d'un mot désigné : tel naître ou bien périr, être et puis n'être pas, changer de position, et changer d'apparence au gré de la couleur[2]. »

Décochée depuis l'arc d'Héraclite, nous pouvons penser ici à la flèche de Zénon d'Élée qui, selon l'un de ses célèbres paradoxes est toujours immobile dans la mesure où, à chaque instant de son trajet elle est parfaitement immobile et que la sommation de moments immobiles ne peut pas engendrer autre chose que de l'immobilité. Même si nos sens nous apprennent que la flèche est en mouvement, le raisonnement logique vient infirmer cette apparence trompeuse. Si, par cette négation logique du mouvement, l'opposition à Héraclite ne semble pas pouvoir être plus radicale, nous pouvons néanmoins remarquer que la thèse de Parménide conduit à séparer, d'un côté la nature sensible qui n'est qu'un lieu d'illusion et, de l'autre, le domaine de la raison sur le même modèle que le « monde des éveillés » qu'Héraclite opposait au « monde des dormeurs », c'est-à-dire comme une opposition entre un *cosmos* universel (tourné vers l'Un) et un *monde* de la diversité (tourné vers le multiple).

1. M. Conche, « Introduction » au *Poème* de Parménide, Paris, PUF, 1996, p. 37.
2. Parménide, DK B 8 ; trad. fr. in *Les présocratiques*, J.-P. Dumont (dir.), Paris, Gallimard, 1988 p. 262.

Dans la deuxième partir du *Parménide* où Platon imagine le jeune Socrate dialoguer avec le très vieux Parménide, se met ainsi en place **une sorte de cosmologie sans *cosmos***[1], c'est-à-dire une série d'hypothèses sur L'Un et le multiple, sur l'être et le non-être, à partir desquelles Parménide tente d'entrelacer harmonieusement les contraires selon une méthode dialectique qui ne se contente pas de les entrechoquer violemment ou de les dissoudre paresseusement. Il est difficile de savoir si ce texte relève à proprement parler d'une cosmologie (le terme de *cosmos* n'y apparaît pas, même s'il est souvent question du « Tout »), s'il reflète la pensée de Parménide, ou même celle de Platon. Certains n'y ont vu qu'un vain jeu logique, d'autres l'exposé d'une méthode vouée à l'échec. Les auteurs néoplatoniciens en feront quant à eux la clé de lecture de toute l'œuvre de Platon et en particulier du *Timée* où se trouve la cosmologie la plus explicite que propose Platon. Les deux dialogues devraient même se lire en regard l'un de l'autre, chacun croisant de son point de vue la série déployée par l'autre : le *Parménide* manifeste la structure intelligible des êtres appelés *hypercosmiques* et le *Timée* celle des êtres sensibles appelés *encosmiques*[2].

Monde sensible et « Ciel des idées »

Mais avant d'entrer dans la cosmologie du *Timée* et préciser sa relation avec la cosmologie que Platon esquisse dans le *Politique*, nous pouvons, pour nous faire une idée du contenu du *Parménide*, simplement regarder la première hypothèse qui pose que l'Un lui-même n'est pas. Comme Parménide aboutit alors rapidement à la conséquence selon laquelle si l'Un n'est pas alors il n'y a rien à en dire et qu'il passe vite de ce fait à la deuxième hypothèse : « de l'Un, qu'il est », la plupart des commentateurs ont négligé cette première hypothèse à première vue absurde. Mais là encore, les néoplatoniciens comme Plotin donnèrent un sens fort à cette idée en situant de ce fait l'Un au-delà de l'être, l'associant ainsi à la notion de Bien, l'objet même de la dialectique, qui dans la *République* (Livre VI) est également posée « au-delà de l'être » (ce pour quoi les néoplatoniciens parlent parfois de l'Un-Bien). Si c'est bien l'unité qui vient se substituer à la notion de *cosmos* pour Platon, **que signifie alors cette idée qui nous ferait dire que le monde est néant, mais d'un néant absolu qui se trouverait par-delà la division de l'être et du non-être ?** Une première indication nous est fournie par l'allégorie qui dans la *République* est censée mieux faire comprendre cette idée extraordinaire d'inspiration parménidienne, la célèbre « allégorie de la caverne » (Livre VII).

À partir de ce texte, nous avons tous commencé au lycée, par apprendre à opposer au « monde sensible » où vivent les prisonniers enchaînés depuis leur enfance et condamnés à ne voir que des ombres projetées sur un mur, un « monde intelligible » qui, au-delà du feu qui brille dans la caverne, est baigné de la lumière du soleil. C'est ce soleil que Platon avait appelé dans le texte sur le Bien, le fils de Dieu et dont l'allégorie nous apprend qu'il est vis-à-vis de la réalité des idées,

1. Nous empruntons cette idée à G. Wersinger Taylor, « Le *Parménide* de Platon : une cosmologie sans *Kosmos* », *Études platoniciennes* [En ligne], 15, 2019.
2. Proclos, *Commentaire sur le Timée*, trad. A. Festugière, Paris, Vrin, I, 40 et 121.

comme le feu de la caverne vis-à-vis des ombres de cette réalité. Là où les ombres sont comme les images des choses de la caverne, comme les tableaux qui nous donnent à voir de multiples perspectives sur le même lit construit par l'artisan, ce lit physique n'est lui-même qu'une des multiples manières d'instancier dans la nature l'idée que nous avons du lit. La critique des images, comme la critique du monde sensible est ainsi toujours une critique du multiple, de la diversité qui nous divertit et nous détourne de l'unité vers laquelle nous devons faire retour en nous tournant vers l'Un, ce que dit littéralement la notion d'*univers*.

La caverne est donc bien un monde, mais elle fonctionne comme un *cosmos* renversé, c'est-à-dire comme un *cosmos* illusoire tel que l'était le monde des endormis d'Héraclite. De même, la critique des images que livre la triade des lits au dernier livre de la *République* conduit à renverser les images homériques où l'Hadès était le lieu souterrain qui nous attend après notre mort, alors que la caverne est à l'inverse le lieu où nous vivons et dont il nous faut nous libérer en séparant notre âme du corps, c'est-à-dire en apprenant à mourir. **Ainsi, s'il est légitime de parler du « monde sensible », dans la mesure où le monde sera toujours marqué par la diversité, il ne peut en revanche y avoir de *monde* intelligible.** Les idées se déploient en une multiplicité harmonieusement structurée où elles ne perdent jamais l'unité dont elles procèdent, ce pour quoi les commentateurs les plus scrupuleux préfèrent parler de « Ciel des idées » en une reprise de l'opposition entre *ouranos* (le Ciel) et *cosmos* (le monde), que nous retrouverons dans le *Timée*.

Dans le dernier livre de la *République* (Livre X), juste après le texte sur les trois lits qui lui sert à critiquer les images (la *mimesis*) et ainsi les poètes et les faiseurs de mythes, Platon renversera à nouveau la structure de l'allégorie de la caverne et il mettra dans la bouche de Socrate le mythe d'Er, où la descente aux enfers d'Er le pamphylien rétablit la structure du mythe homérique dont la morale est incarnée par le personnage d'Ulysse. Entre le discours rationnel sur le *cosmos* et l'évocation poétique des domaines de Zeus et de Hadès, Platon se livre ainsi à un étrange jeu de renversements successifs où ce qui se remet à l'endroit n'a plus la même apparence qu'avant d'avoir été renversé. Il suffit de remarquer que le *Timée*, le grand dialogue cosmologique de Platon, est censé se dérouler le lendemain de l'entretien que rapporte la *République*, pour comprendre que ce que les discours de Timée qui se présentera comme un « mythe vraisemblable » nous exposera à une nouvelle perspective renversante sur le monde.

III. De la cosmologie du *Timée* au « monde inversé » du *Politique*

Le démiurge et la khora

Au sein du long discours de Timée de Locres qui constitue la plus grande partie du *Timée*, **Platon expose, au sein du plus ancien traité complet de cosmologie qui nous soit parvenu, ce qui semble bien être le premier modèle physico-mathématique d'une compréhension du *cosmos*.** Le fait qu'il soit présenté comme un mythe et qu'il réponde à une sollicitation de Socrate de décrire la cité idéale comme lui-même s'était proposé de le faire « la veille » dans la *République*, indique assez qu'au-delà des implications scientifiques du texte qui continueront longtemps à fasciner les physiciens, de Képler et Galilée jusqu'à Heisenberg ou plus récemment Anthony Legget (prix nobel de physique en 2003)[1], Platon noue ces questions sur l'explication rationnelle du monde avec des préoccupations politiques et même esthétiques, l'idée du Vrai ne pouvant pas se penser indépendamment du Bien et du Beau.

Mais au-delà de ce tissage interne à la philosophie de Platon, le discours de Timée se présente lui-même comme le croisement d'une double question par laquelle le penseur pythagoricien ouvre son exposé: « qu'est-ce qui est toujours, sans jamais devenir, et qu'est-ce qui devient toujours, sans être jamais ?[2] » Nous reconnaissons ici le croisement entre l'interrogation de Parménide sur l'être et celle d'Héraclite sur le devenir de toutes choses. L'une nous appelle à procéder en direction du monde (*cosmos*), l'autre à tourner notre regard en direction du Ciel (*ouranos*) en deux directions opposées que Platon va tenter de maintenir ensemble au sein d'une troisième dimension, la voie moyenne qu'emprunte le démiurge qui, à partir des formes *hypercosmiques* va pouvoir modeler les réalités sensibles (ou *encosmiques*), par application des idéalités mathématiques à cet élément mystérieux que Platon nomme la *khora*.

Si ce dernier terme est parfois traduit par « matière », le terme latin *materia* traduit plus directement la notion de *hylé* qu'Aristote créera en partie contre la cosmologie de son maître. Si le couple matière/forme compose la substance aristotélicienne, **la *khora* est irréductible à une quelconque opposition. Elle n'est ni sensible ni intelligible et appartient à ce « troisième genre » (52a) lié au genre moyen du démiurge. La *khora* défit en ce sens la logique et le principe de contradiction car elle n'est ni ceci ni cela, à la fois ceci et cela.** Platon affirme en ce sens qu'on ne peut l'atteindre que par « un raisonnement bâtard » (52b). Si Platon hérite ainsi de la loi de l'union des termes contraires que nous avions mise en évidence dans les fragments d'Héraclite, il donne à cette loi un nouveau *lieu*, car *khora* désigne littéralement une place, un territoire rural de la *polis* grecque. Mais ce lieu, dans le *Timée*, n'est pas un lieu spatial, pas plus qu'il n'est affecté par le temps, car il se situe avant l'origine du monde. C'est un « réceptacle » qui ne dépend ni du *logos* ni du *mythe*, c'est un autre nom de l'univers, irréductible aussi bien au Ciel (*ouranos*) qu'au monde (*cosmos*).

La difficulté que pose ce terme n'est pas gratuite. Elle condense les apories auxquelles nous mène la pensée du monde, depuis sa loi ordonnatrice qui se donne au sein de « l'âme du monde », la première production du démiurge, jusqu'à la manière dont cette loi unique s'applique à la multiplicité des corps, des corps physiques aux corps humains et jusqu'au corps politique, qui se déploient dans le « corps du monde », la seconde production du démiurge qui tient là encore le

1. A. Legget, « Plato's *Timeaus*: Some Resonances in Modern Physics and Cosmology », in *One Book, The Whole Universe*, R. D. Mohr & B. M. Sattler (dir.), Parmenides Publishing, 2010, p. 31-36.
2. Platon, *Timée*, 26d, trad. *Op. cit.*, p. 1206.

milieu entre ces deux ordres. Nous ne pouvons pas ici entrer dans le détail des extraordinaires difficultés théoriques auxquelles se confronte Platon lorsqu'il expose le « mélange divin » qui préside à la formation de l'âme du monde. Comme pour la lyre d'Héraclite, nous avons ici à faire à des questions d'harmonie, c'est-à-dire de proportions arithmétiques. La « musique » du monde renvoie aux plus vieux problèmes de l'école pythagoricienne dont même les mathématiques actuelles les plus avancées n'ont pas encore percé les mystères. Le « corps du monde » associera aux quatre éléments traditionnels (l'eau, l'air, le feu et la terre) quatre solides parfaits, le tétraèdre, l'octaèdre, l'icosaèdre et l'hexaèdre. Le texte de Platon est le premier à présenter alors un cinquième solide, le dodécaèdre, l'ultime « solide de Platon » qui contient tous les autres et auquel ne correspond aucun élément (Képler l'associera à ce qu'il nomme l'*éther*), rejoignant ainsi la *khora* comme symbole de cet univers ineffable sis entre *ouranos* et *cosmos*.

Au-delà de la fascination durable que ces méditations platoniciennes exerceront pendant des millénaires, **le mythe de Timée se poursuit encore jusqu'à l'étude du *microcosme* humain.** Si cette notion d'origine pythagoricienne ne se retrouve pas explicitement dans l'œuvre de Platon, l'idée que tout ce qui est dans le monde sous forme divine se retrouve dans l'homme y est bien présente. Platon développe ainsi une théorie de l'âme, une théorie des sensations et propose un véritable traité d'anatomie où nous retrouvons les trois parties de l'organisation du *cosmos*. Là encore, dans ce *cosmos* en petit, c'est la partie médiane, où, au milieu des sensations, Timée développe une théorie de la vision comme rencontre de deux feux procédant en sens inverses (celui de l'œil et celui de la lumière) qui concentre toutes les difficultés. Au-delà des anticipations sur les théories modernes de l'optique que propose Platon lorsqu'il analyse l'inversion de la droite et de la gauche quand nous regardons une image dans un miroir, ce qui est ici significatif, c'est à nouveau cette idée d'inversion qui constitue le centre où viennent se croiser les opposés.

Le monde en miroir

Le miroir du *Timée*, en tant qu'il est pensé comme le lieu et le réceptacle des images, joue un rôle important, d'une part en ce qu'il redonne à l'image une réalité qu'elle ne pouvait avoir lorsque la vision n'était conçue que comme une réflexion de la vue et non de la lumière, mais il permet aussi, en se douant des propriétés de la *khora* (lieu et réceptacle), de penser la *khora* elle-même comme un miroir[1]. Ainsi, l'emprunte que laisse les formes intelligibles dans la *khora*, comme le sceau dans la cire, n'est pas exempte de cette inversion que possède l'image en miroir, ce qui permet de penser chaque inscription dans le monde de la loi d'opposition comme une symétrie. Les notions adverses du *polemos* d'Héraclite se composent selon deux directions inverses au sein de la *khora* comprise comme envers du monde. Ces deux directions peuvent être précisées à partir d'un dernier mythe cosmologique proposé par Platon, celui du « monde inversé » dans *Le politique*.

1. Cf. A. Merker, « Miroir et χώρα dans le *Timée* de Platon », *Études platoniciennes* [En ligne], 2, 2006.

Le personnage de l'étranger d'Élée est le personnage central des derniers dialogues de Platon et, afin de mettre en évidence le problème que pose le fait de définir un roi comme un « pasteur divin » (c'est-à-dire sur le modèle du philosophe roi que posait Socrate dans la *République*), il s'engage dans un récit mythique où le monde est tantôt guidé par un dieu et suit une course cyclique et harmonieuse, tantôt est laissé à lui-même et il reprend alors sa direction naturelle en une course rétrograde où la trajectoire des astres et le cours du temps se retrouvent inversés (*Politique* 270c). Les hommes qui, sous le règne de Cronos, naissaient de la terre, plein de sagesse, « avec les cheveux blancs » et dont les corps rapetissaient ensuite jusqu'à disparaître, se mettent à naître ignorants en s'engendrant mutuellement sous le règne de Zeus. Car ce monde inversé qui est le résultat d'une catastrophe cosmologique est bien notre monde. Et c'est bien parce que nous ne vivons plus dans un âge d'or qu'un « pasteur divin » est aujourd'hui impossible à trouver, ceux qui se font passer pour tels ne pouvant devenir que des tyrans. **Comme dans l'allégorie de la caverne, c'est donc notre monde qui est à l'envers, mais contrairement à la *République*, nulle sortie de ce monde n'est plus envisageable.**

Au-delà de la portée politique du mythe et de la complication qu'il apporte vis-à-vis des thèses de la *République*, ce qui est le plus significatif dans ce mythe est, en effet, qu'au sein de notre monde inversé, nous gardons la *mémoire* des cycles antérieurs, ce qui nous permet, non pas d'échapper à son déclin, mais d'engager un nouveau mouvement de rétrogradation au sein de la rétrogradation cosmique, afin de freiner le mouvement qui entraîne notre monde vers « l'océan indéterminé de la dissimilitude » (273d). Le *cosmos* ne procède donc pas en cercle dans un éternel retour du même, mais en spirale, dans la mesure où chaque renversement produit les éléments qui permettent d'englober les cycles dont nous gardons la trace. L'homme est pour cela assisté des dieux, Prométhée en tête, pour tirer de lui-même ce qui lui était conféré dès la naissance sous le règne de Cronos. C'est à cette condition qu'il doit se rendre digne du Bien qu'ignorent les bergers d'Arcadie car, du fond de leur âge d'or, s'ils sont bien aussi doux que les moutons qu'ils font paître, ils n'en tirent nulle vertu, celle-ci n'étant le revers d'aucune perversion.

Le destin glorieux des Athéniens exige un adversaire à leur mesure, et c'est un tel peuple lui-même océanique qu'évoque le *Timée* lorsque Critias y décrit la guerre contre Atlantide. Entre les mythes socratiques de la *République* et le mythe vraisemblable de Timée, Critias prend en effet la parole pour relater l'histoire des atlantes qu'il tient de Solon lui-même, le plus sage des sept sages d'Athènes et où nous retrouvons le déploiement du monde depuis son origine belliqueuse. Seulement, plutôt qu'une guerre des dieux, des Titans contre les Olympiens, nous retrouvons ici une guerre humaine et fondatrice. **C'est contre l'atlantisme des protégés de Poseïdon qui symbolisent la corruption du monde, l'accomplissement de son renversement, que les enfants d'Athéna imposent au monde leur volonté qui est en même temps un nouveau déploiement et un retour** ; la connaissance exprime ce retour de la volonté et le monde des objets de la connaissance en est le miroir au sein duquel la forme de la volonté se réfléchit. L'homme ne fait ainsi retour vers l'unité du Ciel qu'en devenant lui-même le fondateur d'un nouveau monde, d'une civilisation qui imite en cela l'activité du démiurge en ce qu'elle vient combler le néant de la création.

Conclusion

Depuis son origine pythagoricienne, la notion de *cosmos* se pense en tension avec celle de Ciel, au sein d'un affrontement entre, d'un côté un monde sensible en devenir qui fuit en direction de l'océan de la dissimilitude et, de l'autre, un Ciel des idées où c'est l'ordre universel qui gouverne à la destinée des mortels et du divin. Les écoles milésienne et éléatique ont chacune insisté, tour à tour, sur l'une de ces deux dimensions de manière à penser cette opposition, soit depuis une loi d'opposition qui traverserait la nature mais rendrait en ce sens problématique l'apparition d'une rationalité où l'exigence de vérité exige une stabilité qui demeure pour Héraclite toujours précaire, soit depuis une logique de l'être où cette stabilité est posée comme principe mais rend cette fois aporétique notre expérience du monde et l'advenu en lui du mouvement et de la multiplicité. La profondeur de la dialectique de Platon réside dans sa capacité à tenir en même temps ces deux directions opposées sans renoncer à l'exigence de rigueur démonstrative. Le *dialecticien* qui découpe l'unité pour engendrer la multiplicité des éléments qui produisent le monde suit les proportions que le démiurge a lui-même imposées à la *khora* afin de pouvoir se faire ensuite *synopticien*, c'est-à-dire capable de réunir ce qui a été divisé en un nouveau tout qu'il peut embrasser d'un seul regard. La refondation politique du monde humain, si elle accomplit une nouvelle étape qui nous éloigne de l'origine divine du *cosmos* est ainsi, en même temps, celle qui en maintient la loi et permet aux citoyens, chacun selon la place qu'il occupe dans la cité, de retrouver en lui ce qui le fait à l'image de l'univers, microcosme dans un macrocosme.

NOTION CLEF — Le *cosmos*

L'apparition des physiciens de Milet aux alentours du Ve siècle avant Jésus-Christ, est à l'origine de la remise en question du discours mythique des « maîtres de vérités » et de la mise en place d'un nouveau réseau conceptuel où le terme *cosmos*, qui signifie chez Homère « ordonner » ou « ranger » et désigne la manière dont un général « range » ses soldats avant la bataille, se mit à désigner, non seulement l'ensemble du Ciel et de la Terre, mais surtout la loi qui préside à la mise en ordre de ces éléments. Cette loi se fonde elle-même sur ce qu'ils nommèrent un fondement, en grec : *Archè* du nom de l'archonte-roi qui présidait à la loi des hommes, de même qu'en latin la recherche du *principe* garde la trace de la figure du prince. La dimension politique des premières cosmologies est ainsi essentielle dans la mesure où, à l'époque des physiciens de Milet, la cité elle-même « prend la forme d'un *cosmos* circulaire et centré[1] ». Cette relation entre le monde (*cosmos*) et la loi (*nomos*) met ainsi en jeu, non seulement le problème de la connaissance de l'ordre naturel lorsque la raison vient contester le mythe, mais aussi la place des décisions humaines au sein de cet ordre.

Texte choisi

Soit le ciel dans son ensemble ou le monde – s'il arrive qu'un autre nom lui convienne mieux, donnons-lui ce nom. Il faut d'abord examiner à son sujet ce que, suppose-t-on, il faut examiner en premier lieu au sujet de toute chose. A-t-il toujours été, sans aucun principe de génération ? Ou bien a-t-il été engendré, tirant son origine d'un principe ? Il a été engendré, car on peut le voir et le toucher et par suite il a un corps. Or, tout ce qui est tel est sensible. Et ce qui est sensible, ce qui est appréhendé [28c] par l'opinion au terme d'une perception sensible, cela, nous venons de le voir, est engendré et sujet à la naissance. Pour sa part, ce qui est engendré, c'est, disons-nous, nécessairement par l'action d'une cause que cela est engendré. Cela dit, trouver le fabricant et le père de l'univers exige un effort et, lorsqu'on l'a trouvé, il n'est pas possible d'en parler à tout le monde.

Platon, *Timée*, 28*bc* ; traduction L. Brisson (dir.), *Œuvres complètes*, Flammarion, p. 1206

Analyse

Si le long traité de cosmologie que propose le personnage de Timée au début du dialogue éponyme de Platon commence par une prière aux dieux, l'expression qu'il emploie par la suite et qui ouvre le texte : « soit le Ciel dans son ensemble… » est, comme le soulignait déjà Proclos dans son *Commentaire sur le Timée*, typique des traités de géométrie qui commencent par définir de la même manière leurs objets : « soit un triangle rectangle… » Au-delà du glissement du discours sur le monde de la théologie vers la science, Timée s'inscrit donc plus spécifiquement dans une perspective pythagoricienne où ce sont les mathématiques qui sont la pierre de rosette pour déchiffrer le livre du monde. L'hésitation de Timée sur le nom à employer entre le Ciel (*ouranos*), le monde (*cosmos*) ou « un autre nom », reprend elle-même la question qui opposait Pythagore lui-même (qui assimilait le monde au Ciel) à Héraclite (qui fut le premier à envisager le *cosmos* dans sa totalité). Pour Platon ces deux perspectives doivent être tenues ensemble : le Ciel comme lieu réalités idéales les plus élevées nous invite à emprunter la voie de la conversion en direction de l'universel, le *cosmos* dans sa représentation du monde sensible qui procède de l'unité vers la multiplicité nous impose de tenir compte de la diversité. Pour tisser entre elles cette trame et cette chaîne, Platon évoque « un autre nom » qui restera en suspens, mais pourrait bien renvoyer à la *khora*, ce milieu à la limite de tout *logos* à partir duquel le « démiurge »,

1. J.-P. Vernant, *Les origines de la pensée grecque*, chapitre VI : « l'organisation du cosmos humain ».

dont il est question à la fin du texte, va procéder au plongement des essences mathématiques dans la dimension qui les porte à l'existence, c'est-à-dire à leur inscription dans le devenir.

Mais, au-delà de cette hypothèse qui suscite encore aujourd'hui de nombreuses interrogations et au-delà des thèses que Platon en déduit sur la structure du *cosmos*, ce qui reste le plus vivant dans l'héritage de Platon sont les questions qu'il fut le premier à formuler, comme celle, ici, de l'origine du monde. Si la réponse de Platon a paru longtemps invalidée par la physique moderne qui, après la révolution copernicienne, préféra imaginer le monde à partir d'une série infinie de causes sans origine, la théorie du Big Bang a redonné de la crédibilité au modèle cosmologique de Platon, non pas seulement du fait qu'un tel événement marquerait l'origine du *cosmos*, mais bien parce que, si un tel événement a existé, comme nous invite à le penser les cosmologies actuelles, se pose alors la question de ce qu'il y avait « avant » et alors, la question de l'engendrement du temps et de l'espace depuis un milieu qui défit nos conceptions logiques ne peut que se poser à nouveau. Platon reste en ce sens une source toujours inépuisable d'intuitions fécondes.

Mode d'emploi

L'étude de l'origine de nos réflexions cosmologiques est indispensable afin de cerner les options fondamentales qui président au destin de la notion de « monde » dans notre civilisation. Si la notion latine de *mundus* déplace déjà la notion grecque de *cosmos* en direction d'une attention à la diversité des manières de faire des mondes, là où c'est bien plutôt l'universel qui préoccupe les premiers penseurs à avoir formulé des hypothèses sur ce qu'ils nomment plus volontiers le Ciel (*ouranos*), il est important de comprendre les enjeux de ce déplacement, à la fois pour aider à mettre en place les premières distinctions conceptuelles (entre monde, univers, *cosmos* et même « Ciel des idées »), mais aussi pour pouvoir élaborer une pensée critique de la notion de monde. Pour cela, l'étude des mythes platoniciens de la *République*, du *Timée* et du *Politique*, permet de croiser les problématiques épistémologiques pour traiter des sujets comme « la connaissance du monde », les problématiques politiques dans des sujets comme « diriger le monde » ou des problématiques esthétiques lorsque nous nous interrogeons sur « l'envers du monde » ou sur notre capacité à « dire le monde ». Enfin la manière qu'a Platon de tisser sa propre philosophie de l'ensemble de ces fils dans chacun de ses textes est particulièrement instructive pour organiser l'analyse de sujets « chorales » comme par exemple « la guerre des mondes ».

Chapitre 2
Aristote ou l'harmonie du monde

Guillaume Tonning

Le cosmos aristotélicien n'est pas seulement *unique*, il est aussi *unité* et plus encore *harmonie*, c'est-à-dire ordre et beauté. Voilà qui ne signifie bien sûr pas que tout y soit merveilleux. Mais d'une part la perfection qui semble faire défaut dans l'espace où nous déployons nos existences, le monde sublunaire, règne au-delà de l'orbite lunaire, dans le domaine céleste qui n'admet ni hasard ni contingence. D'autre part et surtout sont parfaits les rapports qu'entretiennent les différentes parties du monde, qui peut pour cette raison être conçu « comme une maison ».

De cette dernière, l'homme n'est certes pas le membre le plus éminent. Si les êtres célestes, qui ont le plus de nécessité, sont « comme des hommes libres », il n'a quant à lui qu'une place comparable à celle qu'occupe l'esclave dans le foyer familial. Qu'importe : il contribue à l'harmonie de l'ensemble et joue comme toute chose le rôle qui lui est dévolu. Au demeurant, l'anthropologie réserve ses surprises : certes modeste à l'échelle de l'univers, l'homme est ici-bas le chef-d'œuvre d'une nature qui ne fait rien en vain. À ce titre, il est microcosme et image du monde, d'un macrocosme dont il répète la structure. Il est aussi capable de s'en saisir intellectuellement et de le contenir par la pensée. Le spectacle majestueux de la grande cyclophorie de la sphère des fixes peut dès lors échapper à son regard sensible : la contemplation intellectuelle lui permet d'en jouir et d'éprouver un plaisir véritablement *divin*.

Commençons par battre en brèche l'image d'Épinal du philosophe novateur. Né à Stagire en 384 avant Jésus-Christ (ce qui lui vaut son surnom de « stagirite »), **Aristote est avant tout un héritier**. Certes originale et puissante, sa pensée n'en prend pas moins toujours le temps d'étudier la position de ses prédécesseurs – au premier rang desquels son maître Platon. Cette méthode vaut en cosmologie comme ailleurs. Au IVe siècle avant notre ère, la Grèce a déjà rompu depuis longtemps avec la représentation mythico-religieuse de l'univers. Les philosophes ioniens d'Asie Mineure (Thalès, Anaximandre Anaximène, Anaxagore) se sont penchés en physiciens sur les phénomènes astronomiques et météorologiques. Les Pythagoriciens d'Italie du sud, autour de Pythagore, ont donné une description géométrique de l'univers. Il n'appartient donc pas à Aristote d'avoir géométrisé le cosmos; pas davantage de l'avoir décrit comme un monde clos et hiérarchisé.

En quoi consiste dès lors son apport? Paradoxalement, alors qu'il accomplit comme jamais encore dans l'histoire une œuvre scientifique d'envergure, **c'est la métaphysique qui donne à l'ensemble de sa représentation du *cosmos* son unité et sa cohérence singulière**. C'est d'elle que découle l'hypothèse d'un premier moteur divin impulsant le mouvant circulaire qui anime la « sphère des fixes » (cf. première partie) et qu'imitent imparfaitement les réalités naturelles; c'est par elle encore qu'Aristote rompt fondamentalement avec Platon comme avec les auteurs dit présocratiques et pose les fondements d'une conception du monde appelée à une formidable postérité.

Nous suivrons pour y voir clair un chemin qui nous mènera de l'univers à l'homme, en considérant d'abord l'unité du *cosmos* et la perfection de sa partie haute (première partie), pour ensuite « redescendre » sur terre où hasard et nécessité sont en partage (deuxième partie). La centralité de l'homme nous apparaîtra pour finir tenir non pas à ce qu'il serait l'ombilic du monde, mais à ce qu'il contient en quelque manière ce dernier et se montre capable de le penser (troisième partie).

I. L'organisation du cosmos

Qu'est-ce d'abord qu'un monde? Non pas seulement un assemblage d'éléments hétéroclites (ciel, terre, mer...), ni même l'ensemble de ces parties, encore que leur unification soit indispensable à notre concept, mais **une totalité organisée**. Le terme « cosmos », que nous entendons encore raisonner dans nombre de noms communs du français moderne, engage les idées d'ordre et d'harmonie, de telle sorte que la beauté s'ajoute à l'unité. « Cosmique » et « cosmétique » ne vont pas l'un sans l'autre...

Un cosmos géocentré

Dans son *Traité du Ciel*, Aristote commence par distinguer les sens du mot « *ouranos* » : d'abord « *la substance et la périphérie dernière de l'univers* », « *le corps naturel qui est à l'extrême limite de cette périphérie du monde* » et sert de lieu à tout ce qui est divin ; ensuite « *le corps qui est continu à cette extrême circonférence de l'univers où sont la lune, le soleil et quelques autres astres* » ; enfin « *le corps qui est enveloppé par la circonférence extrême* », la totalité des choses et l'ensemble de l'univers (I, 9, 278b). Une telle déclinaison indique moins une hésitation qu'elle ne dessine **une représentation du monde fini et structuré en couches concentriques** qu'il convient d'abord de décrire.

Le cosmos d'Aristote est géocentré. **Immobile, la Terre y représente le centre du monde**, ce que semble du reste prouver le fait que « *les projectiles pesants envoyés vers le haut en ligne droite reviennent au même point, et le feraient même si la force les projetait à l'infini* » (II, 14, 296b). Cet argument de bon sens semble convaincant : si le cavalier d'un cheval au galop lance en l'air un objet, ce dernier ne retombe pas dans sa main mais au point où se trouvaient cavalier et cheval au moment du lancer. De même, si la terre était en mouvement, les objets que nous jetons en l'air ne retomberaient pas à nos pieds, puisque nous aurions bougé avec le sol pendant leur suspension. Ce sont donc bien aux yeux d'Aristote les autres planètes (en premier lieu la lune et le soleil) qui « tournent » ou sont en mouvement autour de la Terre.

Le cas de la lune est intéressant à deux égards. Il permet d'abord de prouver la sphéricité de la terre dans la mesure où, lors d'une éclipse de Lune, la terre projette son ombre circulaire sur l'astre qui se déplace autour d'elle :

> « *En effet, si la Terre n'était pas sphérique, les éclipses de Lune n'auraient pas ces sortes de sections : de fait dans les figures qu'elle prend tous les mois la Lune présente toutes les divisions (droite, biconvexe, concave), mais au cours des éclipses la ligne, qui limite la Lune est toujours convexe, de sorte que, puisqu'il y a éclipse du fait de l'interposition de la Terre, c'est la circonférence de la Terre qui, étant sphérique, est cause de cette figure.* »

La lune sert également à délimiter deux domaines qui seront régis pas des règles différentes et auxquels elle donne leur nom : **le monde sublunaire, où se combinent les quatre éléments que sont la terre, l'eau, l'air et le feu ; le monde supra lunaire où évoluent les astres aux mouvements cycliques et immuables.** Attention cependant à ne pas interpréter la centralité physique de la terre comme le signe de son importance – c'est au contraire celui de sa moindre perfection. Considérons les éléments les plus légers, le feu (absolument léger) et l'air : ils ne tendent pas sans raison vers la périphérie de la sphère sublunaire, mais cherchent à rejoindre un lieu plus conforme à leur nature. Les éléments graves au contraire (l'eau et la terre) sont emportés par leur lourdeur vers le centre de la Terre qui doit être en réalité conçu comme un sol, ce « plancher des vaches » rabelaisien, qui est le point le plus bas et non le plus éminent de l'univers.

Le monde céleste

Si cosmos est hiérarchie, il convient pour le comprendre de commencer par l'étude non de sa partie basse, c'est-à-dire du monde sublunaire et de la terre, mais de sa partie haute. Que pouvons-nous dire du monde céleste ?

Nous l'avons souligné, le terme « *ouranos* » désigne aussi bien le tout de l'univers que sa périphérie. Dans son sens restreint, il correspond donc à la région sublunaire où se trouvent des sphères concentriques qui tournent à différentes vitesses autour de la terre. **Sur la sphère la plus extérieure reposent les étoiles fixes, les plus parfaites de toutes** même si, étant les plus éloignées de nous, elles sont nécessairement les moins apparentes. Le soleil ne semble déjà animé d'un mouvement rotatoire qu'en raison de la distance où il se tient, de telle sorte que « *notre vue, en se portant au loin, vacille et tourbillonne à cause de sa faiblesse* ». Plus encore, les étoiles fixes nous paraissent scintiller tandis que les planètes plus proches de nous ne le font pas : « *c'est que notre vue a la force suffisante pour arriver jusqu'aux planètes et pour les bien voir ; mais pour les astres qui sont fixes et qui restent en place, la vision, s'étendant trop loin, se trouble à cause de l'éloignement même.* » (II, 8, 224). **Seul le regard de l'esprit nous permettra de percer le mystère de cet espace à peine pénétrable aux yeux du corps.**

Ce qui nous apparaît alors diffère du tout au tout d'avec ce dont nous faisons l'expérience quotidienne. **Ce ne sont plus les éléments constitutifs de notre monde sublunaire qui occupent le ciel mais un cinquième, l'éther, dont le propre est d'être inaltérable et sans contraire.** Soustrait à la génération et à la corruption, il l'est aussi à l'accroissement et au décroissement, n'admettant que la translation circulaire, c'est-à-dire le mouvement le plus parfait (I, 2, 270).

Mais faisons un pas de plus. Comment ce mouvement est-il produit ? La *Physique* souligne que « *si tout mû est nécessairement mû par quelque chose [...] il faut qu'il y ait un premier moteur qui ne soit mû par autre chose* » (*Physique*, VIII, 256a). La série des moteurs qui sont eux-mêmes mus par autre chose ne saurait ainsi aller à l'infini. Faut-il dans ces conditions penser un principe d'animation extérieur au cosmos ? **Le monde aristotélicien n'étant pas comme celui du *Timée* de Platon l'œuvre d'un démiurge, il demeure strictement co-extensible au temps et à l'espace.** Rien ne saurait donc être avant ni hors de lui de telle sorte que **son moteur, lui-même immobile, doit être conçu comme un principe immanent et éternel.** C'est pour finir la *Métaphysique* qui nous renseigne sur ce « premier moteur » dont dépend la translation circulaire de la sphère des fixes : « *existant en acte, il ne peut être en aucune manière autrement qu'il est. La translation est en effet le premier des changements, et la première translation est la translation circulaire ; or ce mouvement circulaire, c'est le Premier Moteur qui le produit. Le Premier Moteur est donc un être nécessaire et, en tant que nécessaire, il est le Bien, et ainsi il est principe de mouvement* » (*Métaphysique*, Λ, 7, 1072, b 8-14).

De cette « cause première » que nous venons d'isoler dépendent cependant tous les effets subséquents : elle est le véritable moteur du cosmos, une sorte de dieu – puisque c'est ainsi qu'Aristote en vient à la nommer (*theos*). Il serait certes faux de croire que sa vie, quoiqu'elle demeure étrangère à celle des hommes, n'aurait aucune incidence sur eux. **La cyclophorie (le mouvement du ciel sur lui-même) entraîne en effet les changements intérieurs du monde.** Il n'en reste pas moins que l'évocation de cet être « *parfaitement beau, indivisible, contemplant la parfaite contemplation* », nous achemine aux portes de la métaphysique et plus encore de la théologie. Sans doute est-il temps de retourner chez les hommes, où d'y redescendre.

II. Le monde sublunaire

Que se passe-t-il sous la lune ? Le monde dans lequel nous déployons nos existences n'est pas un ordre immuable ni un pur chaos : le hasard y est en partage avec la nécessité. De même les êtres qui s'y trouvent, même s'ils n'ont pas la perfection des êtres célestes, ne sont pas sans exprimer une finalité.

Hasard et finalité

Mortels, nous ne sommes pas seulement de passage sur terre ou sous le soleil (sous la lune faudrait-il dire pour suivre le stagirite) : **notre monde est tout entier caractérisé par le passage, c'est-à-dire à la fois par le mouvement et la corruption.** Aussi éloigné du chaos que de la perfection, il donne à voir des régularités, des répétitions, des habitudes – rien de mieux. C'est pourquoi Aristote peut assurer que « *l'ordre et la détermination intelligible apparaissent bien plus dans les êtres célestes que parmi nous ; chez les mortels, ce sont les variations et le hasard qui se manifestent* » (*Parties des animaux*, I, 1641, b, 18).

Qu'est-ce au juste que le hasard ? Une production spontanée, non certes sans cause mais sans raison, sans finalité. Il nous semble évident que bien des choses surviennent dans le monde accidentellement comme lorsque, nous dit Aristote, un homme creusant le sol pour planter un arbre découvre un trésor caché (*Métaphysique*, Δ 30). Une telle irruption de la contingence non seulement dans notre quotidien mais plus généralement dans l'économie mondaine ne doit cependant pas nous laisser croire que le hasard est au monde sublunaire ce que la nécessité était au monde supralunaire. Car « *au sens absolu, il n'est cause de rien* » (*Physique* II, 5, 197a)... Si je rencontre en me promenant quelqu'un qui me doit de l'argent, il est possible de déterminer un grand nombre de causes à cet évènement fortuit : ma décision d'aller rendre visite à un ami, de me rendre au spectacle etc. **Que le hasard soit heureux ou malheureux, il doit donc être conçu comme cause par**

accident relativement à des faits susceptibles de se produire en vue d'une fin. La clef de la compréhension des actions humaines comme de ce qui survient en général dans le monde demeure en réalité celui de finalité.

La fin, *télos*, doit en premier lieu être distinguée du terme : elle n'est pas simple arrêt mais accomplissement. En soulignant régulièrement que la nature ne fait rien en vain, ou plus spécifiquement dans le *Traité du Ciel* que « *Dieu et la nature ne font rien en vain* », Aristote propose une **compréhension téléologique de l'ensemble de l'univers à la faveur de laquelle chaque chose a sa place et tend vers le meilleur.** La nature agit donc à la façon d'un « artisan cosmique » (Jean-Marie Le Blond, *Logique et méthode chez Aristote*) qui ne fait rien d'inutile et s'efforce d'agir pour le mieux. Des êtres qui ne seraient pas convenablement constitués, comme les bovins à face humaine qu'évoque Empédocle, ne sauraient vivre et se conserver. La nature produit certes également des monstres, c'est-à-dire qu'elle échoue parfois dans sa visée. Mais il n'en reste pas moins qu'elle demeure un principe d'ordre, d'équilibre, veillant toujours « *à remédier à l'excès d'une chose en lui juxtaposant son contraire, afin que l'un compense l'excès de l'autre* » (*Parties de animaux*, II, 7). Considérons par exemple notre propre organisme : la moelle épinière, naturellement chaude, est le prolongement du cerveau, partie la plus froide du corps. « *De par sa nature [...] tout le contraire du cerveau* », elle est ainsi destinée à l'équilibrer, de même que si « *la nature a fabriqué le cerveau* » c'est « *en contrepartie de la région du cœur et de la chaleur qui s'y trouve* » (*ibid.*), et ainsi de suite. Nous verrons bientôt que le corps humain est une sorte de cosmos (cf. troisième partie). Il apparaît d'ores et déjà clairement que **la nature, à la façon d'un artiste, produit une œuvre savamment ordonnée**. Tout y a un sens et une utilité de telle sorte qu'Aristote peut pour finir la comparer à « *un bon maître de maison (qui) a l'habitude de ne rien jeter de ce qui peut avoir quelque utilité* » (*Génération des animaux*, II, 6).

La maison commune

Plus généralement, **c'est l'ensemble du monde qui peut être comparé à une maison.** Nous avions commencé par souligner que *cosmos* signifiait ordre, beauté, harmonie. Au livre lambda de la *Métaphysique*, Aristote s'interroge sur la manière dont le Bien se manifeste dans l'univers sensible : « *comme quelque chose de séparé, existant en soi et par soi* », ou « *comme l'ordre même du tout* » ? L'un et l'autre à la fois, à la façon du bien d'une armée qui réside à la fois dans son général et dans son ordre – n'existant lui-même que grâce au général. Dans le monde, **l'harmonie parfaite du ciel pénètre la région sublunaire, où les différentes choses sont ordonnées et prises dans des relations mutuelles.** Elles sont ainsi comme les membres d'une famille, « *où il est le moins loisible aux hommes libres d'agir par caprice, mais où toutes leurs actions, ou la plus grande partie, sont réglées* ». Clarifions la comparaison : les « hommes libres » sont ici les êtres célestes, pour lesquels tout est nécessité, tandis que nous ne sommes, nous dont les actions sont pénétrées de contingence, semblables aux esclaves et aux bêtes soumis au hasard. Qu'importe : « *tous conspirent à l'harmonie de l'ensemble* » (*Métaphysique*, Λ 10), d'un foyer commun où chaque chose se voit assigner une place.

Tandis que dans le monde sublunaire l'harmonie tient au fait que le premier moteur entraîne les autres dieux comme un général son armée, **l'ordre d'ici-bas imite l'éternelle cyclophorie de la sphère des fixes**. Les vivants mortels ne sont pas en effet seulement condamnés à disparaître : ils survivent en quelque manière dans le cycle d'une vie sans cesse recommencée au fil des générations. Bien qu'aucun être de chair n'ait l'éternité des êtres divins, la mort n'est donc pas un complet désastre. De la même manière la corruption et la décomposition sont solidaires de la recomposition et de l'engendrement dans un jeu qui, s'il peut échapper aux individus obnubilés par leur destin personnel, n'en reste pas moins un spectacle grandiose pour un spectateur détaché.

Concluons sur cette formule : au premier moteur « *sont suspendus le Ciel et la nature* » (*Métaphysique*, Λ 7). Même si la Terre représente la partie à la fois la plus obscure et la plus basse de l'univers dont elle est le centre, elle demeure dans une dépendance vis-à-vis du premier moteur sans laquelle elle n'existerait pas. Cette dépendance fait certes sa secondarité ontologique mais lui confère aussi une beauté qui, pour être relative, n'en est pas moins réelle. **La beauté du principe détermine ainsi celle du tout, et la beauté du tout rejaillit à son tour sur ses parties.**

III. L'homme dans l'univers

Que penser à présent de la situation de l'homme dans l'univers ? Placé en son centre, il est nous l'avons compris loin d'en être la réalité la plus éminente. Ses rapports avec le cosmos n'en sont pas moins d'une particulière profondeur. **Comme habitant du monde, il est d'abord microcosme et enveloppe en quelque sorte le macrocosme en lui. Comme spectateur du monde, il semble capable de le connaître et de le contenir ainsi par la pensée.**

La mondanité de l'homme

Aristote semble s'intéresser davantage à la place du monde en l'homme qu'à la place de l'homme dans le monde. Ce changement de perspective tient au fait qu'il lui apparaît comme l'animal le plus mondain, c'est-à-dire le plus conforme à la structure de l'univers – l'animal le plus « universel » à bien des titres.

Dans l'ordre animal, la primauté de l'homme ne fait aucun doute : « *il faut maintenant commencer en premier lieu par les choses qui viennent en premier ; or, les animaux parfaits sont premiers, et tels sont les animaux vivipares, et parmi ceux-ci, c'est l'homme qui est le premier* » (*Génération des animaux*, II, 4). Premier signifie ici le plus éminent mais aussi et surtout le plus accompli, **le dernier mot d'une**

nature qui s'achève en lui (cf. *Histoire des animaux*, IX, 1). Il est en somme, pour reprendre l'expression de Rémi Brague, « *le plus* naturel *des animaux* » (*Aristote et la question du monde*), celui qui est « *au plus haut point constitué conformément à la nature* » (*Marche des animaux*, 4). La finalité naturelle y triomphe à ce point en l'homme que les autres animaux peuvent n'apparaître relativement à ce chef-d'œuvre que comme des ébauches, des sortes de nains plaqués à terre par le poids de l'élément corporel.

Que la *physis* se manifeste exemplairement en l'homme ne nous renseigne cependant sur sa conformité qu'avec une partie de l'univers. Aristote va plus loin en corrigeant la célèbre formule d'Anaxagore selon laquelle l'homme est le plus intelligent des animaux parce qu'il a des mains. Au contraire, assure-t-il, l'homme n'a des mains que parce qu'il est intelligent : elles sont un *analogon* sensible de l'intellect, qui est le fait remarquable, la présence en lui d'un élément divin (*Parties des animaux*, IV, 10). Le *noûs* est en effet ce qui entretient en nous un rapport avec la partie la plus élevée du *cosmos*. La différence avec l'anthropologie platonicienne est ici majeure, et mérite d'être relevée. Platon suggérait déjà que la station droite de l'homme, son redressement et la libération de ses mains, devaient à la tension naturelle de l'esprit vers les corps célestes qui lui sont apparentés. Aristote ne dit cependant pas exactement la même chose lorsqu'il souligne que le haut du corps humain est dirigé vers le haut de l'univers. L'essentiel est en effet pour lui de pointer l'homologie, *conformité de structure* entre le corps et le cosmos : ce sont les formes de l'homme et de l'univers qui peuvent être rapprochées. **Véritable microcosme, l'homme est une image du tout, le seul vivant dans lequel le monde se donne à voir et à comprendre**. Anthropologie et cosmologie sont à ce titre des disciplines inséparables pour autant que l'homme, miroir de l'univers, est un lieu privilégié pour son étude.

Accueillir le monde

Comme spectateur du monde, l'homme le contient en lui en une autre manière. **Connaître, c'est en effet rapporter à soi la réalité extérieure, s'y ouvrir et l'accueillir par la pensée**. Tous les animaux, pour autant qu'ils sentent, se rapportent bien sûr au monde en s'y ouvrant : c'est leur propre (dans la différence d'avec les vivants végétaux) de doubler leur tangibilité de tactilité, c'est-à-dire d'un toucher du monde qui engage un rapport. Mais outre que l'homme est l'animal le plus sensible, il est aussi le seul capable, pour autant qu'il est doué de raison, de développer une connaissance *scientifique* du monde. Plus précisément, des trois types de sciences qu'évoque Aristote – théorétique, pratique, poïétique –, seule la première concerne directement l'étude du *cosmos*. Le savoir théorétique, ou contemplation, porte en effet sur les objets nécessaires et éternels. Mathématique, physique, théologie s'efforcent de saisir l'universel, tandis que la perception s'en tient au particulier.

La science n'est pas pour autant en rupture avec l'expérience du monde, bien au contraire. Suivons le fil qui nous mène de la première à la seconde. Tout commence par la sensation, qui est l'acte commun du sentir et du sentant (*De l'âme*, III, 2, 425b). Mais alors qu'une telle à saisie des qualités sensibles demeure en elle-même infaillible, les choses peuvent nous apparaître autre qu'elles ne sont, de telle sorte que ce n'est qu'à la faveur du travail de l'imagination (qui impose un arrêt à la sensation fugace, la mémorise) et la délibération que nous pouvons remonter de la sensation au concept. Des opérations intellectuelles seront ensuite nécessaires à la faveur desquelles nous passerons enfin de ce qui n'est encore qu'une opinion à la science.

L'intellection (la saisie par l'intellect), aussi différente soit-elle de la sensation (la saisie par les sens), demeure comme elle un *accueil*. Aristote souligne en effet que penser consiste à subir, à « *pâtir sou l'action de l'intelligible* » (*ibid.* III, 4, 429a). L'intellect doit ainsi « *être semblable à la Forme en puissance, sans pourtant être identique à elle, et se comporter à l'égard des intelligibles comme la faculté sensitive à l'égard des sensibles* » (*ibid.*). La grande affaire de celui qui pense est en somme de ne pas faire obstacle, en affirmant sa forme propre, à ce qu'il pense. L'intellect est ainsi par nature en puissance : il est puissance de recevoir les formes intelligibles et de saisir du monde ce qui échappe aux organes du corps.

Les sciences théorétiques traitent de leurs objets abstraitement, c'est-à-dire séparément de la matière. Seuls ceux de la théologie ont cependant une existence propre en dehors de cette dernière. C'est pourquoi elle mérite d'être nommée « première » : « *si donc il n'y avait pas d'autre substance en dehors de celles qui sont constituées par la nature, la physique serait la science première ; mais s'il y a une substance immobile, la science en question doit être première et doit être la philosophie première, et elle est universelle au sens où elle est première. Et elle aura pour tâche d'étudier l'être en tant qu'être, ce qui est et ce qui lui appartient en tant qu'être* » (*Métaphysique*, E, 1, 1026, a). **Science des êtres divins, la théologie a donc dans l'ordre de la connaissance la même éminence qu'ont ces êtres dans l'ordre cosmologique.** Sans doute est-ce là l'une des raisons pour lesquelles celui qui y rompt son intellect est en quelque manière comparable à l'objet auquel il se rapporte : divin aussi longtemps qu'il contemple la divinité.

Conclusion : postérité d'Aristote

Aussi longtemps, pour reprendre la célèbre expression de Koyré, que les hommes se représenteront un monde clos plutôt qu'un univers infini, c'est-à-dire jusqu'à la fin de la renaissance, la cosmologie aristotélicienne continuera de faire référence. Le modèle géocentriste, la séparation des mondes sublunaires et supralunaires, seront les piliers de traditions s'autorisant du stagirite aussi bien dans le monde byzantin, musulman que chrétien médiéval.

Il nous est impossible de retracer ici le détail et les nuances de cette formidable postérité. **Au début du XVIIe siècle s'opère un changement de représentation engageant une remise en question profonde non seulement des croyances cosmologiques, mais encore des rapports de l'homme au monde et conséquemment de l'homme à lui-même.** La querelle de l'héliocentrisme, la difficulté pour Copernic et Galilée de faire admettre leurs thèses est bien connue – parfois trop bien dans la mesure où elle nous engage à méconnaître la subtilité des positions des savants géocentristes. Les vaincus de l'histoire n'ont souvent droit qu'à la caricature, celle par exemple, véhiculée par Brecht dans sa *Vie de Galilée*, opposant un génie visionnaire à des religieux obscurantistes. Quoi qu'il en soit, Alexandre Koyré peut souligner ce dont s'accompagne la rupture moderne avec l'aristotélisme :

> « *a) La destruction du monde conçu comme un tout fini et bien ordonné, dans lequel la structure spatiale incarnait une hiérarchie de valeur et de perfection, monde dans lequel "au-dessus" de la terre lourde et opaque, centre de la région sublunaire du changement et de la corruption, s'"élevaient" les sphères célestes des astres impondérables, incorruptibles et lumineux...*
> *b) Le remplacement de la conception aristotélicienne de l'espace, ensemble différencié de lieux intramondains, par celle de l'espace de la géométrie euclidienne – extension homogène et nécessairement infinie – désormais considéré comme identique, en sa structure, avec l'espace réel de l'univers. Ce qui à son tour impliqua le rejet par la pensée scientifique de toutes considérations basées sur les notions de valeur, de perfection, de sens ou de fin, et finalement, la dévalorisation complète de l'Être, le divorce total entre le monde des valeurs et le monde des faits* » (*Du monde clos à l'univers infini*).

Une époque nouvelle s'ouvre dans laquelle le monde ne sera plus pensé comme cosmos, c'est-à-dire comme ordre et hiérarchie. Nul principe ne l'anime, nulle perfection ne s'y donne à voir. Brutale désillusion, qui tient moins au fait que l'homme n'est plus au centre de l'univers (nous avons vu combien la centralité différait de l'éminence) qu'à une crise profonde des valeurs qui structuraient jusqu'alors son existence. Dieu n'est pas encore mort (il faudra attendre deux siècles pour cela), mais il n'est déjà plus le maître des cieux...

NOTION CLEF — Hylémorphisme

Le monde est l'ensemble ordonné des êtres composés de matière (*hylè*) et de forme (*morphè*). Mais comment s'opère en ces êtres mondains une telle composition ? C'est là ce que précise l'une des plus fameuses théories aristotéliciennes, l'hylémorphisme. Il s'agit pour le stagirite d'éviter les impasses du dualisme platonicien comme du monisme parménidien en postulant que l'intelligible n'est pas extérieur au monde matériel mais donne forme aux réalités matérielles.

Ce serait une grossière erreur que de réduire la forme à l'apparence. Elle est en réalité un principe de détermination ou d'organisation : rien ne saurait rester à l'état de pure matière. À strictement parler, il est en effet impossible de faire l'expérience de la matière comme telle. Même ce que nous nommons les matériaux, qui nous semblent constituer la partie matérielle de tel ou tel objet manufacturé par exemple (le bois pour le navire – puisque « *hylé* » signifie originairement bois de construction), n'est jamais rencontré que sous une certaine « forme » (une planche, un tronc ou une branche). En elle-même, **la matière n'est donc pas seulement ce dont les choses sont faites mais encore le substrat qui sert de base à tout changement**, pouvant à ce titre recevoir des déterminations contraires. La pièce de bois contient en puissance un nombre indéterminé de choses – navires, statues, jouets, ustensiles etc.

Aristote peut donc insister dans la *Métaphysique* sur le fait que **la forme est à la fois ce qui fait que la substance et ce qu'elle est, et le principe d'organisation des réalités matérielles**. Les réalités sublunaires sont ainsi composées d'éléments matériels (terre, eau, air, feu) soulevés par une forme ; les réalités célestes d'éther, corps premier inengendré et incorruptible.

Texte choisi

Que la cause finale puisse résider parmi les êtres immobiles, c'est ce que montre la distinction de ses significations. La cause finale, en effet, est l'être pour qui elle est une fin, et c'est aussi le but lui-même ; en ce dernier sens, la fin peut exister parmi les êtres immobiles, mais non au premier sens. Et la cause finale meut comme objet de l'amour, et toutes les autres choses meuvent du fait qu'elles sont elles-mêmes mues. Ceci dit, si une chose est mue, elle est susceptible d'être autrement qu'elle n'est. Par conséquent, si son acte est la première espèce du mouvement de translation, c'est seulement de la façon qu'elle est sujette au changement qu'elle peut être autrement, à savoir selon le lieu, même si elle ne le peut selon la substance. Mais puisque il y a un être qui meut, tout en étant lui-même immobile, existant en acte, cet être ne peut être, en aucune façon, autrement qu'il n'est : la translation est, en effet, le premier des changements, et la première translation est la translation circulaire ; or ce mouvement circulaire, c'est le premier Moteur qui le produit. Le premier Moteur est donc un être nécessaire, et, en tant que nécessaire, son être est le Bien, et c'est de cette façon qu'il est principe. Car le nécessaire présente tous les sens suivants : il y a la nécessité qui résulte de la contrainte, en ce qu'elle force notre inclination naturelle ; puis, c'est ce sans quoi le Bien est impossible ; enfin, c'est ce qui n'est pas susceptible d'être autrement, mais qui existe seulement d'une seule manière.

À un tel Principe sont suspendus le Ciel et la nature.

Métaphysique, Λ, 7, 1072, b (traduction J. Tricot)

Analyse

Le livre lambda de la *Métaphysique* a suscité nombre de commentaires. Ne cachons pas que son interprétation est rendue délicate non pas seulement par l'âpreté du style d'Aristote mais surtout par la complexité de son objet d'étude : ce « premier moteur » de l'univers qui, lui-même immobile, est cause de son mouvement.

De quoi, demande le Stagirite, le mouvement procède-t-il ? Ordinairement, du mouvement lui-même. Les choses mues mettent en effet en branle celles qui sont immobiles, comme le mouvement de ma main se communique à l'objet qu'elle pousse. Une réalité immobile peut cependant mouvoir en tant qu'elle est la cause finale du mouvement d'une autre, comme lorsque le temple immobile est cause du pèlerinage. L'apparition du mouvement dans le monde serait incompréhensible si nous nous en tenions à la logique de la contagion qui nous ferait régresser à l'infini dans l'espoir de trouver une cause qui ne soit pas elle-même un effet. **Si tous les êtres mobiles sont par nature des êtres mus, seul un premier moteur immobile peut être conçu comme principe du mouvement**.

Quel est-il ? Au livre Lambda, Aristote établit qu'il faut « *qu'il existe un principe tel que l'acte même de mouvoir en soit l'essence* » (1071b). Le premier moteur est essentiellement et parfaitement moteur, c'est-à-dire que son principe est de mouvoir sans cesse. Le premier déplacement dont il est cause sera donc le mouvement circulaire, lui-même parfait et incessant, des sphères célestes. La nécessité du principe, qui échappe à toute contingence, explique pour finir que « son être est le Bien ».

Si les êtres célestes tiennent directement leur mouvement du principe, c'est nous l'avons vu (cf. deuxième partie) par imitation que les êtres naturels (Aristote entend ici sublunaires) lui sont « suspendus ». **Partout dans l'univers se fait ainsi sentir la dépendance vis-à-vis du premier moteur ; l'unité de cette dépendance en fonde l'harmonie**.

Mode d'emploi

La référence à Aristote est à l'évidence centrale pour la réflexion sur le monde. Sa cosmologie, très riche, jouira d'une telle autorité jusqu'à l'époque moderne qu'elle entretient naturellement des rapports étroits avec la pensée grecque mais aussi arabe (par l'intermédiaire notamment des grands traducteurs des IXe et Xe siècles) et chrétienne. La rupture avec une conception du monde héliocentrée et surtout (cf. conclusion) désenchantée est elle aussi éloquente : elle permet de construire un jeu d'opposition entre la représentation d'un cosmos clos et celle d'un univers infini.

Si tous les sujets invitent au concours, plus ou moins directement, à un développement sur Aristote, soulignons le particulier intérêt de la référence dans les réflexions sur l'ordre (« l'harmonie du monde » ; « le monde n'est-il qu'ordre et beauté ? » ; « un monde en désordre ») ou les rapports de l'homme au monde (« en quel sens l'homme est-il un monde ? », « connaître le monde », « l'homme est-il dans le monde ou le monde dans l'homme ? »).

Chapitre 3
Stoïcisme et épicurisme : le monde peut-il nous aider à devenir sages ?

Pierre Navarro

Est-il possible de mener une vie bonne en s'inspirant du monde ? À cette question devenue à nos yeux étrange, stoïciens et épicuriens apportent une réponse diamétralement opposée. Pour les stoïciens, le monde est une totalité unique, vivante, nécessaire ; de part en part imprégné de l'œuvre divine, il nous indique la marche à suivre. Imiter son harmonie revient ainsi à retrouver en nous-mêmes un ordre cosmique et un gouvernement de la raison qui nous dépassent et auquel nous participons, nous permettant d'accéder à une sagesse cosmopolitique. Il en va tout autrement pour les épicuriens : le monde n'est qu'un corps sans âme né de rencontres hasardeuses d'atomes dans du vide, qu'un assemblage fait de bric et de broc perdu dans le chaos de l'univers infini avec une infinité d'autres mondes. Déserté par les dieux et profondément fragile, il s'achemine chaque jour un peu plus vers sa disparition. Devenir sage, c'est alors le mettre à distance et faire le choix d'une vie simple avec ceux que l'on aime, en assistant d'un regard distrait au spectacle de sa décomposition.

Introduction : la guerre des mondes

Le monde est-il un exemple à suivre ? Peut-il être source de décisions et d'actions éthiques afin d'améliorer notre vie ? La question peut aujourd'hui prêter à sourire, et n'intéresser que quelques adeptes de développement personnel assoiffés de sagesse bon marché. Il ne faut pourtant pas en occulter la signification en la réduisant à ces banalités. Elle fut en effet au cœur d'une importante confrontation entre deux courants de pensée nés à l'époque de l'Athènes hellénistique. D'un côté, le stoïcisme, qui tient son nom du Portique (en grec, *stoa*) situé près de l'agora d'Athènes où Zénon implanta son école. S'étendant sur près de six siècles, ses représentants les plus connus furent l'esclave Épictète, l'empereur Marc-Aurèle ou le dramaturge et politicien Sénèque. De l'autre, l'épicurisme, qui tient son nom de son fondateur Épicure, lequel installa son école dans un Jardin de la banlieue d'Athènes, et dont la pensée nous a été transmise pour l'essentiel par un poète romain du premier siècle avant notre ère, Lucrèce.

Stoïciens et épicuriens avaient pour ambition commune d'initier les hommes à la sagesse, cet idéal d'une vie bonne quasi-divine, passée dans la maîtrise de soi et la tranquillité de l'âme. Mais si la direction est commune, les chemins pour y parvenir bifurquent. Côté stoïcien, la sagesse consiste à s'unir avec le monde, considéré comme une totalité parfaite et exemplaire ; côté épicurien, elle consiste à se séparer du monde, bateau ivre sur le point de sombrer dans un océan de chaos. Pour défendre leurs conceptions du monde radicalement opposées, stoïciens et épicuriens se rendent coup pour coup en proposant des cosmologies (des discours scientifiques sur le monde) qui déploient des trésors d'ingéniosité : unité, harmonie et éternel retour du monde considéré comme animal d'une part ; multiplicité des mondes, chaos et destruction d'un monde sans âme d'autre part.

Comment articuler la totalité unifiée des choses physiques avec l'exigence d'une vie bonne ? Peut-on passer de l'être du monde au devoir-être d'une conduite ? Tout l'enjeu du présent article sera de tenter de redonner un peu de sens à cette question aujourd'hui négligée, en la situant dans l'horizon des thèses cosmologiques et éthiques du stoïcisme et de l'épicurisme[1].

1. Pour les stoïciens, outre les auteurs et ouvrages entièrement mentionnés, nous utilisons le compilateur de l'Antiquité Diogène Laërce avec ses *Vies, doctrines et sentences des philosophes illustres* (noté DL), ainsi que les *Pensées pour moi-même* de Marc-Aurèle (noté MA) et le *Manuel* d'Epictète (noté E). Côté épicurien, nous faisons principalement référence au poème *De la nature* de Lucrèce (noté L). Pour une perspective historique plus complète sur la question ici traitée, nous renvoyons le lecteur à *La sagesse du monde : histoire de l'expérience humaine de l'univers* de Rémi Brague, dont le présent article s'inspire largement.

I. L'ordre du monde selon les stoïciens

Comme pour les épicuriens, la sagesse que proposent les stoïciens est entièrement justifiée par une certaine conception du monde naturel, lequel est selon eux une totalité harmonieuse, vivante et nécessaire.

Le monde est un être vivant comme les autres

Qu'est-ce que le monde selon les stoïciens ? Des vivants qui peuplent notre planète jusqu'aux étoiles et aux galaxies, le monde désigne un **tout unifié et unique**, un *cosmos* limité et sphérique dans lequel il n'y a pas de vide et qui baigne lui-même dans un vide illimité (DL, VII, 143). Cette **totalité « sous-vide » entièrement rationnelle et cohérente** est faite de l'ensemble des corps qui existent et qui sont **nécessairement et causalement reliés** entre eux. ***Cosmos* ordonné, hiérarchisé**, où chaque chose est à sa place et a un rôle à jouer, le monde est formé d'un principe passif, la matière inerte, et d'un principe actif, le *pneuma*, souffle vital semblable à une respiration qui met la matière en mouvement et l'organise. Les stoïciens appellent également ce principe actif qui structure le monde **« Dieu », « la raison », « le Destin » ou le « feu artisan »** (Cicéron, *La nature des dieux*, II, 57) – non pas un feu qui détruit mais qui produit, comme celui qui fait gonfler la pâte à pain dans le four. Ce feu créateur et intelligent ne connaît pas le repos et engendre ce qui se fait de mieux, de telle sorte qu'**un monde meilleur que le nôtre n'est pas possible.** Il n'y a pas d'autre monde que celui dans lequel nous vivons.

Cette raison cosmique et divine qui imprègne la matière la transforme en un monde *vivant* : **le monde, pour les stoïciens, *est* un animal**. La cosmologie stoïcienne est en ce sens une forme de « cosmobiologie », qui fait du *cosmos* un organisme vivant : « Le monde est gouverné d'une manière intelligente et providentielle [...], l'intellect pénétrant en chacune des parties du monde comme l'âme pénètre chez nous. Mais il pénètre davantage en certaines parties, moins en d'autres. Dans certains êtres en effet il est présent comme force de cohésion, comme dans les os et les tendons. En d'autres comme intellect, comme dans la partie directrice. C'est de cette façon que le monde entier [*est*] un animal, doué d'âme et de raison » (DL, VII, 139). **Le monde a ainsi une âme**, un principe vital et rationnel qui assure sa continuité d'existence et le met en mouvement, à l'instar de celui qui anime les plantes, les animaux et les hommes – la différence entre l'organisme d'un vivant et celui du *cosmos* n'étant pas de nature mais de degrés dans la complexité. La polyvalence du *pneuma* varie en effet proportionnellement à la matière qu'il anime, de la simple force de cohésion qui maintient la forme des os à l'intellect qui unifie les comportements des vivants plus complexes autour des buts qui leur sont appropriés pour exister. Tout se répond dans le *cosmos*, et c'est le même principe de fonctionnement qui est à l'œuvre dans le monde et dans les êtres qui le peuplent. À la totalité du **macrocosme** (le « grand monde ») correspond donc une pluralité ordonnée de « modèles réduits », de **microcosmes** (le « petit monde »), qui reproduisent de façon moins complexe l'agencement cosmique. La partie reflète le tout, comme s'il y avait une connexion de l'intime et de l'immense.

Dieu règne sur le monde

En identifiant le principe actif à « Dieu », au « Destin » ou à la « Providence », les stoïciens avancent que **Dieu règne en maître sur le monde, en l'organisant de l'intérieur et en lui donnant la forme et l'allure qu'il doit nécessairement avoir**. D'abord, Dieu assigne à tous les êtres un rôle à jouer dans le monde, que les stoïciens appellent *kathekon* (une « fonction propre », un devoir) qui est d'abord donné dans une impulsion naturelle : le rôle de la plante est de pousser ; celui de l'animal de se mouvoir et satisfaire ses besoins en accord avec son milieu ; celui de l'homme de vivre en suivant sa raison (puisque lui seul la possède), laquelle est une partie de la raison qui organise le monde (DL, VII, 86). Tout être vivant sait ainsi spontanément ce qu'il doit faire, ce qui lui est propre et convient à sa nature. Les stoïciens appellent ***oikeiosis*** cette « appropriation » naturelle à soi et au monde, qui est une sorte d'instinct naturel indiquant ce qu'il faut faire. Chaque être est ainsi immédiatement approprié à lui-même dans le sens où il a **conscience de lui-même et de sa relation au monde**. Lorsqu'un tout-petit humain s'essaie par exemple aux joies de la bipédie, il répond à une impulsion naturelle de faire ce qui est convenable à sa nature, en dépit de la douleur et des chutes qu'occasionne l'apprentissage de la marche (Sénèque, *Lettres à Lucilius*, 121).

Ensuite, cette organisation divine et providentielle du monde fait que tout s'enchaîne nécessairement et harmonieusement. Tous les évènements sont causalement reliés entre eux et justifiables par la raison : le stoïcisme est un strict **déterminisme**. Il n'y a en effet pas de vide dans le monde, lequel est composé de corps toujours en contact (l'air ambiant qui sépare les objets étant lui aussi considéré comme un corps) ; par conséquent, chaque élément du monde a une influence sur les autres. Les êtres et les évènements du monde ne sont pas séparés et juxtaposés mais reliés en un tout cohérent, comme les organes d'un corps. Il y a ainsi une **sympathie cosmique qui unifie le monde**, une « communauté de souffle et de tension qui unit les corps célestes aux corps terrestres » (DL, VII, 140) – la lune influence par exemple les marées et le climat nos humeurs. Il en résulte également que, si l'on prend le monde dans son déploiement temporel, chaque évènement qui arrive implique la totalité historique des causes qui constitue le *cosmos*. C'est virtuellement **tout le mouvement du monde qui est contenu dans le geste que j'accomplis ou l'évènement qui m'arrive**. Comme le dit Chrysippe cité par Plutarque (*Des notions communes contre les stoïciens*, 37), « rien ne s'oppose à ce qu'une goutte de vin se mélange à la mer [...] ; grâce au mélange la goutte s'étendra au monde entier ».

C'était demain

Comme tout être vivant, le monde évolue : il naît, se développe, et finit par mourir en suivant un **cycle cosmique**. Le feu artisan et la matière sont certes éternels, hors du temps, mais ils se combinent de manière différenciée et passent par des phases diverses. Pour le dire simplement, notre monde en expansion ne cesse de se réchauffer et s'acheminer vers un « embrasement total » (*ekpurosis*), dans lequel le *cosmos* sera pur feu et ne ressemblera en rien à un corps vivant. Cet embrasement n'est cependant pas une totale destruction mais une transformation, le pur feu s'atténuant pour se transformer en air chaud puis en humidité, laquelle aboutira à la matière permettant la reconstitution de l'ordre cosmique et le déploiement du monde à l'identique, et ce jusqu'au prochain cycle. **Le monde tourne en rond, il a déjà eu lieu et aura encore lieu, puisqu'il s'achemine vers un embrasement dont il est issu.** Il y a un **éternel retour** de toutes choses qui nous invite à accepter la nécessité de notre situation présente, puisque le moindre évènement qui nous arrive et la moindre action que nous accomplissons sont prescrits de toute éternité par la raison cosmique divine : « tout est éternellement de la même forme et revient cycliquement, et [...] cela ne fait aucune différence si l'on voit les mêmes choses en cent ans, ou en deux cents, ou pendant un temps infini » (MA, II, 14).

II. Le monde épicurien, fragile îlot dans un océan de chaos

« Le monde ou le chaos » disait en substance le stoïcien Marc-Aurèle (MA, VI, 10). C'est justement cette deuxième voie qu'emprunte l'épicurisme, dessinant un monde stoïcien à l'envers.

« Chaosmos »

D'où vient le monde ? Selon les épicuriens, il n'y a dans la réalité que deux principes auxquels tout corps peut se réduire : du **vide** et des **atomes**, qui sont les éléments insécables et dynamiques du réel, en nombre infini et de formes diverses. Pour figurer les débuts de l'univers, Lucrèce (L, II, 216-230) imagine qu'il existait à l'origine une **pluie d'atomes** tombant en parallèle dans le vide infini. Par une **déviation** hasardeuse et spontanée (*clinamen*), l'un de ces atomes s'écarte de sa trajectoire rectiligne et vient bousculer ses voisins, transformant la pluie originelle en un grouillement atomique. **C'est de cette soupe primitive et chaotique qu'émerge notre monde** : certains atomes, ayant des formes complémentaires (comme des *Legos* en mouvement), en viennent à s'assembler de manière régulière et former des agrégats de matière, ce qui entraîne par effet domino la naissance progressive de notre monde. Alors que les stoïciens soutiennent que le monde est sphérique et limité, **les épicuriens** considèrent que l'univers est sans limite et **ne voient dans le monde qu'un agrégat atomique**, qu'une somme momentanée de corps perdue dans l'agitation incessante et désordonnée des atomes s'entrechoquant comme des grains de poussière dans le rayon de soleil du vide infini (L, II, 116-124). **Nul *cosmos* harmonieux donc, mais pas un chaos total non plus**; le monde épicurien ressemble plutôt, pour reprendre la formule de James Joyce dans *Finnegans Wake*, à un **« *chaosmos* »**, un mélange dynamique de chaos (fait de hasard et de déviations spontanées des atomes) et d'ordre (puisque les atomes ne s'associent pas n'importe comment, mais en fonction de la complémentarité de leurs formes et de lois physiques).

Une nouvelle des *Fictions* de Borges, intitulée « La bibliothèque de Babel », permet de s'en faire une idée. Borges imagine une bibliothèque immense dans laquelle se trouve la somme de tous les livres possibles de quatre cent dix pages. Toutes les successions possibles de lettres se trouvent écrites, et il n'y a pas deux livres identiques dans toute la bibliothèque. Parmi cette somme immense de livres, la majeure partie ne contient aucune page intelligible, et certains en contiendront quelques-unes; mais au milieu de ce fatras de lettres se trouvent tous les chefs-d'œuvre de la littérature. Ceux-ci sont donc des arrangements ordonnés de lettres noyés dans un océan de désordre. **L'univers épicurien ressemble à cette bibliothèque, et notre monde à un de ces livres intelligibles sans auteur dont les atomes sont l'alphabet, les corps les mots, les lois la grammaire, et le vide la page blanche.** Lucrèce use d'ailleurs à de nombreuses reprises de cette comparaison entre les lettres et les atomes, faisant de son texte poétique, qui s'ouvre sur la naissance du monde et se clôt sur sa disparition tragique à cause de la peste, le miroir même des processus qui y sont à l'œuvre (L, I, 823-829).

Obsolescence programmée et pluralité des mondes

L'épicurisme développe une cosmologie de combat : dirigée contre l'adversaire stoïcien, elle a pour seul but de dissiper les craintes superstitieuses nées de notre ignorance. En effet, la croyance religieuse et stoïcienne selon laquelle le monde serait gouverné par les dieux, qu'il y aurait un plan caché sous la trame des évènements, provoque de la terreur chez les hommes face à certains phénomènes naturels (la foudre, les tremblements de terre, etc.), interprétés à tort comme des manifestations d'une intention divine – phénomènes dont les sacrifices religieux permettraient de se protéger. La stratégie épicurienne va alors consister à **expulser toute finalité du *cosmos***, en la remplaçant, en plus du hasard, par le principe physique **d'isonomie**. Celui-ci stipule qu'il y a une égale distribution des atomes infinis dans le vide infini – car si les atomes étaient trop distants les uns des autres dans l'univers, ils ne s'entrechoqueraient jamais et ne pourraient rien créer. S'ensuit dans l'immensité de l'univers un jeu aveugle de vases communicants entre pertes et gains, vide et plein, équilibres et déséquilibres atomiques. Dans l'infini, pour qu'il y ait de l'ordre ici, il faut qu'il y ait du désordre là-bas. Ce principe d'isonomie, joint à la puissance combinatoire de l'infini, va alors permettre aux épicuriens de **désacraliser le *cosmos*** en procédant à sa **relativisation dans le temps et dans l'espace**.

Dans le temps d'abord : au lieu de renaître éternellement de ses cendres, **notre monde est promis à une disparition définitive** (L, II, 1105-1170). En effet, l'ordre du monde est précaire, et l'équilibre ici tend progressivement au déséquilibre (et inversement à l'autre bout de l'univers). Cette partie de l'univers qu'est notre monde est métastable et vouée à disparaître. De même qu'un être vivant voit ses forces décliner au fur et à mesure que ses pertes d'atomes ne sont plus compensées par des gains (toutes nos cellules, par exemple, ne se renouvellent pas en même quantité), de même ce corps sans âme qu'est notre monde est en pleine dégénérescence, comme en atteste l'infertilité grandissante des sols ou la disparition progressive des montagnes : **la fin du monde n'est pas un évènement brutal, elle n'est que l'aboutissement d'un processus, d'un « mourir » irréversible inscrit en son sein.**

Dans l'espace ensuite : loin d'être unique, notre monde appartient à une **pluralité infinie de mondes** (L, II, 1040-1090). Puisqu'il y a une infinité d'atomes se bousculant dans le vide infini, de l'infinité des combinaisons émergent certes en majorité des séries stériles, mais aussi, par la loi des grands nombres, des séries fécondes : comme dans la bibliothèque de Babel, c'est par une simple combinatoire que sont engendrées, au sein du désordre global, des plages d'ordre local. De plus, la matière étant en infinie abondance dans l'univers, et les conditions d'émergence des mondes étant semblables en tout point de cet espace, il n'y a pas plus de raison qu'apparaisse un monde ici plutôt que là. Il est dès lors hautement improbable, si notre monde existe, que le reste des atomes continue de s'entrechoquer de manière stérile dans l'infini (*voir la notion clef*).

Les dieux se moquent du monde

Notre monde meurt dans une **indifférence généralisée**. Celle **des atomes** d'abord, dont le mouvement est gouverné par un mélange complexe de mécanismes causaux et de hasard, sans aucune finalité. Celle **des dieux** ensuite. Les dieux, selon les épicuriens, ne sont pas immanents au monde comme l'avancent les stoïciens, mais en sont séparés. Ce sont des corps matériels, les seuls de l'univers dont les pertes atomiques sont toujours compensées par des gains ; ils sont immortels, indestructibles, et jouissent d'une tranquillité à toute épreuve. Le renouvellement permanent de leurs atomes ne peut se faire dans le monde promis à la décomposition ; c'est pourquoi ils **vivent entre les mondes, dans des « intermondes »** où les mouvements atomiques sont plus rares (L, III, 14-22 et V, 146-155). Les dieux sont des êtres non cosmiques qui n'ont aucun intérêt à intervenir dans le cours du monde puisque tout se fait sans eux. De plus, comment pourraient-ils être assez puissants pour contrôler le monde – et, *a fortiori*, une infinité de mondes – sans risquer de troubler leur divine tranquillité ? Comment, enfin, pourraient-ils administrer l'univers, par définition « intotalisable » ? Il est impossible, même pour un dieu, d'être au four et au moulin (Épicure, *Lettre à Hérodote*, 76-77). **L'épicurisme ne fait pas que libérer le monde des dieux ; il libère aussi les dieux de l'administration du monde.** Les dieux épicuriens sont de parfaits fainéants qui ne se soucient absolument pas du sort du monde et profitent d'un repos absolu.

III. S'unir avec le monde ou s'en séparer ?

Deux mondes, deux ambiances. Le *cosmos* ordonné du stoïcisme invite le sage à l'aimer et se réconcilier avec lui, en ressaisissant dans son existence l'harmonie cosmique ; le monde fragile et finissant de l'épicurisme pousse au contraire le sage à faire chambre à part, entouré de quelques amis.

Se réconcilier avec le monde en stoïcien : de la « cosmonomie » au cosmopolitisme

Selon les stoïciens, le malheur de l'homme vient du fait qu'il n'entend plus la voix de la nature : il ne fait plus ce qui lui est approprié, il est devenu insensé. Il ne sait plus que ce qui lui convient, c'est d'agir vertueusement, conformément à la raison qu'il a en commun avec le monde. Il se méprend sur ce qui est bien pour lui : **plutôt que de suivre l'ordre du monde, il va suivre l'ordre de ses passions et de ses désirs.** Or les passions sont une maladie pour les stoïciens : nées du refus de l'ordre du monde, elles nous mènent à la folie, au malheur et à la servitude. L'homme ordinaire est insensé car il place son bonheur dans **ce qui ne dépend pas de lui** mais du Destin, c'est-à-dire dans ce qui est **indifférent** et relève des aléas des circonstances comme l'argent, le corps ou la réputation, qui peuvent lui être retirés à tout moment. **L'âme passionnée** de l'homme qui s'irrite contre un évènement non désiré est alors **« une tumeur et comme un abcès du monde »** (MA, II, 16) qu'il revient à la sagesse de soigner.

Celle-ci va consister à accueillir les évènements du monde en se concentrant **sur ce qui dépend vraiment de nous, à savoir la maîtrise de nos représentations mentales (nos jugements sur le monde), de nos émotions (les désirs et les passions), et de notre action.** Pour être approprié à soi, il faut distinguer ce qui nous est propre de ce qui nous est étranger, et privilégier le premier en ne s'investissant pas émotionnellement dans le second. C'est pourquoi l'archer, par exemple, placera son bonheur dans l'accomplissement du meilleur geste quand il tire, et non dans l'atteinte de la cible qui ne dépend pas de lui – car un coup de vent peut subitement dévier la flèche de sa trajectoire. La sagesse se déploie alors dans un **rapport réflexif de soi au monde**, consistant dans un effort de compréhension de son ordre cosmique qui permet au sage, en ordonnant pareillement son existence par sa pensée, de se sentir partout chez lui (MA, V, 21). Cette **« cosmonomie » stoïcienne**, c'est-à-dire le fait d'ériger le monde ordonné en modèle de comportement, en loi pour l'action, **débouche ainsi sur un « cosmopolitisme »** : en s'élevant et en participant par la pensée au gouvernement rationnel du tout, par un « regard d'en haut », le sage se rend compte qu'il est dans le monde comme un citoyen dans sa cité (*voir le texte commenté*).

En s'ouvrant au monde, le sage se fait microcosme ; il a le monde en lui en instituant dans son existence le même rapport de gouvernement par la raison que celui qui règne dans le monde. Connaissant objectivement sa place, **il jouit d'un**

sentiment d'appartenance cosmique et comprend le rôle qu'il a à jouer dans le théâtre du monde: « Souviens-toi que tu es un acteur dans une pièce, longue ou courte, où l'auteur a voulu te faire entrer. S'il veut que tu joues le rôle d'un mendiant, il faut que tu le joues du mieux possible » (E, 17). C'est avec confiance que le sage accueille les évènements qui lui arrivent car il sait que sous leur contingence apparente, c'est la loi universelle cosmique qui se joue. Devenir sage, c'est alors devenir goutte d'eau dans l'océan cosmique, c'est **marcher joyeusement dans les traces de pas que le monde a laissées pour nous**. Le récit de la mort de Zénon l'illustre (DL, VII, 28). S'étant cassé un orteil après avoir trébuché, Zénon interpelle la nature avant de se suicider: « J'arrive, pourquoi m'appelles-tu ? ». Le sage Zénon sait que son dernier rôle est de mourir, si bien qu'il se tue calmement au lieu d'aller voir un médecin. Sa blessure existait avant lui, il était né pour l'incarner.

S'éloigner du monde en épicurien: le « métacosmisme »

Tout autre est le rapport que le sage épicurien entretient avec le monde. La sagesse s'expérimente dans une vie faite de simplicité volontaire obtenue par une éducation du désir et du plaisir: il faut apprendre à jouir de la satisfaction de nos besoins naturels (manger juste ce qu'il faut, boire, dormir, discuter philosophie entre amis) et renoncer à la satisfaction de nos désirs artificiels nés de l'imagination (le désir de manger tel plat raffiné, d'être riche, puissant, immortel, etc.) qui nous précipitent dans la maladie de l'insatisfaction permanente. **Pour parvenir à cette sagesse qui tutoie l'autosuffisance divine, la connaissance des mécanismes atomiques à l'œuvre dans le monde est essentielle**: comprendre que la mort est un évènement qui arrive à tout composé atomique, ou que la foudre n'est pas la manifestation d'une colère divine mais un phénomène naturel susceptible de plusieurs explications scientifiques (L, V, 219-422), nous permet de dissiper le désir inquiet car impossible à satisfaire d'être immortel ou choyé par les dieux.

Si l'épicurisme rejoint le stoïcisme en divinisant la sagesse, il s'en écarte résolument en **refusant de faire du monde un modèle à imiter**. Le monde n'a pas été fait par les dieux pour que l'homme le célèbre et le contemple par son intelligence, comme l'avance le stoïcien Sénèque dans *Du loisir*, ou pour qu'il s'y sente comme chez lui; en témoignent les vastes mers inhabitables, la menace des animaux sauvages ou les aléas climatiques dévastateurs (L, V, 200-234). Sa fragilité essentielle ne fournit aucun appui pour agir: le monde est ce sur quoi on ne peut compter, il n'est pas exemplaire mais n'est qu'un exemple de monde parmi d'autres. **Cela ne revient pas à dire que la sagesse épicurienne se construit dans la haine ou le refus du monde, mais plutôt dans son indifférence**. Rémi Brague dans *La sagesse du monde* (chapitre IV) parle de **« métacosmisme »** pour qualifier l'épicurisme: **le sage** est celui qui, **à l'instar des dieux qui vivent entre les mondes,** ***s'éloigne*** **du monde**, vit « au-delà » ou « à côté » de lui (c'est le sens du préfixe grec *meta*), lui jetant à peine un regard. Être sage, ce n'est pas imiter le monde, ni même se replier sur soi dans la solitude, mais se mettre en retrait du monde en étant entouré d'amis avec lesquels faire un **monde humain commun: « l'amitié danse**

autour du monde » (Épicure, *Sentences Vaticanes*, 52). La célèbre ouverture du deuxième chant du poème de Lucrèce l'illustre particulièrement (L, II, 1-61) : que faut-il de plus pour être heureux qu'un peu de nourriture, quelques amis étendus sur l'herbe avec qui philosopher et se réjouir d'échapper au naufrage cosmique ?

Conclusion

Ce ne sont pas seulement des considérations théoriques ou pratiques qui sont en jeu dans le débat entre sagesse cosmique et sagesse non cosmique, mais aussi anthropologiques. Si la question « le monde peut-il nous aider à devenir sages ? » peut prêter à sourire, c'est parce que nous héritons d'une conception d'inspiration épicurienne où l'homme, jeté de manière contingente dans un monde indifférent, ne peut espérer trouver de salut qu'auprès de ses semblables, et avons oublié celle d'un homme qui justifie son existence grâce au monde. Ne peut-on cependant penser qu'elle retrouve, à l'heure où nous redécouvrons notre profonde dépendance au monde à travers les dommages irréversibles que nous lui infligeons, un peu du sens qu'elle avait perdu ?

Notion clef — La pluralité des mondes

Un autre monde est-il possible ? Pas pour les stoïciens, pour qui le monde est unique. Les épicuriens soutiennent eux qu'il existe d'autres mondes, c'est-à-dire d'autres ordres autonomes de choses, séparés par des intervalles. De tels mondes sont illimités en nombre mais limités dans leurs formes : tous les mondes ne sont pas possibles. Mais comment pouvons-nous avoir connaissance de ces autres mondes étant donné que nous ne pouvons entrer en contact avec eux – sous peine d'en faire des parties de *notre* monde ? Dans *De la nature*, Lucrèce propose différentes raisons d'envisager sérieusement l'hypothèse. D'abord un argument par la probabilité : puisque les conditions qui ont permis l'apparition de notre monde sont partout les mêmes, les chances pour qu'il soit unique sont presque nulles. Ensuite, un argument par analogie : de même qu'il y a un nombre illimité d'êtres vivants individuels qui appartiennent à un nombre limité d'espèces, de même ces agrégats mortels que sont la terre, le ciel, etc., sont en nombre illimité mais relèvent d'un nombre limité d'espèces de monde : « Il y a dans d'autres régions de l'espace d'autres terres que la nôtre, et des races d'hommes différentes, et d'autres espèces sauvages. À cela s'ajoute que, dans la somme des choses, il n'y en a pas qui soit isolée, qui naisse unique, qui grandisse unique et seule en son genre : mais chacune appartient à quelque famille, et très nombreuses sont celles de la même espèce. » (L, II, 1075-1080). Il est aussi probable qu'il y ait un seul monde dans l'univers infini que ne germe dans un champ immense un seul épi, comme le disait Métrodore...

Texte choisi **Parcourir le monde nous rend-il meilleurs ?**

« Tu penses que cela n'est arrivé qu'à toi seul et tu t'étonnes comme d'une chose nouvelle que par un si long voyage et tant de lieux divers tu n'aies pas dissipé la tristesse et la lourdeur de ton intelligence : c'est d'âme que tu dois changer, non de ciel. [...] Tu t'en vas ici et là pour secouer le poids assis sur toi, que l'agitation elle-même rend plus incommode, tout comme, sur un bateau, un chargement immobilisé exerce moins de pression ; inégalement arrimé, il fait couler plus vite la partie sur laquelle il penche. Tout ce que tu fais, tu le fais contre toi, et par ton propre mouvement tu te nuis ; c'est un malade que tu secoues.

En revanche, lorsque tu te seras ôté ce mal, tout déplacement deviendra agréable ; on aura beau te chasser aux extrémités de la terre, dans quelque recoin de la barbarie où tu sois installé, elle te sera hospitalière, cette résidence, quelle qu'elle soit. Qui tu es quand tu arrives importe plus que l'endroit où tu arrives, et c'est pourquoi nous avons le devoir de n'assujettir notre âme à aucun lieu. Il faut vivre avec cette conviction : "Je ne suis pas né pour un seul recoin ; ma patrie, c'est le monde tout entier."

Si c'était pour toi évident, tu ne t'étonnerais pas de ne trouver aucune aide dans la diversité des régions où tu déménages sans cesse par dégoût des précédentes ; chacune d'elles, en effet, t'aurait plu en premier, si toute région, tu la considérais comme tienne. Maintenant, tu ne voyages pas, tu erres, tu es poussé, et tu te déplaces de lieu en lieu, alors que ce que tu recherches, bien vivre, se trouve déposé en tout lieu. »

Sénèque, *Lettres à Lucilius* (28), GF Flammarion,
trad. Jourdan-Guyer (2017).

Analyse

Dans ce texte, le stoïcien Sénèque critique la mode romaine des voyages : contrairement à ce que l'on avance souvent, parcourir le monde n'est pas forcément source de progrès moral et de bonheur. Voyager pour se divertir ou se changer les idées, c'est courir le risque de transformer le périple en errance, et revenir plus inquiet encore. Mais cela ne veut pas dire que Sénèque fait pour autant l'éloge de l'immobilisme : après tout, comme il l'indique dans sa *Consolation à Helvia* (VI), l'âme humaine participe du même mouvement que l'âme du monde qui règle le cours des astres. Parcourir le monde ne peut nous rendre meilleurs qu'à condition d'avoir accompli au préalable un véritable voyage intérieur, qui nous permet de prendre conscience de l'immensité rationnelle et ordonnée du *cosmos* dont nous ne sommes qu'une partie. Pour échapper aux tourments de l'exil, il faut se penser citoyen du monde et se sentir partout chez soi : « ma patrie, c'est le monde tout entier ». Se définir comme athénien ou romain, par son appartenance familiale ou patriotique, c'est se réduire à des déterminations contingentes qui ne dépendent pas de nous – le corps né dans telle famille, telle cité, à tel moment –, et s'exposer aux tourments de l'exil non désiré. En revanche, se définir comme citoyen du monde, c'est s'exiler volontairement de ces circonstances arbitraires, de cette partie du monde que l'on s'expose à perdre, et se penser comme un être du monde, en privilégiant en soi une pensée apatride et essentielle qui nous permet de saisir d'autres rapports de convenance entre notre existence et le *cosmos*. Mais une telle dévaluation de ces circonstances arbitraires que nous avons tendance à ériger en normes absolues ne débouche pas sur leur abandon ; car après s'être élevé à la rationalité cosmique, le sage doit « redescendre » et considérer d'un regard neuf ses attachements contingents, ses lieux de passage, afin d'en jouir en jouant le rôle qui lui a été écrit par le monde.

Mode d'emploi

Plutôt que de se contenter de connaissances de seconde main ou de paragraphes mal décongelés, la lecture personnelle des textes stoïciens et épicuriens est fortement recommandée. Les *Pensées pour moi-même* du stoïcien Marc-Aurèle et le poème *De la nature* (ou, dans une autre traduction, *La nature des choses*) de l'épicurien Lucrèce offriront au candidat plusieurs armes pour affronter un grand nombre de questions, et d'authentiques moments de plaisir et de réflexion qui pourront se prolonger au-delà des concours.

Le débat sur l'unité ou la pluralité des mondes pourra être exploité pour « Un autre monde est-il possible ? » ou « Un monde meilleur » ; l'opposition entre la doctrine stoïcienne de l'éternel retour et la thèse épicurienne de la mortalité du monde pourrait donner lieu à d'intéressants développements pour « La fin du monde » ou « Le monde de demain » ; le cosmopolitisme stoïcien sera indispensable pour « Qu'est-ce qu'être un citoyen du monde ? » ; la correspondance stoïcienne entre le macrocosme et le microcosme permettra de penser « Le monde intérieur ». Il serait intéressant de penser à l'idée stoïcienne de « fonction propre » et de « rôle à jouer » pour un sujet tel que « Le théâtre du monde », ou au regard désabusé du sage épicurien pour « Le spectacle du monde » ; enfin, les éthiques défendues par ces deux écoles de pensée (réconciliation ou séparation ?) permettront de traiter des sujets comme « Habiter le monde », « Peut-on sortir du monde ? », ou encore « La conquête du monde ».

Chapitre 4
La fable du monde chez Descartes

Philippe Boulier

Descartes expose une fondation rationnelle du monde conforme à la nouvelle physique du XVIIe siècle. Cette fondation balaie le monde d'Aristote, son géocentrisme et sa physique fondée sur les qualités sensibles. Elle détruit la division du monde entre région sublunaire et région supralunaire. Elle rend aussi concevable le principe d'inertie et le déplacement de la Terre dans l'espace, conformément au système de Copernic.

Une première mouture de cette fondation apparaît dans son traité intitulé *Le Monde*, rédigé entre 1629 et 1633. Descartes renonça à la publier en novembre 1633, après avoir appris la condamnation de Galilée par l'Inquisition relative à sa défense du copernicanisme. Or, Descartes présente sa refondation à travers ce qu'il nomme une « fable », dans laquelle il imagine que Dieu crée un monde ou, plus précisément, une matière, dont la nature implique un ensemble de lois, capables à elles seules d'instaurer un ordre dans l'univers.

La signification de cette fable pose problème. S'agit-il d'une fiction impliquant un certain statut de la physique, à savoir que celle-ci ne présenterait que des hypothèses sans prétendre connaître la vérité du monde ? S'agit-il d'une fiction au sens de fabrication ou reconstruction rationnelle de la réalité du monde ? S'agit-il d'une démarche méthodologique, qui substitue aux limites de notre expérience sensorielle la connaissance rationnelle aidée de l'imagination ? Ou n'est-ce qu'un procédé rhétorique pour échapper aux polémiques avec les aristotéliciens ?

Nous aborderons aussi le changement que Descartes donne à l'exposé de sa vision du monde au sein de ses *Principes*. Pourquoi nie-t-il alors un mouvement propre à la Terre ? Pourquoi rejette-t-il un copernicanisme au sens strict ? Pourquoi présente-t-il sa cosmologie des tourbillons comme une « hypothèse » ?

Dans *Le Monde*, Descartes avance une cosmologie fondée sur la métaphysique. La réflexion métaphysique fait concevoir le fondement de l'« être » ou de la « substance » du monde, à savoir de la matière. La géométrie nous fait concevoir l'essence de la matière et du mouvement. C'est ainsi que Descartes fait du mouvement local le principe unique du changement dans le monde. Il détruit donc la physique des qualités d'Aristote et la distinction aristotélicienne entre quatre types de changement conçus comme irréductibles.

I. La destruction de la physique des qualités issue d'Aristote

Le mouvement comme principe unique des actions naturelles

Le *Monde*, dès le premier chapitre, souligne **la différence entre les qualités ressenties par nous, à savoir nos sensations, et la réalité objective du monde**. Plusieurs expériences donnent des raisons de douter de la ressemblance entre le sentiment que l'on a de la lumière, c'est-à-dire l'idée qui s'en forme en notre imagination, et la réalité de l'objet qui produit ce sentiment. La nature peut avoir établi certains signes (certaines actions) qui produisent en nous le sentiment de la lumière, bien que le signe n'ait en lui-même rien de semblable à ce sentiment.

Dans les chapitres II et III, Descartes continue de s'appuyer sur l'expérience sensible et utilise **un principe d'économie rationnelle**. Les actions du feu (lumière, chaleur, brûlure, etc.) peuvent **s'expliquer par le seul mouvement des parties de la matière**. Il n'est pas nécessaire de supposer l'existence, dans la réalité du monde, d'autre chose que ce mouvement des parties matérielles. Le seul mouvement des parties de la flamme est appelé tantôt action de brûler, tantôt chaleur et tantôt lumière, selon les différents effets qu'il produit sur nos sens. La forme du feu, la qualité de la chaleur et l'action de brûler ne sont donc, en réalité, que le mouvement des parties matérielles.

Le raisonnement est fondé sur l'expérience et sur la clarté de l'imagination. Nous voyons, quand une flamme brûle du bois, qu'elle en remue les petites parties. En outre, il n'est pas possible de clairement concevoir, à l'aide de l'imagination, qu'un corps puisse en remuer un autre sans se remuer soi-même.

Descartes étend son modèle d'explication au monde dans sa totalité. Le mouvement et le repos des petites parties de la matière, dont le nombre est immensément grand, et qui composent les corps, est **un principe d'explication qui permet de saisir la « cause de tous les changements » du monde** et de toutes les variétés de la Terre. Par exemple, la différence entre le liquide et le solide, entre la flamme et l'air. En outre, l'expérience du changement et des mouvements amène à conclure à l'universalité d'un changement continu, produit par les mouvements des petites parties matérielles.

La diversité entre les corps solides et les corps liquides dépend de la manière dont les parties sont en contact les unes avec les autres, c'est-à-dire de leur repos ou de leur degré de vitesse ainsi que de la direction de leurs mouvements mutuels. **Toutes les expériences confirment cette opinion**: celle de la flamme, corps liquide qui liquéfie les métaux par la même action avec laquelle elle brûle le bois; l'air qui, aux rayons du soleil, fait paraître à l'œil certaines de ses petites parties qui se remuent séparément.

La première démarche du traité envers le monde est donc fondée sur des réflexions tirées de l'expérience. Elle en reste à **des opinions rationnelles, destinées à défaire les préjugés des lecteurs sur la réalité du monde**. L'opinion (soutenue elle-même par certaines expériences), selon laquelle les changements sont produits par des mouvements de petites parties matérielles, fait conclure qu'il y a en continu une infinité de divers mouvements dans le monde. La durée ou conservation perpétuelle des mouvements n'est, pour l'instant, avancée que comme une opinion, appuyée sur un constat d'expérience et d'autres opinions, elles-mêmes présentées comme des déductions vraisemblables à partir de l'expérience. À partir de cette conservation d'une infinité de mouvements, Descartes déduit que tous les corps sont composés de nombreuses petites parties en mouvement; et nous constatons qu'une grande part échappe à nos sens. **Ces réflexions fondées sur l'expérience nous amènent donc à reconnaître la limite de nos expériences pour appréhender la réalité du monde**.

Les vrais éléments du monde

Le principe des actions des corps dans le monde est donc unique. **Le même souci d'économie rationnelle conduit à affirmer l'uniformité de la matière du monde**, car il n'est pas nécessaire d'introduire une différence pour expliquer la différence des qualités perçues (chapitre IV). Il n'est pas nécessaire non plus de supposer l'existence du vide pour expliquer le mouvement des parties des corps (notamment des liquides). Toutefois, **cette uniformité du monde n'empêche pas la distinction entre trois types d'éléments**, mais ces éléments ne sont plus fondés sur une physique des qualités, comme chez Aristote (chapitre V). Les qualités deviennent des « états » du mouvement, de la grosseur, des figures et de l'arrangement des parties matérielles des corps. Descartes esquisse, en outre, une cosmologie avec l'introduction de trois types de grands corps: le Soleil et les étoiles fixes; les cieux; la Terre, les planètes et les comètes.

Le souci d'économie rationnelle conduit à souligner que le vide n'est pas nécessaire à l'explication des mouvements du monde. Diverses expériences montrent que tous les mouvements qui se font au monde sont « en quelque façon circulaires[1] », si bien qu'à un corps qui quitte sa place succède un autre qui l'occupe. **Descartes insiste sur la distinction entre la matière qui compose le monde et l'esprit**: seul un esprit est capable de « craindre » la production de vide dans la

1. AT, XI, p. 19 (AT renvoie à l'édition des œuvres complètes de Descartes par Adam et Tannery).

nature, et non les corps. Le fait que le vin contenu dans un tonneau ne descend pas par l'ouverture ménagée au bas du tonneau tient non à une crainte, mais à la plénitude de l'univers matériel. Il s'appuie sur les conditions de production de nos sensations pour faire comprendre que les espaces où nous ne sentons rien peuvent être aussi remplis de matière que ceux où nous sentons quelque chose.

Toutefois, si le vide n'est pas nécessaire, il faut nécessairement quelque chose pour remplir les intervalles de l'air. En effet, l'air grossier que nous respirons, même s'il est aussi matériel que les autres corps, n'est pas aussi « solide » que l'eau ou la terre[1]; c'est un corps plus rare, comme le montre l'expérience. Il faut donc nécessairement concevoir qu'il y a une grande quantité de petits intervalles entre les parties de cet air. Descartes présente donc ses éléments.

L'élément du feu est le corps liquide le plus subtil et le plus pénétrant du monde. La subtilité de ses parties et sa vitesse sont telles qu'il est divisé en tous sens par la rencontre des corps et que ses parties changent de figure à tous moments pour s'accommoder aux lieux où elles pénètrent. L'élément de l'air est un corps liquide très subtil, mais moins que le feu; ses parties ont une grosseur et une figure déterminée (« à peu près ronde »): les petits intervalles entre ses parties sont remplis par l'élément du feu. L'élément de la terre est composé de parties plus grosses et dont le mouvement est moins rapide ou qui sont sans mouvement. Jointes ensemble elles offrent une résistance aux mouvements des autres corps.

On le voit: Descartes rejette les qualités aristotéliciennes de froideur, de chaleur, d'humidité et de sécheresse. Elles ne servent pas à expliquer les éléments, car ces qualités ont elles-mêmes besoin d'être expliquées. Or le mouvement, la grosseur, la figure et l'arrangement des parties suffisent à expliquer toutes les qualités des corps[2]. **Le changement universel, qu'on constate dans l'univers matériel, repose sur ces caractéristiques de la matière, comprises de manière mécanique.**

Les formes des éléments doivent être simples, c'est-à-dire que leurs diverses caractéristiques doivent s'accorder ensemble et tendre à leur conservation mutuelle. Seules les formes décrites peuvent remplir cette condition. Comme aucun corps ne peut arrêter la pénétration de l'élément du feu, il se conserve. L'élément de l'air occupe un état médiant entre le feu et la terre, si bien que les variations de la grosseur de ses parties et de leur vitesse dans un sens ou dans un autre s'équilibrent; l'air se conserve donc. Enfin, les parties de l'élément de la terre résistent toujours au mouvement des deux autres éléments et se conservent en leur état.

Toutes les formes des corps mêlés sont composées de divers mouvements, figures, grosseurs et arrangements de parties. Toutes ces formes ont des caractéristiques qui tendent à faire que les corps se changent et se réduisent à l'une des formes simples des éléments. L'exemple de la flamme le montre. Toutefois, **les éléments ont des lieux dans le monde où ils se conservent perpétuellement dans leur pureté naturelle.** Il semble que les grands corps de l'univers aient la forme simple de l'un des éléments et qu'il n'y ait de corps mêlés que sur la superficie des grands

1. AT, XI, p. 22.
2. AT, XI, p. 26.

corps, où les éléments (dont les natures sont « contraires[1] ») s'entretouchent et agissent sur les superficies des uns et des autres. Il y a trois sortes de grands corps : **le Soleil et les étoiles fixes ; les cieux ; la Terre, les planètes et les comètes.** Ces distinctions prennent sens en référence au phénomène de la lumière : le Soleil et les étoiles fixes sont lumineux ; les cieux transmettent la lumière ; les corps terreux opposent à la lumière une résistance en la réfléchissant.

II. La fable du monde

La matière géométrique

Toutes ces pensées sont présentées jusqu'au chapitre VI comme des opinions vraisemblables en attente d'être confirmées par d'autres raisonnements. Descartes dit vouloir présenter une partie de son discours et ces raisons sous la forme d'une fable en espérant allier l'agrément du vrai au charme de l'imagination[2]. **Il avance alors son concept de matière, à savoir un corps géométrique du monde**.

Après avoir demandé au lecteur de sortir du monde, conçu traditionnellement comme sphérique et clos par la voûte étoilée, et lui avoir demandé d'entrer profondément dans les espaces imaginaires situés autour du monde, il arrête sa pensée en un lieu déterminé et formule l'hypothèse selon laquelle Dieu crée de nouveau une matière, dont la quantité remplit tout l'espace. Il suppose **une clarté intellectuelle maximale de la matière du monde, une nature parfaitement intelligible et évidente**.

La matière est donc conçue comme un « un vrai corps », qui existe comme tel et remplit parfaitement « toutes les longueurs, largeurs et profondeurs » de l'espace « imaginaire » fixé pour le nouveau monde[3]. La grandeur de la matière est donc proportionnée à celle de l'espace : comme espace plein, elle est impénétrable. Elle peut, en outre, être divisée selon toutes les parties et figures imaginables, qui peuvent recevoir tous les mouvements imaginables.

Descartes présente de façon polémique cette matière du monde : il s'attaque à la « matière première » des aristotéliciens. Cette matière, censée constituée les quatre éléments aristotéliciens du monde, est dépourvue de toute qualité représentable par l'imagination ou concevable par l'intellect. Elle est vide de toute détermination (notamment géométrique). **L'erreur des aristotéliciens est d'avoir distingué la matière de sa propre quantité et de son « étendue extérieure », c'est-à-dire de sa spatialité**. Or, l'étendue ou spatialité de la matière est « sa vraie forme ou essence[4] » et non un « accident ». La quantité de la matière ne diffère de la substance de la matière que comme le nombre diffère des choses nombrées.

1. AT, XI, p. 29.
2. AT, XI, p. 31.
3. AT, XI, p. 33.
4. AT, XI, p. 36.

Toutefois, on sait qu'un monde uniforme, en tant que tel, ne connaît pas le changement. Celui-ci suppose des parties en mouvement, donc du mouvement ou, plus précisément, des mouvements. On suppose donc que Dieu divise en effet la matière « dès le premier instant » de la création. **La distinction entre les parties de la matière n'est pas due au fait que Dieu les sépare les unes des autres en produisant du vide entre elles, mais qu'il les affecte de divers mouvements.**

Les lois de la nature

L'état de la matière – sa nature géométrique et ses divers mouvements originels – sont fondés sur un acte métaphysique : une création divine. Les mouvements de la matière eux-mêmes sont soumis à **des lois, dont Descartes souligne qu'elles sont suffisantes pour, à partir d'un chaos, produire un ordre parfait** semblable à celui du « vrai monde », ainsi que toutes les choses qu'on trouve dans le vrai monde. Autrement dit, **l'ordre du monde n'est autre que ses lois.** Descartes précise la fondation métaphysique de ces lois (chapitre VII).

La condition d'être de la matière est que Dieu continue de la conserver de la même façon qu'il l'a créée. Or Dieu a affecté (selon l'hypothèse) les parties de ce monde de mouvements : si ces parties, avec leurs mouvements, sont conservées, il suivra de ces mouvements des changements dans les parties. Pourquoi les états (les figures, grandeurs, le repos/mouvement) des parties matérielles changent-ils ? Parce que, la matière ne contenant pas de vide, toutes ses parties s'entre-touchent ; les mouvements de ces parties les font donc sans cesse se rencontrer les unes les autres. Ces rencontres, produites par les mouvements, changent les états des corps, notamment leurs mouvements. Autrement dit, les lois ne sont autres que les règles des changements qui affectent les parties du monde.

Il faut distinguer l'état des parties du monde de l'action qui fonde leur existence. En effet, l'action par laquelle Dieu crée le monde et maintient son existence ne change pas, elle est continue. C'est l'absence de vide dans le monde qui produit « comme par accident » une diversification de l'état des corps. Dieu produit le même effet « en substance ». L'identité de l'action de Dieu et la continuité de son action sont elles-mêmes fondées sur l'essence de Dieu, plus précisément sur son immutabilité.

Les trois règles suivant lesquelles la nature agit sont dérivées de la création continuée du monde ; elles fondent toutes les autres lois de la nature. La première énonce le principe d'inertie. À cette occasion, Descartes oppose la clarté et la distinction de sa définition géométrique du mouvement – comme déplacement à travers l'espace – à la définition obscure des aristotéliciens. Ceux-ci identifient le mouvement à une action, c'est-à-dire à l'actualisation d'une puissance de changement. Ils y voient un phénomène qui s'épuise de lui-même sans l'activité continuelle d'un moteur extérieur au corps mobile. En outre, ils pensent que plusieurs types de mouvements sont possibles sans qu'aucun corps ne se meuve et ne change de place.

La seconde règle énonce la conservation de la quantité de mouvements à travers la rencontre des corps et le changement de leurs états. Conformément à la première règle, les corps ne commencent un mouvement, ne ralentissent ou ne s'arrêtent que par la rencontre d'autres corps; la seconde règle explique comment, lors de ces rencontres, le transfert du mouvement se fait à travers la poussée ou l'arrêt.

Le registre de la « fable » permet ici à Descartes de faire une **distinction méthodologique entre la déduction *a priori* des règles de la nature** (valable pour le monde imaginé dans la fable) **et l'expérience sensible que nous faisons au sein de notre monde**. En effet, même si dans la plupart des mouvements visibles dans le vrai monde nous n'apercevons pas toujours les actions de poussée ou d'arrêt (et les corps qui effectuent ces actions), ce n'est pas une raison de conclure que « ces deux règles n'y soient pas exactement observées[1] ». Les éléments de l'air et du feu (ou l'air grossier) ne sont pas visibles, leurs actions éventuelles (d'agitation ou de ralentissement) ne sont donc pas perceptibles. Mais **même si tout ce que nos sens expérimentent dans le vrai monde s'opposait manifestement aux deux règles posées**, la raison qui les a fait poser est si forte que Descartes ne cesserait pas de se croire obligé de les supposer pour le nouveau. Car il n'y a pas de « fondement plus solide » pour établir une vérité que l'immutabilité de Dieu et ces deux règles se déduisent manifestement de son immutabilité.

Dans sa troisième règle, Descartes distingue « l'inclination » des corps à se mouvoir » ou à poursuivre leur mouvement en ligne droite, à chaque instant de leur mouvement, et le « mouvement » réel effectué, qui est toujours « en quelque façon circulaire »[2]. En effet, Dieu conserve les choses telles qu'elles sont, et non telles qu'elles ont été, c'est-à-dire qu'il les conserve telles qu'elles sont à l'instant où il les conserve. Or le seul mouvement dont les conditions de production sont réunies en chacun des instants pendant lesquels il se produit, est le mouvement droit.

La refondation rationnelle du monde par Descartes permet une connaissance certaine des lois du monde, c'est-à-dire **une connaissance *a priori* du monde par ses causes**. En effet, les « vérités éternelles » constituées par Dieu (son immutabilité) et par les vérités géométriques (créées par Dieu) garantissent, par leur caractère certain et évident, l'infaillibilité de notre connaissance. Le paradoxe est que Descartes dit, pour le reste de l'ouvrage, poursuivre sa fable sans avoir le souci de présenter des « démonstrations exactes[3] ».

1. AT, XI, p. 42.
2. AT, XI, p. 44.
3. AT, XI, p. 48.

III. Le statut de cette fable

Déréaliser le monde ou bien reconstruire sa réalité ?

Pourquoi présenter la fondation rationnelle du monde à travers une fable ? **Pourquoi inviter le lecteur à « sortir hors de ce monde » pour en imaginer un « nouveau » ?** Ferdinand Alquié a présenté à ce sujet une thèse célèbre : les doctrines métaphysiques de Descartes, ainsi que sa théorie mécaniste, auraient conduit celui-ci à déréaliser le monde. La « fable » tiendrait au caractère fictif du monde imaginé ou représenté par la science. Cette déréalisation donnerait au savant **la liberté d'émettre des « hypothèses » pour expliquer le monde[1], sans que ces hypothèses n'affirment quoi que ce soit sur la supposée « réalité » du monde**. Cette attitude culminerait dans le traitement cartésien du mouvement de la Terre dans les *Principes*, où Descartes défend l'idée que la Terre est déplacée dans l'espace, sans toutefois se mouvoir. Il y aurait donc une distinction ontologique entre, d'un côté, les hypothèses conventionnelles de la science et, de l'autre la réalité du monde.

Cette thèse n'apparaît toutefois pas tenable. La fable n'est pas l'expression d'un abandon par la science cartésienne de toute prétention réaliste ; elle permet plutôt de concevoir les conditions de possibilité de la réalité physique et de la reconstruire radicalement à partir de ses fondements. **La reconstruction rationnelle du monde, à travers la fiction, constitue une « explication » de sa réalité**. Le sens du terme « fiction » peut correspondre à cette idée de « construction ». La fiction est une explication, parce que c'est une *invention* redoublée : invention d'une fable qui invente (ou « façonne ») le monde[2]. En outre, traiter du fondement du monde n'induit pas une séparation entre, d'une part l'être (ou la réalité), qui serait réservé à la métaphysique et, d'autre part, la physique. Cette démarche fournit une assise à la thèse ontologique, qui fait des mathématiques l'essence du monde physique.

Descartes déclare ouvertement ne pas développer son raisonnement métaphysique[3]. Partir de la création feinte du monde le dispense de développer une métaphysique dans son ensemble. Il n'éclaire pas non plus l'acte de création du monde par Dieu. *Le Monde* reprend le projet de fondation exposé à Mersenne dans la fameuse lettre du 15 avril 1630, mais il identifie les lois du monde créé aux vérités mathématiques sans exposer sa doctrine de la libre création des vérités mathématiques. **Descartes fonde donc les lois mathématiques de la physique dans l'immutabilité de Dieu sans éclairer leur dépendance envers l'absolue liberté de Dieu.**

1. *La découverte métaphysique de l'homme chez Descartes*, PUF, 2000 (1re édition : 1950), p. 113-114.
2. Voir : J.-L. Nancy, *Mundus est fabula*, repris dans *Ego sum*, Paris, Flammarion, 1979, pp. 102-103.
3. AT, XI, 38.

Fonder la physique sur des raisons *a priori*

Nous avons vu que les premiers chapitres (I à V) du *Monde* présentent **des réflexions sur l'expérience qui nous détachent par étapes de l'évidence immédiate des sens**. Ces chapitres n'exposent que des conclusions vraisemblables appuyées sur et confirmées par l'expérience sensorielle. Or la réflexion sur l'expérience conduit à poser que les conditions de notre expérience sont restreintes par rapport aux conditions physiques[1] : tout ce qui advient dans le monde n'est pas visible ou perceptible par nous. Si bien que les « conjectures[2] » ou hypothèses explicatives présentées ne peuvent pas, par principe, être parfaitement démontrées ou confirmées par l'expérience. Par exemple, Descartes reconnaît que les expériences qu'il invoque contre le vide ne « suffisent » pas pour prouver son inexistence ; mais elles suffisent à « persuader » que les espaces où l'on ne sent rien, ne sont pas vides[3]. Il renvoie à plus tard les « raisons » qui prouvent que les mouvements du monde ne cessent jamais et n'ont pas besoin de premier moteur. Les raisons avancées jusqu'au chapitre VI apparaissent donc insuffisantes.

La fable expose les fondements *a priori* de l'être de la matière et de son essence, ainsi que de l'essence du mouvement. Elle constitue une genèse du monde ; comme reconstruction, c'est à la fois une explication et un fondement des discours précédents. Les raisons et les fondements examinés permettent des démonstrations *a priori* nécessaires et infaillibles : la négation du vide découle de la nature de la matière comme espace géométrique plein.

La distinction entre ancien monde et nouveau monde sert donc à **exprimer de manière radicale la croyance rationnelle en la validité des lois indépendamment de l'expérience**. Même si toute notre expérience sensible du vrai monde s'opposait à ces lois, on ne cesserait de les supposer pour le nouveau (AT, XI, 43). Les expériences que nous faisons dans le « vrai monde » semblent tantôt s'accorder, tantôt s'opposer aux lois de la nature que la raison nous fait poser. Les deux premières règles se « rapportent fort bien à toutes les expériences » où nous « voyons » la manière dont les corps qui se rencontrent agissent les uns sur les autres. Mais nous ne voyons pas dans le « vrai monde » tous les corps : certains sont insensibles. Dans « la plupart des cas » nous ne voyons pas toujours la manière dont les corps, en agissant les uns sur les autres, peuvent se contraindre à changer d'état et peuvent se transférer leurs mouvements. Cela peut nous induire à douter de ces règles. C'est pourquoi on a pu reconnaître que la première règle (conservation de l'état acquis par les corps) valait dans l'ancien pour de nombreuses qualités (grosseur, figure, repos), mais pas pour le mouvement :

1. AT, XI, p. 11 (chapitre III).
2. AT, XI, p. 16 (chapitre III).
3. AT, XI, p. 20-21 (chapitre IV).

« Il n'y a personne qui ne croie que cette même règle s'observe dans l'ancien monde, touchant la grosseur, la figure, le repos et mille autres choses semblables, mais les Philosophes en ont excepté le mouvement, qui est pourtant la chose que je désire le plus expressément y comprendre[1] ».

Mais puisque tout n'est pas visible dans l'« ancien monde » (ou « vrai monde »), nos expériences ne nous permettent ni de confirmer, ni d'infirmer véritablement les deux premières règles :

« Or, encore qu'en la plupart des mouvements que nous voyons dans le vrai monde, nous ne puissions pas apercevoir que les corps qui commencent ou cessent de se mouvoir soient poussés ou arrêtés par quelques autres, nous n'avons pas pour cela occasion de juger que ces deux règles n'y soient pas exactement observées[2] ».

L'expérience du « vrai monde » n'empêche pas la raison de poser a priori les deux premières règles pour le « nouveau monde » :

« Mais encore que tout ce que nos sens ont jamais expérimenté dans le vrai monde semblât manifestement être contraire à ce qui est contenu dans ces deux règles, la raison qui me les a enseignées me semble si forte, que je ne laisserais pas de croire être obligé de les supposer dans le nouveau que je vous décris[3] ».

Tout ce qui est constaté *a posteriori* ne peut pas contredire ce qui est posé *a priori* de manière certaine. L'évidence et la force de la raison ont priorité sur celle de l'expérience. **La distinction entre ancien et nouveau monde a une portée scientifique et méthodologique en général.** La clarté des raisons l'emporte sur l'évidence sensible, toujours limitée. Il s'agit d'une opposition entre le caractère « manifeste » du sens et celui de la raison. Dans le nouveau monde on saura, grâce aux vérités et aux règles mathématiques, expliquer les effets physiques (qu'ils soient ou non sensibles) par leurs causes rationnelles ; notre connaissance sera *a priori* :

« De sorte que ceux qui sauront suffisamment examiner les conséquences de ces vérités [les vérités mathématiques] et de nos règles pourront connaître les effets par leurs causes, et, pour m'expliquer en termes de l'École, pourront avoir des démonstrations *a Priori* de toute ce qui peut être produit en ce nouveau Monde[4] ».

C'est cette rationalité géométrique qui donne un caractère de nécessité à notre connaissance. **Les lois ne sont pas des hypothèses que des expériences devraient confirmer, elles sont les conséquences d'une thèse** (la création continue) qui ne peuvent être réfutées par l'expérience.

1. AT, XI, p. 38.
2. AT, XI, p. 42.
3. AT, XI, p. 43.
4. AT, XI, p. 47.

IV. L'ordre du monde

Exposé de la fondation du monde dans les Principes

Nous avons vu que le choix de la « fable » dans *Le Monde* est celui d'une perspective qui ne développe pas la justification (métaphysique) des principes physiques. Cette tâche revient aux *Méditations métaphysiques* (1641)[1]. **Toutefois, la métaphysique et la physique ne prennent leur pleine signification que dans la mesure où l'une précède l'autre dans un même exposé**: c'est ce qui advient dans la présentation systématique des *Principes*.

Il y a différents ordres de principes: les principes de la philosophie première (Partie I des *Principes de philosophie*) et les principes de la physique (Partie II). Les principes de la physique sont aussi appelés les « premières lois » de la nature. L'idée d'exposer l'ensemble de la philosophie à partir des principes conduit à adopter une certaine présentation qui consiste à « démontrer les effets par les causes » (*Principia* III, art. 4), à faire voir toute la chaîne des vérités déduites à partir des premières. L'ordre ainsi adopté sera favorable à l'apprentissage par les élèves (Lettre à Mersenne du 31 décembre 1640).

Voici un exposé analytique des principes avancés par Descartes pour fonder la compréhension du monde dans la deuxième partie des *Principes*:

Le fondement métaphysique de la physique est simple: il s'agit de **Dieu comme cause de la matière, du mouvement et du repos** (II, article 36). Il crée et conserve le monde. Il est aussi la raison métaphysique de l'existence des corps (art. 1). Les principes de la physique sont donc la matière et ses modes (grandeur, mouvement/repos, figure), ainsi que la division de la matière en parties (art. 64), elle-même explicable par le mouvement.

En effet, la nature de la matière fait que le monde est une étendue géométrique: le corps est une substance étendue (art. 4). Or, **on ne peut pas concevoir l'étendue sans quelque chose d'étendu** (art. 5, 8, 16, 18); l'étendue est donc un corps, dont on ne peut concevoir l'existence que comme celle d'une substance étendue. La connaissance de l'étendue comme corps est *a priori*, parce que la représentation de l'étendue ne dépend pas de l'expérience sensorielle, elle exclut ce que l'expérience sensorielle a de propre (les qualités secondaires).

La nature du mouvement est une conséquence ou implication directe de la matière comme étendue. Le mouvement est essentiellement mouvement local (art. 23). Il est le principe de division de la matière en parties (art. 23 et 25), et le mouvement des parties est le principe du changement dans la matière (art. 23). Ce changement consiste en une diversité de « dispositions » ou arrangements des parties (art. 23).

1. Sur le fait que la métaphysique contient tous les principes de la physique, voir: AT, III, 233, 298.

Un principe est posé comme postulat *a priori*: la diversité effective des mouvements imprimés en la matière dès le premier instant de la création (art. 36). C'est la diversité des directions et des vitesses qui produit une division de la matière ; cette diversité est une condition nécessaire de la rencontre des corps et du changement de leurs états. Autre principe : la conservation de la quantité de mouvement et de repos dans le monde. La quantité de mouvement est définie par la vitesse et la grandeur des corps. **Les trois lois de la nature sont conditionnées par ce principe de conservation**. Autrement dit, les lois principales de la nature sont les conséquences, du point de vue des corps particuliers, de la conservation générale du mouvement dans la matière. Ce sont les causes secondes des divers mouvements particuliers (art. 37, 39, 40) – la cause universelle du mouvement étant Dieu.

Les principes d'action ou, mieux, la définition des facteurs et des conditions d'action et de résistance des corps dans le monde sont les suivants. La force d'action ou de résistance des corps est leur force d'inertie (en accord avec la 1re loi). Dans le cas du mouvement, cette force est la quantité de mouvement (art. 43). Autre condition d'action : les contrariétés entre les états et les directions des corps : art. 44, en accord avec la 3e loi (voir art. 40 et 41). Descartes avance enfin le principe selon lequel le corps qui a le plus de force produit toujours son effet et empêche celui de l'autre (art. 45).

De ces trois derniers « principes » d'actions sont déduites les 7 règles du choc (art. 46-52). Les règles du choc ne sont pas des « principes » au sens strict.

On constate que **Descartes rend raison d'un ensemble de caractéristiques du monde à partir de la position de l'étendue comme corps**. Les conséquences immédiates sont les suivantes. L'étendue ne peut pas être rien, donc il n'y a pas de « vide » dans le monde (art. 16). Il est contradictoire d'attribuer quelque chose (l'extension) à rien, c'est-à-dire de concevoir le rien comme quelque chose. Les parties de la matière-étendue ne peuvent avoir tantôt plus d'étendue, tantôt moins (art. 19). La matière est dotée d'une impénétrabilité (art. 33). L'étendue ou les corps ont une divisibilité indéfinie (art. 20) : cette conséquence nécessaire n'est pas compréhensible par la raison finie (art. 35). Il y a donc **une double négation de l'idée d'atome** : il ne peut y avoir de vide dans le monde, ni d'élément indivisible. L'extension du monde est, en outre, indéfinie (art. 21).

Ajoutons à cela qu'il y a une uniformité essentielle de la matière, autrement dit une homogénéité des corps : la Terre et les cieux ne sont pas faits d'une matière différente et n'ont pas différentes qualités (art. 22). **La conséquence de l'uniformité essentielle de la matière et de son extension indéfinie est l'unicité du monde** ; la matière étant partout la même, il n'y a qu'un seul monde (art. 22). La divisibilité de la matière et la possibilité pour les parties de se mouvoir entraînent la possibilité du changement dans la disposition des parties (art. 23). Cette conséquence montre que l'unique cause ou principe du changement possible est le mouvement local des parties, car on ne peut pas changer l'essence de la matière. L'individuation des corps ou, si l'on préfère, l'individualité d'un corps repose sur le mouvement commun des parties de ce corps (art. 25, 31). De ces différentes propriétés on peut tirer d'autres conséquences, notamment la circularité des mouvements effectifs dans le monde (art. 33).

Il est à noter que l'ordre des trois « lois » dans les *Principes* (art. 37-40) n'est pas exactement celui du *Monde*. Descartes souligne bien qu'il y a **deux points de vue ou deux échelles selon lesquelles peut être envisagée la causalité des événements du monde** (art. 36). D'une part, Dieu est la cause universelle de tous les mouvements en général, puisqu'il est la cause productrice de la matière et la cause des mouvements imprimés dans la matière. Il conserve donc la matière comme quantité spatiale, la même quantité de mouvement et de repos. **Le mouvement n'est pas une « substance »**, un « être » auto-subsistant, mais un « état » des corps ; il faut donc quelque chose pour conserver cet état : l'action, par laquelle Dieu conserve les corps, conserve aussi leur état. D'autre part, la cause du mouvement au sens de la cause qui fait acquérir du mouvement aux parties de la matière est la rencontre des corps. Ce sont les lois qui, en formulant la causalité physique, formulent les conséquences de la conservation du monde par Dieu du point de vue des parties du monde.

Le transport de la Terre

Dans *Le Monde*, l'héliocentrisme n'est pas présenté comme une hypothèse. D'une part, le monde hypothétique de la fable est trop visiblement la construction du nôtre. D'autre part, l'héliocentrisme est présenté comme une déduction nécessaire à partir des principes, ce que Descartes ne cesse de réaffirmer dans ses lettres[1]. **L'héliocentrisme apparaît nécessairement lié à toute sa physique.** Telle qu'elle se présente dans *Le Monde* la physique cartésienne est donc une thèse fondée métaphysiquement

Dans les *Principes*, Descartes trouve une manière possible de concilier la rotation de la Terre avec la thèse de son immobilité, grâce à la définition de la relativité du mouvement. Dans *Le Monde* Descartes souligne surtout la simplicité du concept géométrique de mouvement en le définissant, dans l'espace absolu, comme le passage d'un corps d'un lieu en un autre. Dans les *Principes* (II, 25), le mouvement d'un corps est défini par rapport aux parties avoisinantes avec lesquelles il est en contact immédiat, et qui sont considérées comme en repos : le mouvement consiste à passer de ces parties avoisinantes à d'autres.

Descartes prend alors soin de souligner qu'il ne présente sa cosmologie que comme une « hypothèse » (*Principes*, III, 19). Elle n'est pas déduite à partir des principes, mais posée comme une hypothèse en accord avec les principes de telle sorte qu'elle permette, non seulement de sauver les phénomènes, mais d'expliquer leurs causes (*Principes*, III, 19). Autrement dit, l'explication ou « déduction » des phénomènes à partir des principes se fait donc au moyen d'une hypothèse. **Descartes souligne qu'il faut connaître les principes physiques pour examiner**

1. AT, XI, 48 ; AT, I, 271 et 285.

ce qu'impliquent en vérité les hypothèses astronomiques; plus précisément il faut connaître la vraie nature du mouvement (*Principes*, III, 18). Descartes construit sa cosmologie à partir des données de l'observation astronomique (*Principes*, III, 5-6, 10, 12). Cependant, il y a un primat du « philosophe naturel » sur l'astronomie d'observation, car seul le physicien connaît la réalité du mouvement et peut affirmer en vérité, alors que **l'astronome n'affirme qu'en apparence**.

Si un corps est en repos au sein d'un milieu fluide, le moindre petit mouvement de tout le milieu environnant suffira à l'emporter (*Principes*, II, 61; III, 25). Cependant, le corps ne sera pas en mouvement relativement à son milieu. Le corps sera donc transporté sans qu'on puisse dire « proprement » qu'il est en mouvement. Or, **Descartes conçoit la situation de la Terre au sein du Ciel comme identique à celle d'un corps solide plongé dans un milieu fluide en mouvement** (*Principes*, III, 26).

Le transport de la Terre par le Ciel constitue ce qu'on appelle le « mouvement » annuel de la Terre, dont dérive son « mouvement » diurne (*Principes*, III, 33). En réalité, ces deux déplacements, conçus d'après le même modèle mécanique, ne sont pas des mouvements propres. La Terre est posée comme en repos au sein de son milieu fluide. Elle est donc emportée par son milieu environnant, sans opposer la moindre résistance. Autrement dit, elle est « transportée en repos ».

Descartes repousse donc un certain discours copernicien. Ceux qui disent que la Terre change de « lieu » par rapport aux étoiles supposées immobiles n'entendent pas la notion propre de « lieu » (*Principes*, III, 29). La manière dont ils déterminent le lieu de la Terre et donc l'état de celle-ci – supposément le mouvement – n'est pas moins arbitraire que celle dont traditionnellement on détermine les lieux des étoiles à partir d'une Terre supposée fixe. Aux yeux de Descartes, un tel copernicanisme est donc réfuté.

Les tourbillons

On l'a vu: grâce aux lois générales de la physique, **Descartes parvient à réconcilier un principe d'ordre avec l'idée d'un monde matériel indéfini et sans finalité, ce que n'avait pas réussi l'atomisme**. L'ordre n'est plus le fait d'une figure, d'une configuration ou d'un assemblage défini, mais les lois qui produisent indéfiniment le même type de configurations au sein de l'univers. La structure de l'univers est celle de galaxies formées de tourbillons contigus. Certes, l'atomisme avait une « idée » d'ordre: il faisait jaillir l'organisation de l'univers de conditions initiales sans finalité, c'est-à-dire du choc des atomes. Toutefois, cette idée n'était pas semblable à un principe au sens de lois mathématiques fondamentales de la nature.

Descartes conçoit, dans son *Monde*, l'univers comme **un ensemble de tourbillons contigus, centrés autour d'un foyer de lumière et de mouvement** (un « Soleil »). Ces tourbillons fluides sont organisés autour d'un centre de matière très fluide, lui-même en rotation autour de son propre centre, et d'où émane une force de pression dirigée dans toutes les directions et identifiée à la « lumière ». Ces tourbillons emportent avec eux les grands corps (planètes) intérieurs à chaque système; ces ensembles en révolution représentent une généralisation, à l'échelle de l'univers, de l'héliocentrisme copernicien. **On voit là le lien systémique établi par Descartes entre métaphysique et physique, avec tous les aspects qu'il implique :** caractère mathématique du monde physique, uniformité de la matière, lois universelles du mouvement, indéfini du monde, cosmologie héliocentrique. Avant Descartes, aucun penseur copernicien n'était parvenu à un tel système général.

Conclusion

Derrière la représentation rationnelle du monde par Descartes se trouve, cachée, notre présence au monde. Descartes pense l'étendue physique, indéterminée et indéfinie, à partir de la représentation abstraite de la géométrie. Son raisonnement ne fait pas référence à l'expérience sensorielle, car la notion d'étendue n'est pas tirée de l'expérience et elle exclut toute qualité exclusivement propre aux sens[1]. Cependant, la représentation de l'étendue par l'imagination suppose notre existence parmi les corps du monde, car l'imagination est une faculté corporelle, comme Descartes le montre dans la suite de son traité[2]. Il faudrait douter de l'existence du monde pour que les représentations de l'imagination n'impliquent pas notre rapport sensible au monde existant. Or la cosmologie cartésienne commence par « fonder » l'existence du monde : un tel doute lui est donc étranger. Le raisonnement *a priori* de Descartes sur la fondation du monde et les principes physiques présuppose donc notre existence dans le monde sensible, notre expérience sensorielle, bien que ce raisonnement n'y fasse aucune référence.

NOTION CLEF — Les lois

Les lois « de » la nature ou les lois « en » la nature sont les règles générales du changement dans le monde. Descartes désigne les vérités mathématiques comme « des lois en la nature » établies par Dieu (AT I, p. 145). Ces vérités mathématiques concernent non seulement les nombres, mais l'étendue. Cette étendue est un corps qui, une fois créé, est le monde indéfini.

Or, l'étendue mathématique implique des lois générales dans la production des phénomènes : l'inertie, la tendance à poursuivre son mouvement en ligne droite, la conservation de la quantité de mouvements au sein des changements produits par la rencontre des corps. **Ces lois peuvent aussi être appelées « principes » de la physique ou principes du monde physique.**

1. *Principes*, II, 3-4 ; Méditation Seconde (AT, VII, 31).
2. Il s'agit du *Traité de l'Homme*, intitulé « chapitre XVIII », qui est la suite des 15 chapitres du *Monde* tel qu'il nous a été transmis ; l'ensemble devait vraisemblablement constituer un seul traité.

Ces « lois » du monde sont les implications directes de l'action par laquelle Dieu crée et maintient constamment l'existence du monde. Elles sont donc le concept qui lie le monde physique à sa fondation métaphysique. De ces lois découlent les « règles » du choc, qui sont aussi des règles générales de la nature : **ces règles gouvernent ou expliquent tous les phénomènes du monde**.

Texte choisi

Permettez donc pour un peu de temps à votre pensée de sortir hors de ce Mondepour en venir voir un autre tout nouveau que je ferai naître en sa présence dans lesespaces imaginaires, Les philosophes nous disent que ces espaces sont infinis et ilsdoivent bien en être crus puisque ce sont eux-mêmes qui les ont faits. Mais afin quecette infinité ne nous empêche et ne nous embarrasse point, ne tâchons pas d'allerjusques au bout, entrons-y seulement si avant que nous puissions perdre de vue toutesles créatures que Dieu fit il y a cinq ou six mille ans ; et après nous être arrêtés là enquelque lieu déterminé, supposons que Dieu crée de nouveau tout autour de nous tantde matière que, de quelque côté que notre imagination se puisse étendre, elle n'yaperçoive plus aucun lieu qui soit vide. [...]

Or puisque nous prenons la liberté de feindre cette matière à notre fantaisie,attribuons lui, s'il vous plaît, une nature en laquelle il n'y ait rien du tout que chacunne puisse connaître aussi parfaitement qu'il est possible. Et pour cet effet, supposonsexpressément qu'elle n'a point la forme de la Terre, ni du Feu, ni de l'Air, ni aucuneautre plus particulière comme du bois, d'une pierre ou d'un métal, non plus que lesqualités d'être chaude ou froide, sèche ou humide, légère ou pesante, ou d'avoirquelque goût ou odeur ou son ou couleur ou lumière ou autre semblable, en la naturede laquelle on puisse dire qu'il y ait quelque chose qui ne soit pas évidemment connude tout le monde.

Et ne pensons pas aussi d'autre côté qu'elle soit cette Matière première desPhilosophes, qu'on a si bien dépouillée de toutes ses formes et qualités qu'il n'y estrien demeuré de reste, qui puisse être clairement entendu. Mais concevons-la commeun vrai corps parfaitement solide qui remplit également toutes les longueurs, largeurset profondeurs de ce grand espace au milieu duquel nous avons arrêté notre pensée ;en sorte que chacune de ses parties occupe toujours une partie de cet espace,tellement proportionnée à sa grandeur qu'elle n'en saurait remplir une plus grande nise resserrer en une moindre, ni souffrir que, pendant qu'elle y demeure, quelque autrey trouve place.

Descartes, *Le Monde* (1629-1633, publié en 1664), chapitre VI.

Analyse

Le concept de matière contient en lui-même virtuellement presque toute la physique de Descartes. L'expression « sortir hors de ce monde » introduit le registre de la fable. Comme nous l'avons vu, celle-ci n'est pas une fiction, mais une reconstitution rationnelle du monde à partir de ses fondements métaphysiques.

Descartes met ici de côté la question de l'infinité du monde. Toutefois, **il s'oppose implicitement au monde fini issu de la cosmologie aristotélicienne.** On sait que Descartes distingue, ailleurs, le caractère infini de Dieu du caractère indéfini – c'est-à-dire sans bornes – de l'étendue géométrique (*Principes*, II, XXI).

La claire intelligibilité de la matière est garantie par son essence géométrique. L'étendue est une substance, dont l'essence est géométrique ou spatiale : ses caractéristiques sont la grandeur, la figure, le mouvement ou repos des parties matérielles. De ces caractéristiques dérivent la disposition des parties les unes par rapport aux autres et l'impénétrabilité des parties de la matière. En effet, **un même espace ne peut être occupé par deux corps, puisque l'espace est un corps**. D'où la négation du vide.

L'étendue est un pur concept, dont l'intellection est toutefois aidée par l'imagination. Cette matière est dépouillée des qualités sensibles ou sensorielles : voir l'expérience du morceau de cire dans les *Méditations* (AT IX, 23-25). L'étendue est la substance dont sont constitués les éléments. Ces éléments ne peuvent donc se comprendre que par une variation des caractéristiques géométriques de la matière.

La matière elle-même impose un concept géométrique du mouvement. Le mouvement est conçu, d'abord, comme un changement de lieu (*Le Monde*, VII), puis comme un changement relatif entre un corps et ses parties environnantes (*Principes*, II, 25)

On voit que Descartes s'oppose à l'idée de « matière première » (d'Aristote), concept impossible à concevoir clairement par l'esprit humain. De même, Descartes s'oppose au mouvement obscurément conçu par les aristotéliciens comme actualisation d'une puissance en tant que puissance.

Mode d'emploi

Il convient de lire les sept premiers chapitres du *Monde* en tenant compte de la différence de registre entre les chapitres I à V et les chapitres VI-VII. Ensuite, il est nécessaire de connaître les réflexions des *Méditations métaphysiques* au sujet de l'étendue comme distincte des qualités sensibles. Les *Méditations* permettent aussi de comprendre la fondation métaphysique de la certitude de l'existence du monde extérieur.

Une fois ces conceptions acquises, la lecture de la partie II des *Principes* s'impose pour comprendre différentes questions : la relativité du mouvement, la négation du vide, le caractère indéfini du monde, la différence entre la cause universelle du changement (Dieu) et les lois entendues comme causes secondes.

Chapitre 5
La théorie des mondes possibles de Leibniz

Louis Pijaudier-Cabot

La conception leibnizienne du monde s'inscrit dans l'analyse de distinctions centrales en métaphysique telles que celle entre la **possibilité** et l'**actualité**, l'**unité** et la **pluralité**, ainsi qu'entre l'**indépendance** et la **connexion** des substances. Les réflexions de Leibniz sur la notion de monde s'insèrent principalement dans sa **théorie des mondes possibles**, celle-ci consiste à soutenir que tous les possibles se combinent en des histoires alternatives entre lesquelles Dieu effectue son choix créateur. Par rapport au monde actuel, ces mondes possibles représentent donc les **différentes manières dont les événements auraient pu avoir lieu**.

Au moyen de sa théorie des mondes possibles, Leibniz soutient deux thèses majeures que cette étude examinera successivement, celles-ci concernent notre monde : la première fait valoir son caractère **optimal**, la seconde porte sur la **contingence** de son actualité.

Selon la thèse de l'**optimisme**, d'une part, Dieu a donc créé **le meilleur des mondes possibles**. Les choses qui existent composeraient ainsi un ensemble qui a pour caractéristique d'être le meilleur comparativement à d'autres mondes possibles dont la perfection est moindre. La notion de monde est donc essentielle à l'expression de l'une des thèses centrales du projet de justification de la création divine en lequel consiste une **théodicée**, à savoir que le mal existe parce qu'il fait irréductiblement partie de la meilleure création possible. Dieu se trouve ainsi disculpé de la responsabilité du mal puisqu'il n'aurait pas pu mieux agir qu'il n'a fait, étant donné l'**espace logique des mondes possibles** qui opère une contrainte sur les différents choix qu'il pouvait effectuer.

D'autre part, Leibniz fonde la **contingence du monde actuel** sur le fait qu'il y a d'autres mondes possibles. La théorie des mondes possibles de Leibniz permet de concevoir que le **nécessaire** correspond à ce qui a lieu dans **tous** les mondes possibles, alors que ce qui est seulement **possible** n'a lieu que dans **certains** mondes possibles. Les **modalités** (possible, nécessaire) sont donc comprises sous la forme d'une **quantification** (universelle, existentielle) sur des mondes possibles. L'actualité de notre monde constitue toutefois un **privilège ontologique** par rapport aux autres mondes possibles – ce privilège correspondant au fait d'être l'objet de la création. Les mondes leibniziens ne sont donc pas des **réalités concrètes** qui existeraient comme le monde actuel, mais ils ne se réduisent pas non plus à de **pures fictions**, ils consistent en des **concepts pensés** l'entendement divin.

I. Le problème du mal et les mondes possibles

Le problème théiste du mal consiste en l'incompatibilité entre l'existence d'un **Dieu** à la fois tout-puissant, omniscient et parfaitement bon avec l'**expérience évidente du mal** dans le monde qui est pourtant sa création. Le problème se noue autour de l'exigence soit d'aller contre l'évidence du mal, soit de refuser l'un des attributs divins classiques. La théorie des mondes possibles permet de fournir une solution qui évite cette difficulté en affirmant que **Dieu a choisi de créer le meilleur monde possible** qui contenait de manière irréductible certains désordres.

La réalité du possible selon Duns Scot

En vue de résoudre le problème du mal au moyen d'une théorie des mondes possibles, l'existence d'**alternatives réelles** apparaît donc indispensable. En effet, un véritable choix qui est le produit d'un Dieu personnel et bon implique plusieurs options qui doivent être toutes également possibles. Si, au contraire, seul le monde actuel s'était avéré possible, alors celui-ci pourrait résulter d'une **nécessité aveugle** dépourvue de toute intention. Autrement dit, si le monde actuel épuisait l'intégralité des possibles, alors sa création n'aurait pas à être spécifiquement attribuée à la volonté d'un agent intelligent. Il existe ainsi une tension conceptuelle entre la **valeur de l'actualisation des possibles** et la perte de valeur de l'actualité si **tous les possibles se réalisent**. En ce sens, **l'existence de possibles dont la réalité est indépendante** de l'exercice de la volonté divine permet de résoudre cette difficulté tout en constituant l'une des pièces essentielles d'une théorie des mondes possibles. À ce titre, Duns Scot peut ainsi être considéré comme l'inventeur des mondes possibles à partir de deux opérations principales qu'il applique à la notion de **possibilité**.

D'abord, Scot soutient que **le possible possède sa propre réalité** au sens où une possibilité dépend formellement de la non-contradiction de son contenu logique. La possibilité d'une notion ne se réduirait donc pas au fait d'être l'**objet de la puissance divine**, parce qu'un « possible, en tant que terme ou objet de la toute-puissance, est ce à quoi l'être ne répugne pas, et qui ne peut pas être par lui-même nécessairement » (*Ordinatio*, dist. 43, q. unic., trad. O. Boulnois[1]). La **priorité de la forme logique du possible** sur le fait qu'il soit objet de la puissance divine implique que les possibilités possèdent une réalité propre.

De plus, Scot distingue radicalement les modalités de leur **inscription temporelle** selon laquelle une chose serait possible parce qu'elle aurait lieu à **un moment**, et nécessaire parce qu'elle serait **toujours** le cas. Plus largement, Scot comprend les modalités sans **référence à l'actualité**. Une possibilité ne dépend alors plus de la puissance d'un agent dans le monde actuel, à l'inverse cette même puissance a bien plutôt pour condition l'**existence d'alternatives réelles.** La contingence n'est dès

1. Olivier Boulnois, « VIII. Contingence et alternatives, Duns Scot », dans *La Puissance et son ombre : de Pierre Lombard à Luther*, éd. Olivier Boulnois, Paris, Aubier, 1994, p. 275.

lors plus comprise de manière **diachronique** comme ce qui est arrivé au moins une fois, mais de manière **synchronique** comme une alternative réelle entre deux possibilités logiques à un même moment du temps.

S'il existe donc des alternatives réelles, alors il existe également des **possibles qui ne se réaliseront jamais**. La **liberté des agents** peut dès lors être fondée sur le fait que des actes logiquement possibles et opposés se disposent à leur volonté. En conséquence, l'existence du monde actuel peut être le résultat d'un libre choix divin, puisque **la consistance formelle de ce monde règle la science divine**. La thèse scotiste de la priorité du possible sur l'entendement divin apparaît donc centrale dans l'histoire de l'émergence de la théorie des mondes possibles, car cette priorité du possible conduit à l'idée selon laquelle **la forme du monde s'impose elle-même à l'entendement divin** plutôt qu'elle n'est dérivée de celui-ci.

La théorie de la science moyenne de Molina

La conception scotiste du possible n'est toutefois pas équivalente à des mondes possibles, puisqu'elle considère seulement des **situations alternatives** qui sont individuelles. Il manque encore l'idée selon laquelle ces différentes situations s'impliquent logiquement pour former différentes **histoires** qui auraient pu être celles de notre monde. Ce pas conceptuel est notamment franchi par **la théorie de la science moyenne** de Luis de Molina. Cette théorie est plus précisément censée répondre au **problème de l'incompatibilité entre la prédestination divine et la liberté humaine**, selon lequel l'omniscience divine implique la nécessité de tous les événements futurs, de sorte que les hommes ne pourraient pas agir librement et être ainsi responsables de leurs actes bons ou mauvais.

Dans son ouvrage majeur, la *Concordia*, Molina défend une solution qui repose sur la distinction d'une forme de science divine qui échappe à l'opposition classique en théologie scolastique entre la **science de simple intelligence** qui consiste en la connaissance des possibles en soi et la **science de vision** qui correspond à la connaissance de tous les événements qui composent le monde créé[1]. Il existe donc, selon Molina, un troisième aspect de la science divine qui porte sur des **propositions conditionnelles** telles que « si Judas est cupide, alors il trahira le Christ », de sorte que Dieu sait alors que Judas trahirait librement le Christ, dans le cas où il serait cupide. En considérant ainsi des alternatives sous la forme de **séries de conditionnels**, les objets de la science moyenne constituent des mondes possibles, comme l'affirme Leibniz qui reprend à son compte la théorie de la science moyenne puis l'illustre par la connaissance qu'avait Dieu du fait que David serait livré à Saül lors du siège de Kégila, s'il s'était effectivement réfugié dans cette ville :

1. Luis de Molina, *Concordia liberi arbitrii cum gratiae donis, divina praescientia, providentia, praedestinatione et reprobatione*, Lisbonne, 1588. Pour une traduction partielle sur ce sujet, voir « Libre arbitre et contingence », *Philosophie*, vol. 82, n° 3, 2004, p. 9-35.

« je viens à mon principe d'une infinité de mondes possibles, représentés dans la région des vérités éternelles, c'est-à-dire dans l'objet de l'intelligence divine, où il faut que tous les futurs conditionnels soient compris. Car le cas du siège de Kégila est la partie d'un monde possible, qui ne diffère du nôtre qu'en tout ce qui a liaison avec cette hypothèse, et l'idée de ce monde possible représente ce qui arriverait en ce cas. Donc nous avons un principe de la science certaine des contingents futurs, soit qu'ils arrivent actuellement, soit qu'ils doivent arriver dans un certain cas. Car dans la région des possibles, ils sont représentés tels qu'ils sont, c'est-à-dire contingents libres. »

Essais de théodicée, § 42

Sous la forme de mondes qui sont autant de scénarios différents, les possibles ne sont alors plus compris isolément, mais selon les implications logiques qu'ils entretiennent les uns avec les autres. L'existence de ces séries de choses garantit alors l'**infaillibilité de la science divine**, sans que cette infaillibilité n'entraîne pour autant la **nécessité absolue** du cours des événements de notre monde, car la science moyenne n'engage qu'une **nécessité conditionnelle** (voir *Discours de métaphysique*, art. 13). En effet, elle fait seulement référence au fait qu'un ensemble de réquisits étant posés, la conséquence qui suit est entièrement déterminée, sans que les termes de cette relation soient en eux-mêmes nécessaires. Autrement dit, le **déterminisme** n'implique pas le **nécessitarisme**, au sens où le fait qu'une cause détermine de manière nécessaire son effet n'implique pas pour autant que cet effet soit lui-même nécessaire[1]. En effet, ce pas supplémentaire nécessiterait de prouver également la nécessité de sa cause. Par conséquent, les actions humaines peuvent à la fois être **libres** et **prédestinées**, puisqu'elles s'inscrivent dans un monde possible parmi d'autres.

La théodicée de Leibniz

La pluralité des mondes possibles devient alors un concept opératoire pour répondre au problème du mal, puisque l'existence du monde actuel résulte de l'exercice de la volonté divine pour laquelle plusieurs options étaient disposées – options parmi lesquelles Dieu aurait choisi la **meilleure**. L'usage des mondes possibles dans le cadre d'une **théodicée** consiste donc à justifier la création divine malgré les désordres qui lui sont inhérents en soutenant que **ces maux sont nécessairement inclus dans le meilleur des mondes**. Cependant, comment s'assurer que Dieu n'était pas inéluctablement conduit à créer notre monde puisqu'il est parfaitement bon, et ne pourrait en conséquence que **vouloir le meilleur** ? Dans un tel cas, les autres mondes ne seraient que de simples **fictions**, c'est-à-dire des produits de notre imagination, de sorte que **seul notre monde aurait**

1. Voir *Réflexions sur l'ouvrage que M. Hobbes a publié en anglais, de la liberté, de la nécessité et du hasard*, dans *Essais de théodicée*, Paris, Flammarion, 1969, p. 375-376.

été véritablement possible. Ainsi, tous les possibles se réaliseraient dans notre monde dont l'actualité ne serait donc pas contingente, mais nécessairepuisque les choses ne pourraient alors pas exister autrement.

Tout ce qui arrive serait alors nécessaire. Cette affirmation correspond à la définition du **nécessitarisme** qui implique que tout autre monde est impossible. Pour éviter cette conséquence, Leibniz distingue la nécessité **absolue** de la nécessité seulement **morale**. Une chose est nécessaire **absolument**, si sa fausseté implique une **contradiction logique**, il en est ainsi de l'égalité des trois angles d'un triangle à deux droits ; mais une chose est **moralement** nécessaire lorsqu'elle consiste en une **exigence requise par la sagesse d'un agent**. C'est en ce dernier sens que le principe qui consiste à choisir le meilleur s'impose à la volonté divine sans pour autant nécessiter absolument son choix, car même celui qui est sage a le pouvoir de ne pas donner son assentiment à ce qui se présente comme le meilleur. Leibniz distingue ainsi la nécessité absolue à l'œuvre dans les mathématiques et la nécessité seulement morale qui a consisté à créer un monde où Jules César franchit le Rubicon :

> « À peu près comme il est raisonnable et assuré que Dieu fera toujours le meilleur, quoique ce qui est moins parfait n'implique point. Car on trouverait que cette démonstration de ce prédicat de César n'est pas aussi absolue que celles des nombres, ou de la géométrie, mais qu'elle suppose la suite des choses que Dieu a choisie librement, et qui est fondée sur le premier décret libre de Dieu, qui porte de faire toujours ce qui est le plus parfait [...]. Or toute vérité qui est fondée sur ces sortes de décrets est contingente, quoiqu'elle soit certaine ; car ces décrets ne changent point la possibilité des choses, et comme j'ai déjà dit, quoique Dieu choisisse toujours le meilleur assurément, cela n'empêche pas que ce qui est moins parfait ne soit et demeure possible en lui-même, bien qu'il n'arrivera point, car ce n'est pas son impossibilité, mais son imperfection, qui le fait rejeter. Or rien n'est nécessaire dont l'opposé est possible. »
>
> *Discours de métaphysique*, art. 13

Afin que Dieu agisse selon le **principe du meilleur**, l'existence d'alternatives à son choix optimal est donc requise. Il doit donc exister en un sens des mondes possibles. L'un des principaux arguments leibniziens pour assurer de la liberté divine, et par voie de conséquence de la contingence de l'actualité, consiste donc à affirmer qu'il existe des **mondes qui sont possibles par soi, indépendamment de toute actualisation.** Or, la liberté qui caractérise le choix divin suppose la pleine connaissance de ces séries de choses alternatives. Les mondes possibles doivent donc être **complètement déterminés**, sans quoi Dieu n'aurait pas une pleine compréhension de la perfection de tel ou tel monde puisqu'un tel état d'ignorance relative empêcherait la possibilité d'un choix moralement nécessaire. Comment la pleine détermination des mondes permet-elle alors de hiérarchiser les mondes selon leur perfection et de porter à l'existence le meilleur d'entre eux ? Autrement dit, par quel **critère de perfection** appliqué aux mondes possibles ceux-ci peuvent-ils servir le projet d'une théodicée ? Selon Leibniz, la perfection d'un monde particulier dépend d'abord des **lois** qui l'ordonnent et permettent ainsi de le définir :

> « je conçois qu'il y avait une infinité de manières possibles de créer le monde, selon les différents desseins que Dieu pouvait former ; et que chaque monde possible dépend de quelques desseins principaux ou fins de Dieu, qui lui sont propres, c'est-à-dire de quelques décrets libres primitifs (conçus *sub ratione possibilitatis*) ou lois de l'ordre général de celui des univers possibles auquel elles conviennent, et dont elles déterminent la notion, aussi bien que les notions de toutes les substances individuelles qui doivent entrer dans ce même univers, tout étant dans l'ordre [...] »
>
> Lettre à Arnauld du 14 juillet 1686

Un monde leibnizien consiste donc en un **ensemble d'individus qui vérifient les mêmes lois**. Plus encore, chaque individu possible appartient à un monde particulier selon les lois que sa notion exprime. Les mondes se distinguent par les lois qui sont communes à leurs habitants, et qui correspondent à des décrets divins possibles. Leibniz défend donc une correspondance stricte entre les substances et les mondes. Dieu ne veut alors pas les **maux particuliers** de notre monde, mais seulement son **ordre général**. Dans une tradition d'origine augustinienne, Leibniz conçoit le mal de manière **négative** comme un manque ou un défaut d'être. L'imperfection d'un monde consiste donc en une absence relative d'ordre. À l'inverse, le bien est équivalent à l'être que Dieu étant **maximiser** lors de son choix créateur. Par conséquent, le meilleur des mondes possibles est celui qui assemble le plus grand nombre d'individus « car la perfection n'est autre chose que la quantité d'essence[1] ». Or, cette **richesse des effets** ne peut être atteinte qu'aux moyens des **lois les plus simples**, ainsi la raison pour laquelle « les voies de Dieu sont les plus simples et les plus uniformes : c'est qu'il choisit des règles, qui se limitent le moins les unes les autres. Elles sont aussi les plus fécondes par rapport à la simplicité des voies » (*Essais de théodicée*, § 208 ; voir également *Discours de métaphysique*, art. 5). Notre monde a donc été choisi par Dieu parce qu'il détient la plus grande **harmonie**, au sens où il est composé par la plus grande variété d'éléments grâce à leur ordonnancement le plus simple possible.

Enfin, il reste l'objection selon laquelle **un monde meilleur encore que le nôtre est pensable**. Dieu n'aurait alors pas de raison suffisante pour effectuer son choix créateur. Il ne devrait alors exister aucun monde, s'il n'existe pas de meilleur monde possible. L'existence du monde actuel prouverait donc son caractère optimal, tout en désignant par contraste la nécessaire impossibilité d'un monde meilleur, bien que celui-ci apparaisse pensable (voir *Discours de métaphysique*, art. 3). Leibniz figure la **hiérarchie entre les mondes possibles** dans l'apologue final de ses *Essais de théodicée* sous la forme d'une pyramide dont la base va à l'infini. Cette pyramide est composée d'appartements qui sont autant d'histoires alternatives ordonnées

1. *De la production originelle des choses prise à sa racine*, dans *Opuscules philosophiques choisis*, trad. P. Schrecker, Paris, Vrin, 2001, p. 173.

selon leur perfection « parce qu'entre une infinité de mondes possibles, il y a le meilleur de tous, autrement Dieu ne se serait point déterminé à en créer aucun ; mais il n'y en a aucun qui n'en ait encore de moins parfaits au-dessous de lui » (*Essais de théodicée*, § 416). Ce classement pyramidal des mondes possibles figure donc l'existence d'une **raison suffisante du choix créateur**, cette raison devant correspondre à la perfection maximale du monde actuel.

II. L'espace logique des mondes possibles

La notion leibnizienne d'harmonie du monde ne consiste plus qu'en une **combinaison d'individus** possibles dont le caractère optimal se remarque à la simplicité des lois qui les ordonnent, alors que le modèle hérité de la cosmologie aristotélicienne comprenait la perfection du monde à partir de la place occupée par les substances dans celui-ci selon leur propre nature élémentaire (voir la preuve de l'unicité du monde par la théorie des éléments, *Traité du ciel*, I, 8). Un monde leibnizien est alors conçu à partir de **l'ordre des faits**, plutôt que selon **les lieux des substances**[1]. Or, un libre choix divin ne peut s'exercer qu'entre une pluralité d'ordres qui se distinguent selon leurs degrés de perfection respectifs. Ces mondes sont donc censés faire peser une **contrainte** sur le calcul divin visant au meilleur. Quelle nature doivent alors posséder ces ensembles de possibles afin d'opérer un tel règlement de la puissance divine ? On distinguera trois déterminants des mondes possibles leibniziens à partir desquels s'explique la structure de leur espace qui s'impose à l'entendement divin : la **compossibilité** qui rend compte de la connexion entre les composants d'un monde, la **maximalité** qui fournit la raison pour laquelle il ne peut pas exister de recombinaisons entre les mondes possibles et enfin l'**indépendance** qui assure que ces mondes constituent des alternatives les uns par rapport aux autres.

Unité et composition d'un monde

Leibniz conçoit le monde actuel comme une **totalité particulièrement inclusive** puisqu'il contient l'**universalité** sans reste des substances créées, ainsi « quand je parle de ce monde, écrit-il, j'entends tout l'univers des créatures matérielles et immatérielles prises ensembles, depuis le commencement des choses » (*Cinquième écrit contre Clarke*, § 59). Le monde englobe donc la totalité de ce qui est **actuel**, non seulement au **présent**, mais aussi dans le **passé** et le **futur**. De plus, toutes ces substances composent un seul et même monde parce qu'elles expriment mutuellement leurs notions. Leibniz soutient qu'il existe une **connexion universelle** entre tous les habitants d'un même monde « car il faut savoir que tout est lié dans chacun des mondes possibles » (*Essais de théodicée*, § 9). Il existe une liaison entre

1. Sur cette évolution du concept de monde, voir notamment la préface de Alexandre Koyré, *Du monde clos à l'univers infini*, trad. R. Tarr, Paris, Gallimard, 1973.

toutes les choses actuelles, de sorte qu'il n'y a pas un changement qui n'étende son effet dans la totalité des êtres qui font partie du même monde. Il n'existe donc pas des mondes qui soient **indiscernables** jusqu'à un certain moment, avant que leurs histoires respectives ne **divergent**. En effet, le segment d'histoire antérieure qui était apparemment partagé par ces deux mondes supposés indiscernables contenait d'ores et déjà, selon Leibniz, des différences qui ne sont pourtant devenues perceptibles que par la suite.

Cependant, l'unité d'un monde ne consiste qu'en **la congruence des perceptions des substances créées**, telle qu'elles se représentent des relations et des changements qui se répondent, chaque substance étant un **point de vue** sur un même monde « comme une ville regardée de différents côtés paraît tout autre et est comme multipliée perspectivement » (*Monadologie*, § 57). En ce sens, Leibniz peut qualifier de manière métaphorique une substance de « monde à part » (*Discours de métaphysique*, art. 14) puisqu'un individu perçoit ses propres phénomènes indépendamment de l'existence de toutes autres choses. Cette métaphore cosmologique fait donc seulement référence à l'**indépendance phénoménale des substances**. De ce fait, Dieu pourrait annihiler le monde entier hors de moi, sans que cela n'affecte en rien la série de mes propres perceptions (voir par exemple *Discours de métaphysique*, art. 32). À l'inverse, cette même série de mes perceptions exprime tout ce qui arrive dans le monde qui m'est lié. Leibniz compare ainsi une substance à « un miroir [...] de tout l'univers, qu'elle exprime [...] à sa façon » (*Discours de métaphysique*, art. 9). L'unité du monde ne consiste finalement qu'en un **accord** entre les **phénomènes** perçus par différentes substances :

> « Car Dieu tournant pour ainsi dire de tous côtés et de toutes les façons le système général des phénomènes qu'il trouve bon de produire pour manifester sa gloire et regardant toutes les faces du monde de toutes les manières possibles, puisqu'il n'y a point de rapport qui échappe à son omniscience, le résultat de chaque vue de l'univers, comme regardé d'un certain endroit est une substance qui exprime l'univers conformément à cette vue, si Dieu trouve bon de rendre sa pensée effective et de produire cette substance. »
>
> *Discours de métaphysique*, art. 14

La notion de point de vue est donc décisive afin de rendre compte de la cohérence de l'**indépendance** des substances avec le fait qu'**elles composent un même monde**. Chaque substance exprime d'une certaine manière un monde dont l'ordre est commun à plusieurs, « comme une ichnographie unique comporte une infinité de scénographies[1] ». On ne peut donc pas opérer une séparation entre les points de vue des différentes parties et celui du tout qu'elles forment, puisqu'il existe une **équivalence** du monde avec chacune des substances qu'il renferme. Ainsi, lorsque Dieu considère un monde, il conçoit tout à la fois sa notion générale et la notion de chacun des individus qui l'exprime selon son propre point de vue.

1. *Échantillon de découvertes*, dans *Discours de métaphysique suivi de Monadologie et autres textes*, éd. Michel Fichant, Paris, Gallimard, 2004, p. 305.

Malgré ce mode de composition restrictif, il reste qu'un monde leibnizien n'est qu'une **somme de notions individuelles**. Il ne possède donc aucune réalité en soi. Au contraire, le monde n'est que « l'agrégat des choses finies[1] ». Un monde n'est alors pas une créature à part entière, **il n'a pas d'unité propre en dehors de la réalité de ses composants**. Les habitants d'un même monde ne forment donc pas ensemble un **tout intégratif** comme le font les cellules d'un animal. Il n'existe pas d'**âme du monde** selon Leibniz[2]. Un monde consiste seulement en un **tout distributif**, tout comme des branches composeront un fagot, à ceci près que l'ordonnancement des parties d'un monde se distingue du simple agrégat par une condition d'harmonie. Leibniz ne considère donc pas d'opposition entre les conceptions **combinatoire** et **holistique** du mode de composition d'un monde, car celui-ci ne consiste réellement qu'en une somme d'individus qui se distinguent toutefois par la connexion universelle qu'ils entretiennent.

Maximalité et pluralité des mondes

Les mondes possibles sont des **collections de possibles compossibles**. La compossibilité est le principe d'association des possibles en mondes. Parmi ceux-ci, « l'univers actuel est la collection de tous les possibles existants, c'est-à-dire ceux qui forment le plus riche composé » (Lettre à Bourguet, décembre 1714). Il y a donc une infinité d'univers possibles dans les idées de Dieu, mais « il ne peut en exister qu'un seul » (*Monadologie*, § 53). Aussi, Dieu choisit-il de porter à l'existence l'ensemble de possibles qui contient le plus de réalité. Pourquoi ce **principe de maximisation** de la réalité ne conduit-il alors pas Dieu à créer tous les possibles en un seul monde ? En effet, puisque le choix divin consiste à créer une quantité maximale d'essences, cette visée semblerait impliquer la vérification du **principe de plénitude**. Ce principe a été inventé par l'historien de la philosophie Arthur Lovejoy, il stipule que toute possibilité est réalisée à un moment ou un autre, auquel cas n'importe quel possible trouverait une place dans notre monde[3]. Le principe de plénitude implique donc une forme de **nécessitarisme**, puisque tout ce qui apparaît contingent serait en réalité nécessaire, alors que des possibles qui ne s'actualisent jamais seraient en définitive impossibles.

La théorie des mondes possibles de Leibniz impose de refuser la plénitude des possibles, sans quoi l'action créatrice de Dieu ne serait plus justifiable par le choix contingent d'une option la meilleure parmi d'autres. Pourtant, le **principe de maximisation de la réalité** qui est accepté par Leibniz semble impliquer la réalité de tous les possibles. Contre cette conséquence, Leibniz affirme que **certains possibles sont incompossibles**, de sorte qu'ils ne peuvent pas exister ensemble et appartenir au même monde. Il existe donc une limite supérieure à la composition entre des individus possibles, de sorte que le tout qu'ils forment est **maximal**. Un

1. *De la production originelle…*, *op. cit.*, p. 169.
2. Voir par exemple *De la nature elle-même, ou de la force inhérente aux choses créées et de leurs actions*, dans *Opuscules philosophiques choisis*, trad. P. Schrecker, Paris, Vrin, 2001, p. 195-196.
3. Arthur Lovejoy, *The Great Chain of Being : A Study of the History of an Idea*, Cambridge, Harvard University Press, 1936, chap. 2, p. 52.

monde donné ne peut donc pas recevoir des individus supplémentaires et par suite, les ordres des mondes s'excluent les uns les autres. Le Dieu leibnizien doit alors effectuer un calcul qui consiste à maximiser le **nombre d'individus possibles** tout en s'assurant de leur **compossibilité en un monde** :

> « Parmi l'infinité des combinaisons et des séries possibles, celle qui existe est celle par laquelle le maximum d'essence ou de possibilité est amené à exister. Il y a toujours, dans les choses, un principe de détermination, qu'il faut tirer de la considération d'un maximum et d'un minimum, à savoir que le maximum d'effet soit fourni avec un minimum de dépense. Dans le cas actuel, le temps et le lieu ou, en un mot, la réceptivité ou capacité du monde peut être considérée comme la dépense, c'est-à-dire le terrain sur lequel il s'agit de construire le plus avantageusement, et les variétés des formes dans le monde correspondent à la commodité de l'édifice, à la multitude et à la beauté des chambres[1]. »
>
> *De la production originelle des choses prise à sa racine*

L'incompossibilité entre certains possibles entraîne donc leur distribution en des ensembles qui sont **disjonctifs**, au sens où ces mondes sont des alternatives strictes les uns par rapport aux autres. Des possibles incompossibles ne peuvent donc pas être créés ensemble, parce que cela entraînerait une contradiction. Au contraire, si certains possibles sont compossibles avec le monde actuel, alors ils devraient être inclus dans l'histoire de notre monde. Leibniz évoque ainsi le cas des **personnages de fiction** tels que ceux de l'*Astrée* d'Honoré d'Urfé qui sont assurément possibles, mais s'ils étaient en outre compossibles avec notre monde, la conséquence serait que « ce roman a été, ou est, ou sera dans quelque coin de l'univers », alors qu'à l'inverse son incompossibilité ferait « qu'il n'y aura point de place pour lui » (*Lettre à Bourguet*, décembre 1714). **La pluralité des mondes possibles leibniziens** provient donc du fait qu'ils sont **incompossibles**, n'ayant pas la capacité de se recevoir les uns les autres en un seul tout.

Actualité et unicité du monde créé

Leibniz affirme que seul notre monde existe. L'actualité constitue un **privilège ontologique** de notre monde parmi une infinité d'autres mondes possibles qui sont seulement des **représentations dans l'entendement divin**. Si les mondes possibles leibniziens existent, ce n'est donc pas en eux-mêmes, mais en tant qu'ils sont « réalisé[s] » en Dieu[2]. Les mondes possibles ne possèdent donc pas tous le même **statut ontologique**, puisque l'un d'entre eux fait exception en étant l'objet de la création, il est à la fois possible et actuel.

Malgré leur statut conceptuel, les mondes seulement possibles ont un rôle important dans la détermination des **conditions de vérité des propositions conditionnelles contrefactuelles**. Ces propositions posent un événement différent

1. *De la production originelle…*, *op. cit.*, p. 173-175.
2. *Ibid.*, p. 181.

du cours de notre histoire à partir de **conditions elles-mêmes différentes**. Il est ainsi vrai que Jules César aurait pu ne pas franchir le Rubicon s'il avait eu plus de respect pour la République romaine parce que **cette situation se vérifie dans un monde possible similaire au nôtre**. Cela ne signifie pas pour autant que Jules César existe dans plusieurs mondes possibles, puisque les possibles sont pour ainsi dire enclos dans leurs mondes respectifs. Ce ne sont donc pas des relations d'**identité** entre des individus appartenant à différents mondes qui permet de vérifier les conditionnels contrefactuels, mais seulement des relations de **similarité**. Les possibilités contrefactuelles que l'on attribue couramment aux individus de notre monde font donc référence non pas à un individu présent dans plusieurs mondes, mais à une collection d'individus complètement déterminés et appartenant à différents mondes, comme ces « Sextus approchants » (*Essais de théodicée*, § 414) qui ne violent pas Lucrèce et vivent paisiblement sous la monarchie romaine. Il n'existe pas d'individus leibniziens dont **certaines propriétés seraient seulement en puissance**, comme un « Adam vague » (Lettre à Arnauld du 14 juillet 1686) qui ne serait pas complètement déterminé à commettre ou non le péché originel.

De manière remarquable, le métaphysicien contemporain **David Lewis** a défendu une théorie des mondes possibles qui remplit des fonctions théoriques équivalentes, à savoir la définition des **conditions de vérités des énoncés modaux** à partir de la quantification sur les mondes possibles et une **logique des individus** dont les possibilités sont seulement représentées par des relations de similarité, plutôt que par une relation d'identité à travers les mondes. Plus encore, Lewis définit également un monde comme un **objet très inclusif** tel que « aucune chose, sous la condition qu'elle existe à quelque distance [...] n'est d'une espèce si étrangère qu'elle ne fasse partie de notre monde. La manière d'être des choses, à son plus haut degré, c'est la manière d'être de ce monde tout entier. Mais les choses auraient pu être différentes d'une multitude de manières[1] ». Ainsi, ces différentes manières d'être possibles sont autant de mondes qui, selon Lewis, sont tout aussi réels que le nôtre. Cette thèse lewisienne selon laquelle les mondes possibles sont tous aussi réels les uns que les autres a reçu le nom de **réalisme modal**. De plus, les motivations de la théorie des mondes possibles de Lewis s'écartent sensiblement du projet leibnizien de théodicée. Tout autrement, l'existence des mondes possibles constitue pour Lewis une hypothèse dont le coût ontologique est acceptable au regard des arguments qu'elle permet de formuler face à une série de problèmes relevant de la métaphysique, de la philosophie de l'esprit et du langage. La réalité des mondes lewisiens est donc fondée sur **un argument par la meilleure explication**.

Malgré leur apparente proximité, il existe donc une différence importante entre le **statut ontologique** des mondes possibles de Leibniz et de Lewis. Alors que Leibniz soutient qu'il n'existe qu'un seul de ces mondes possibles, Lewis soutient au contraire une stricte égalité ontologique entre ceux-ci. Néanmoins, tous deux soutiennent que la thèse selon laquelle **notre monde est actuel par rapport aux autres mondes**. Cette même thèse fait toutefois l'objet d'une conception différente

1. David Lewis, *De la pluralité des mondes*, sect. 1.1, trad. M. Caveribière, J.-P. Cometti, Paris, Éditions de l'éclat, 2007.

de l'**actualité** de Leibniz à Lewis. En effet, Leibniz soutient que l'actualité est **absolue**, ainsi tout ce qui existe est actuel et inversement ce qui est seulement possible n'existe pas. Lewis conçoit, pour sa part, l'actualité de manière **indexicale**. De même que des adverbes tels que « ici » ou « maintenant » ne prennent leur sens qu'à partir d'une référence à soi, l'actualité ne concerne que les objets qui appartiennent au même monde que soi. Ainsi, chaque monde lewisien est actuel de son propre point de vue, et possible du point de vue des autres mondes (voir *De la pluralité des mondes*, sect. 1.9).

Leibniz et Lewis défendent donc des conceptions différentes de l'actualité, mais il reste que l'on trouve chez ces deux auteurs une même **compréhension des modalités sous la forme de mondes**. En effet, demeure par-là l'écart entre ces deux systèmes métaphysiques l'intuition selon laquelle **le possible et le nécessaire se réduisent à des manières de parler de différents ensembles d'individus**. Afin de constituer des alternatives les uns par rapport aux autres, ces ensembles sont donc conçus comme des sommes maximales d'entités mutuellement liées, ce que l'on comprend comme une pluralité de mondes possibles.

NOTION CLEF **La compossibilité**

La compossibilité permet de **répartir les possibles entre les mondes**. Leibniz établit donc une distinction entre la **possibilité** et la **compossibilité**, car pour être possible il suffit que la notion d'un individu ne contienne aucune contradiction. La possibilité est donc logiquement fondée sur la cohérence d'un contenu définitionnel, alors que la compossibilité concerne l'absence de contradiction entre plusieurs notions individuelles. L'**incompossibilité** entre certains possibles est ainsi le fondement de la distribution des possibles en une pluralité de mondes. Elle permet d'assurer que **tous les possibles ne peuvent pas faire partie du même monde**. La notion de compossibilité est donc une pièce essentielle de la théorie des mondes possibles de Leibniz, afin d'assurer qu'il existe des **possibles qui ne sont pas actualisés**.

Quelle doit être **la nature de la compossibilité** afin de soutenir que le choix divin doit nécessairement porter sur un unique monde ? Il ne semble pas que l'incompossibilité entre des individus puisse consister en une incompatibilité purement **logique**. En effet, Leibniz affirme que « Dieu pouvait donner à chaque substance ses phénomènes indépendants de ceux des autres, mais de cette manière il aurait fait, pour ainsi dire, autant de mondes sans connexion, qu'il y a de substances[1] ». Pourtant, Leibniz affirme par ailleurs que n'importe quelle création divine constituerait un seul monde puisque « de quelque manière que Dieu aurait créé le monde, il aurait toujours été régulier et dans un certain ordre général » (*Discours de métaphysique*, art. 6). Pour résoudre cette difficulté, il faut distinguer la puissance **absolue** de Dieu qui s'étend à tous les possibles

1. *Éclaircissements des difficultés que Monsieur Bayle a trouvé dans le système nouveau de l'union de l'âme et du* corps, dans *Système nouveau de la nature et de la communication des* substances, éd. Christiane Frémont, Paris, Flammarion, p. 139.

en soi, et sa puissance **ordonnée** qui comprend également la **sagesse divine**, de sorte qu'elle ne considère que les ensembles de compossibles. À partir de cette distinction d'origine scolastique, il suit que **l'unicité du monde créé n'est nécessaire que d'un point de vue moral**, du fait qu'il est radicalement meilleur que les choses qui existent soient ordonnées. Finalement, la compossibilité entre des possibles dépendrait seulement de leur **connexion spatio-temporelle**, et elle n'impliquerait pas l'impossibilité métaphysique d'une pluralité de mondes déconnectés.

Texte choisi

« J'appelle monde toute la suite et toute la collection de toutes les choses existantes, afin qu'on ne dise point que plusieurs mondes pouvaient exister en différents temps et en différents lieux. Car il faudrait les compter tous ensemble pour un monde, ou si vous voulez pour un univers. Et quand on remplirait tous les temps et tous les lieux, il demeure toujours vrai qu'on les aurait pu remplir d'une infinité de manières, et qu'il y a une infinité de mondes possibles, dont il faut que Dieu ait choisi le meilleur, puisqu'il ne fait rien sans agir suivant la suprême raison.

Quelque adversaire ne pouvant répondre à cet argument, répondra peut-être à la conclusion par un argument contraire, en disant que le monde aurait pu être sans le péché et sans les souffrances; mais je nie qu'alors il aurait été meilleur. Car il faut savoir que tout est lié dans chacun des mondes possibles: l'univers, quel qu'il puisse être, est tout d'une pièce, comme un océan; le moindre mouvement y étend son effet à quelque distance que ce soit, quoique cet effet devienne moins sensible à proportion de la distance; de sorte que Dieu y a tout régi par avance une fois pour toutes, ayant prévu les prières, les bonnes et les mauvaises actions, et tout le reste; et chaque chose a contribué idéalement avant son existence à la résolution qui a été prise sur l'existence de toutes les choses. De sorte que rien ne peut être changé dans l'univers (non plus que dans un nombre) sauf son essence, ou si vous voulez, sauf son individualité numérique. Ainsi, si le moindre mal qui arrive dans le monde y manquait, ce ne serait plus ce monde qui, tout compté, tout rabattu, a été trouvé le meilleur par le créateur qui l'a choisi. »

Essais de théodicée, § 8-9

Analyse

Leibniz définit un monde comme **l'universalité des substances** qui sont créées; ces dernières sont ainsi ordonnées dans le même ensemble. Ce passage s'insère dans une argumentation qui vise à montrer que **le principe du meilleur** à l'œuvre dans le choix divin ne peut rendre actuel qu'un seul monde parmi plusieurs possibles. En ce sens, la définition d'un monde leibnizien implique l'**impossibilité d'une pluralité de mondes co-actuels**, puisque tous ces supposés mondes feraient encore partie de la collection de toutes les choses existantes. Que l'on conçoive une pluralité de mondes de manière **synchronique** comme des agrégats matériels à distance les uns des autres comme le soutiennent les épicuriens, ou de manière **diachronique** comme une succession de mondes, l'un commençant lorsque l'autre termine – comme le pensent les stoïciens, il ne faudrait toujours compter qu'un seul monde au sens leibnizien du terme puisque ces ensembles entretiennent encore des **relations de distance** spatiale et temporelle les uns avec les autres. Néanmoins, lorsque notre monde est donné, il est encore vrai que l'espace et le temps qu'il occupe auraient pu être occupés autrement. Il doit donc exister des alternatives à notre monde.

Dans le second paragraphe, Leibniz répond à une objection contre son optimisme théologique, du fait qu'un **monde meilleur que le nôtre reste pensable**. Sa réfutation s'appuie sur la **connexion universelle** des substances qui font partie du même monde. Ces substances sont connectées non seulement parce qu'elles sont incluses dans le même **espace**, mais encore parce qu'elles expriment l'intégralité des actions **passées** et **futures** de toutes les substances qui leur sont liées. Aussi, changer ne serait-ce que le moindre désordre apparent de cette série de choses entraînerait une redéfinition de la notion de tous ces habitants, et partant du monde lui-même. Un monde **totalement** différent répondrait donc à un tel changement pourtant **local**. Cette conséquence ressort finalement de la définition d'un monde comme un **agrégat**, car l'essence d'un agrégat ne consiste qu'en la somme de ses parties. Ainsi, lorsqu'on modifie une partie d'un monde leibnizien, on considère dès lors un monde numériquement différent du premier.

Mode d'emploi

La théorie des mondes possibles permet, en premier lieu, d'examiner comment les **modalités** peuvent être comprises sous la forme d'**ensembles d'individus** qui forment des mondes. L'intérêt que Leibniz porte à cette **réduction modale** prend son sens vis-à-vis de son projet de **théodicée,** puisque la création divine se trouve justifiée par le fait que Dieu a porté à l'existence **le meilleur des mondes possibles**.

À partir de cette compréhension leibnizienne du concept de monde, il est possible de penser une **pluralité de mondes**, sans pour autant s'engager à sous-déterminer ce concept sous la forme d'un **système planétaire** comme le fait Fontenelle dans ses *Entretiens sur la pluralité des mondes*, ni à le sur-déterminer sous la forme d'une **unité intégrative** rassemblant la totalité des possibles, comme le démiurge platonicien du *Timée* qui intègre la copie de toutes les formes intelligibles dans le *cosmos* qu'il produit. Cette conception intégrative rend, pour sa part, impensable une pluralité de mondes.

En soutenant au contraire qu'il existe une pluralité de mondes **disjonctifs**, Leibniz entend donc éviter la conséquence **nécessitariste** qui est contenue à la fois dans l'hypothèse d'une pluralité de mondes co-actuels et dans celle d'un unique monde intégratif. Il soutient ainsi la **contingence d'un unique monde actuel**, tout en affirmant que celui-ci est **entièrement déterminé**. Il s'oppose ainsi à Aristote dont la preuve de l'unicité du monde repose sur le fait que la forme du monde doit être actualisée par toute la matière, ce qui suppose que le monde n'est pas seulement en **acte**, mais aussi en **puissance** (voir *Traité du ciel*, I, 9). Le concept leibnizien de monde constitue ainsi un usage **modal** de ce concept pour définir le possible et le nécessaire, ainsi qu'un usage proprement **cosmologique** qui consiste à définir la composition d'un ensemble d'individus par leur connexion spatio-temporelle, et les lois de la nature qui fonde leur ordre commun.

Enfin, l'ordre d'un monde leibnizien ne consiste toutefois que dans l'**accord phénoménal** entre les substances qui en font partie et son mode d'existence est seulement celui d'une **représentation dans l'entendement divin**. On observe ainsi dans la théorie leibnizienne des mondes possibles une **idéalisation de la notion de monde**, que poursuivra la philosophie transcendantale de Kant en comprenant dans la *Critique de la raison pure* la notion de monde comme un **processus subjectif de totalisation des phénomènes**.

Chapitre 6
Kant et l'idée de monde

Victor Béguin

La *Critique de la raison pure* de Kant consacre un long passage à la critique de ce que l'on appelle, à l'époque, la « cosmologie rationnelle ». Cette sous-discipline de la métaphysique se propose de formuler des propositions de portée universelle sur le monde en tant que tel : par exemple, « tout dans le monde se produit selon les lois de la nature ». Kant s'emploie à montrer que ce genre de proposition est, non pas faux, mais illégitime : elle ne peut, tout au plus, que conduire la raison à rencontrer des propositions opposées (par exemple, « certains événements du monde s'expliquent par la causalité de la volonté libre, qui est d'un autre ordre que celle des lois de la nature ») qui la plongeront dans l'embarras.

Dans ce passage, Kant ne se contente pas de critiquer les prétentions excessives d'une pensée métaphysique du monde. Il montre également comment les contradictions dans lesquelles tombe une telle pensée peuvent être résolues, ce qui lui permet de délimiter l'usage légitime de l'idée de monde pour la connaissance de la nature. Il s'attache aussi à comprendre la genèse d'une telle illusion, en se demandant comment la pensée humaine en vient à former l'idée de monde. On peut donc lire ce passage de la Critique de la raison pure comme une analyse des conditions d'une utilisation rigoureuse du mot « monde ».

Si Immanuel Kant (1724-1804) est généralement considéré comme l'un des philosophes les plus importants de l'histoire, cela ne tient pas seulement à l'originalité de ses idées, mais aussi – et peut-être surtout – au fait qu'il s'est employé, tout au long de ses œuvres majeures, à réfléchir sur les **conditions de validité des énoncés philosophiques**, c'est-à-dire à se demander *à quelles conditions* les philosophes peuvent légitimement dire ce qu'ils disent, et à identifier les situations dans lesquels ils outrepassent ces conditions. C'est à ce genre d'enquête que Kant accolera le nom de « critique » : il s'agit de délimiter les usages légitimes des différentes facultés humaines afin de préserver la connaissance des impasses dans lesquelles la philosophie l'a jusqu'à présent, aux yeux de Kant, entraînée.

Ce programme est à la fois extrêmement ambitieux, puisqu'il s'agit de proposer une manière de résoudre des conflits qui agitent la philosophie parfois depuis ses origines, et singulièrement modeste, dans la mesure où Kant va, en un sens, simplement s'efforcer de « **corriger l'usage des mots**[1] ». C'est ce qu'il fera pendant les dix-huit années au cours desquelles il publiera les grandes œuvres de sa période dite « critique », inaugurée en 1781 avec la publication de la *Critique de la raison pure*[2], qui lui vaudront une célébrité tardive mais considérable, d'abord en Allemagne, puis dans le monde entier.

Parmi les nombreux mots dont l'ouvrage de 1781 s'emploie à « corriger l'usage », celui de « monde » figure en bonne place. Mais pourquoi une telle correction est-elle nécessaire ? C'est ce que l'on essaiera d'abord de comprendre, en rappelant brièvement les conditions historiques dans lesquelles Kant développe son discours sur le concept de monde ainsi que le cadre général dans lequel la *Critique de la raison pure* aborde ce dernier. Nous pourrons alors examiner la manière dont Kant reconstitue les problèmes posés par ce concept, et la manière dont il se propose de les résoudre.

I. Le monde, entre métaphysique et sciences de la nature

L'œuvre de Kant se construit dans un dialogue serré avec la philosophie et les sciences de son temps. Il n'est donc pas étonnant qu'il ait jugé nécessaire de se pencher sur le concept de monde. En effet, celui-ci est d'une importance certaine pour la pensée des XVIIe et XVIIIe siècles, et cela d'autant plus qu'il se situe **à l'intersection entre les avancées de la physique et la réflexion métaphysique**[3].

1. G. Lebrun, *Kant et la fin de la métaphysique*, Paris, Armand Colin, 1970, p. 77. Notre présentation des antinomies de la raison pure est redevable à cet ouvrage.
2. Les références à cet ouvrage donnent les pages de l'édition originale (A pour la première, B pour la deuxième). Le texte est cité dans la traduction d'A. Delamarre et F. Marty, in *Œuvres philosophiques*, éd. F. Alquié, Paris, Gallimard, t. I, 1980. Pour les citations des *Prolégomènes*, seul le paragraphe est indiqué ; la traduction citée est celle de J. Rivelaygue, dans Kant, *Œuvres philosophiques*, *op. cit.*, t. II, 1985.
3. Sur ce contexte intellectuel, voir P. Clavier, *Kant. Les idées cosmologiques*, Paris, PUF, 1997, ch. 1-2.

La transformation moderne du concept de monde

On a coutume d'affirmer, à la suite de l'historien des sciences Alexandre Koyré, que la pensée dite « moderne » a opéré, à partir du XVIIe siècle, une rupture avec le cosmos fini et hiérarchisé tel que se le représentaient les auteurs antiques et médiévaux[1]. Même si cette thèse demande à être nuancée[2], on peut au moins constater l'apparition progressive, à partir du début du XVIIe siècle, d'une **nouvelle image du monde comme univers homogène et indéfiniment étendu**, qui émerge dans les pratiques et les méthodes mêmes de ceux que l'on n'appelle pas encore « physiciens ». Certains philosophes, qui contribuent eux-mêmes activement à ces recherches par leur activité scientifique, profitent de ces résultats des sciences naturelles pour élaborer un nouveau *concept* de monde. Le plus célèbre est sans doute Descartes: à partir de sa construction d'un « système du monde » fondé uniquement sur des lois mécaniques, Descartes en vient à concevoir le monde comme une machine régie par des lois mettant en relation des portions de matière étendue. C'est ce qui ressort de la lecture du *Monde*, traité achevé au début des années 1630 mais non publié, ainsi que du résumé qui en est donné dans la Ve partie du *Discours de la méthode* (1637).

Le concept de monde dans la « métaphysique scolaire » allemande

Ce concept de monde va être discuté, approfondi, transformé et raffiné par certains auteurs postérieurs, jusqu'à être incorporé, *via* une série de méditations sur lesquelles il n'est pas possible de s'étendre ici, à ce qui, à l'époque de Kant, s'appelle « la métaphysique ». Il s'agit d'une discipline universitaire constituée en Allemagne autour d'une doctrine élaborée par agrégation entre certaines traditions de la scolastique médiévale et moderne et certains courants de la philosophie du XVIIe siècle, notamment celle de Leibniz. Les représentants majeurs de cette « métaphysique scolaire » allemande, Christian Wolff (1679-1754) et Alexander Baumgarten (1714-1762), constituent les principales références de Kant lorsqu'il s'en prend à « la métaphysique ». Or la « cosmologie », c'est-à-dire la doctrine théorique pure du monde, constitue l'une des parties importantes de cette métaphysique. Dans ce cadre, **le monde (ou univers) est défini comme « la série des choses finies, simultanées ou successives, en connexion mutuelle[3] »** (Wolff, *Cosmologie générale*, 1731, § 48). Le monde n'est donc pas seulement l'ensemble des choses, mais le fait que les choses soient dans une relation de dépendance mutuelle; et cette dépendance, dans la perspective de Wolff, est d'abord et avant tout celle de toutes les choses du monde à un instant donné (primat de la simultanéité). Ce concept permet à Wolff d'unifier un certain nombre de problèmes fondamentaux de la philosophie moderne, comme la causalité, la divisibilité de la matière ou encore l'action divine dans l'univers.

1. Voir A. Koyré, *Du monde clos à l'univers infini* [1957], trad. R. Tarb, Paris, PUF, 1962.
2. Voir par exemple S. Shapin, *La Révolution scientifique* [1996], trad. C. Larsonneur, Paris, Flammarion, 1998.
3. La traduction est empruntée à l'ouvrage déjà cité de P. Clavier.

Cosmologie scientifique et cosmologie métaphysique

En parallèle de ces élaborations philosophiques, la recherche de modèles cosmologiques se poursuit dans le domaine de la physique, et atteint un point décisif avec la publication en 1687 des *Principes mathématiques de philosophie naturelle* de Newton, qui proposent un véritable **« système du monde » unifiant la mécanique terrestre et la mécanique céleste autour de la notion de gravitation universelle**. L'onde de choc provoquée par cette publication atteint naturellement la métaphysique, de telle sorte que l'un des problèmes qui se pose de manière récurrente au XVIIIe siècle est celui de la possibilité d'articuler le concept métaphysique de monde et le concept empirique qui est impliqué dans le système scientifique du monde proposé par Newton et développé par ses héritiers. Kant affronte très tôt ce problème, et oscille entre deux manières différentes de le résoudre : l'identification du cosmos newtonien au concept métaphysique de monde (par exemple, dans l'*Histoire générale de la nature et théorie du ciel* de 1755), ou la position d'une distinction entre la cosmologie empirique et la théorie métaphysique du monde (dont témoigne, entre autres, la *Dissertation de 1770*).

II. La *Critique de la raison pure*, un nouveau départ

Ces hésitations vont trouver une résolution satisfaisante, du point de vue de Kant, grâce à la nouvelle perspective adoptée dans la *Critique de la raison pure*. Avant d'examiner la contribution de cet ouvrage à l'analyse du concept de monde, il faut d'abord dire deux mots sur sa perspective générale.

Refonder la métaphysique

La préface à la première édition de la *Critique de la raison pure* fait deux constats : 1) la métaphysique est un « champ de bataille » (A VIII) alors que les autres sciences, comme les mathématiques ou la physique, progressent de manière éclatante ; 2) la raison humaine « ne peut pas écarter » (A VII) les questions traitées par la métaphysique, de sorte que cette science apparaît *quand même* indispensable. La conclusion est évidente : il faut **refonder la métaphysique** en la sortant des ornières dans lesquelles elle est jusqu'à présent tombée, et c'est ce à quoi Kant va s'employer dans la *Critique de la raison pure*.

Pour ce faire, il se demande à quelles conditions des énoncés de type métaphysique peuvent être formulés. Cela le conduit à proposer une **analyse minutieuse de la connaissance humaine**, qui la décompose en différentes facultés afin d'identifier avec précision l'endroit où se loge le dérapage ayant plongé la métaphysique dans le chaos. Ce faisant, Kant va en même temps proposer une théorie générale de la connaissance, et notamment de la connaissance scientifique, en montrant quelles sont les conditions de possibilité des mathématiques et de la physique. Ce point sera explicité dans un ouvrage ultérieur intitulé *Prolégomènes à toute métaphysique future qui pourra se présenter comme science* (1783), qui réorganise les résultats de la *Critique de la raison pure* en fonction des différents domaines de la connaissance dont ils permettent de comprendre la possibilité.

Le transcendantal

Cette entreprise amène Kant à proposer un nouveau domaine d'enquête pour la philosophie, qui donnera en même temps lieu à un type radicalement nouveau de philosophie : le **transcendantal**. Ce terme renvoie chez Kant aux conditions *a priori* de toute expérience possible, c'est-à-dire aux conditions logiquement antérieures à toute connaissance des objets du monde sensible, sans lesquelles elle ne pourrait pas avoir lieu, et qui sont donc constamment présupposées par elle. En outre, l'expression « expérience *possible* » indique que ces conditions sont examinées pour elles-mêmes, indépendamment de toute expérience effective, de façon à ce que l'analyse qu'on en propose ait une portée véritablement universelle. Dans la première partie de la *Critique de la raison pure*, Kant mène une enquête transcendantale sur les principes *a priori* qui régissent les trois facultés contribuant à la connaissance humaine : la sensibilité (Esthétique transcendantale), l'entendement (Analytique transcendantale) et la raison (Dialectique transcendantale).

Dans ce dispositif, la **sensibilité** est la faculté de la réceptivité : Kant la définit comme « la capacité de recevoir des représentations grâce à la manière dont nous sommes affectés par des objets » (A 19/B 33). L'espace et le temps constituent les formes *a priori* de la sensibilité : ils ne sont pas eux-mêmes tirés de l'expérience, mais se présentent comme les conditions minimales de la réception d'un donné sensible quelconque. Si les objets sont reçus par la sensibilité, ils sont *pensés* grâce aux *concepts* de l'**entendement** et aux *jugements* dans lesquels ce dernier associe les concepts. L'entendement est donc la faculté qui *organise* le donné sensible, le découpe, le classe, et façonne l'expérience telle qu'on la connaît : nous ne sommes pas confrontés à une pure multiplicité informe d'impressions sensibles, mais à des objets identifiés et à des relations déterminées entre eux (par exemple, la relation de causalité). Ces analyses permettent à Kant d'établir une thèse cardinale de sa philosophie : puisque la manière dont nous percevons est conditionnée par les structures *a priori* de notre connaissance, nous n'avons jamais accès aux choses en elles-mêmes, mais seulement à la manière dont elles nous apparaissent – c'est la fameuse distinction entre **chose en soi** et **phénomène** (c'est-à-dire la chose *pour nous*).

La **raison**, enfin, est la faculté des principes : elle tente d'unifier les concepts et les règles de l'entendement sous des principes supérieurs. En ce sens, la raison n'est jamais directement confrontée à l'expérience, puisque son matériau est constitué des élaborations de l'entendement ; cependant, en droit, elle ne doit pas se détacher de ce matériau et prétendre fonctionner de manière autonome. Qu'elle le fasse malgré tout, et cela donne la métaphysique à laquelle Kant va s'attaquer dans la Dialectique transcendantale.

III. L'idée de monde dans la *Critique de la raison pure*

La Dialectique transcendantale

Pour être plus précis, on peut dire que la Dialectique transcendantale porte sur **les illusions que se fait la raison sur son propre pouvoir de connaître**. Si elle demeure dans les bornes de l'expérience possible, elle est dans son bon droit ; mais si elle cherche à les outrepasser et prétend produire des connaissances théoriques par elle-même, indépendamment de toute expérience possible, elle se met à errer. Ce franchissement du Rubicon théorique est facilité par le fait que la raison a des **idées**, c'est-à-dire des concepts purs qu'elle trouve en elle et qui ne lui viennent pas de l'entendement. Il est alors tentant de penser qu'à ces concepts, comme à n'importe quels concepts, correspondent des objets connaissables : s'imaginer cela conduit la raison dans trois types d'impasses qui correspondent aux trois grands types d'idées qu'elle trouve en elle – l'âme, le monde, Dieu. On pénètre ici dans le domaine des supposés « objets » de la métaphysique, et c'est en ce point de la *Critique de la raison pure* qu'intervient le concept de monde.

Les idées de la raison correspondent à trois formes d'absolu, d'inconditionné, c'est-à-dire à trois opérations de *clôture*. La première opération est la clôture de la source des pensées, son identification à un « sujet complet » ou substantiel : c'est l'idée d'âme. La deuxième opération est la clôture de la série des conditions du phénomène, c'est-à-dire une opération de *totalisation* : c'est l'idée de monde. La troisième opération, enfin, est la clôture ultime, la détermination d'un être sur lequel se fonde en dernière instance l'unité totale du réel et du possible : c'est l'idée de Dieu. Ces trois idées ne sont pas dans la raison par hasard, car elles ont une fonction précise. Mais lorsque la raison prétend qu'à ces idées correspondent des objets dont elle peut produire, par elle-même, une connaissance théorique, elle sombre dans la mauvaise métaphysique, que l'on peut définir comme la **prétention indue qu'a la raison pure de connaître des objets inaccessibles à toute expérience possible**.

Les antinomies de la raison pure

On peut noter que l'errance de la raison prend des formes différentes en fonction des idées à propos desquelles elle prétend atteindre une connaissance théorique. S'agissant de l'âme et de Dieu, la raison produit des raisonnements fallacieux. Par exemple, de ce que toutes mes représentations sont accompagnées de la représentation d'un « Je pense » qui en constitue le point focal, elle croit à tort pouvoir conclure que ce « Je pense » est un être réel, une *substance pensante* – c'est ce que Kant appelle un « paralogisme », un raisonnement fautif. En revanche, les prétentions à atteindre des connaissances théoriques pures à propos de l'idée de monde aboutissent à des **antinomies**, c'est-à-dire à des situations dans lesquelles la raison produit des propositions qui se contredisent mutuellement (par exemple, « le monde est fini » et « le monde est infini »). On peut en effet constater que les philosophes ont historiquement formulé, à propos du monde, des thèses radicalement opposées. La situation est autrement plus grave qu'avec les autres idées, car il ne s'agit pas simplement d'identifier des erreurs de raisonnement : il s'agit d'arbitrer des **conflits de la raison avec elle-même**. Cette originalité de l'idée de monde a été soulignée à plusieurs reprises par Kant, notamment dans une lettre du 21 novembre 1798 à Garve qui fait des antinomies le point de départ de la *Critique de la raison pure*, dont le projet même aurait été motivé par la nécessité de mettre fin à ce « scandale d'une contradiction apparente de la raison avec elle-même ». Il apparaît donc indispensable de définir un usage rigoureux du mot « monde ».

Autre originalité de l'idée de monde : elle entretient un rapport beaucoup plus intime avec les phénomènes. En effet, l'âme et Dieu renvoient à des objets qui ne peuvent jamais, par principe, faire l'objet d'une expérience : il s'agit d'entités idéales, de pures productions rationnelles dont la raison suppose l'existence sans que cette dernière soit en quelque manière fondée dans l'expérience. L'idée de monde, en revanche, est ancrée dans l'expérience : « **elle prend toujours son objet dans le monde sensible seulement** », et « elle ne réclame [...] aucune autre idée que celle dont l'objet est un objet des sens » (*Prolégomènes*, § 50). En effet, il existe un concept empirique du monde, qui correspond simplement à « **l'ensemble des phénomènes** » (A 419/B 447). Mais l'idée de monde va plus loin, au sens où elle outrepasse les limites de ce concept empirique pour se donner le monde, non pas comme simple ensemble de phénomènes, mais comme **chose en soi inconditionnée** : c'est là « **une idée dont l'objet ne peut jamais être donné de manière adéquate dans une expérience quelconque** » (*Prolégomènes*, § 50). C'est pourquoi Kant écrit que la raison ne produit ici « proprement aucun concept, mais que tout au plus elle affranchit seulement le *concept de l'entendement* des restrictions inévitables d'une expérience possible » (A 409/B 134). Il est facile, si l'on n'y prête pas attention, de passer d'un ensemble de phénomènes conditionnés, donnés dans l'expérience, à une totalité complète, inconditionnée, et telle est la source des errements de la cosmologie rationnelle.

Les antinomies mathématiques

Kant ordonne le contenu de la cosmologie rationnelle en **quatre antinomies**, c'est-à-dire quatre couples de thèses métaphysiques apparemment contradictoires. Mais ces antinomies ne se situent pas toutes sur le même plan. En effet, les deux premières constituent ce que Kant appelle les antinomies « mathématiques », tandis que les deux dernières formeront les antinomies « dynamiques ».

Les **antinomies mathématiques**, tout d'abord, tournent en quelque sorte autour de l'addition et de la division (cf. *Prolégomènes*, § 52c) : il s'agit de se demander si l'on peut ou non toujours ajouter quelque chose au monde, et si l'on peut ou non toujours diviser ce dont il est composé. Cela correspond à deux problèmes classiques : **le monde est-il fini ou infini dans l'espace et dans le temps? Et les choses du monde sont-elles divisibles à l'infini ou composées d'éléments insécables?**

Cela donne lieu à deux antinomies :

– Antinomie n° 1 (A 426-427/B 454-455) :

Thèse : « Le monde a un commencement dans le temps et il est aussi, quant à l'espace, renfermé dans des limites. »

Antithèse : « Le monde n'a ni commencement ni limites dans l'espace, mais il est infini aussi bien par rapport au temps que par rapport à l'espace. »

– Antinomie n° 2 (A 434-436/B 462-463)

Thèse : « Toute substance composée dans le monde est faite de parties simples, et il n'existe absolument rien que le simple ou ce qui en est composé. »

Antithèse : « Aucune chose composée, dans le monde, n'est faite de parties simples, et il n'existe absolument rien de simple dans le monde. »

En l'état, les propositions qui composent chaque antinomie sont bien **mutuellement contradictoires**, au sens où soutenir la thèse conduit nécessairement à déclarer l'antithèse fausse, et réciproquement. Et pourtant, elles ont toutes cours dans la métaphysique telle qu'elle a été pratiquée jusqu'à Kant : pour la première antinomie, on peut penser à la controverse sur l'éternité du monde qui a eu lieu au XIIIe siècle dans la philosophie de langue latine, et pour la deuxième, à des controverses classiques sur la divisibilité de la matière, comme celle entre les Épicuriens et les Stoïciens dans l'Antiquité, ou entre les atomistes et Leibniz à la fin du XVIIe siècle. On a donc l'impression que la raison se contredit elle-même.

Face à cette situation, Kant développe trois lignes argumentatives. Premièrement, il montre que les démonstrations de ces propositions sont essentiellement négatives : quand on veut démontrer que le monde est infini en espace et en temps, on parvient au mieux à démontrer qu'il *n'est pas* fini en espace et en temps – et inversement. Les propositions s'anesthésient mutuellement, mais aucune démonstration ne parvient à établir un résultat positif.

Deuxièmement, Kant explique cette impossibilité de démontrer positivement les propositions concernées par le fait qu'elles sont *toutes* fausses, ou plus précisément, auto-contradictoires, car elles reposent sur une mauvaise délimitation du sens des mots et de l'usage des concepts. Par exemple, ceux qui essaient de montrer que le monde est fini avancent à raison que l'infini actuel ne fait jamais l'objet d'une expérience, mais ils en concluent que le monde *en soi* est *actuellement fini* : **ils passent indûment du monde comme ensemble des phénomènes à l'idée de monde comme chose en soi**, c'est-à-dire d'un raisonnement sur une expérience possible à une affirmation concernant le monde considéré en lui-même, indépendamment des cadres de notre expérience. De même, celui qui tente de soutenir que l'on ne rencontre pas dans l'expérience de limite absolue du monde commet une erreur similaire lorsqu'il en conclut que le monde, considéré en lui-même, est actuellement infini. Autrement dit, les raisonnements qui donnent naissance aux antinomies

reposent tous sur une extrapolation indue du phénomène à la chose en soi; ils sont donc tous faux, et la raison ne se contredit pas car aucune des propositions ne peut être admise une fois passée au crible de la critique.

Mais Kant ne s'arrête pas là : il montre aussi, troisièmement, pourquoi la raison en vient à former cette idée de monde et à s'imaginer qu'elle est susceptible de lui apporter la connaissance d'un objet, c'est-à-dire quelle est la **genèse même de l'illusion du monde**. Pour schématiser à l'extrême, cette illusion provient d'une asymétrie dans les formes *a priori* de la sensibilité, à savoir l'espace et le temps. Normalement, la connaissance porte sur des objets de l'expérience, et elle se fait donc dans l'espace et dans le temps, ce qui implique notamment que toute connaissance est *sérielle*, c'est-à-dire effectuée *étape par étape* dans le temps ; cela vaut d'ailleurs aussi pour les connaissances mathématiques, qui opèrent dans la sensibilité pure, mais ne sont pas moins soumises à cette exigence d'une progressivité temporelle des opérations (la possibilité de la *construction* dans une série temporelle d'opérations est même, d'après Kant, une des contraintes fondamentales pesant sur les concepts mathématiques). Mais il y a, de ce point de vue, une asymétrie entre l'espace, qui est présent tout entier à chaque instant, et le temps, qui enclos l'exigence d'une activité successive de la pensée. Il est alors très tentant d'étendre l'immédiateté de l'espace au temps, et de clore la recherche temporelle des conditions du phénomène en faisant comme si cette série était déjà tout entière donnée : telle est, d'après Kant, l'origine de l'idée de monde[1] (et cela explique, soit dit en passant, le primat accordé par Wolff à la *simultanéité* spatiale sur la *successivité* temporelle dans sa théorie métaphysique du monde).

Il faut donc faire extrêmement attention à ce que nos tentatives de connaître le monde ne dérapent pas en cosmologie métaphysique, c'est-à-dire se garder de passer indûment de l'étude *successive* des phénomènes à la formulation de propositions sur le monde comme totalité *donnée*. En un sens, **la fausse métaphysique du monde repose sur un oubli de la dimension temporelle de la pensée**. On peut le constater aisément grâce à l'exemple de la deuxième antinomie. Les deux propositions qui la composent sont fausses, car, dans un cas, la pensée prétend s'arrêter à une « dernière » division de la matière en parties simples (par exemple, les atomes de matérialistes antiques), tandis que dans l'autre cas, elle prétend *connaître* l'infinité *actuelle* des divisions de la matière. Autrement dit, dans les deux cas, c'est la progressivité temporelle de la connaissance qui est escamotée, et qui conduit la pensée à prétendre se prononcer sur les composants du monde en lui-même, indépendamment des cadres de notre pensée. Tout à l'inverse, la physique ne peut se donner comme objet que la matière comme *phénomène* donné dans le cadre de nos représentations (l'espace et le temps), et peut donc s'appuyer sur la proposition fondamentale selon laquelle « **la matière *est divisible à l'infini*, et cependant *ne se compose pas d'un nombre infini de parties*[2]** » (*Premiers principes métaphysiques de la science de la nature*, II, théorème 4, remarque II) : en effet, que le physicien puisse accomplir *dans le temps* l'acte de division de la matière

1. Cf. G. Lebrun, *op. cit.*, p. 91.
2. Trad. F. de Gandt, in Kant, *Œuvres philosophiques*, *op. cit.*, t. II, 1985, p. 414.

de manière indéfinie ne signifie pas du tout que la matière soit *en soi* composée d'une infinité actuelle de partie. Il y a là toute la distance entre une métaphysique ayant rigoureusement délimité les conditions de validité de ses énoncés, et une mauvaise métaphysique reposant sur des extrapolations aussi indues qu'elles sont inconscientes. La rupture entre cosmologie métaphysique et cosmologie scientifique (empirique) est consommée.

Les antinomies dynamiques

Le deuxième groupe d'antinomies est celui des **antinomies dynamiques**, qui concernent, non plus la possibilité de se donner le monde lui-même comme inconditionné, mais plutôt la possibilité ou non de déterminer l'inconditionné comme cause des phénomènes : dans la troisième antinomie, on s'interroge sur l'existence d'une causalité spécifique des actions humaines, la liberté, et dans la quatrième antinomie, sur l'existence d'un être nécessaire qui serait cause du monde. Cela donne les formulations suivantes :

- Antinomie n° 3 (A 444-445/B 472-473) :

Thèse : « La causalité suivant les lois de la nature n'est pas la seule d'où puissent être dérivés les phénomènes du monde dans leur ensemble. Il est encore nécessaire d'admettre, pour les expliquer, une causalité par liberté. »

Antithèse : « Il n'y a pas de liberté, mais tout dans le monde arrive suivant les lois de la nature. »

- Antinomie n° 4 (A 452-453/B 480-481)

Thèse : « Au monde appartient quelque chose qui, soit comme sa partie, soit comme sa cause, est un être absolument nécessaire. »

Antithèse : « Il n'existe nulle part aucun être absolument nécessaire, ni dans le monde, ni hors du monde, comme sa cause. »

L'analyse de Kant tourne ici autour de l'idée selon laquelle les thèses et les antithèses ne sont qu'*apparemment* contradictoires. Autant les antinomies mathématiques présentent ce qui est contradictoire (l'extension du phénomène à la chose en soi) comme compatible, autant, dans les antinomies dynamiques, « **ce qui est compatible est représenté comme contradictoire** » (*Prolégomènes*, § 53). En effet, les thèses et les antithèses ne sont contradictoires que parce que les formulations métaphysiques les situent sur le même plan ; mais si on considère qu'elles s'appliquent à deux domaines différents, elles peuvent très bien être vraies *toutes les deux en même temps* à des niveaux différents. L'hypothèse de Kant est que les antithèses, pour peu qu'on les comprenne correctement, décrivent parfaitement l'ordre du phénomène : les phénomènes sont donnés comme une série d'événements reliés sans exception par des lois naturelles, et ils sont toujours relatifs les uns aux autres, de telle sorte qu'aucun d'eux ne se présente doté d'une nécessité intrinsèque absolue. Les thèses, en revanche, énoncent les intérêts propres de la raison, qui doit supposer, sans que l'on sache encore pourquoi, qu'une causalité par liberté est possible et que le monde doit avoir pour cause ultime un Être suprême. Mais comme les objets sur lesquels portent les thèses (la causalité libre et Dieu) ne peuvent, par définition, *pas* faire l'objet d'une expérience possible, ils se situent donc sur un *autre plan* que celui du phénomène : dans le registre de ce que Kant nomme l'**intelligible** ou le **noumène**, qui correspond à un domaine d'objets purement rationnels mais jamais susceptibles d'appréhension phénoménale. **Il n'y a aucune contradiction à penser *à la fois* la stricte causalité naturelle et la relativité qu'elle implique dans le domaine du phénomène, *et* la possibilité d'une causalité libre et/ou divine dans le domaine du noumène**.

Conclusion

Une fois parcourues ces analyses kantiennes, dont les résultats ont l'air essentiellement négatifs, on peut légitimement se demander **que faire de l'idée de monde**.

La réponse peut se faire en deux volets. Premièrement, pour ce qui concerne les antinomies dynamiques, il faut noter qu'en levant la confusion du phénomène et de la chose en soi qui est à l'œuvre dans les tentatives métaphysiques de statuer sur l'existence d'une causalité libre et/ou divine, la *Critique de la raison pure* a *ouvert* une voie qui avait été ignorée par les métaphysiciens. En effet, en dégageant la possibilité de penser sans contradiction les lois naturelles d'un côté, et Dieu et la liberté de l'autre, l'analyse des antinomies 3 et 4 apparaîtra rétrospectivement comme ayant dégagé **le champ dans lequel va devenir pensable la moralité**, comme y insiste la préface à la 2e édition de la *Critique*, qui s'inscrit déjà dans les perspectives de la philosophie morale que Kant est alors en train de développer (voir B XXVII-XXIX). Mieux, c'est la philosophie morale qui permettra d'expliquer *pourquoi* la raison possède les idées qu'elle possède, ce qui demeurait obscur dans la *Critique de la raison pure* : la *Critique de la raison pratique* (1788) pourra montrer que, si l'on ne peut aucunement démontrer rationnellement l'immortalité de l'âme et l'existence de Dieu, il est pourtant nécessaire à la moralité de les *tenir pour vraies*, et la *Critique de la faculté de juger* (1790), construire une preuve morale de l'existence de Dieu.

Pour ce qui concerne les antinomies mathématiques, elles sont directement concernées par une des inventions majeures de la Dialectique transcendantale : la **distinction entre usage constitutif et usage régulateur des idées**. L'usage constitutif consiste à prendre les idées comme concepts d'objets possibles, tandis que l'usage régulateur consiste à s'en servir comme aiguillon pour une connaissance demeurant dans les bornes de l'expérience possible. Kant résume cette innovation au § 44 des *Prolégomènes* : « la raison pure n'a pas en vue sous ses idées des objets particuliers, qui seraient situés au-delà du champ de l'expérience, mais elle n'exige que la complétude de l'usage de l'entendement dans l'enchaînement de l'expérience. Mais cette complétude ne peut être qu'une complétude des principes, et non des intuitions et des objets. Néanmoins, pour se la représenter de façon déterminée, elle se la figure comme une connaissance d'un objet, parfaitement déterminée relativement à ces règles, alors que cet objet n'est qu'une idée pour mener la connaissance d'entendement le plus près possible de la complétude que désigne cette idée. » Autrement dit : **l'idée de monde ne peut servir qu'à orienter l'entendement en direction de la synthèse totale qu'elle contient, mais sans jamais donner directement accès à cette synthèse.** Elle oriente la connaissance dans le sens de l'unité, ce dont l'unification newtonienne de la mécanique terrestre et de la mécanique céleste constitue un bon exemple, et peut ainsi alimenter la cosmologie scientifique sans la faire dévier vers la métaphysique.

NOTION CLEF **Nature**

Dans sa discussion des idées cosmologiques, Kant introduit une distinction entre le concept de **monde** et celui de **nature**. Si le mot « monde » désigne « l'ensemble mathématique de tous les phénomènes et la totalité de leur synthèse », le mot « nature », quant à lui, renvoie au monde « en tant qu'il est considéré comme un tout dynamique, et qu'on n'a point égard ici à l'agrégation dans l'espace ou dans le temps, pour la réaliser comme une grandeur, mais à l'unité dans l'*existence* des phénomènes » (A 418-419/B 446-447). Cette définition rappelle celle donnée dans l'Analytique transcendantale : « Par nature (dans le sens empirique), nous entendons l'enchaînement des phénomènes, quant à leur existence, d'après des règles nécessaires, c'est-à-dire d'après des lois » (A 216/B 263). Dans les deux définitions, c'est la notion d'**existence** qui distingue en propre la nature. En effet, le monde désigne simplement une opération de totalisation, alors que la nature renvoie à l'existence en tant qu'elle est régie par des lois. Autrement dit, le monde demeure un concept purement abstrait, alors que la nature prend en compte les lois qui régissent les phénomènes *effectivement donnés dans l'espace et dans le temps*. C'est pourquoi l'ouvrage dans lequel Kant s'intéresse de plus près aux principes fondamentaux qui régissent la liaison entre les phénomènes existants, c'est-à-dire aux principes *a priori* de la physique, s'intitule *Premiers principes métaphysiques de la science de la nature*. Entre le monde et la nature, il y a donc toute la différence qui sépare une simple idée régulatrice poussant à l'unification et la totalisation systématique des connaissances, et un ensemble de processus matériels qui peuvent être donnés dans les phénomènes et obéissent à des lois accessibles à la connaissance d'entendement.

Texte choisi

« [...] si nous quittons la nature ou si, dans la progression de son enchaînement, nous dépassons toute expérience possible pour nous plonger dans de simples idées, nous ne pouvons plus dire que l'objet nous soit incompréhensible et que la nature des choses nous propose des problèmes insolubles ; car nous n'avons plus du tout affaire à la nature ou en général à des objets donnés, mais simplement à des concepts qui ont leur source uniquement dans notre raison et à de purs êtres de pensée ; or, eu égard à ces derniers, tous les problèmes qui proviennent de leurs concepts doivent pouvoir être résolus parce que la raison peut et doit assurément rendre compte complètement de sa propre démarche. Comme les idées psychologiques, cosmologiques et théologiques ne sont que de purs concepts de la raison qui ne peuvent être donnés dans une expérience, les questions que la raison nous propose à leur égard ne sont pas soulevées par les objets, mais par de simples maximes de la raison en vue de sa propre satisfaction, et elles doivent pouvoir trouver ensemble une réponse suffisante ; c'est aussi ce qui se produit en montrant que ce sont des principes destinés à mener l'usage de notre entendement à l'harmonie générale, à la complétude et à l'unité synthétique, et que dans cette mesure ils valent simplement pour l'expérience, mais pour elle en *totalité*. Et, bien qu'une totalité absolue de l'expérience soit impossible, cependant l'idée d'un tout de la connaissance d'après des principes en général est ce qui seul peut lui procurer un genre particulier d'unité, à savoir celle d'un système, sans laquelle notre connaissance n'est qu'un assemblage de fragments [...]. »

Kant, *Prolégomènes à toute métaphysique future qui pourra se présenter comme science*, § 56 (trad. J. Rivelaygue).

Analyse

Ce texte vient conclure la présentation des idées de la raison que Kant donne dans les *Prolégomènes*. Il insiste fortement sur la différence entre la connaissance de l'entendement et les idées de la raison. L'entendement, lorsqu'il cherche à connaître les phénomènes, rencontre souvent des difficultés ; mais avec les idées de la raison, ce ne sont pas simplement des difficultés temporaires que l'on rencontre, mais bien une impossibilité de principe. En effet, les idées sont de purs concepts de la raison, qui ne renvoient pas conséquent à aucune expérience possible, et la résolution des problèmes qu'ils posent ne passe donc pas par une amélioration de la connaissance d'entendement, mais par une analyse du pouvoir de connaître de la raison. Cette analyse conduit nécessairement, d'après Kant, à reconnaître que ces concepts purs de la raison n'ont qu'une fonction *régulatrice* : « ce sont des principes destinés à mener l'usage de notre entendement à l'harmonie générale, à la complétude et à l'unité synthétique », c'est-à-dire à **faire de la connaissance humaine un ensemble tendant à la systématicité et non à la fragmentation**.

Par conséquent, l'idée de monde est, en un sens, la raison pour laquelle l'entendement, lorsqu'il s'emploie à connaître la nature, recherche aussi passionnément l'*unité*. L'histoire de la physique constitue un témoignage manifeste de cette passion de l'unité systématique, depuis l'unification gravitationnelle de Newton jusqu'à la recherche actuelle d'une *Grand Unified Theory* (GUT) qui proposerait le modèle le plus complet possible de l'univers. On voit par là que Kant, avec son analyse de l'idée de monde, ne se veut pas le chantre d'un encadrement positiviste de la pensée, qui ne devrait jamais dépasser les bornes de ce qui peut être objet de science : tout au contraire, il montre que si la recherche cosmologique dégénère en métaphysique faute de précautions sur l'usage des termes, elle barre la voie à cette unification systématique indéfiniment recherchée par la connaissance, et qui constitue pour Kant une des plus hautes destinées de la pensée humaine.

Mode d'emploi

Kant est une référence extrêmement classique sur le thème du monde, dans la mesure où il propose une réflexion approfondie sur le sens même de ce concept et sur les conditions de son usage. Ses textes aident à réfléchir de manière critique sur ce dont on parle lorsque l'on utilise le mot « monde », et sur la manière dont ce concept s'inscrit dans des discours de portée universelle qui prétendent nous apprendre des choses à son propos.

De manière plus précise, on pourra mobiliser deux éléments principaux.

Premièrement, Kant **incite à la prudence** : le risque est grand, lorsque l'on discourt sur le monde, de tomber sans s'en rendre compte dans une métaphysique d'autant moins contrôlée qu'elle est inconsciente. C'est pourquoi il s'attache à montrer le caractère contradictoire des grands discours généraux sur le monde : soit les métaphysiciens extrapolent à partir de leur perception du monde phénoménal, soit ils confondent deux domaines, le sensible et l'intelligible. Dans les deux cas, ils ne se posent pas la question du sens de ce qu'ils disent. Il faut donc **renoncer à la prétention d'atteindre des connaissances théoriques sur le monde comme chose donnée, existante, comme totalité absolue, car le monde n'est qu'un mode de représentation soumis aux cadres de la sensibilité et de l'entendement**.

Deuxièmement, cela ne doit pas conduire à renoncer complètement au concept de monde, mais plutôt à **discipliner son usage** : l'idée d'une totalité des conditions des phénomènes ne peut pas être atteinte par régression à l'inconditionné, mais seulement explorée par le progrès indéfinie du travail de totalisation mené par l'entendement. Elle constitue donc, pour la connaissance, un **idéal régulateur** qui gouverne la recherche, notamment dans les sciences naturelles, sans donner lui-même accès à des connaissances. **Quand on parle du monde, on renvoie donc, non à une chose, mais à un horizon**.

Chapitre 7
Schelling : le monde comme envers de l'esprit

Louis Morelle

L'entreprise philosophique de Schelling, marquée du sceau de l'inachèvement et de la métamorphose, a pour horizon perpétuellement réaffirmé la réunion de tous les dualismes que le kantisme avait institués : sujet et objet, nature et esprit, liberté et système. La notion de monde sert de médiation entre ces dimensions, et l'entièreté de l'effort intellectuel de Schelling consiste à opérer à son égard une série de requalifications conceptuelles : le monde est ainsi d'abord envisagé comme le corrélat de l'esprit (union de l'objectif et du subjectif) ; puis, sous son aspect dynamique, comme génération des conditions réelles d'émergence de la subjectivité, le monde apparaît comme nature, puissance autonome et antérieure à toute conscience ; enfin par le débordement perpétuel du monde à l'égard de l'esprit qui le saisit, il devient la figure originaire à partir de laquelle se déploie la puissance divine. Ces trois déterminations, d'unité, d'autonomie, et d'originarité, correspondent aux trois grandes phases de la philosophie de Schelling dans la première moitié de sa carrière (qui est celle que nous étudions ici) : idéalisme fichtéen, philosophie de la nature, et philosophie de la liberté.

I. Le monde comme produit du Moi

Schelling envisage sa pensée comme **une radicalisation de la révolution copernicienne** opérée par Kant : en renversant le dogmatisme de la métaphysique classique, en rendant impossible de déduire *a priori* les propriétés fondamentales du monde (finité-infinité, éternité-création, déterminisme-liberté), contrairement aux prétentions de la cosmologie rationnelle, celui-ci avait fait du sujet transcendantal l'opérateur premier de la philosophie, l'origine de tout horizon du monde comme totalité. La tâche de la philosophie qui s'annonce consiste alors à façonner un monde nouveau, à la hauteur de cette figure démiurgique. Comme le résume *Le plus ancien programme de l'idéalisme allemand* (court texte rédigé par Hegel, issu des échanges avec les jeunes Schelling et Hölderlin, ses condisciples du séminaire protestant de Tübingen), « la question est la suivante : comment un monde doit-il être constitué pour un être moral ? ».

Le dogmatisme étant devenu impraticable, engoncé qu'il est dans la certitude de l'existence d'un monde en soi posé de manière séparée du Moi pensant, Schelling se tourne alors vers l'idéalisme de Fichte, qui dans sa *Doctrine de la Science* fonde l'ensemble de la philosophie sur le caractère inconditionné du sujet pensant et vivant, en dehors duquel rien ne peut être, ni être conçu : un non-Moi absolu, susceptible de se déterminer et de déterminer le Moi, ne saurait en effet être qu'une illusion métaphysique, résultant soit en une abolition du Moi pensant, soit en un néant absolu.

C'est donc du Moi qu'il faut partir, pour établir le monde en sa réalité propre (voir *Du moi comme principe de la philosophie*, 1795)[1]. Cet idéalisme se distingue du solipsisme, dont Fichte a souvent été accusé, en ce qu'il repose non pas sur le sujet empirique, par définition limité dans ses capacités, mais sur le **Moi inconditionné** (*unbedingte*), le Sujet comme structure active fondamentale de toute activité de pensée, auto-puissance dont l'essence est la liberté, et qui jamais ne peut devenir une chose (*Ding*). Celui-ci est attesté par le biais d'une **Intuition intellectuelle**, qui ne signifie pas ici un moyen d'accès direct à un réel pur (que Kant avait disqualifié), mais une saisie non-objective de la subjectivité comme fond inhérent à toute pensée possible, saisissable en sa transparence à soi : le *fait* de la pensée n'est intelligible qu'à partir de sa compréhension comme autonome, et par là inconditionnée.

Si le monde est en son intégralité produit de l'activité du Moi inconditionné, il n'en reste pas moins nécessaire, car sans non-Moi à déterminer, auquel s'adresser, l'exercice de la liberté serait radicalement sans objet. On peut ici détourner la formule kantienne : sans sujet, le monde objectif est aveugle, voire inconcevable ; mais sans monde objectif, le sujet est vide, enfermé dans la tautologie d'un « je suis » solitaire. Il est ainsi nécessaire de poser le monde comme lieu de l'objectivité, à même de faire contrepoint à la subjectivité, notamment dans sa capacité à la liberté. **Le Monde, du point de vue de cette première philosophie, est le lieu de**

1. in *Premiers écrits, 1794-5*, trad. J.-F. Courtine.

l'apparence (*Erscheinung*), de l'objectivation du Moi sous forme d'extériorité, en laquelle le Moi, principe de l'existant, devient apte à se reconnaître, dont la réalité est d'autant mieux fondée qu'elle dérive de l'activité absolue du Moi.

II. La philosophie de la nature (*Naturphilosophie*)

Dans la lancée de cette philosophie, Schelling ambitionne alors de prolonger les acquis de son maître Fichte, par le biais d'**une philosophie de la nature, qui viendrait offrir une « explication physique de l'idéalisme[1] »**. Une théorie de cette sorte serait en effet à même de parer à l'objection récurrente d'**acosmicisme**, autrement dit d'abolition de la réalité du monde derrière la toute-puissance du Moi (Jacobi, introduit le mot de « nihilisme » dans le vocabulaire philosophique occidental pour critiquer cet aspect de la pensée de Fichte), en démontrant la nécessité immanente par laquelle le monde en tant qu'objectivité se rend disponible à la saisie subjective du Moi, par laquelle les catégories de l'entendement peuvent, autrement que de manière tautologique, saisir la multiplicité du sensible. Ainsi, « c'est dans l'identité absolue de l'esprit en nous et de la nature hors de nous, que le problème de la possibilité d'une nature extérieure doit être résolu (*gelöscht*)[2] ».

Dans une série de traités parus entre 1797 et 1800, Schelling part de la distinction énoncée par Kant entre « monde » et « nature » (le premier étant la totalité des phénomènes considérée en soi, la seconde, cette totalité considérée comme tout dynamique), pour développer progressivement une conception de la nature comme mouvement d'auto-détermination et d'auto-législation, qui viendrait, à l'opposé de la vision cartésienne et newtonienne, « l'extraire du mécanisme mort dont elle semble prisonnière, l'animer en même temps par la liberté et la replacer en même temps dans son libre développement[3] ». Si le Moi est l'autoproduction de la pensée en sa dimension consciente, alors la Nature doit être sa contraposée inconsciente : « l'intelligence est productive de deux manières, soit aveuglément et inconsciemment, soit librement et consciemment : inconsciemment productive, elle l'est dans l'intuition du monde, consciemment productive, elle l'est dans la création d'un monde idéel[4] ». La philosophie de la nature est ici le pendant venant compléter la philosophie transcendantale héritée de Fichte (dont Schelling offre en 1800, dans le *Système de l'idéalisme transcendantal*, sa propre version).

Cette recherche prend, avec *L'Âme du Monde* (1798) puis l'*Esquisse d'un système de philosophie de la nature* (1799), toute son ampleur : **en extériorisant au sein de la matière les opérations formelles du sujet transcendantal, on se rend capable de penser la coïncidence des deux règnes que Kant avait séparés**, et que Fichte

1. *Déduction universelle du procès dynamique* (1800), § 63, HKA, I, 8, 365.
2. *Idées pour une philosophie de la Nature*, Introduction, SW II, 59.
3. *Introduction à l'Esquisse pour un Système de philosophie de la nature* (1799), SW III, 13, trad. E. Renault, p. 155.
4. *Introduction à l'Esquisse pour un Système de philosophie de la nature* (1799), SW III, 271, trad. E. Renault, p. 67.

avait rabattus sur le seul Moi. La nature, dans son mouvement propre, produit en son sein les modifications qui caractérisent l'activité auto-constituante du sujet transcendantal. Ainsi, à l'activité déterminative de la conscience, conçue comme le produit de forces antagonistes, répond une conception de la nature comme polarisée entre forces positives et négatives, venant réunir les domaines de l'organique et de l'inorganique par l'entremise d'une **âme du monde** (voir encadré).

C'est ici que l'on peut dire que l'on **bascule d'une philosophie de la nature vers une *Naturphilosophie*** au sens littéral de cette expression singulière à la langue allemande : une philosophie par la nature, qui institue la nature en sujet, en laquelle la nature apparaît non pas comme simple représentation, mais serait en mesure de s'exprimer elle-même.

Schelling se trouve ainsi conduit, par une nécessité conceptuelle qui semble indépendante de ses intentions de départ, à dépasser le cadre de l'idéalisme fichtéen, et à **produire une philosophie de la nature comme première forme de l'absolu** : posée comme libre, auto-déterminante, elle subvertit toute caractérisation comme Sujet au sens d'une subjectité, de l'unité interne d'un Soi, conception qui ne pourrait que l'assimiler à un ersatz de l'Esprit. Elle se trouve plutôt identifiée à un plus-que-sujet, à un principe immanent d'auto-actualisation. La conscience de soi peut se rejoindre avec le monde parce qu'elle est le produit de l'activité originaire du monde, où elle devient capable de se reconnaître par après, dès lors qu'elle cesse de se voir comme pure et séparée, mais s'envisage comme produite par lui, pour l'intérioriser ensuite dans l'acte d'intellection propre à la conscience de soi dont la philosophie transcendantale fournit l'exposé.

Cette pensée vient toucher un point aigu aujourd'hui encore, à savoir que la dé-réalisation kantienne de la nature est solidaire de sa mécanisation cartésienne, et que de toutes deux résulte une perte significative de la nécessaire antécédence du processus dont la subjectivité est issue comme saisie du monde. Elle n'en pose pas moins une multitude de problèmes, notamment celui de la localisation de l'origine supposée commune du subjectif et de l'objectif, qui permettrait de comprendre leur structuration partagée, aux forts accents d'analogie : si le Moi n'est plus posé, sur le mode fichtéen, comme principe monarchique de leur jointure, faut-il alors le reporter en la nature ? Ou bien en une source plus profonde, que viendrait signifier le terme d'Absolu ?

III. L'Absolu

Des harmoniques néoplatoniciennes ne manquent pas de se faire entendre au travers de cette pente naturaliste que suit la pensée de Schelling, dans son insistance sur l'harmonie profonde entre l'être humain et le monde qui l'accueille et lui donne sens. Elles parviendront à leur pleine expression dans la phase connue sous le nom de **Philosophie de l'Identité** (1801-1808), où une tentative d'élaboration d'une théorie de l'unité essentielle sera la plus explicite. Dans l'ouvrage au succès retentissant, *Exposition de mon système de Philosophie* (1801), sous une écriture démonstrative en hommage à l'*Éthique* de Spinoza, **Schelling propose une démonstration systématique de la nécessité d'unir sujet et objet sous l'égide d'un Absolu entièrement rationnel, immanent à l'existence de toute chose.** C'est ici le Tout qui prend le devant de la scène, et vient offrir un fondement à la notion de monde, qui est à comprendre comme la réunion des pôles de l'idéal et du réal au sein de l'Absolu : « L'Identité absolue n'est pas la cause originaire de l'Univers, mais l'Univers même[1] ».

L'Univers, comme totalité de ce qui existe, n'est pensable que par référence à l'Identité en laquelle l'ensemble des déterminations singulières se ramènent. La compréhension de son unité, de ce qui le fait monde, suppose ainsi de saisir en quelle mesure la totalité des choses singulières renvoie à une communauté éternelle d'essence. Le monde des phénomènes n'est en rien séparé de l'absolu, mais en est l'expression la plus accomplie, sur le mode de sa propre finitude.

La philosophie de la nature continue d'apparaître ici, comme lieu de déduction matérielle de la multiplicité inhérente au monde empirique, mais il n'en reste pas moins que, malgré les efforts de restitution du dynamisme inhérent à l'existant, cette pensée, tout occupée à assurer la coexistence du sujet et de l'objet en un monde-totalité à la réalité inattaquable, tend vers une forme d'éternalisme et de statisme, que Hegel ne manquera pas de railler dans sa dévastatrice préface à la *Phénoménologie de l'Esprit* (1807), y fustigeant un Absolu indifférencié qui ressemble à une « nuit où toutes les vaches sont noires ».

IV. Le Fond de la liberté

La distinction proposée par Schelling, dans l'*Exposition*, d'un monde réel à compléter par l'adjonction d'un monde idéel (dans les textes de cette période, comme *Bruno* [1802] ou *Clara* [1808], deux dialogues d'inspiration néoplatonicienne, Schelling développera même la notion d'un monde spirituel) demandait encore à être complétée et étayée. C'est un tel accomplissement, en même temps qu'un dépassement, qui se produit dans celui de ses ouvrages voué à la postérité la plus importante, les *Recherches sur l'essence de la liberté humaine* (1809). Dans ce texte, salué à sa parution et objet de commentaires récurrents depuis, il tente une résolution originale de la Querelle du Panthéisme, qui avait donné en Allemagne le coup d'envoi du post-kantisme. Celle-ci était partie d'une interrogation provocatrice de l'antiphilosophe fidéiste Friedrich Jacobi, qui affirmait que par une pente irrésistible, tout rationalisme se ramenait en dernière analyse à un panthéisme de type spinoziste, où toute chose était engloutie dans la nécessité d'un Dieu-Substance. Cette issue fatale entraîne une ruine aussi bien de la religion que de la liberté pour quiconque refuserait le caractère fondamentalement abyssal et irrationnel de la postulation du libre-arbitre. Jacobi lie ici le caractère indémontrable de la liberté à

1. *Exposition de mon système de philosophie*, § 32, SW IV, 129, trad. E. Cattin, p. 63.

l'impossibilité symétrique de prouver l'existence d'un monde extérieur à l'esprit : toutes deux relèvent de ce qu'il appelle un *salto mortale*, un saut périlleux hors d'une raison impuissante à démontrer autre chose qu'une nécessité auto-référentielle. Répondre à la hauteur de ce défi, pour Schelling, suppose de montrer que, plutôt que de mener à une abolition du monde phagocyté par Dieu ou l'Absolu, **l'intégration des deux exigences, de la liberté et du système, requiert une reconnaissance primordiale du débordement du monde à l'égard de toute saisie intellective, y compris divine**. Si ce qui occupait Schelling était jusqu'ici la coexistence de la dualité d'aspect subjectif-objectif au sein du monde, assuré, d'un côté par le mouvement de la Nature dont l'Âme du monde était la manifestation au lieu de la matière, de l'autre, par la productivité de l'Intuition du Moi, perpétuellement en mouvement, dont la réunification se faisait supposément dans l'Absolu, Schelling semble à la recherche ici d'un principe ontologique d'originarité, de **fondement** (*Grund*) ultime, sans laquelle la réunification des dualités inhérentes à la nature ne serait qu'une partie de dés déjà jouée.

Ce fondement prend l'aspect d'un fond obscur et abyssal localisé en Dieu même, un *Grund-Ungrund-Urgrund* (que l'on peut traduire par Fond-Abîme-Fond originaire) à partir duquel l'autonomie du monde hors de Dieu puisse être exigée. L'existence devient le lieu de l'extériorité, de l'autonomie du monde par rapport à Dieu. C'est à partir de ce lieu que commence véritablement à devenir pensable une liberté qui ne relèverait pas d'un libre-arbitre capricieux, mais plutôt d'une réalisation de la puissance de Dieu par le biais de la personnalité humaine.

Cette liberté, pour être véritable, doit néanmoins contenir en elle-même la possibilité du mal, dont la racine est à trouver dans la distinction entre la volonté particulière du Soi et l'accomplissement de la volonté universelle. En Dieu, la première est perpétuellement surmontée, et mise au service, en tant que base, de la seconde, se muant par là en son instrument ; en l'être humain, elle devient, si elle est affirmée pour elle-même, origine du mal, mettant la possibilité du non-étant, le fond obscur de la nature primordiale, au-dessus de l'universel qu'elle est censée servir. Ainsi, l'intégration de la liberté en continuité avec le Monde comme totalité issue de Dieu, peut ainsi faire l'objet d'une assise ontologique complète.

Ce traité, aussi vertigineux que séduisant, inspirera une longue lignée de commentateurs, au premier chef desquels Heidegger, qui y discerne une préfiguration de sa propre conception de l'être par-delà l'étant.

V. Les Âges du Monde

La philosophie de la liberté de Schelling débouche directement sur une œuvre fascinante, inaccomplie, intitulée les *Âges du Monde*, qui consiste en **la quête d'une paradoxale origine du temps par-delà l'ontologie philosophique usuelle.** Ce livre à l'ambition démesurée, entrepris en 1811 et laissé inachevé après de nombreux brouillons, a pour objet l'exposé complet de la vie divine, soit, la création du monde à partir de Dieu, du temps à partir de l'éternel, de manière à dégager d'elle un savoir philosophique objectif permettant ensuite d'exposer dans son intégralité le système du monde au présent, puis de déboucher sur une intellection du futur compris comme horizon de complétude du temps. À chaque développement correspond un mode d'écriture : « ce qui est passé est su, ce qui est présent est connu, ce qui est à venir est pressenti. Ce qui est su est raconté, ce qui est connu est exposé, ce qui est pressenti est prophétisé[1] ». Seul le Passé, sous de multiples versions, a été rédigé sous forme publiable, le Présent n'ayant été que partiellement rédigé, et le Futur abandonné. C'est donc sous la forme du récit, celui de l'émergence progressive du monde sous la forme de puissances distinctes de Dieu, que Schelling présente ce premier stade de la vie divine. Considérée en elle-même, dans son repos quasi-panthéiste qui précède toute existence y compris celle de Dieu lui-même comme personne, elle forme la base immémoriale (*unvordenklich*) du développement ultérieur. Celui-ci en une formule qui évoque étrangement le *tsimtsum* de la Kabbale lourianique, prend la forme d'une **contraction**, par laquelle Dieu opère une limitation de son propre être de manière à laisser place au monde, et devient par là, sous l'aspect du Père, le passé absolu du monde, à partir duquel le Fils, figure du présent, peut advenir. Cette conception qualitative du temps, opposée à l'uniformité inhérente au mécanisme moderne, permet d'entrevoir la réconciliation future, terminale, des deux dimensions de l'être-temps dans l'Esprit.

Dans les *Âges du Monde*, Schelling prend ainsi la mesure de la notion d'historicité impliquée par la distinction entre fond abyssal et existant posée par les *Recherches sur la liberté humaine*, qui suppose dès lors une transition entre l'indifférenciation initiale préalable à la création, et la différenciation ontologique qu'exige la notion de vie subjective envisagée dans sa plénitude. Malgré l'échec de l'écriture de l'ouvrage, Schelling réalise un tournant important dans sa trajectoire, qui débouchera sur une nouvelle philosophie, qu'il intitulera positive : considérant tout rationalisme *a priori*, ne tenant pas compte de la dimension radicalement contingente de l'existence, comme relevant de l'ordre du négatif, il est amené à forger une voie nouvelle, qui l'oriente vers l'élucidation de la mythologie comme facteur d'exposition du passé propre à la pensée.

Comment comprendre la progression de cette pensée, au fil de ses reformulations ? **L'aiguillon qui anime la pensée de Schelling tient à la nécessité d'un écart entre le système de la pensée et celui du monde, chacun nécessaire, chacun autonome à l'égard de l'autre, mais dont il faut pourtant penser la coïncidence** : « *le monde repose, pour ainsi dire, dans les filets de la raison, mais justement, comment est-il arrivé dans ce filet ? car il y a manifestement, dans le monde, quelque chose d'autre encore et quelque chose de plus que la pure raison, voire quelque chose qui cherche à sortir de ces limites*[2] ». Cet autre-que-la-raison, ce « reste qui n'éclôt jamais », est-il pleinement saisissable par l'effort philosophique ? Les réécritures successives auxquelles s'adonne Schelling témoignent en tout cas d'une volonté d'approfondissement continuel de cet horizon, qui implique de déceler à même le mouvement de la

1. *Les Âges du Mondes*, Introduction (SW, 8, p. 199) trad. P. Cerrutti, p. 23.
2. *Contributions à l'histoire de la philosophie moderne*, SW, 10, pp. 143-4, trad. fr. p. 162

pensée les traces de ce qui la meut: la lumière de la conscience, qui révèle en sa forme le système du monde, n'éclaire que vers l'avant, derrière elle rode toujours un principe obscur et sauvage qui lui échappe, le monde en son existence propre.

Notion clef **Âme du Monde**

Le terme d'âme du monde est emprunté par Schelling à Platon, héritant par là d'une longue tradition. Qu'elle soit formée par le Démiurge à partir de proportions géométriques comme dans le *Timée*, force vitale manifestant la respiration intérieure du cosmos (chez les stoïciens), ou instance de médiation entre les âmes individuelles et l'Âme totale dont ces dernières sont issues (chez Plotin et les néoplatoniciens), **cette figure profondément évocatrice a toujours eu pour fonction d'assurer l'organisation et l'harmonie mutuelle des êtres naturels**.

Chez Schelling, cette notion est mobilisée, non comme principe théologique d'une Providence, ou comme « feu artiste » créateur des réalités, mais plutôt comme débouché, au sein de la philosophie de la nature, d'une **nécessaire réciprocité entre la sphère du vivant et le sol matériel sur lequel elle s'élabore**. Si, en effet, la nature est à envisager comme une série continue, une « échelle graduée » (*Stufenfolge*), c'est qu'elle renvoie, au-delà de l'organisation immanente caractéristique des êtres vivants, à un phénomène d'organisation global, par interdépendance entre l'ensemble interactif de ces vivants et les strates, chimiques, magnétiques, physiques, dont cet ensemble dépend : une organisation de la nature elle-même, qui peut revendiquer l'héritage de la Sagesse antique.

« La nature doit être libre dans sa conformité aveugle aux lois, et à l'inverse elle doit être conforme aux lois dans sa totale liberté, ce n'est que dans cette union que réside le concept de l'organisation[1] ». Cette organisation est envisagée par Schelling à partir du schéma, à la fois philosophique et empirique (à travers le phénomène du magnétisme, récemment découvert), de **la polarité** : une stratification duale interne, répercutée à toutes les échelles de l'être, est la structure qui habite la nature de part en part. On élude toute par là notion de dualisme des *substances* (âme-corps, organique-inorganique) pour laisser place à une polarisation interne, duale, de la nature, qui est à penser en termes de moments d'expression locaux et potentiellement réarticulables.

L'enchaînement des dualités entre attraction et répulsion au niveau de la matière, entre lumière et pesanteur, entre irritabilité et excitabilité au niveau de l'organisme, biologique intuition productive et réceptive au niveau de la conscience, vient donc donner la forme paradoxale d'une nature perpétuellement en mouvement, perpétuellement en conflit avec elle-même, dont l'équilibre ne prend jamais la forme d'un repos, et nécessite de penser son développement ininterrompu. La réunion de la métaphysique avec la physique, consubstantielle à l'entreprise de la *Naturphilosophie*, implique que la postulation ontologique de

1. « La nature doit être libre dans sa conformité aveugle aux lois, et à l'inverse elle doit être conforme aux lois dans sa totale liberté, ce n'est que dans cette union que réside le concept de l'organisation » (*De l'Âme du Monde*, HKA I, 6, 216, trad. S. Schmitt, p. 149)

l'âme du Monde en tant que principe d'organisation de la nature ne représente pas une entité transcendante, mais bien au contraire l'expression macroscopique du dynamisme quasi-spirituel inhérent à la matière en tant que telle.

Sans aller jusqu'à envisager une évolution des espèces, encore hors du savoir scientifique, la conception schellingienne anticipe certaines notions encore à l'œuvre en philosophie de la biologie, au premier chef celle d'auto-organisation, ou, au sein de la pensée écologique, l'hypothèse-Gaia chère à James Lovelock ou Bruno Latour, sous la forme d'un principe d'homéostase à l'échelle de la planète.

Textes choisis et analyse

« La nature doit être l'esprit visible, et l'esprit, nature invisible. C'est ici, dans l'identité absolue de l'esprit en nous et de la nature hors de nous, que le problème de la possibilité d'une nature extérieure doit être résolu (*gelöscht*) »
Idées pour une philosophie de la nature (1797), SW II, 56

Comment comprendre que l'esprit touche, dans son effort d'intellection, un monde qui lui serait extérieur ? La proposition kantienne d'une énigmatique chose en soi étant définitivement insatisfaisante, il semblerait que l'existence même du monde reste douteuse. C'est en vue de désamorcer cette menace que l'identité de la nature à l'esprit est introduite. La nature n'est pas arbitrairement organisée par notre esprit, mais possède une unité propre, une structuration qui est précisément la marque de sa parenté objective avec l'esprit, dont elle manifeste les qualités de dynamisme et d'activité, sous une forme inconsciente et sensible, comme « esprit visible ». Réciproquement, l'esprit ne naît pas de manière éthérée, flottant au-dessus du monde, mais s'accorde avec lui et manifeste en sa productivité sa part de « nature invisible ». Esprit et nature sont deux faces de la même réalité, du même monde. Il est également important de noter l'usage du « doit », qui renvoie vers une tâche à accomplir, plutôt qu'une évidence qui pourrait être donnée comme point de départ, fût-ce par le moyen d'une intuition.

« Il faut supposer une *continuité générale de toutes les causes naturelles* et un *milieu commun* par le seul moyen duquel les forces de la nature agissent sur l'être sensible. Mais comme ce principe entretient la continuité des mondes inorganique et organique, et qu'il relie l'ensemble de la nature en une organisation universelle, nous reconnaissons de nouveau en lui cet être que la plus antique philosophie saluait, dans un pressentiment, comme l'*âme commune de la nature* »
De l'âme du Monde (1798) HKA I, 6, p. 258 tr. F. Schmitt, p. 185

Nous retrouvons ici le recours au déontique, pour poser la nécessité de l'unité et de la continuité du monde, cette fois à même la nature. La matière n'est pas posée par Schelling comme elle-même vivante (comme le faisaient les vitalistes tels Diderot), ni comme une agrégat inerte de matière où la vie apparaîtrait comme une rupture mystérieuse (comme l'implique une pensée mécaniste). Le matériel apparaît plutôt comme ce à partir de quoi le vivant est rendu possible, qui prépare déjà en ses dynamiques propres le développement spécifique de l'organisation que sera le vivant (lui-même préfiguration de la liberté propre à l'esprit). La nature n'est donc plus pensée ni comme inerte ni comme vitale, mais comme vitalement organisée à même sa partie inorganique, organisation manifestée par l'action réciproque perpétuellement renouvelée de ses forces. Cette méta-organisation fait de l'organique, du domaine du vivant, un cas particulier de la tendance inhérente à la nature à se donner forme à elle-même, et relativise par là toute prétention du vivant à l'exceptionnalité. L'âme du monde est aussi bien symbole spiritualisant, que témoin de l'interdépendance universelle.

Mode d'emploi

Schelling se situe dans la tension entre l'idéalisme critique de Kant et l'idéalisme absolu de Hegel : de ce fait, il permet d'opérer un dépassement des tentatives d'identifier le monde à un composant structurel de notre subjectivité, en insistant sur la nécessaire antécédence du monde à l'égard de la pensée. Fermement attaché à la notion d'un Inconditionné conditionnant tout phénomène (que celui-ci prenne le nom de Moi, de Nature, d'Absolu ou de Fond Abyssal), il met également l'accent sur le caractère dynamique de la notion de monde, qui ne peut jamais être prise comme un produit fini, clos sur lui-même, mais est à comprendre comme un processus engagé dans le temps. Par là, y compris dans le caractère multiple de ses positions, il peut servir à montrer que la pensée philosophique implique un retour critique sur elle-même, pour s'amender et se réviser, sans pour autant renoncer à l'ambition de donner au monde son intelligibilité. La philosophie est nécessairement cosmologique en ce sens, c'est le fait du monde qui est l'aiguillon premier de la philosophie. Schelling permet de montrer comment tenir ensemble le triple fait du monde : qu'il soit produit de notre esprit, qu'il dispose de sa propre structure, et que son autonomie nous échappe toujours en dernière instance.

Chapitre 8
Schopenhauer ou l'énigme du monde

Ugo Batini

L'ambition totalisante de sa métaphysique amène Schopenhauer à prendre comme objet de sa réflexion le monde, c'est-à-dire ni plus ni moins que la totalité de ce qui est. Mais si cette notion ne paraît pas centrale dans son œuvre c'est que ce n'est pas tant le monde qui l'intéresse, c'est-à-dire la façon dont l'ensemble des choses font système, que l'essence même de ces choses. Ainsi le concept de monde est un concept que Schopenhauer considère comme acquis même si par bien des aspects, en cherchant à éclairer ce qui le constitue, il le déconstruit en finissant par en faire la simple scène d'une forme de jeu d'illusion. En posant le monde comme une évidence, Schopenhauer tend à le surexposer et donc à le rendre d'une certaine façon invisible aux yeux de ses lecteurs alors même qu'il sait parfaitement, depuis son travail de fond sur les antinomies kantiennes, à quel point un tel concept est problématique. Un des enjeux de notre article sera donc de déterminer d'où Schopenhauer nous parle pour évoquer sans cesse ce monde comme une évidence et de montrer comment, en cherchant à en dévoiler le revers, il finit par le relativiser en l'éclatant en de multiples perspectives. La découverte du secret de l'énigme du monde n'est peut-être qu'une étape au sein d'un processus plus vaste dont la finalité véritable ne serait pas tant théorique – comprendre ce qu'il est – que pratique – être capable d'y renoncer.

En appelant son maître ouvrage *Le Monde comme volonté et représentation* (1819), Schopenhauer place, un peu malgré lui, la notion de monde au cœur de sa philosophie. Mais qu'est-ce que le *Monde* de Schopenhauer a à nous dire sur le monde ? Répondre à une telle question implique que l'on soit capable de saisir la trajectoire que prend cette notion au sein de son œuvre et d'expliciter pourquoi finalement, en dehors du titre, elle est si peu sollicitée. En réalité, ce qui compte aux yeux de Schopenhauer, nous le verrons, ce n'est pas tant le monde en lui-même que la façon dont il se donne au sujet qui le pense. Le monde peut alors être saisi « comme représentation » ou plus indirectement « comme volonté ». Mais penser le monde « comme » n'est-ce pas finalement toujours déjà une manière de le rater ? Évoquer le monde dans le titre de son ouvrage majeur est peut-être surtout un moyen pour Schopenhauer de signaler l'ambition totalisante de sa métaphysique. En visant le monde, elle prend en charge de révéler l'essence de la totalité de ce qui est.

I. Le point de départ : le monde comme représentation

Pour des raisons didactiques, Schopenhauer ordonne les livres qui composent *Le Monde comme volonté et représentation* en inversant l'ordre énoncé dans son titre. C'est donc par le monde comme représentation que s'ouvre son maître ouvrage, faisant de fait de ce premier aspect du monde le point de départ de l'ensemble de sa réflexion. En affirmant que « le monde est ma représentation » (*Monde*, § 1), il signifie qu'il est d'abord l'ensemble des phénomènes qui se manifestent à moi comme les objets de mon expérience.

Au cœur du monde comme représentation : le principe de raison suffisante

Loin de toute abstraction, Schopenhauer, en posant comme point de départ de sa réflexion la représentation, part en fait d'une forme d'expérience immédiate – d'un fait – qui ne sépare ni l'objet ni le sujet qui le contemple. Le paragraphe 7 du *Monde* rappelle cela : « je ne pars ni du sujet ni de l'objet pris séparément, mais du fait de la représentation, qui sert de point de départ à toute connaissance, et a pour forme primitive et essentielle le dédoublement du sujet et de l'objet ». Or ce travail sur la représentation l'amène très vite à constater qu'elle constitue un monde qui est structuré par un puissant ensemble de relations organisé par ce qu'il nomme **le principe de raison suffisante**. Ce dernier est « la forme essentielle de tout objet, c'est-à-dire la modalité générale de toute objectivité » (*Monde*, § 5), il est le nom générique que l'on peut donner aux règles de structuration de tous les phénomènes et en tant que tel il est **un véritable principe de mondanéisation**. Dès son premier ouvrage, *De la quadruple racine du principe de raison suffisante* (1813), Schopenhauer propose une étude précise de ce principe : « Toutes nos représentations sont des objets du sujet, et tous les objets du sujet sont nos représentations [...] rien qui soit isolé et détaché ne peut être objet pour nous : nos représentations sont, au contraire, toutes entre elles dans une liaison soumise à une règle et dont la forme est a priori déterminable » (III, § 16, trad. F.-X. Chenet).

Reprenant les acquis de la philosophie kantienne, Schopenhauer montre donc que **c'est le sujet qui organise les diverses sensations qu'il reçoit en un monde de la représentation**. Plus précisément, il démontre que toutes nos intuitions sensibles sont organisées par notre entendement au moyen de la catégorie de causalité. Le phénomène n'est jamais isolé mais toujours pris dans un faisceau de liaisons qui l'amène à ne prendre sens qu'au sein d'un tout patiemment organisé par le sujet lui-même. Ainsi, le monde de la représentation n'est pas un monde objectif dans le sens d'un monde qui fait face au sujet et qui en tant que tel lui préexiste. **L'analyse du principe de raison suffisante, et tout particulièrement de sa puissance de liaison, montre à quel point le sujet est partie prenante dans la constitution de ce monde.**

La science : une perspective ratée sur le monde

La compréhension du lien intime qui unit le monde au sujet qui le constitue fait surgir immédiatement de redoutables difficultés. Il ne s'agit pas de dire qu'il y a autant de mondes que de sujets particuliers car, depuis Kant, on comprend comment cette structuration du sujet dépasse le sujet empirique et prétend à une certaine objectivité. Mais on imagine aisément que le monde prend une forme différente selon les types de subjectivité qui l'abordent. Un chat, par exemple, ne perçoit pas le même monde que l'homme. On peut aussi s'interroger sur la capacité qu'a le sujet de faire monde. Est-ce que la finitude du sujet ne l'empêche pas de totaliser l'ensemble des phénomènes et donc de les constituer comme monde ? Ne doit-on pas concevoir cette volonté de totalisation comme une illusion de la raison et réduire, comme le fait Kant, le monde à une simple « Idée » ?

Le monde comme représentation est essentiellement un monde de relations qui courent indéfiniment. La force de Schopenhauer est de percevoir qu'un tel monde n'est qu'un monde de surface et d'en tirer toutes les conséquences au sujet de la science qui l'étudie. C'est un point central pour comprendre ce qu'il en est réellement de ce monde comme représentation. À rebours de l'esprit de son temps, Schopenhauer ne prend pas comme modèle pour sa philosophie la méthode à l'œuvre dans les sciences de la nature. Au contraire, il n'hésite pas à affirmer que l'effort que la philosophie a dû fournir pendant plusieurs siècles pour ne plus être comprise comme la servante de la théologie doit être renouvelé vis-à-vis de la science. Ne nous méprenons pas : il ne s'agit pas de rejeter les résultats de la science mais de ne pas se laisser abuser par ce qu'ils sont. La science donne l'illusion d'un savoir unifié quand il est clair que chaque discipline scientifique appartient à un domaine précis dont elle tente de rendre raison sans être capable de bien le situer au sein d'un savoir plus vaste. LA science au sens d'une discipline unique n'existe pas et a tendance à recouvrir une réalité bien plus complexe. Le danger est donc qu'elle laisse penser qu'elle explique un monde alors qu'en fait elle instaure une réalité factice et ne nous donne de ce monde qu'une simplification. Le nouveau modèle de clarté, qui est mis en avant depuis la modernité et les découvertes décisives de Galilée et Descartes, réduit, pour être satisfait, la richesse des phénomènes qu'il observe pour n'en conserver que ce qui semble convenir à son mode d'approche. **Attachée au principe de raison, la pensée scientifique ne fait qu'expliciter les liaisons qui constituent les représentations en un monde cohérent. Le scientifique** cherche alors à traduire en lois les règles d'engendrement des représentations en les pensant toutes à partir de la simple relation de causalité. Il **comprend la surface du monde mais ne saisit pas ce qu'il est en profondeur**.

De l'objet au sujet : le péril d'un monde fantomatique

En posant le monde « comme représentation », Schopenhauer le fragilise en interrogeant le statut de sa réalité. Il réintroduit un doute qui suit toute l'histoire de l'idéalisme moderne depuis la découverte du *cogito* par Descartes. Dans les *Parerga et Paralipomena* (1851), Schopenhauer rappelle que l'argumentaire cartésien crée un « gouffre entre le subjectif, ou idéal, et l'objectif, ou réel » en déplaçant vers le sujet et non plus vers l'objet la question de la réalité du monde. En effet, si le *cogito* constitue bien une vérité première il ne permet pas pour autant de sortir de l'argument du rêve car je peux très bien exister comme rêveur dans un monde qui ne serait qu'illusion. Il faut bien saisir ce que cela implique : ce qui peut constituer un fondement sûr pour la philosophie, c'est le rapport subjectif au monde et non plus le monde.

> S'il est une vérité qui peut être énoncée *a priori*, c'est bien celle-là [...]. Il n'y a donc pas de vérité plus certaine, moins dépendante de toutes les autres, et qui nécessite moins l'appui d'un exemple que celle-ci : tout ce qui existe pour la connaissance, et donc le monde entier, est seulement un objet en rapport avec le sujet, intuition de celui qui intuitionne, en un mot : représentation.
>
> (*Monde*, § 1)

On comprend alors qu'en prenant comme point de départ la représentation ce qui est compris comme le réel renvoie finalement moins à ce que l'on considère traditionnellement comme le monde qu'au sujet. Mais **l'habileté de Schopenhauer est de ne pas tomber dans une forme de solipsisme en mettant en évidence que le monde comme représentation n'est qu'un aspect du monde**, probablement son appréhension la plus superficielle mais que **cette représentation implique en son fond une forme de revers** qu'il s'agit désormais de mettre au jour.

II. Le secret du monde : la volonté

Le caractère presque fantomatique du monde comme représentation ne peut manquer d'interroger le philosophe et l'amener à enquêter sur ce qu'il peut ou non manifester. De quoi le monde comme représentation est-il la représentation ? **La force de Schopenhauer est de découvrir au sein du monde un élément qui témoigne d'un excès de la représentation**. Ce dernier va constituer pour lui **une sorte de passage souterrain pour entrer au cœur de la phénoménalité** et va permettre au sujet de découvrir non pas tant une nouvelle face du monde que d'accéder à son essence.

Le corps ou la clef de l'énigme

La découverte de l'essence réelle du monde comme représentation constitue l'apport décisif de la métaphysique schopenhauerienne. Or loin d'être le fruit d'une réflexion abstraite et complexe, celle-ci implique un simple retour à soi ou plutôt en soi : « du dehors, il sera à jamais impossible d'atteindre l'essence des choses » (*Monde*, § 17), c'est de l'intérieur, à même notre corps, qu'il faut cheminer pour découvrir ce que Schopenhauer appelle « le mot de l'énigme » (*Monde*, § 18) et se retrouver face à une réalité, qui parce qu'elle se constitue essentiellement contre la représentation, va avoir comme principale caractéristique d'être sans conscience [*bewusstlos*] ou sans connaissance [*erkenntnislos*].

La perfection étrange des relations du monde, son omniprésente finalité, ne pointe finalement pas vers un horloger divin mais appelle au contraire à approfondir l'expérience que nous avons de ce monde. **La vérité de la connaissance métaphysique n'est pas à chercher en dehors de nous, dans un monde idéal, mais au plus profond de l'expérience de notre être, c'est-à-dire au sein même de l'appréhension de notre corps**. Cette prise directe avec la réalité essentielle du monde comme représentation permet d'éviter une désincarnation fantomatique du monde et le solipsisme qui va avec.

C'est dans l'expérience affective que le sujet a de lui-même que Schopenhauer entend dévoiler la réalité du monde. Le corps se donne en effet à chacun de deux façons : de l'extérieur, comme un simple objet parmi tous les objets du monde mais aussi, parce que le sujet s'incarne en lui, de l'intérieur. Cette alternative ouvre une perspective totalement originale et fait de ce corps une sorte de témoin ontologique primordial valant pour la totalité du monde. La description de cette spécificité est l'objet du paragraphe 18 du livre I du *Monde* (*Cf.* Texte choisi) qui se constitue, de fait, lui aussi comme la clef de la compréhension de l'ensemble de la métaphysique de Schopenhauer. **L'appréhension du corps propre livre le « mot de l'énigme » – la volonté – qui va nous permettre, une fois intériorisé, de lever le voile sur toute chose.**

Il est important de ne pas se méprendre sur ce que signifie justement le mot même de volonté. Celle-ci n'a en effet rien à voir avec ce que nous entendons communément par là. Elle en est même tout le contraire, puisqu'elle n'est en aucun cas une instance de délibération. La volonté de Schopenhauer n'est pas libre et elle ne peut en aucun cas cesser de vouloir, elle s'impose bien plutôt comme nous la livre notre corps, c'est-à-dire comme **une simple pulsion aveugle**. La volonté est une, omniprésente et surtout « sans raison » [*grundlos*]. Parfaitement inconsciente en elle-même, elle n'atteint une forme de conscience qu'avec son objectivation la plus haute qu'est l'homme : « La volonté est la substance intime, le noyau de toute chose particulière, comme de l'ensemble ; c'est elle qui se manifeste dans la force naturelle aveugle ; elle se retrouve dans la conduite raisonnée de l'homme ; si toutes deux diffèrent si profondément, c'est en degré et non en essence » (*Monde*, § 22).

En approfondissant notre expérience du corps, Schopenhauer détecte en son sein une incomplétude, une expérience du manque, qui l'amène à élargir sa recherche pour être sûr de bien saisir dans sa totalité l'essence de la nature. **Il est nécessaire de s'attaquer au côté obscur de la représentation en comprenant comment se construit l'identité de l'action du corps et de l'acte de la volonté.** On dépassera aussi ainsi les incertitudes de l'analyse analogique qui a pu sembler bancale à de nombreux lecteurs puisque Schopenhauer semble, dans un premier temps, généraliser, du corps à l'ensemble de la nature, sa découverte de la volonté. Le processus est plus complexe que cela et repose sur toute **une théorie de l'acte de la volonté** qui permet de mieux saisir ce qu'elle est. Cette **identité de l'action du corps et de la volonté** veut souligner qu'il n'y a pas entre elles de lien de causalité. La causalité règle un rapport de succession entre les phénomènes et ne vaut que pour eux. Le vouloir et l'action ne forment qu'un seul et même fait comme le révèle bien le paragraphe 18 : « l'acte de la volonté et l'action du corps [...] ne sont qu'une seule et même chose, seulement cette chose nous est donnée de deux façons totalement différentes : d'un côté tout à fait immédiatement, et de l'autre dans l'intuition pour l'entendement. » Il devient alors clair que la volonté, dans ces conditions, puisse être comprise comme le principe d'explication totale de l'être et donc du monde dans son ensemble.

Le grand livre du monde

Ce point de départ est central pour Schopenhauer car il l'amène à faire reposer sa métaphysique non pas sur un concept obscur mais bien sur un fait de la conscience. C'est ce qui l'amènera alors à penser qu'il construit **une métaphysique *a posteriori*** et donc à réclamer pour toute métaphysique qui se veut véritable **un fondement empirique**. Son apport essentiel est d'arriver à mettre en place un corps immanent totalement différent de la représentation. C'est d'ailleurs cette spécificité qui fait que nous avons tant de répugnance à l'imaginer comme une simple illusion comme ont pu le faire certains idéalismes. Le corps ne se résume pas à ce que nous en percevons, il est une totalité que nous ressentons de multiples manières et qui nous amène à comprendre intimement ce qu'est cette vie qui anime la nature.

Le tour de force de Schopenhauer est d'arriver à généraliser sa découverte à l'ensemble des phénomènes du monde au moyen d'un raisonnement analogique qui finit par faire du corps le symbole de toute chose. L'enjeu est d'arriver à transférer une connaissance acquise sur le plan strictement individuel à la totalité des phénomènes. En fait, nous ne saisissons l'essence du monde que dans la mesure où nous nous la représentons identique à nous. **Toute notre interprétation du monde consiste donc à supposer derrière les phénomènes une volonté en tout point semblable à la nôtre.** Cependant, rapidement, Schopenhauer introduit une nuance : ce vouloir dont nous sommes « l'objectivation la plus visible » se révèle dans les autres êtres de façon « plus ou moins claire », ainsi, même si la différence entre les éléments n'est pas de nature, il faut tout de même distinguer certains degrés et donc prolonger l'enquête si on veut prétendre à une connaissance exhaustive.

Ainsi, par-delà cette simple expérience interne, Schopenhauer va se lancer dans une vaste théorie cosmologique qui fera elle aussi la part belle aux sciences de la nature. Il consacrera à cette enquête tout un ouvrage en 1836 : *De la volonté dans la nature*. Cette « métaphysique de la nature » sera tout aussi essentielle que la découverte de la volonté précisément parce qu'elle sera capable de corriger la particularité de l'expérience qui l'a rendue possible. Chaque élément de la nature est une objectivation de la volonté au même titre que notre propre corps et peut donc nous éclairer sur ce qu'elle est réellement et corriger l'appréhension première et subjective que nous avons pu avoir de cette essence.

Schopenhauer cherche donc à **saisir le monde dans un double mouvement : de l'homme au monde** via son processus analogique mais aussi également **du monde à l'homme** grâce à la mise en place d'une théorie cohérente de l'acte de la volonté. L'homme n'est plus dans ces conditions le seul chemin vers la connaissance du monde de la représentation, il devient même nécessaire, une fois compris ce rapport à la volonté, de se retourner vers le monde pour saisir ce que nous n'avons pu lire à même notre corps et le défaire de ce qui peut être interprété comme une trop grande forme de subjectivité. Le coup de tonnerre que constitue la découverte de la volonté a trop tendance à masquer le fait que ce deuxième « moment » de l'analogie occupe un nombre de pages bien plus conséquent au sein de son œuvre.

III. Retrouver le monde

La compréhension de la nature réelle de la représentation nous montre que le monde qu'elle forme se donne plus au sujet comme un jeu d'apparences que comme une véritable représentation. Déchiffrer le monde implique de ne pas se laisser hypnotiser par les liaisons du principe de raison et de garder à l'esprit ce qu'il en est véritablement de l'essence du réel, de cette volonté. **Contre cette représentation partielle imposée par le principe de raison, Schopenhauer cherche à accéder**

à une vision épurée du monde. Ses textes de jeunesse signalent que l'expérience esthétique mais aussi celle de l'action éthique semblent pouvoir nous introduire temporairement à ce qu'il est véritablement.

Un monde épuré : l'expérience esthétique

Dans ses notes de jeunesse, Schopenhauer découvre à côté de l'expérience quotidienne de la conscience empirique une autre façon de se rapporter à la représentation : **la conscience meilleure**. Il l'entrevoit principalement à l'occasion d'expériences esthétiques et comprend alors que l'art permet de détourner l'apparence et de faire de celle-ci, comme malgré elle, une forme d'apparition. De façon étonnante, cette conscience ne nous livre aucun contenu, ne révèle aucune connaissance suprasensible mais nous dit en même temps l'inanité du monde et du moi. **Elle oppose au monde phénoménal ce qu'il appelle à ce moment « le monde vrai »** (*HN* I [32]). Cette scission confirme que la vérité est ailleurs et qu'il s'agit bien désormais pour le philosophe de se détourner des méthodes de la science pour embrasser le chemin qu'emprunte l'artiste : « Il y a *deux façons de voir la vie*. L'une, *suivant le principe de raison* d'après la raison (*ratio, logos*). L'autre suivant l'*Idée*. [...] Si la philosophie a été si longtemps une vaine tentative, c'est qu'on l'a cherchée sur le chemin de la science au lieu de la chercher sur celui de l'art » (*HN* I [256]).

Dans le *Monde*, il consacre la totalité du livre III à cette « représentation en dehors du principe de raison » qui va vite être assimilée à la connaissance de l'Idée platonicienne. L'art devient ainsi une forme de connaissance de l'être du *Monde* ou du moins de sa structuration, une vision épurée de ce qui n'était donné que de façon dispersée dans le monde de la représentation. En effet, **dans la contemplation esthétique, j'aborde le monde indépendamment du principe de raison ce qui équivaut à une saisie directe et non relationnelle des choses du monde**. Avec l'art, « nous voyons les choses d'un tout autre œil : nous ne les concevons plus alors d'après leurs relations, mais selon ce qu'elles sont en soi et par soi, et soudain, avec leur existence relative, nous percevons encore leur existence absolue. Chaque individu représente aussitôt son espèce, et ce qui s'offre à notre esprit, c'est ce qu'il y a de général en chaque être. Ce que nous reconnaissons donc ainsi, ce sont les idées des choses » (*Compléments*, chap. XXX). Loin d'être futile, l'art apparaît donc chez Schopenhauer comme la connaissance des Idées, c'est-à-dire de ce qui constitue la partie essentielle des phénomènes. Surtout, il rend sensible le monde lacunaire que nous livre le monde comme représentation et nous invite à le dépasser ou du moins à tenter de le déchiffrer pour comprendre ce qu'il est réellement.

Renoncer au monde ou le sens véritable de l'action morale

La conscience meilleure n'est pas évoquée uniquement à l'occasion de la contemplation esthétique mais renvoie également à ce que le sujet éprouve lorsqu'il agit de façon authentiquement morale. Celui-ci sent parfois face à cette vie emplie de souffrances **la possibilité d'un élan positif qui se pose comme une forme de sortie hors du monde**. En effet, lorsqu'il se conduit de façon éthique, l'homme agit comme s'il n'était pas un être sensible ou plutôt comme si le réseau de liaisons qui constitue son être sensible et qui le pousse à une forme d'égoïsme ne faisait plus sens. Schopenhauer voit dans la vie des saints et des ascètes une confirmation de cette vérité car les récits qu'ils nous livrent sont toujours ceux d'un renoncement au monde.

Il apparaît alors, lorsqu'il aborde cette question au livre IV du *Monde*, que l'appréhension du beau ne puisse se présenter que comme une solution passagère au problème de l'existence. Comment prolonger cette découverte fugitive afin qu'elle ne se réduise pas à la nostalgie vaine d'un paradis perdu ? C'est **une nouvelle expérience** qui, après la découverte de la volonté à même le corps, va confirmer la vérité de sa métaphysique et nous amener à l'intégrer plus durablement : **la compassion** (*Mitleid*). Elle signifie au sens propre « souffrir avec » l'autre : « je souffre avec lui et *dans lui*, bien que sa peau ne recouvre pas mes nerfs » (*Fondement de la morale*, § 18). Ainsi, quand nous l'éprouvons, **elle nous fait vivre l'unité absolue du principe et dévoile ainsi le caractère illusoire et vain du monde comme représentation**. Dans cette épreuve, le phénomène, si l'on peut dire entre, en contradiction avec lui-même puisque, contre le principe d'identité, nous découvrons que l'autre est aussi en quelque sorte nous, et cela même si une certaine distance se maintient. Nous éprouvons une souffrance qui n'est pas celle de notre corps et nous comprenons alors ce que signifie une des grandes paroles que nous livre la sagesse indienne des *Oupanishads* : « Tu es cela ». Tout ce que le sujet perçoit face à lui : la pierre, l'arbre, l'animal et les hommes n'étaient en fait qu'une expression illusoire d'une essence unique, celle-là même qu'il a découverte en se retournant vers son corps propre et qu'il ressent à nouveau en comprenant le sens réel de ce qui est présenté comme étant extérieur à lui. Il éprouve alors à nouveau la vérité du monde : tout est volonté.

Conclusion : l'homme ou l'épicentre du monde

La compréhension de l'être et donc de la nature réelle du monde passe donc par l'accès à une expérience bien plus ample que celle que le principe de raison met en forme sans pour autant céder à la facilité que pourrait être le recours à une forme d'intuition intellectuelle. Ainsi loin de s'établir sur une intuition étrange ou un concept obscur, c'est sur un fait de la conscience que Schopenhauer fait reposer sa métaphysique qui peut se comprendre comme **une herméneutique du monde** en tant qu'elle n'est rien de plus que le déchiffrement de « l'expérience dans son ensemble ».

La « science du monde » dont il parle pour désigner sa philosophie à la fin du chapitre XVII des *Compléments* passe donc par une nouvelle science de l'homme ou plutôt par l'élaboration d'une science à partir de l'homme. Ce geste est radical car il va contre tous les dogmes instaurés par la victoire de la science galiléenne au XVIIe siècle qui cherchaient à parler du monde à partir d'un point de vue neutre où la particularité humaine ne peut subsister. Dans cette nouvelle perspective, il ne faut plus penser la nature à partir d'un au-delà mais dans le monde à partir de ce qu'il nous donne. Or ce que nous découvrons au fond de nous c'est quelque chose qui dépasse les limites strictes de la pensée au point qu'elle nous permet de nous connaître nous-même et le monde dans un seul mouvement. **Le cosmos prend tout son sens lorsque nous nous tournons, non pas vers les cieux, mais vers les profondeurs de notre propre subjectivité.** La pensée est seconde par rapport à cette réalité primordiale qui constitue notre essence et qui donc, comme telle, peut servir de référence pour penser au-delà de nous-mêmes. C'est par une variation de l'essence même de l'homme que peu à peu se découvrent tous les autres éléments du monde de la cristallisation du minéral jusqu'à la longue course des astres. Ainsi Schopenhauer rappelle dans le chapitre XVIII des *Compléments* comment **le monde est à penser à partir de l'homme** : « c'est en partant de nous-mêmes qu'il faut chercher à comprendre la nature, et non pas inversement chercher la connaissance de nous-mêmes dans celle de la nature. »

NOTION CLEF **Macranthrope**

Jouant sur les différentes échelles de compréhension que l'on peut mobiliser face au monde, Schopenhauer qualifie étrangement sa philosophie, non pas de « panthélisme » (tout est volonté) comme a pu le proposer un de ses continuateurs, Eduard von Hartmann, mais de « macranthropisme ». Il défend clairement ce choix dans les *Compléments* du *Monde* : « on avait, depuis les temps les plus reculés, proclamé l'homme un microcosme. J'ai renversé la proposition et montré dans le monde un macranthrope, puisque volonté et représentation épuisent l'essence de l'un comme de l'autre. Mais il est évidemment plus juste d'apprendre à connaître le monde par l'homme que l'homme par le monde : car ce qui est donné immédiatement, c'est-à-dire la conscience propre, sert à expliquer ce qui est donné médiatement, c'est-à-dire les objets de la perception externe, et l'inverse n'est pas possible » (*Comp.*, chap. L). Le « macranthropisme » est donc, au sens propre, un croisement herméneutique entre le monde (le macrocosme) et l'homme (*anthropos* en grec). L'homme est véritablement un milieu de signification qui permet de déchiffrer la totalité du monde comme a pu nous le démontrer le paragraphe 18 de son œuvre maîtresse à partir duquel il découvre que la clef de l'énigme du monde se réduit à un mot : volonté.

Le macranthropisme redessine donc l'opposition classique entre le microcosme et le macrocosme en y introduisant un intermédiaire qui permet de les saisir tous deux en même temps. L'homme incarne alors non pas tant un maximum ou une exception que le juste milieu autour duquel se croisent toutes les proportions qui composent la nature. Cela fait de lui une sorte d'épicentre métaphysique, le point exact de rupture qui rend possible l'avènement d'une connaissance. La beauté et la puissance de la pensée de Schopenhauer est de réenvisager selon de nouvelles échelles l'homme et le cosmos au point que l'un et l'autre s'entrexpriment.

Texte choisi — Le corps : « le mot de l'énigme »

En réalité, il serait impossible de trouver la signification recherchée du monde, qui m'apparaît uniquement comme ma représentation, ou bien le passage de ce monde, en tant que simple représentation du sujet connaissant, à ce qu'il peut être en dehors de la représentation, si le philosophe lui-même n'était rien de plus que le pur sujet connaissant (une tête d'ange ailée sans corps). Mais, en fait, il a sa racine dans le monde : en tant qu'individu, il en fait partie ; sa connaissance seule rend possible la représentation du monde entier ; mais cette connaissance même a pour condition nécessaire l'existence d'un corps, dont les modifications sont, nous l'avons vu, le point de départ de l'entendement pour l'intuition de ce monde. Pour le pur sujet connaissant, ce corps est une représentation comme une autre, un objet comme les autres objets. [...] Mais il n'en est pas ainsi, loin de là, l'individu est en même temps le sujet de la connaissance, et il trouve là le mot de l'énigme : ce mot est volonté. Celle-ci et celle-ci seule lui donne la clef de sa propre existence phénoménale, lui en découvre la signification, lui montre la force intérieure qui fait son être, ses actions, son mouvement. Le sujet de la connaissance, par son identité avec le corps, devient un individu ; dès lors, ce corps lui est donné de deux façons toutes différentes : d'une part comme représentation dans la connaissance phénoménale, comme objet parmi d'autres objets et comme soumis à leurs lois ; et d'autre part, en même temps, comme ce principe immédiatement connu de chacun, que désigne le mot volonté.

Le Monde comme volonté et représentation, Livre II, § 18, trad. A. Burdeau (modifiée).

Analyse

Passage clef de la métaphysique schopenhauerienne, le paragraphe 18 est le moment où le sens réel du monde se dévoile. Ce texte montre, dans un mouvement ingénieux, comment un des éléments du monde de la représentation peut d'un seul coup, par une forme de duplicité, révéler la réalité de l'ensemble du monde. Le corps est la seule chose que nous connaissons immédiatement et absolument. La duplicité de notre corps qui est à la fois un objet de la représentation et un fragment de cette volonté fait de ce dernier « le mot de l'énigme » que constitue, pour l'homme, « la signification recherchée du monde ». C'est ce corps immanent totalement différent de la représentation qui nous permet d'accéder à des données non phénoménales qui renvoient au principe unique de toute chose. Il est donc bien une sorte de point d'Archimède à partir duquel Schopenhauer peut construire tout son système. Ainsi l'expérience singulière de notre vécu nous amène à une connaissance universelle. Schopenhauer saisit qu'il faut passer par soi pour rejoindre le monde précisément parce que nous sommes, en tant qu'êtres vivants et pensants, les témoins privilégiés de l'essence de la nature qui se retrouve en nous tout autant que dans ses autres parties. L'unité de la volonté permet d'en avoir, au sein même de l'expérience de notre propre vécu, une connaissance complète que nous pouvons transférer au reste de la nature via un raisonnement analogique. L'homme se pose alors bien ici comme la mesure de toute chose. Finalement la métaphysique de Schopenhauer n'est pas tant meta-physique que infra-physique dans le sens où elle reste immanente aux phénomènes et ne les « dépasse » que par approfondissement de ceux-ci. La connaissance véritable du monde ne peut donc se penser qu'à partir du monde.

Mode d'emploi

Schopenhauer constitue une référence assez ambiguë sur la question du monde car, si le titre de son œuvre majeure – *Le Monde comme volonté et représentation* – semble la placer au cœur de ses réflexions, elle n'est en fait pas abordée frontalement et ne constitue donc pas, au premier abord, un objet majeur de sa philosophie. Néanmoins, Schopenhauer permet d'en proposer une étude critique qui permet de déconstruire une telle notion en évoquant dans le détail sa constitution au niveau phénoménal grâce à une étude précise du principe de raison. Dans cette perspective, il est aisé de l'articuler avec Kant et d'en faire un auteur de transition vers des positions plus modernes, comme celle de Nietzsche, mais aussi et peut-être même surtout de préparer un questionnement capable d'introduire la tradition phénoménologique (*cf.* chapitre 10). En travaillant l'enracinement du sujet au sein de ce monde, c'est-à-dire en mettant en avant la question du corps, Schopenhauer anticipe la perspective phénoménologique en posant un cadre qui discute les conceptions historiquement plus classiques (Descartes, Leibniz et Wolff principalement) du monde (*cf.* chapitres 4 et 5).

De nombreux passages du *Monde* peuvent donc être utiles sur des sujets classiques comme « L'ordre du monde » ou « L'idée de monde » mais la métaphysique schopenhauerienne propose aussi, dans ses perspectives esthétiques et éthiques, des idées fécondes qui pourraient très bien asseoir une argumentation solide sur des sujets comme « Sortir du monde », « Habiter le monde » ou « Le monde de l'art ».

Chapitre 9
Dilthey et Heidegger : qu'est-ce qu'une **Weltanschauung ?**

Jean Kessler

Qui n'a pas sa vision du monde, sa *Weltanschauung* ? Peut-on véritablement y échapper, si, tâchant de surmonter le chaos des événements singuliers et des expériences individuelles, nous essayons de leur donner un sens, de les comprendre en les réintégrant à une vision plus vaste, en essayant de savoir ce qui caractérise dans son ensemble le monde dans lequel nous vivons, ce qui le dirige et l'oriente historiquement ? Parce qu'il est peu de vies qui échappent entièrement à la question de savoir ce qu'est *la* vie, il semblerait que l'élaboration d'une conception du monde, ou l'adhésion à l'une d'elles, soit un phénomène inscrit dans l'essence de notre existence comme ouverture à un monde sur le mode du questionnement, de l'énigme, de l'angoisse aussi. La question de la nature de la *Weltanschauung*, engage en ce sens celle de la nature de notre relation au monde. Non réductible à une inclusion objective, au sens où nous serions *dans* le monde comme l'eau dans l'eau, selon l'expression de G. Bataille, notre relation au monde n'est pas non plus pure représentation, relation théorique au monde comme Idée, mais un fait primordial impliquant tout autant une dimension pratique et affective. Et parce que la notion de *Weltanschauung* mêle ces deux aspects, puisqu'elle se veut tout à la fois *conception* et cadre pratique déterminant par exemple une politique ou une pratique religieuse, elle trouve naturellement sa place dans la question de savoir comment nous sommes fondamentalement reliés au monde.

Le terme « Weltanschauung », souvent repris tel quel dans la langue française, a son entrée dans le dictionnaire *Robert*. Est-ce parce qu'il est intraduisible ? Est-ce parce que les problèmes qu'il véhicule sont propres à la pensée allemande ? Dans sa première occurrence, chez Kant, il désigne « l'intuition du monde comme simple phénomène » (*Critique de la faculté de juger*, § 26, trad. Philonenko, Vrin). Mais c'est à la fin du XIXe, siècle, notamment chez Dilthey, dans le cadre d'une attention majeure portée à la question de l'historicité, que la notion de *Weltanschauung* prend toute sa dimension. Par son ambiguïté, qui le rend résistant à la traduction – faut-il parler de conception, d'intuition, de vision du monde ? – et par son statut peu explicite – prise de position subjective, extension englobante d'une expérience individuelle de la vie ou approche plus rigoureuse visant à une validité universelle ? – le terme de *Weltanschauung* entre alors dans un débat autour du statut même de la philosophie dont elle semble se rapprocher et constituer la véritable essence. Les multiples philosophies qui se sont succédé dans l'histoire ne font elles que nous donner la vision du monde de leur auteur, avec le relativisme que cela implique ? Ou faut-il au contraire soigneusement distinguer *Weltanschauung* et philosophie, cette dernière ne pouvant se réaliser véritablement que dans une voie qui n'est ni celle des sciences de la nature, ni celle multiple, conflictuelle, historiquement et psychologiquement déterminée des visions du monde ?

I. L'élaboration de la notion de *Weltanschauung* chez W. Dilthey

W. Dilthey (1833-1911) nous est connu presque exclusivement pour sa tentative de fonder les sciences humaines alors naissantes, qu'il rassemble sous le nom *Geisteswissenschaften*, sciences de l'esprit. Mais « la question fondamentale de Dilthey concerne le concept de vie » écrit Heidegger dans les conférences qu'il a consacrées en 1925 à son œuvre (*Conférences de Cassel*, trad. J.-C. Gens, Vrin, 2003, 161). Dilthey est un penseur de la vie, non pas certes dans sa dimension universelle et biologique, mais dans sa ou ses formes proprement humaines. La vie est ici « la vie vécue par l'homme » (*Erlebnis*) et non la vie biologique. C'est la vie transitive (comme dans l'expression : « vivre une aventure »), dont la compréhension revient, non aux sciences de la nature, mais à la psychologie : « la psychologie est la science de l'âme appréhendée de façon moderne comme vécu » (*ibid.*). La condition est ici toutefois d'élaborer une psychologie qui ne traite pas les faits psychiques comme des faits physiques.

Comment la théorie des conceptions du monde s'articule-t-elle à cette analyse de la vie ? Essentiellement par deux faits primordiaux : son caractère « insondable » et son historicité.

La vie est insondable

Selon un principe constamment répété par Dilthey, « la pensée ne peut remonter en deçà de la vie » (Nous citons et traduisons d'après l'édition complète allemande, *Gesammelte Schriften*, citée désormais GS + vol. Ici : GS, V, 5). Les catégories de pensée qui nous permettent de comprendre et d'analyser la vie **sont issues de cette vie même**, de sorte que comprendre ou penser la vie ne peut avoir lieu que dans le vécu. L'analyse des *Weltanschauungen* sera guidée de manière principielle par l'analyse de la vie : « L'ultime racine de la *Weltanschauung* est la vie » (GS, VIII, 78)

Loin d'être claire et transparente, notre expérience de la vie est d'abord marquée par ce que Dilthey nomme **l'insondable**, qui se fait particulièrement sentir dans l'expérience de la mort :

> « L'expression vie dit ce qui nous est à tous le plus connu, le plus intime, mais simultanément le plus obscur, quelque chose de totalement insondable » (GS, XIX, 346).

L'insondable implique que c'est comme à une **énigme** que nous faisons face à la vie et au monde, énigme qui par elle-même suscite les tentatives pour la résoudre. Nous voulons **comprendre la vie de la pensée**. C'est dans la pensée comme activité conceptuelle et généralisante que ce besoin cherche satisfaction. En ce sens, une *Weltanschauung* est donc toujours aussi une *Lebensanschauung*, une conception du monde fondée sur une expérience de la vie.

Parce qu'il n'est pas possible de remonter en deçà de la vie, celle-ci ne peut être comprise qu'à partir d'elle-même. Dilthey qualifie de *Selbstbesinnung*, d'autoréflexion, l'activité : « **la tendance prépondérante de ma philosophie** [est] **de comprendre la vie à partir d'elle-même.** » (GS V, 4). Les grandes constructions intellectuelles que sont l'art, la religion, la philosophie sont des objectivations de cette auto réflexion. Ce que Dilthey nomme *Weltanschauung* est donc issu de l'expérience que fait la vie d'elle-même comme effort pour donner un sens au réel : « ainsi s'élèvent de toutes parts des **interprétations de la réalité** : les *Weltanschauungen* » (GS V, 379).

On voit par là que l'importance de Dilthey dans l'histoire de la philosophie tient à la place centrale accordée désormais à l'**herméneutique**, c'est-à-dire à la question du sens. La notion de *Selbstbesinnung*, d'auto réflexion lie en effet intimement la réflexion au sens et fait de celle-ci le phénomène fondamental, la racine commune à la fois des sciences explicatives, objectives et des sciences compréhensives, humaines. La vie est une dans toutes ses manifestations et se définit comme un effort global pour se comprendre elle-même.

L'unité de la vie

Dans un terme différemment traduit, Dilthey nomme *Zusammenhang*, la connexion de toutes les manifestations de l'esprit. Comme le note Heidegger, « cette connexion est pour lui le fait primaire, le tout de la vie » (*Conf. Cassel, op. cit.* 164 trad. mod.). L'unité de la vie implique l'unité profonde de toutes les manifestations psychiques. Agir, vouloir, penser, sentir ne sont pas dissociables. Leur dissociation ne peut mener qu'à une conception mutilée, fragmentée du psychisme :

> « il faut mettre en évidence dans toutes les productions humaines, y compris dans celles de l'intelligence, la totalité de la vie psychique, l'action de l'homme tout entier avec sa volonté, sa sensibilité, son imagination » (GS V, 11).

On comprend alors que notre relation au monde et les *Weltanschauungen* qui en sont l'expression ne soient pas réductibles à leur seule dimension intellectuelle :

> « Nos façons d'envisager le monde **ne sont pas des produits de la pensée**. Elles ne résultent pas seulement de la volonté de connaître. [...] Elles naissent de notre comportement en face de la vie, des expériences que nous avons faites d'elle, enfin de la structure de cette totalité qu'est notre vie psychique » (GS VIII, 86).

L'ambiguïté de ce terme de *Weltanschauung* tient autant au flou que laisse planer la nature intuitive de l'*Anschauung* qui semble supposer que le monde puisse nous être donné comme un objet, ce qui n'est pas possible, qu'à la fonction qu'on peut leur attribuer. Nos *Weltanschauungen* sont-elles seulement des images, des conceptions visant à ordonner nos expériences, ou ont-elles également une fonction pratique, celle de nous guider dans notre action, de nous proposer non seulement une idée, mais aussi un idéal de vie – comme cela apparaît dans les conceptions politiques ou religieuses du monde ? Mais une telle question serait justement récusée par Dilthey. Nous ne pouvons pas dissocier sans isoler artificiellement (comme le font précisément les sciences de la nature dans leur démarche objective et analytique) une fonction de notre psychisme sans atomiser du même coup l'unité essentielle de la vie :

> « chacune de ces *Weltanschauungen* contient dans la sphère de l'appréhension objective une liaison entre connaissance du monde, valorisation de la vie et principe d'action. [...] Sa puissance tient au fait qu'elle donne à la personnalité dans ses différentes opérations (*Leistungen*) une unité intérieure. Et chacune d'entre elles possède une force d'attraction [...] en ce qu'elle saisit par la pensée et selon les lois qu'elle contient la multiplicité de sens (*das vieldeutige des Lebens*) de la vie » (GS V, 404).
>
> « Dans la structure de la *Weltanschauung* est toujours incluse une relation interne de l'expérience de vie à l'image du monde, une relation dont on peut constamment tirer un idéal de vie » (GS, V, 380).

La dimension conceptuelle reste cependant prédominante, justifiant ainsi la traduction de *Weltanschauung* par *conception* du monde, plus que par intuition :

> « L'emploi du terme *Weltanschauung* pour désigner une construction spirituelle qui inclut connaissance du monde, idéal, donation de règles et détermination ultime de fins se justifie par le fait qu'en elle il n'est jamais posé l'intention d'accomplir des actes déterminés et n'inclut donc jamais un comportement pratique déterminé » (*ibid.*).

L'historicité de la vie

Une formule centrale répétée par Dilthey et caractérisant sa doctrine est : « **ce que l'homme est**, il ne l'apprend pas par des ratiocinations sur lui-même, ni par des expériences psychologiques, **mais par l'histoire** » (GS, V, 180). Issu de la reconnaissance hégélienne de l'historicité de l'esprit, l'historicisme marque la pensée du XIXe siècle. Psychologiques, les sciences naissantes de l'homme ne peuvent également être qu'historiques et l'on pourrait caractériser la pensée de Dilthey par l'équivalence : **vie = esprit = histoire**. Cette reconnaissance que l'homme n'a pas simplement une histoire, mais **est** son histoire conduit à la problématisation radicale de l'universel, autrement dit à la confrontation avec le relativisme. Comment comprendre cette historicité de l'esprit ? Et comment ne pas y voir le renoncement à l'ambition fondatrice de la science, celui de produire des énoncés universellement valables ?

La vie est historique parce qu'elle se déploie nécessairement dans un monde également historique, c'est-à-dire marqué par des productions culturelles changeantes. C'est ce que souligne l'**historicisme** : la détermination historique, donc la variabilité des conditions de validité de toute production culturelle, qu'il s'agisse de la science, de l'art ou des normes juridiques ou éthiques, et cela même si nous n'en avons pas pleinement conscience :

> « La vie de chacun d'entre nous ne peut, dans ses traits les plus profonds se déployer, croître et se former que dans cette atmosphère des arts figuratifs, poésie, historiographie et pensée scientifique. La vie est donc elle-même historiquement déterminée, sans que nous nous le figurions clairement » (GS, V, 275).

Ce sera justement la tâche d'une science historique de mettre au jour le conditionnement de nos conceptions du monde, leur origine dans les constructions culturelles majeures de l'art et de la culture :

> « Les peintres étaient nos maîtres dans le déchiffrage de la figure humaine, [...], les poètes sont nos organes pour comprendre les hommes et influencent la manière dont nous menons notre existence dans l'amour, le mariage, l'amitié » (GS V, 275).

Par un important travail sur la biographie de certains poètes ou penseurs, Dilthey tente de décrire l'enracinement des *Weltanschauungen* dans la vie et notamment dans la **dimension affective** de celle-ci. Penseur de la vie et de l'unité du psychisme, Dilthey est amené à reconnaître à nos affects, à notre *Stimmung* un rôle et une importance nouvelle, à l'encontre du primat de la raison et de l'intellectualité pure :

> « **Les tonalités affectives** de la vie et les innombrables nuances dans notre façon d'envisager le monde **forment la couche profonde** sur lequel se développent nos *Weltanschauungen* » (GS VIII, 82 ; nous soulignons).

Mais une telle psychologisation et une telle historicisation ne conduit-elle pas directement au **relativisme** ? La première page de l'essai intitulé *La conscience historique et les Weltanschauungen* s'intitule :

> « L'antinomie entre la prétention à la validité générale de toutes les théories de la vie et du monde et la conscience historique » (GS VIII, 3).

Si les *Weltanschauungen* sont (ou ne sont que) des interprétations de la réalité, comment échapper à leur relativisation, à l'annulation de leur valeur ? En tant qu'interprétations qui supposent un point de vue déterminé, comment échapper au perspectivisme. Et celui-ci est-il autre chose qu'un nihilisme ? Léo Strauss caractérise ainsi l'historicisme :

> « Toute pensée humaine est historique et par là incapable d'appréhender quoi que ce soit d'éternel. *Tandis que chez les Anciens philosopher signifie sortir de la caverne, chez nos contemporains toute démarche philosophique appartient principalement à un "monde historique", à une "culture", à une "civilisation" ou à une Weltanschauung, en somme précisément à ce que Platon appelait la caverne »... et en ce sens, « l'*historicisme aboutissait au nihilisme » (*Droit naturel et histoire*, Champs Flammarion, p. 24, 29).

Nihilisme en effet, car :

> « les idées de vérité, de théorie, de science [perdent] alors, comme toute idée, leur valeur absolue » (Husserl, *La philosophie comme science rigoureuse*, trad. Launay, PUF, 64).

L'historicisme et le psychologisme ne s'attaquent en effet pas seulement aux productions culturelles dont le caractère historique ne peut faire de doute, mais également au transcendantal, aux catégories de l'entendement, donc aussi aux sciences de la nature. Il ne devient plus possible d'espérer trancher les conflits entre différentes visions du monde au nom d'un idéal de vérité et d'universalisation, car en tant qu'interprétations du réel enracinées dans un vécu, dans une subjectivité, elles ne peuvent plus prétendre à aucune validité absolue.

Dans la courte correspondance, interrompue par sa mort qu'il aura avec Husserl, Dilthey récusera cette accusation et c'est pour répondre à l'objection du relativisme qu'il élaborera, dans son dernier texte paru en 1910, une typologie des *Weltanschauungen*.

II. Surmonter « l'anarchie des systèmes » : les types de conceptions du monde

Le rôle des génies

La vie psychique est essentiellement instable et fluctuante : « constamment changent en nous, telle l'ombre des nuages qui passent sur le paysage, notre appréhension et appréciation de la vie et du monde » (GS V, 379). C'est pourquoi il revient selon Dilthey à certains individus, le rôle et le privilège de **fixer** une conception du monde :

> « Le religieux, l'artiste, le philosophe se distinguent ainsi des hommes ordinaires, et aussi des génies d'autres espèces, en cela qu'ils fixent dans le souvenir de tels moments de vie, élèvent leur contenu à la conscience et relient les expériences singulières en expérience générale à propos de la vie elle-même. En cela ils remplissent une fonction significative, pas seulement pour eux-mêmes mais aussi pour la société » (*ibid.*).

On trouve une idée semblable chez Bergson lorsqu'il déclare : « Les grands peintres sont des hommes auxquels remonte une certaine vision des choses qui est devenue ou qui deviendra la vision de tous les hommes » (*La Pensée et le Mouvant*, PUF, 1998, 150).

La prétention à une validité universelle n'est donc pas absente du concept de *Weltanschauung*, bien au contraire, puisqu'on ne saurait parler d'une *conception* du monde que dans la mesure où celle-ci devient une **configuration** du réel, non une collection d'opinions ou d'impressions subjectives. Pour ne pas que cette configuration se réduise à l'imposition arbitraire par un individu, une secte ou un parti d'une telle vision au reste de la société, il faut cependant en montrer la validité plus profonde.

Les types de conceptions du monde

Toutes les conceptions du monde s'ordonnent selon Dilthey en trois catégories : **la religion, l'art, la philosophie**. Chacune possède sa spécificité.

- La vision religieuse du monde fait l'objet d'une définition étrangement tautologique : « Religieuse est une *Weltanschauung* dans la mesure où elle a sa source dans un certain type d'expérience qui est fondée dans le processus religieux » (GS V, 381). L'expérience de la vie sur laquelle repose une telle conception est « le commerce avec l'invisible » (*ibid.*). Le propre en est aussi de ne pouvoir être comprise par l'entendement, qui ne peut ici que jouer un rôle dissolvant.
- L'analyse de la conception artistique du monde est centrée sur celle du poète (*Dichter*) qu'il faut entendre en un sens large. L'art du poète est de nous présenter des événements, des situations « de telle manière que [leur] caractère

significatif est appréhendé par le lecteur, auditeur, spectateur. Un événement est appréhendé comme significatif (*bedeutsam)* quand il nous révèle quelque chose de la nature de la vie » (GS V, 394). L'essentiel est ici la *Bedeutsamkeit* : à la fois importance et sens ou signifcativité. Toute œuvre d'art serait ainsi une manière de répondre à la question : qu'est-ce que la vie. Si la religion est également une telle réponse, elle ne bénéficie cependant pas, selon Dilthey, de la liberté créatrice absolue de l'artiste qui peut ainsi s'ouvrir à la totalité des expériences de vie. La *Weltanschauung* de l'artiste est « libre de préjugés, multilatérale, et impossible à rassasier » (GS V, 396).

– Mais l'artiste se trouve aussi en position intermédiaire, en transition pour ainsi dire vers une vision philosophique. Celle-ci se démarque de la poésie et de la religion par son ambition universaliste, sa volonté d'accéder à une validité générale. Elle le fait par l'opération de la fondation (*Begründung*) et l'élaboration de concepts suprêmes qui conduisent à une systématicité de la pensée. La philosophie est en ce sens métaphysique. La conception philosophique se partage elle-même en trois grands types : la conception naturaliste, l'idéalisme objectif et l'idéalisme de la liberté (GS V, 402).

Toutefois, plus que cette catégorisation, ce qui importe est l'unité d'origine des grandes *Weltanschauungen*. C'est par une référence apparemment opposée à l'idée d'historicité, à l'idée de nature humaine, que Dilthey veut échapper au scepticisme impliqué par le constat de leur multiplicité :

> « Une nature humaine commune et un ordre régissant l'individuation se trouvent dans des relations stables de la vie avec la réalité ; or celle-ci est partout et toujours la même, la vie manifeste toujours les mêmes aspects » (GS VIII, 85).

La différence entre les conceptions du monde se trouve ainsi ramenée à ce que Dilthey nomme des **variations** au sein desquelles on peut identifier des régularités et des nécessités.

La diversité des conceptions du monde **exprime** en différentes facettes l'unité de leur origine dans le vécu (cf. texte choisi) et ainsi Dilthey, loin de confirmer une interprétation relativiste de son historicisme, peut au contraire prétendre l'avoir résolu.

Est-ce le cas ? On constatera simplement que la théorie diltheyenne contribue de façon décisive à fixer le cadre dans lequel se pose le problème de la *Weltanschauung*, à savoir celui du débat autour de la relation entre science et philosophie.

III. Approfondissement et récusation de la *Weltanschauung* chez Heidegger

Approfondissement

La question « qu'est-ce que la philosophie ? » occupe une place centrale dans les cours donnés par Heidegger durant les années 20. Conformément à la thématique dominante du moment, elle s'inscrit également dans une confrontation avec la notion de science et celle de *Weltanschauung*.

L'analyse de cette dernière apparaît notamment dans le cours de 1928, *Einleitung in die Philosophie* (non traduit, cité ici d'après la *Gesamtausgabe*, GA, vol. 27). Reprenant l'idée diltheyenne de la conception du monde comme réponse réflexive de la vie à sa propre énigme, Heidegger inscrit la *Weltanschauung* dans l'essence même de l'existence comprise comme ouverture au monde :

> « Être-au-monde est en soi-même absence de point d'appui, c'est-à-dire l'exister du *Dasein* doit se procurer un point d'appui. [...] Le se-tenir dans l'être-au-monde est ce que nous entendons par *Weltanschauung* » (GA 27, 336)

Identifiée au philosopher, lui-même identifié au transcender comme mode d'être du *Dasein* en tant qu'il est défini par son ouverture au monde, la *Weltanschauung* gagne dans cette perspective une **nécessité** qui la sépare profondément de toute réduction à un assemblage plus ou moins rigoureux mais toujours subjectif, de croyances. Et c'est pourquoi, en toute rigueur, nous ne devons pas dire :

> « le *Dasein* **a** une *Weltanschauung*, mais **est** une *Weltanschauung*, et cela **nécessairement** » (*ibid.*, 344, nous soulignons).

On voit que ce qui intéresse Heidegger est moins une quelconque typologie des diverses conceptions du monde que le retour sur leur **condition de possibilité**, formulée ici à travers la notion de *Haltlosigkeit,* d'absence de point d'appui. Le questionnement philosophique n'est pas un évènement contingent, mais un advenir (*Geschehen*) inscrit dans l'essence du *Dasein* :

> « La possibilité et la nécessité de la *Weltanschauung*, c'est-à-dire son essence, se fonde dans la transcendance du *Dasein* » (GA, 27, 353).

Malgré la modification importante apportée par la notion d'existence, la *Weltanschauung* reste pensée dans une certaine continuité avec l'idée diltheyenne de la vie. Si ce concept est légitime, c'est parce qu'il appartient à l'existence comme absence d'appui de s'ouvrir de manière **compréhensive** au monde.

Restriction

Étrangement, la voie empruntée par la conférence de 1938 « L'époque de l'image du monde[1] » prend une tout autre direction. Retraçant la genèse du concept moderne de science et la coupure avec l'*épistémè* grecque, Heidegger montre que l'émergence du concept de *Weltanschauung*, à la fin du XVIIIe siècle, coïncide avec l'accès au rang d'évidence du statut de l'homme comme sujet :

> « Que le mot *Weltanschauung* vaille comme désignation de la position de l'homme au sein de l'étant prouve combien décisive est la transformation du monde en image, aussitôt que l'homme a élevé sa vie au rang de sujet occupant la place centrale » (86)

La transformation du monde en image ne peut avoir lieu que lorsque l'anthropologie conduit l'homme à se comprendre lui-même comme sujet qui se re-présente le monde, le mettant aussi par là même en position de le changer, de le transformer par la technique. L'avènement du terme *Weltanschauung* n'est donc pas neutre et Heidegger s'insurge contre son usage indifférencié pour qualifier n'importe quelle doctrine ou culture. Son usage ouvre l'époque moderne que certains caractériseront comme celle du combat des *Weltanschauungen* (« *Kampf der Weltanschauungen* ») au sein de cette position fondamentale désormais prise comme une évidence absolue de l'homme comme sujet. La *Weltanschauung*, dans cette seconde acception se confond alors avec la métaphysique.

Pourquoi une telle mutation ? La réponse tient au contexte politique : entre ces deux approches de la *Weltanschauung*, l'accession au pouvoir des nazis, qui se sont approprié ce terme et l'expérience du Rectorat de 1933 ont rendu ce terme « impraticable ».

Récusation

Loin de pouvoir nommer l'ouverture au monde, la *Weltanschauung* devient l'**obstacle** à tout philosopher authentique. Les *Beiträge zur Philosophie*, rédigés dans les années 1936-38, mais parus seulement en 1989 (GA, 65), achèvent ce mouvement de la pensée heideggérienne pour tenter d'éloigner toujours plus l'essence du philosopher de son assimilation à la *Weltanschauung*.

Cette dernière dit Heidegger :

> « inscrit tellement l'expérience dans une voie déterminée et dans son périmètre, qu'[elle] n'est jamais mise en question ; [elle] restreint et étouffe l'expérience propre et c'est là, considérée de son point de vue, sa force » (GA 65, 37).

1. *Die Zeit des Weltbildes*. Cité d'après l'édition allemande, *Holzwege*. V. Klostermann, 1949, pp 69-104. Une traduction de cette conférence existe dans *Chemins qui ne mènent nulle part*, Gallimard, 1962

Alors que « la philosophie *ouvre* l'expérience » et « est toujours **un commencement** qui exige son propre dépassement », la *Weltanschauung* « est toujours **une fin** » et « doit s'interdire des nouvelles possibilités pour rester elle-même » (*ibid.*).

En ce sens, *Weltanschauung* et philosophie

> « appartiennent à un temps différent et se tiennent, dans l'histoire, à des niveaux très différents du *Dasein* » : « La *Weltanschauung* est, tout comme le règne des images du monde, un produit des temps modernes, une *conséquence* de la métaphysique moderne » (38).

Par-delà le conflit apparent des « images du monde » (catholiques, communistes, libérales) c'est le caractère hégémonique de la *Weltanschauung* qui prévaut, le fait qu'elle « prétend déterminer et régler toutes les formes du penser et de l'agir » (40).

> « Le caractère courant et accessible des *Weltanschauungen* pour les masses, [...] tiendra longtemps la philosophie comme co-fondation créatrice du Da-sein éloignée de l'opinion publique courante, à l'omniscience versatile » (39)

Au plus loin du questionnement pensif et pensant « vers la vérité de l'être » (41), la *Weltanschauung* occulte, pour le meilleur ou pour le pire, l'essence originelle de la philosophie.

Conclusion

Quelle que soit l'importance ou le statut qu'on donne au terme de *Weltanschauung*, il apparaît toujours dans une certaine relation avec la philosophie. Soit qu'il en forme l'essence, et la *Weltanschauung* s'inscrit de manière ontologique dans notre ouverture au monde, soit qu'il en forme au contraire l'opposé : la *Weltanschauung* est alors ce que la philosophie ne peut que récuser et dépasser.

NOTION CLEF **L'être-au-monde**

« Toujours le monde est là pour nous et cela à quelque degré que ce soit » ; « la pensée reste incapable de remonter plus haut que cette donnée », « de prendre [la vie psychique] à revers à l'aide de concepts » (GS VIII, 16, 23), écrit Dilthey. Il y a ce que Heidegger nommera une **facticité** de l'être-au-monde identifié comme « constitution fondamentale du *Dasein* » (*Sein und Zeit*, chap. II). Il y a donc une certaine continuité entre les deux auteurs, et c'est à Dilthey que revient le mérite d'avoir reconnu le lien ontologique entre vie et monde comme point de départ et condition de possibilité de toute *Weltanschauung*.

Mais de quelle nature est cet être-au-monde ? Le dépassement de l'approche intellectualiste qui fait de l'ouverture au monde un acte de connaissance, la mise en relation (problématique comme dans le scepticisme) d'un sujet et d'un objet est un acquis important de la psychologie unifiante de la vie chez Dilthey. Nous sommes au monde toujours en même temps par la sensation, le désir, la connaissance, l'action. Voir, vouloir, faire, poser des fins, c'est tout un. Ce fait premier reste cependant celui d'un sujet seul (c'est pourquoi la science de la vie est chez Dilthey la psychologie) et il manque dans cette analyse la reconnaissance que notre être-au-monde implique aussi un « être avec » (*Mit-sein*). Les autres, montrera Heidegger, sont donnés au même titre que ce monde ambiant (*Umwelt*) qui est le même pour tous et qui est « ce en quoi je m'active, je m'enquiers, je me préoccupe » (*Conf. de Cassel*, *op. cit.*, 178). Le monde n'est pas ma représentation, ce dont je me fais une « idée » ou une « image », mais « ce à quoi j'ai affaire, ce dans quoi je séjourne quotidiennement » (180) et cela de manière toujours pratique et **compréhensive** : le monde est signifiant, il n'est jamais un pur chaos, mais fait toujours sens.

La facticité de notre être-au-monde, c'est-à-dire dans la formulation de Dilthey son caractère « insondable », nous place ainsi devant un profond paradoxe : nous **devons** toujours nécessairement **interpréter** ce qui est, ce qui nous arrive ; mais nous ne le **pouvons** jamais de façon ultime, comme en atteste l'historicité de notre existence et de nos conceptions du monde.

Texte choisi

« Cet univers infini, insaisissable, insondable se reflète de manière multiple dans les visionnaires religieux, les poètes, les philosophes. Tous se tiennent sous la puissance du lieu et du moment. Chaque vision du monde est historiquement déterminée, donc limitée, relative. Une terrible anarchie de la pensée semble en résulter. Mais justement, la conscience historique, qui a engendré ce doute absolu, est aussi en mesure de lui donner ses limites. Premièrement : c'est selon une loi interne que les conceptions du monde se sont distinguées. Ici, mes pensées revinrent à leurs grandes formes fondamentales, telles qu'elles s'étaient présentées au rêveur dans l'image des trois groupes de philosophes. Ces types de conceptions du monde se sont affirmées l'une à côté de l'autre au cours des siècles. Et à présent le deuxième point, libérateur : les conceptions du monde sont fondées dans la nature de l'univers et dans la relation qu'a l'esprit fini qui l'appréhende à celui-ci. Ainsi chacune exprime un côté de l'univers dans les limites de notre pensée. Chacune cependant est unilatérale. Il nous est interdit de contempler ensemble ces côtés. La pure lumière de la vérité ne se laisse voir pour nous qu'en rayons distincts, brisés. [...]

La philosophie montre son double visage. L'instinct métaphysique inextinguible tend vers la solution de l'énigme de la vie et du monde, et en cela les philosophes sont apparentés aux religieux et aux poètes. Mais le philosophe s'en distingue en ce qu'il veut résoudre cette énigme dans un savoir universellement valable. [...] Telle est la plus haute fonction de la philosophie : fondation, justification, force organisatrice qui saisit toute pensée d'objet, toute évaluation et détermination de but. La connexion ainsi formée est destinée à guider l'espèce humaine. Les sciences expérimentales de la nature ont transformé le monde extérieur, et à présent l'époque du monde a commencé, dans laquelle les sciences de la société acquièrent une influence croissante sur celle-ci »

Rêve, in GS VIII, 220-221.

Analyse

En 1903, lors d'un séjour chez son ami Yorck von Wartburg, Dilthey fait un rêve dans lequel il voit s'animer les personnages du tableau de Raphaël, l'*École d'Athènes*. Les grands philosophes, poètes, savants de la Grèce antique jusqu'à l'idéalisme allemand se rassemblent en groupes qui représentent chacun une vision du monde. Leur coexistence semble pacifique, certains individus vont d'un groupe à l'autre pour nouer un dialogue. Mais en vain : soudain, la distance se met à croître entre eux, comme entre des astres errants ; la multiplicité devient alors un déchirement angoissant qui réveille le rêveur. Mais c'est une nuit d'été calme et paisible et Dilthey comprend alors que « la vérité est présente en chaque [*Weltanschauung*] » (221). Elle ne l'est pas simultanément, dans une sorte d'éclectisme plat, mais successivement, c'est-à-dire dans la continuité historique. « C'est seulement l'histoire qui nous dit ce que l'homme est » (221) forme alors la « leçon » de ce rêve, sorte de pensée onirique qui permet à Dilthey de faire l'expérience vécue (*Erlebnis*) de son intuition centrale.

Mais ce terme d'histoire n'est plus à entendre à la façon hégélienne d'un auto-déploiement de l'Esprit, mû par une logique et une nécessité immanentes. Dilthey en effet est le représentant majeur d'une transition dont nous sommes encore aujourd'hui les héritiers : celui du renoncement de la philosophie à la métaphysique et de son « absorption » par les sciences humaines. L'écroulement de l'ambition systématique, incarnée par Hegel, l'ascension fulgurante des sciences de la nature forment en cette deuxième moitié du XIXe le contexte (allemand en tout cas) obligeant la philosophie à redéfinir sa position, son statut, son ambition, à élaborer donc « une philosophie de la philosophie » – sous-titre de la *Weltanschauungslehre, La théorie des conceptions du monde*. Toute la question est alors celle de savoir de quelle scientificité les sciences humaines peuvent se prévaloir face à la prétention hégémonique des sciences de la nature. Le concept de *Weltanschauung* est le nœud de ce débat dans lequel la philosophie joue sa place entre simple expression d'un point de vue subjectif conduisant à une multiplicité irréductible et souvent conflictuelle, et son statut de science humaine, à la fois épistémologie des sciences sociales et histoire des pensées. Mais – et tel est le problème que ne cesse de rencontrer Dilthey, comment sauvegarder l'aspiration universaliste de la philosophie à constituer un savoir fondateur et la multiplicité des expressions de cette aspiration dans les différents systèmes ?

Mode d'emploi

La notion de conception ou vision du monde est d'usage assez courant. On parle fréquemment d'une vision politique, religieuse, artistique, scientifique du monde et on la rattache souvent à une période, ou à une culture.

On peut d'abord se demander si (ou dans quelle mesure) **les idées mènent le monde**. Quel rôle et quelle importance faut-il attribuer à la diversité des *Weltanschauungen* dans les **conflits** qui opposent les hommes ? Est-ce principalement sur leur conception du monde que les hommes s'affrontent ?

Cependant pour ne pas en rester à des considérations trop superficielles, il est important de s'intéresser à la **genèse** de celles-ci et à leur **condition de possibilité**. Que doit être le monde pour que nous soyons nécessairement conduits à nous en faire une représentation ? Et que doit être la vie ou l'existence pour que nous soyons si intimement concernés par le monde ? Dilthey et Heidegger seront ici des auteurs incontournables.

Chapitre 10
L'origine du monde. Approche phénoménologique

Sébastien Blanc

> « *Nous ne nous demandons pas si le monde existe,*
> *nous nous demandons ce que c'est pour lui qu'exister*[1]. »
> « *Tu m'as laissé la terre entière*
> *Mais la terre sans toi c'est petit*[2] »

Que signifie pour nous le fait d'« être-au-monde » ? Assurément, nous ne le sommes pas à la manière d'un objet, d'une simple chose posée dans la réalité, ou même d'un animal. Nous ne sommes pas dans le monde comme l'eau est dans la bouteille. Le monde déborde l'expérience de notre univers immédiat : il est pour nous une totalité présomptive qui s'étend au-delà de chacune de nos perceptions et que toutes présupposent. Nous parlons *du* monde et cette simple possibilité suppose que nous nous ne soyons pas pris en lui. Mais pas davantage sommes-nous hors du monde : à moins de nous vouloir esprit pur, substance pensante et rien d'autre, il nous faut bien reconnaître que nous y sommes inscrits au titre de notre corporéité, laquelle n'est ni chute ni accident, mais le « ce sans quoi » de notre être. Nous parlons aussi *du* monde, mais en un tout autre sens : c'est-à-dire à partir de lui, depuis lui, et nos paroles *sur* le monde y sont aussi enchâssées. Depuis Husserl, la phénoménologie s'efforce de décrire ce double rapport, entre distance réflexive et proximité charnelle, étrangeté et familiarité. L'« In-der-Welt-Sein » de Heidegger, la « foi perceptive » de Merleau-Ponty, « le mouvement vers le monde » de Patockà sont autant de variations et de reprises de l'intentionnalité husserlienne pour récupérer un sens authentique du monde.

1. M. Merleau-Ponty, *Le Visible et l'invisible,* Paris, Gallimard, 1964, p. 131 (noté désormais *VI*).
2. G. Bécaud, « Et maintenant », paroles de P. Delanoë, 1961.

La phénoménologie peut se définir, à partir de la tâche que lui assignait Husserl, comme l'effort systématique et rigoureux visant à mettre au jour l'*a priori* de la corrélation universelle entre la conscience et le monde. On peut déduire de ce programme deux conséquences immédiates : **la conscience n'est pas sans le monde qu'elle vise et auquel elle se rapporte toujours ; le monde n'est pas sans la conscience qui lui donne un sens.** L'affirmation selon laquelle « toute conscience est conscience de quelque chose », autrement dit l'intentionnalité qui définit la conscience, a pour corrélat cette autre affirmation : le monde n'est rien d'autre que ce qui est visé par la conscience. Le monde n'est donc pas une réalité en soi, indépendante des sujets qui l'investissent et s'y projettent. Il n'est pas le « réel », la « nature », la totalité des choses ou des étants disponibles, le monde objectif auquel la science se rapporte : il est l'horizon intentionnel auquel chacun de nos actes renvoie et que toute science « naturelle » ou « objective » présuppose sans jamais l'élucider. Ainsi, parler des autres, des choses, des événements, c'est poser au préalable un sol à partir duquel ils émergent et apparaissent. C'est aussi pourquoi douter de la véracité du monde, comme voulait le faire Descartes, c'est encore et toujours se rapporter à un monde possible, fut-il réduit au « point d'Archimède » où il est mis en question et interrogé. Si le monde demeure, comme pôle ou même à titre de résidu douteux de la conscience qui en suspend l'évidence, s'il se profile derrière toute donation, s'il demeure à titre intentionnel ou noématique, force est d'admettre que la conscience s'y trouve elle-même prise et qu'elle n'est pas cette « pensée de survol » (Merleau-Ponty) sans lien et sans attache. Le monde est hanté par la conscience, mais l'inverse est aussi vrai. Le monde, en tant qu'il est constitué par le sujet qui lui donne sens, fait signe vers les pouvoirs de la conscience constituante ; mais parce qu'il est aussi toujours déjà-là, il lui dispute ses prérogatives transcendantales.

Dès lors aussi, le problème du monde nous installe au cœur d'un paradoxe qui se confond avec le déploiement même de la phénoménologie husserlienne et qui en est pour ainsi dire le motif central : **c'est parce qu'il est toujours déjà-là, condition de l'apparaître lui-même, fond de toute donation que le monde n'apparaît pas la plupart du temps, qu'il se donne en dernier.** C'est pourquoi sans doute le monde pensé comme « monde de la vie » (*Lebenswelt*) ne devient l'objet d'une interrogation explicite que dans les derniers travaux de Husserl. Il aura fallu auparavant enlever les « alluvions de l'objectivisme[1] » (celles du sens commun ou d'un certain naturalisme) qui le masquent en tant que pur phénomène.

1. J. Patočka, *Le Monde naturel comme problème philosophique*, La Haye, Martinus Nijhoff, 1976, p. 26 (noté désormais *MN*).

I. Husserl et la question du monde

La neutralité métaphysique des *Recherches logiques*

Le monde est loin d'être la préoccupation originaire de la phénoménologie. S'inscrivant dans une tradition platonicienne, Husserl interroge dans ses premiers travaux la constitution des idéalités mathématiques (à commencer par celle du nombre) et des significations pures de la logique. *La Philosophie de l'arithmétique* et les *Recherches logiques* qui suivent, oscillent entre une position psychologique et une position réaliste : pour la première, le nombre est le produit d'une opération mentale et son analyse requiert une « psychologie descriptive », c'est-à-dire la description des vécus psychiques à travers lesquels le nombre se trouve pensé. Pour la seconde, le nombre est une réalité indépendante de l'esprit, c'est-à-dire au fond une idée au sens de Platon. Quelles que soient ces hésitations, la phénoménologie husserlienne se donne pour tâche d'élaborer une théorie de la connaissance à partir de la constitution des objets idéaux. C'est bien à partir de la seule analyse des vécus de conscience qu'un tel travail doit être mené.

La phénoménologie se déploie donc originairement dans la sphère de la pure immanence et des actes de la conscience par lesquels nous nous rapportons à telle ou telle signification idéale. Car se demander comment la conscience se rapporte aux objets en dehors d'elle, comment elle peut atteindre une réalité transcendante, relève d'une interrogation métaphysique. Une telle question charrie avec elles des présuppositions sur le sujet, sur le monde et sur le rapport de l'un à l'autre qu'une théorie rigoureuse de la connaissance ne saurait admettre, dans la mesure même où elle cherche à fonder la possibilité d'un savoir apriorique, c'est-à-dire précisément sans rien présupposer de l'être du monde et du sujet connaissant. **C'est pourquoi, dans la mesure où « la question de l'existence et de la nature du "monde extérieur" est une question métaphysique[1] », elle doit être écartée de la recherche.** Car, du point de vue de la conscience, il est indifférent que l'objet existe, qu'il soit imaginé ou qu'il soit absurde : seule importent la façon dont la conscience le vise et l'évidence adéquate dans laquelle il se donne.

Une telle position de neutralité était sans doute nécessaire pour dégager dans leur pureté l'essence des vécus et la sphère apodictique de l'immanence. Mais elle risquait fort aussi de condamner la phénoménologie à une forme de clôture immanentiste. Un pas décisif sera franchi par Husserl dans les *Leçons de 1907*, publiées dans *L'Idée de la phénoménologie*. Ce qu'on a appelé la conversion « idéaliste » de la phénoménologie a sans doute bien des motifs : parmi eux, on peut considérer que la découverte de la réduction phénoménologique, dans la troisième leçon, joue un rôle décisif. En suspendant l'évidence du monde, le sujet ne s'interdit pas d'en parler puisque par ce geste la conscience se découvre comme constituante à l'égard du monde. On peut considérer qu'il y a là une rupture à l'égard des *Recherches logiques*. Mais on peut aussi dire que le tournant que prend

1. E. Husserl, *Recherches logiques*, « Recherches pour la phénoménologie et la théorie de la connaissance ». t. II, vol. I, Paris, PUF, p. 22.

Husserl ne fait qu'approfondir et révéler en sa radicalité le sens de la neutralité métaphysique des *Recherches logiques*. L'indifférence ontologique masquait une *épochè* à l'égard du monde qu'il convient d'accomplir et de préciser. Par là est révélé un sens nouveau de l'immanence : celle-ci désormais ne se limite plus à ses seuls contenus réels, elle contient aussi son objet intentionnel. Corrélativement aussi, le sens du monde n'est plus frappé d'un interdit métaphysique : dans la mesure où les choses m'apparaissent « en chair et en os », avec une évidence indubitable, le monde devient phénomène.

L'attitude naturelle

Mais pour que le monde puisse apparaître comme phénomène, il faut d'abord interroger et suspendre « l'attitude naturelle » qui est celle du sens commun et des « sciences de la nature » qui présupposent toujours son existence. Il y a là un paradoxe évident ou encore une forme de circularité méthodologique : d'une part en effet, le monde ne pourra nous apparaître que si d'abord nous suspendons notre croyance en ce monde, que si nous interrogeons la thèse même du monde. D'autre part, comme le note justement Ricœur dans sa traduction du premier tome des *Ideen*, « *le sens radical de l'attitude* naturelle ne saurait apparaître en dehors de la réduction qui le révèle au moment où elle le suspend[1] ». **Ce qui caractérise d'abord l'attitude naturelle, c'est bien de s'ignorer comme *attitude*, c'est-à-dire comme une certaine position ou thèse à l'égard du monde.** Pour elle, le monde est immédiatement donné, il est ce qui « va de soi » : il est l'objet de perceptions évidentes, de jugements de valeur et sa « réalité » est attestée par d'autres sujets. L'attitude naturelle est donc celle d'un réalisme spontané. Les paragraphes 27 à 30 des *Idées directrices* caractérisent l'attitude naturelle comme la croyance en un monde posé comme « horizon obscurément conscient de réalités indéterminées » (*I*, p. 89). Le monde est pour moi une réalité qui s'étend indéfiniment au-delà de la perception actuelle que j'en ai, selon des horizons spatiaux et temporels indéfinis ; sa présence n'est pas douteuse car

> « je trouve sans cesse présente, comme me faisant vis-à-vis, une unique réalité spatio-temporelle dont je fais moi-même partie, ainsi que tous les autres hommes qui s'y rencontrent et se rapportent à elle de la même façon. La "réalité" (*Wirklichkeit*), ce mot le dit déjà assez, je la découvre *comme existant* et *je l'accueille, comme elle se donne à moi, également comme existant*. Je peux mettre en doute et récuser les données du monde naturel : cela ne change rien *à la position (à la "thèse") générale de l'attitude naturelle*. "Le monde" est toujours là comme réalité » (*I*, p. 95)

Le sens du monde, du sujet intramondain qui s'y trouve incorporé, de l'existence d'autres sujets et enfin et surtout le sens même de ce que connaître veut dire, ne sont pas questionnés. Cette croyance, cette adhésion spontanée à l'évidence d'un monde commun et présent ne sont pas que le fait de l'opinion : le biologiste, le

1. E. Husserl, *Idées directrices pour une phénoménologie*, Paris, Gallimard, 1950, note 3. p. 87 (noté désormais *I*).

physicien n'interrogent pas davantage le sens d'être de leurs objets respectifs dans la mesure même où il est « donné ». Mais que signifie exactement « donné » et comment ce qui est donné l'est-il ? Ces questions sont celles qu'exige l'élucidation critique de la possibilité même de la connaissance, possibilité que les sciences naturelles présupposent mais ne questionnent pas. Or, on ne serait fonder sans absurdité la possibilité de la connaissance en s'appuyant sur la seule autorité de sciences déjà constituées. Tout au contraire, il faut suspendre ici leur validité et chercher un sol absolument indubitable. Et c'est pourquoi aussi, il convient de s'abstenir de toute thèse concernant le moi et le monde.

L'épochè ou la réduction phénoménologique

L'*épochè* ou la réduction phénoménologique constitue, de l'aveu même de Husserl, « la démarche la plus importante de la phénoménologie[1] ». La troisième leçon de 1907 qui l'expose pour la première fois, Les *Idées directrices* de 1913 et plus encore les *Méditations cartésiennes* de 1929 revendiquent pour l'*épochè* une filiation cartésienne. Pourtant la voie ouverte par Descartes et son doute méthodique mérite d'être radicalisée et, en partie, corrigée. Car en dévoilant la sphère apodictique de l'*Ego cogitans*, après avoir suspendu toute certitude et l'existence même du monde, Descartes reconduit le préjugé de l'attitude naturelle au cœur même de ce qui aurait dû nous en prémunir. Ainsi, en faisant du sujet une « chose pensante », Descartes est amené à réifier la conscience et manque le sens de la subjectivité transcendantale. Corrélativement, on peut dire qu'il manque aussi le sens même de la transcendance puisque le doute n'affecte aucunement le monde qui demeure tel qu'il avait été conçu : il est ce monde de choses *partes extra partes* que ne cesse de supposer le physicien-géomètre. Or, l'*épochè* phénoménologique comprise dans son sens rigoureux doit non seulement nous débarrasser de ce « contresens philosophique qu'est le réalisme transcendantal[2] » mais révéler également un sens inédit de la transcendance du monde en tant qu'il est constitué par et dans le moi transcendantal épuré. Si le geste cartésien avait pour tâche de faire apparaître « un plan ontologique absolument soustrait au doute » (*I*, 97) l'*épochè* husserlienne modifie radicalement et définitivement (et non pas seulement provisoirement comme chez Descartes) le sens du monde pensé comme corrélat intentionnel ou *cogitatum* de la conscience. Le monde ne devient pas douteux alors qu'il était tenu pour certain : c'est le sens de son évidence qui devient désormais le thème de l'interrogation philosophique. Ce qu'il s'agit de mettre « hors-circuit » ou « entre parenthèses » (*I*, p. 96) c'est le monde tel qu'il est vécu dans la naïveté de l'attitude naturelle afin de la révéler comme telle. **Le monde n'est ni retrouvé, ni perdu, dans quelque sens qu'on prenne l'opération : il n'a jamais cessé d'être, mais ce qu'être veut dire peut enfin être mis en question.**

1. D. Cairns, *Conversations avec Husserl et Fink*, Grenoble, Million, 1997, p. 131.
2. E. Husserl, *Méditations cartésiennes*, Paris, Vrin, 1947, p. 52 (noté désormais *MC*).

> « Nous comprenons maintenant que par l'*épochè* universelle quant à l'existence ou à l'inexistence du monde, la phénoménologie ne nous a pas, en réalité, fait perdre le monde comme objet phénoménologique. Nous le gardons en tant que *cogitatum* [...] Donc, en effectuant la réduction phénoménologique dans toute sa rigueur, nous gardons à titre noétique le champ libre et illimité de la vie de la conscience, et, du côté de son corrélatif noématique, le monde-phénomène, en tant que son objet intentionnel. » (*MC*, 70-71)

Nous n'avons rien perdu donc, ce que disait déjà le § 50 des *Ideen*[1]. Dans l'épreuve de l'*épochè*, le monde se révèle simplement comme ce qu'il a toujours été : le corrélat d'un sujet constituant qui s'ignorait et ignorait le « monde-phénomène ». Mais l'opération qui fait basculer le monde simplement posé dans l'attitude naturelle au monde constitué comme « monde-phénomène » est-elle si simple ? Les *Idées directrices* semblent reconduire un geste cartésien lorsqu'elles opposent au § 44 « l'être purement phénoménal du transcendant » et « l'être absolu de l'immanent ». Comme si le résultat de l'*épochè* était finalement de discriminer deux régions : celle du monde douteux et celle de la conscience absolue. Au § 49, cette absoluité de la conscience est rendue manifeste par l'hypothèse d'un « anéantissement du monde ». Grâce à une telle hypothèse

> « il devient clair que l'être de la conscience, et tout flux du vécu en général, serait certes nécessairement modifié si le monde des choses venait à s'anéantir, mais qu'il ne serait pas atteint dans sa propre existence ». Et Husserl en conclut un peu plus bas : « Entre la conscience et la réalité se creuse un véritable abîme de sens. » (*I*, 161-163)

Il y a bien, d'un texte à l'autre, une hésitation qui touche le sens même de la réduction. Celle-ci cherche d'une part à nous reconduire au phénomène du monde, et donc à interroger toujours davantage *l'a priori* de la corrélation entre la conscience et le monde ; elle vise d'autre part à dégager dans son absoluité l'être de la conscience et le fait en la coupant du monde. On peut dire que tant qu'elle demeure commandée par la nécessité de trouver un fondement à la connaissance, tant qu'elle est habitée par ce motif transcendantal, l'*épochè* phénoménologique reste attachée à dévoiler un sens épuré de la conscience plutôt qu'au thème de l'intentionnalité qui porte avec lui la question du monde. Cette hésitation fournit l'occasion d'une reprise et d'un éclaircissement, de Husserl comme de ses suiveurs.

1. Avec la mise hors circuit de l'attitude naturelle « nous n'avons proprement rien perdu, mais gagné la totalité de l'être absolu » (*I*, p. 166).

II. « L'oubli du monde »

La lecture de Fink

Ce qui caractérise la métaphysique dogmatique et qui justifie qu'on puisse parler à son propos d'un « oubli du monde[1] », c'est qu'elle pose le problème « de l'origine de l'étant », là où la phénoménologie « questionne sur l'origine du monde[2] ». Dans l'article qu'il consacre en 1933 à Husserl, Eugen Fink s'efforce de répondre aux critiques auxquelles le tournant idéaliste de la phénoménologie a donné lieu et montre en particulier comment la réduction a été mal comprise. Or c'est bien cette mésinterprétation qui est à l'origine d'une méprise sur le problème du monde chez Husserl : on a cru qu'il était question de le congédier et de se réfugier dans l'enclos de la subjectivité, on a confondu le geste husserlien et le geste critique kantien celui d'une constitution de l'objectivité en général, et non du monde en tant qu'il est l'horizon global auquel nous nous rapportons. **On a cru qu'il s'agissait de constituer le monde depuis le dedans de la conscience, alors qu'il s'agit d'abord de l'interroger comme sol de validité de toutes nos affirmations.** Le retrait du monde qu'opère l'*épochè* est retrait du monde tel qu'il est pensé (ou plutôt, faudrait-il dire *impensé* ?) par l'attitude naturelle : c'est bien ce monde-là qui est toujours déjà constitué. Or, si l'on veut remonter à l'origine de cette constitution, si l'on veut dés-objectiver le monde, il faut revenir à la source constituante elle-même, c'est-à-dire à la conscience dans laquelle le sens du monde s'accomplit. La phénoménologie ne cherche donc pas *d'abord* refuge dans l'immanence : elle dévoile du côté du sujet les conditions de l'apparaître même du monde. Si elle ambitionne en effet de penser l'origine du monde, il faut d'abord qu'elle s'extraie de tout présupposé mondain. L'*épochè* n'est rien d'autre que cela – encore qu'il faille peut-être y voir, comme le reconnaît Fink lui-même, une forme d'*hybris* (*PPE*, p. 121) :

> « Grâce à la découverte, par l'*épochè*, du monde comme univers transcendantal de validité, une problématique est pour la première fois possible qui ne se tienne pas elle-même *sur le sol du monde*, c'est-à-dire dans l'engagement mondain de l'attitude naturelle, mais qui se tienne "face" au monde [...] La phénoménologie ne met pas le monde hors-circuit pour s'en éloigner, et se tourner vers une autre thématique philosophique, elle se tient en tant que philosophie dans la question de l'être du monde ; la phénoménologie ne met la croyance au monde (comme perception universelle du monde) hors circuit qu'afin d'atteindre une connaissance ultime du monde » (*PPE*, p. 139-141)

Se tenir « face au monde » ou « dans la question de l'être du monde » implique de se défaire de notre fascination pour l'étant. La métaphysique a ceci de commun avec les sciences de la nature que l'une et l'autre sont accaparées par l'étant : qu'il soit constituant (Dieu) ou constitué (l'objet, la réalité) importe peu en

1. La formule de Fink est évidemment un écho à la formule de Heidegger parlant d'un « oubli de l'être ».
2. E. Fink, « La Philosophie phénoménologique d'Edmund Husserl face à la critique contemporaine », repris dans *De la phénoménologie*, Minuit, Paris, p. 120 (noté désormais *PPE)*.

vérité ; car dans les deux cas, nous oublions le monde et ne sortons pas du même cercle logique : c'est toujours à partir de l'étant que nous expliquons l'étant (*PPE*, p. 117) et, ce faisant, nous demeurons aveugles au surgissement du monde. Poser la question du monde revient à sortir de ce cercle.

Les apories de la « voie cartésienne »

Si la lecture de Fink se veut fidèle à Husserl, comment ignorer qu'elle est aussi en partie victime d'une illusion rétrospective ? Car en 1933, à l'époque donc où Fink rédige son article, Husserl lui-même est revenu de manière critique sur son propre travail et en particulier sur ce qu'il appelle les insuffisances de la « voie cartésienne » qui est celle du premier tome des *Ideen*. Cette voie est certes « le chemin le plus court vers l'*époché* transcendantale » en ce qu'elle nous place d'emblée dans la sphère apodictique de la subjectivité, mais

> « le chemin cartésien [...] a ce gros désavantage que, même s'il conduit, comme par un saut, tout de suite à l'ego transcendantal, ne fait voir ce dernier cependant, du fait du manque nécessaire de toute explication préalable, que dans un vide-de-contenu apparent, devant lequel on se demande avec embarras ce que l'on a bien pu gagner par-là[1] ».

L'*époché* nous délivre bien un sens pur de l'Ego, mais c'est un Ego sans vis-à-vis, un Ego esseulé et, pour ainsi dire, sans monde. **Car si le monde-phénomène m'apparaît, comment expliquer qu'il puisse aussi apparaître à d'autres consciences et qu'il soit un monde commun ?** Comment sortir du solipsisme auquel semble nous condamner la voie cartésienne ? Comment mettre au jour la dimension intersubjective de la réduction et sortir de la perspective égologique où l'on s'est engagé ? Ces difficultés sont celles qu'affronte la cinquième des *Méditations cartésiennes* en 1929. Le problème qu'il s'agit de résoudre s'énonce ainsi :

> « chacun a ses expériences à soi, son "phénomène du monde" à soi, alors que le monde de l'expérience existe "en soi" par opposition à tous les sujets qui le perçoivent et à tous leurs mondes-phénomènes » (*MC*, 151)

La constitution d'un monde commun

Chacun est pour lui-même centre d'un « monde primordial » et chacun de ces mondes est par définition distinct et séparé des autres. Je perçois depuis un *ici* singulier et l'autre perçoit *là-bas*, depuis la place qui est la sienne (*MC*, p. 193). Or **la possibilité d'un monde commun suppose bien le recoupement de toutes les perspectives et quelque chose comme une synthèse**. La question est donc bien de savoir comment se constitue cet « intermonde où se croisent nos regards et se recoupent nos perceptions » (*VI*, p. 73). Répondre à une telle difficulté suppose d'abord de décrire la façon dont l'autre m'apparaît et le mode de présence qui est le

1. Husserl, *La Crise des sciences européennes et la phénoménologie transcendantale*, Paris, Gallimard, 1976, p. 176 (noté désormais *K*).

sien. En tant qu'il est un alter ego, il n'est pas un objet dont je pourrais constituer le sens. La distance de lui à moi n'est pas surmontable par une synthèse perceptive que j'effectuerai depuis ma place. Ce qui m'est donné d'autrui, ce qu'il présente à mon regard, c'est un corps vivant (*Leib*) qui m'apprésente (qui ne me donne pas à voir) ce qu'il est comme Ego, c'est-à-dire comme autre sujet. La possibilité d'une intersubjectivité s'ancre d'abord dans cette intercorporéité, c'est-à-dire dans l'expérience similaire que nous avons d'habiter un corps. Les intentions de l'autre ou ses pensées ne me sont pas données; elles sont cependant lisibles: c'est ainsi qu'un visage terrifié me donne à deviner un monde terrifiant. Et c'est bien « dans cette accessibilité indirecte, mais véritable, de ce qui est inaccessible directement et en lui-même que se fonde pour nous cette expérience de l'autre » (*MC*, p. 187).

Le paradoxe de cette présence apprésentée qu'est autrui se prolonge et s'éclaire dans l'expérience perceptive. Ainsi, lorsque je dis que je vois une montagne à l'horizon, il serait plus juste de dire que, du point de vue de mon strict vécu, je ne vois qu'une arête. Et si je dis que je vois une montagne, c'est comme « si j'étais là-bas » (*MC*, p. 192) ou que s'accomplissait ce miracle d'une « télé-vision », pour reprendre le mot de Merleau-Ponty. Ce là-bas, cette face de la montagne qui ne m'est pas présente mais qui m'est apprésentée, c'est un alter ego présomptif qui relaie mon regard et, de proche en proche, ouvre mes perspectives. Ce que je ne vois pas du monde est cependant accessible pour un autre regard. **En ce sens, on voit bien que pour Husserl, la question de l'objectivité du monde, d'un monde visible au-delà de ce que j'en vois actuellement, suppose cette intersubjectivité transcendantale.** Certes, on peut distinguer, comme ne manque pas de le faire Husserl, deux sens de cet invisible: l'autre versant de la montagne pourra toujours m'apparaître, là où autrui demeure à jamais et par principe inaccessible.

Il n'est pas question de résumer la complexité de la Ve *Méditation* et de l'extrême tension qui l'anime: Husserl s'efforce de faire apparaître, au cœur même de la réduction – c'est-à-dire au comble de la subjectivité –, l'ouverture à un autre que je ne constitue pas mais qui porte un peu plus loin mon intentionnalité.

Demeure cependant une question que l'analogie suggérée plus haut entre perception d'autrui et perception du monde n'a pas réglée: l'expérience du monde comme totalité des horizons co-présents à ma perception actuelle, est-elle à comprendre à partir de la perception d'autrui ou bien est-ce l'inverse? L'expérience d'autrui fournit-elle la « matrice à toute expérience intentionnelle » ou bien est-ce l'expérience de la chose et donc du monde qui demeure première (à la fois comme fil conducteur et comme *telos* des analyses), auquel cas autrui serait « un cas particulier[1] » d'une donation plus fondamentale? Il faut préciser encore cette question parce qu'elle interroge le thème de la donation « en chair et en os » (*leibhaft*) et, pour nous, le statut du monde. La mise au jour d'une intersubjectivité transcendantale est-elle la condition d'une expérience du monde comme totalité ou bien le monde est-il l'objet d'une expérience qui ne réclame pas d'être fondé sur un *a*

1. « Il n'en reste pas moins que l'on peut considérer à partir de là que c'est l'expérience d'autrui qui sert de matrice à toute expérience intentionnelle et non pas celle de la chose qui serait un "cas particulier". », F. Dastur, *Husserl. Des mathématiques à l'histoire*, Paris, PUF, 1995, p. 95.

priori qu'il soit subjectif ou intersubjectif ? **L'intersubjectivité transcendantale est sans doute nécessaire pour fonder l'*objectivité* du monde, mais est-elle requise pour en penser la simple réalité ou la simple phénoménalisation ?** Avant de valoir *par* autrui, le monde ne vaut-il pas d'abord *pour* autrui, tout comme il vaut pour chacun d'entre nous ? Son évidence a-t-elle besoin d'être fondée ? Tel nous semble être le sens des réserves qu'on peut trouver dans la lecture de Merleau-Ponty, mais plus encore chez Patočka :

> « Si la subjectivité est le monde naturel même, il est non seulement superflu mais tout bonnement impossible de chercher pour ce monde un autre fondement infini, puisqu'il est lui-même l'infinité. L'intersubjectivité transcendantale n'est donc qu'un rêve que la phénoménologie du monde naturel ne justifie pas[1]. »

Identifier le monde naturel et la subjectivité revient à mettre en question le thème même de la donation. Il n'y a pas d'une part un vécu subjectif dans lequel le monde s'attesterait et de l'autre un monde qui aurait ses modes de donation. Car la présence du monde est suffisamment pleine pour qu'elle n'ait pas besoin d'être étayée par une intentionnalité, c'est-à-dire être comprise comme présence *pour* ou comme présence *à*. C'est une présence sans reste, c'est l'Être plein sans décompression possible dont parle encore *Le Visible et l'invisible*. Tout au contraire, le motif d'une donation pleine du vécu à la conscience, celui-là même qui décide de son caractère apodictique, doit être interrogé à partir de cette donation primordiale et, pour ainsi dire, anonyme du monde (nous voilà chez Bergson). **Ce n'est pas sa donation qui atteste du monde pour la conscience, c'est le fait qu'il soit donné qui manifeste le sens de toute donation et donc aussi de la conscience elle-même.** Une phénoménologie vraiment rigoureuse ne pourra pas faire l'impasse sur le thème qui la fonde et l'anime : que signifie « être donné » pour la conscience ? C'est une même question mais qui va toujours s'approfondissant parce qu'elle ne vise pas le monde, mais en provient.

Remonter à l'irréfléchi

Le § 43 cité plus haut doit nous arrêter pour une deuxième raison. Car si la voie cartésienne nous fait parvenir d'« un saut » dans la région pure de la conscience, elle s'interdit par là même d'en penser la provenance, de sorte que le *Cogito* semblera toujours immotivé : le « je pense » se donne comme source et commencement absolus, mais dès lors aussi, comme le dit très justement Merleau-Ponty, « la réflexion récupère tout sauf elle-même comme effort de récupération » (*VI*, p. 238). Le transcendantal a aussi son point aveugle. L'idée même d'un commencement absolu a ceci de problématique qu'elle voudrait ignorer les conditions historiques, culturelles, scientifiques qui le rendent possibles. Ainsi, le *Cogito* cartésien n'est pas

1. J. Patočka, « La philosophie de la crise des sciences d'après Husserl et sa conception d'une phénoménologie du "monde de la vie" », in *Le Monde naturel et le mouvement de l'existence humaine*, Dordrecht, Kluwer Academic Publishers, 1988, p. 238 (noté désormais *MNM*).

sans histoire ou inconditionné. Il n'est pas *atopos*[1]. Défini comme *res cogitans*, il est le corrélat d'une nature pensée comme *res extensa* : le monde mécanique – horloge, machine ou automate – est exactement ajusté à l'Ego qui s'est accaparé toute la pensée et s'est délesté de son corps. Mais la proposition inverse est tout aussi juste : le sens du *Cogito* n'est-il pas arraisonné depuis ce qu'il vise ? N'est-il pas ordonné par l'impératif de se rendre « comme maître et possesseur de la nature », n'est-il pas un *Cogito* sur mesure ? L'immanence en laquelle toute chose se constitue est elle-même constituée. **Tant que ce fond irréfléchi de toute réflexion n'aura pas été mis au clair, tant que la phénoménologie constitutive n'aura pas été étayée par une phénoménologie génétique – cherchant du côté du corps, de l'histoire, d'autrui et du monde, de ces impensés qui sont les sous-bassement de la vie égologique – la réflexion n'aura pas examiné ses propres présupposés.** *Les Leçons sur la conscience intime du temps*, écrites en 1905, avaient déjà amorcé une forme d'interrogation génétique en remontant à la constitution de l'Ego. Cette question en retour (*Rückfrage*), cette question qui revient sur celui qui interroge, s'accomplit dans la *Krisis* en direction du monde pensé comme monde de la vie (*Lebenswelt*).

Le sens de la « crise »

Le deuxième paragraphe de la *Krisis* fait le constat d'une « crise de la science ». À quoi ont conduit les progrès considérables de la science depuis Galilée ? À une mathématisation du monde qui en réduit aussi le sens ou qui, du moins, creuse un écart toujours plus grand entre le monde objectif tel qu'il est conçu par les sciences et le monde dans lequel nous vivons et dont, fondamentalement, elles n'ont plus rien à nous dire. Les sciences de la matière ou les sciences de l'esprit ne posent plus la question du sens mais s'en tiennent à la pauvreté désolante du « fait », au positivisme le plus dirimant. Or, notre rapport au monde n'est pas originairement celui de l'attitude théorique du savant. **Le monde est d'abord pour nous, avant toute approche scientifique, le monde auquel nous nous rapportons de façon praxique – monde immédiatement perceptif, monde de choses, monde intersubjectif auquel nous nous référons dans chacune de nos paroles, etc.** Cet écart entre le monde tel qu'il est appréhendé par la science et le monde tel qu'il est vécu pose à nouveaux frais la question du monde et interroge sa totalité problématique. On voit quel est alors l'infléchissement de la problématique husserlienne : il ne s'agit plus de chercher à fonder la possibilité d'une connaissance pure, dans la mesure même où ce problème masque et présuppose un autre problème : celui du rapport critique entre le monde abstrait des sciences objectives et le monde concret où nous vivons. La question transcendantale n'est pas pour autant abandonnée : elle se double d'une question ontologique en direction du monde comme sol de toute croyance (*Urdoxa*). Or, il n'y a pas deux mondes, un monde scientifique et un monde préscientifique, un monde vrai parce qu'objectif, un monde « simplement subjectif-relatif » qui serait celui de la *doxa* (*K*, p. 142). Puisque tel n'est pas le cas, alors il revient à la philosophie d'interroger la façon dont, depuis ses origines,

1. Platon, *Gorgias*, 494d.

elle se tourne vers le monde en lui adressant la *même* interrogation avec la *même* exigence : parce qu'elle se veut savoir apodictique, elle ressasse à l'égard du monde la question desséchante du vrai. Cette exigence d'apodicticité n'est pas si claire (*K*, p. 22), parce que, encore une fois, elle n'est pas sans histoire ou sans tradition. La phénoménologie transcendantale doit donc récupérer le monde de la vie ou encore, se récupérer elle-même comme possibilité ouverte dans et par le monde de la vie.

Dans un court texte au titre volontairement paradoxal et résolument anticopernicien – *La Terre ne se meut pas* – Husserl pousse à son comble la logique d'une réinscription de la philosophie dans le monde de la vie. Si la terre est pour la mécanique céleste un corps de forme sphérique en mouvement, elle est pour nous qui y vivons le sol immuable de toute expérience possible et envisageable, l'ici immobile dont partent tous nos projets.

> « La Terre est pour nous tous la même terre, sur elle, en elle, au-dessus d'elle règne les mêmes corps, "sur elle", etc., les mêmes sujets incarnés, sujets de chair qui pour tous et en un sens modifié sont des corps. Mais pour nous tous la Terre est sol et non corps au sens plein[1] ».

Pour nous, en effet, contrairement à ce que pourra toujours nous dire la science, la Terre n'est pas une planète : l'oiseau peut la survoler, l'avion peut également en appréhender la dimension sphérique, et désormais nous pouvons la voir depuis l'espace, mais notre expérience indépassable de corps de chair nous en dit tout autre chose[2]. On touche, avec ces descriptions, aux limites mêmes de la phénoménologie, comprise comme science des phénomènes. **Car ce qui est en jeu de plus en plus, c'est la possibilité même du pur apparaître à partir du monde, c'est-à-dire de la Terre-Mère comme sol de toute manifestation.**

III. Revenir au monde. Merleau-Ponty et Patočka

Le monde comme sol antéprédicatif

Poursuivant la lecture critique de Husserl, dans la lignée du travail d'Eugen Fink auquel ils se réfèrent tous deux, Merleau-Ponty et Patočka, n'ont eu de cesse d'approfondir cette question du monde. Merleau-Ponty a eu accès très tôt aux inédits de Husserl (La *Krisis*, *La Terre ne se meut pas*, La *VI*^e^ *Médiation cartésienne* rédigée par Fink à la demande de Husserl), ce qui lui permet sans aucun doute d'échapper à une lecture « cartésienne » de la phénoménologie. L'Avant-Propos de *La Phénoménologie de la perception* s'installe, dès sa première page, dans l'ambiguïté qui caractérise le geste husserlien à l'égard du monde.

1. E. Husserl, *La Terre ne se meut pas*, Paris, Minuit, 1989, p. 19.
2. Quelle que puisse être parfois la proximité de leur analyse, on trouvera là le motif d'une différence essentielle avec Bergson pour qui notre corps ou notre perception va « jusqu'aux étoiles ».

> « C'est une philosophie transcendantale qui met en suspens pour les comprendre les affirmations de l'attitude naturelle, mais c'est aussi une philosophie pour laquelle le monde est toujours "déjà là" avant la réflexion, comme une présence inaliénable, et dont tout l'effort est de retrouver ce contact naïf avec le monde pour lui donner enfin un statut philosophique[1] ».

Il n'y a pas là contradiction mais plutôt l'indication d'une double direction ou d'un double mouvement que l'analyse devra emprunter : revenir au monde perçu, au monde antéprédicatif, suppose de se débarrasser des idéalités constituées qui nous le masquent. Ce mouvement régressif ou archéologique[2] suppose bien de suspendre en effet notre familiarité avec le monde. Mais ce que la conscience découvre dans cette opération ce n'est pas elle comme conscience constituante ou Ego transcendantal, c'est le monde comme sol primordial de toutes ses opérations, c'est le « monde brut » ou le « monde vertical » dont parlera *Le Visible et l'invisible*. Voilà qui suppose également de comprendre tout autrement qu'on ne l'a fait la réduction phénoménologique – et la lecture de Merleau-Ponty est ici nettement redevable à celle de Fink :

> « La réflexion ne se retire pas du monde vers l'unité de la conscience comme fondement du monde, elle prend recul pour voir jaillir les transcendances, elle distend les fils intentionnels qui nous relient au monde pour les faire paraître, elle seule est conscience du monde parce qu'elle le révèle comme étrange et paradoxal [...] Le plus grand enseignement de la réduction est l'impossibilité d'une réduction complète ». (*Ph.P*, p. VIII)

Distendre plutôt que *suspendre*, et encore moins *rompre*. Par quoi il apparaît que « le champ transcendantal est champ des transcendances » (*VI*, p. 226). **Revenir au monde, c'est revenir à ce que nous n'avions en réalité jamais perdu.** Étrange mouvement donc, qui consiste à retrouver ce qui n'avait cessé d'être là. C'est encore cette question qui occupe une note du *Visible et l'invisible* :

> « Itération du *Lebenswelt* : nous faisons une philosophie du *Lebenswelt*, notre construction (dans le mode de la "logique") nous fait retrouver ce monde du silence. Retrouver en quel sens ? Était-il déjà là ? Comment dire qu'il était là puisque personne ne le savait avant que le philosophe l'eût dit ? – Mais il est vrai qu'il était là : tout ce que nous disions et disons l'impliquait et l'implique. Il était là précisément comme *Lebenswelt* non thématisé. » (*VI*, p. 224).

Cette « itération du *Lebenswelt* » est ce par quoi « l'attitude naturelle » acquiert « enfin un statut philosophique » et permet aussi de comprendre que le philosophe est un « commençant perpétuel » (*Ph.P*, p. IX). La tâche qui consiste à décrire le monde est en effet infinie et pourrait même sembler absurde s'il est vrai que parler du monde, le dire, c'est rompre notre attache avec lui ou c'est encore briser

1. M. Merleau-Ponty, *Phénoménologie de la* perception, Paris, Gallimard, 1945, p. I (noté désormais *Ph.P*).
2. Cf. la remarque d'E. Fink dans son article « Le problème de la phénoménologie d'Edmund Husserl » : « Husserl a toujours regretté que le terme d'"*archéologie*", parfaitement approprié à l'essence de la philosophie, soit déjà réservé à une science positive », *op. cit.* p. 218.

le « monde du silence ». Car la philosophie est bien toujours déjà faite en un sens : elle est tout entière contenue dans l'Être brut ou sauvage et, en cherchant à le restituer, elle le perd.

> « Le philosophe parle, mais c'est une faiblesse en lui, et une faiblesse inexplicable : il devrait se taire, coïncider en silence, et rejoindre dans l'Être une philosophie qui y est déjà faite. Tout se passe au contraire comme s'il voulait mettre en mots un certain silence en lui qu'il écoute. Son "œuvre" entière est cet effort absurde. Il écrivait pour dire son contact avec l'Être ; il ne l'a pas dit, et ne saurait le dire, puisque c'est du silence. Alors, il recommence… » (*VI*, p. 166-167).

Mais n'était-ce pas, après tout, le même paradoxe que Husserl exposait déjà dans les *Méditations cartésiennes* lorsqu'il assignait ce but à la phénoménologie : « C'est l'expérience pure et, pour ainsi dire, muette encore, qu'il s'agit d'amener à l'expression pure de son propre sens » (*MC*, p. 73-74) ? Ce travail patient est bien celui que conduit la dernière œuvre de Merleau-Ponty et que sa mort prématurée nous permet seulement d'entrevoir dans les notes finales du *Visible et l'invisible*. La première partie de l'ouvrage que Merleau-Ponty projetait d'écrire aurait dû s'intituler « Être et monde » (*VI*, p. 10 et p. 251). Fidèle en un sens au Husserl de la *Krisis*, Merleau-Ponty se propose de faire une histoire de la métaphysique comme « ontologie naïve » (*VI*, p. 240) du monde. Naïve, parce qu'elle est une « sublimation de l'Étant » qui masque l'Être du monde. Il ne s'agit pas seulement de montrer de façon critique que le thème du monde y a été manqué, mais de révéler comment le monde brut ou le monde primordial se frayent déjà un chemin à travers ces pré-conceptions du monde, comme s'il y apparaissait déjà en filigrane, oblitéré ou impensé : l'oubli du monde est aussi un phénomène du monde. **C'est donc depuis le monde que le sens du monde doit se penser, depuis un « pli » ou un « creux » qui ne soit pas décompression d'être, néantisation de la conscience, mais qui puisse déplier le monde en sa totalité.** Tel est le programme d'une intra-ontologie, c'est-à-dire d'une ontologie qui s'effectue du dedans du monde :

> « Il ne faut plus que je me pense *dans le monde* au sens de la spatialité ob-jective, ce qui revient à m'autoposer et à m'installer dans l'*Ego uninteressiert* – Ce qui remplace la pensée causale, c'est l'idée de la transcendance, c'est-à-dire d'un monde vu dans l'inhérence à ce monde, grâce à elle, d'une Intra ontologie, d'un Être englobant-englobé, d'un Être vertical, dimensionnel, dimensionnalité – Et ce qui remplace le mouvement réflexif antagoniste et solidaire (l'immanence des "idéalistes") c'est le pli ou creux d'Être ayant par principe un *dehors* » (*VI*, p. 280-281).

Du corps transcendantal à la chair du monde

L'analyse régressive de la première partie de la *Phénoménologie de la perception* permet de dégager la spécificité du corps-propre comme fondement véritable de la subjectivité. Sous les actes de la conscience, le corps révèle une « intentionnalité opérante (*fungierende Intentionalität*) [...] qui fait l'unité naturelle et antéprédicative du monde et de notre vie » (*Ph.P*, p. XIII). Avant d'être phénomène pour la conscience, le monde est ce à quoi je me rapporte par mon corps mobile et son « je peux ». Mon corps est point d'ancrage mais il est surtout l'ici de toute donation. Ainsi, comme le résume très bien Renaud Barbaras, « le corps est le lieu du monde où le monde se retourne pour ainsi dire sur lui-même ; il est le point où l'appartenance s'inverse en phénoménalisation[1] ».

Le concept de chair, et celui de « chair du monde » qui apparaissent dans *Le Visible et l'invisible* ne sont pas la simple extension à l'ensemble du monde des propriétés insignes du corps[2]. Notre corps sentant sensible, voyant visible, est sans doute une « variante très remarquable » (*VI*, p. 179) de l'Être charnel mais c'est à partir de cet Être qu'il doit être à son tour ressaisi. Ainsi, « l'épaisseur de chair entre le voyant et la chose est constitutive de sa visibilité à elle comme de sa corporéité à lui » (*VI*, p. 178). Partir du corps pour penser le monde, comme la *Phénoménologie de la perception* nous y invitait, n'était-ce pas reconduire sous d'autres termes le dualisme du sujet et de l'objet ? La chair est désormais l'élément à partir duquel la ségrégation du voyant et du visible, du corps et de la chose doit être pensée. Le terme d'*Einfühlung* (traduit par « empathie ») que Husserl réservait au rapport de ma chair à celle d'autrui s'étend dans les dernières notes du *Visible et l'invisible* à l'expérience du monde pensé lui aussi comme chair. C'est bien ce sens élargi de l'*Einfühlung* qui confère à la chair sa dimension ontologique chez le dernier Merleau-Ponty.

> « Il y a *Einfühlung* et rapport latéral avec les choses non moins qu'avec autrui : certes les choses ne sont pas des interlocuteurs, *l'Einfühlung* qui les donne les donne comme muettes – mais précisément : elles sont variantes de *l'Einfühlung* réussie. Comme les fous ou les animaux elles sont des *presque compagnons*. Elles sont prélevées sur ma substance, épines dans ma chair. » (*VI*, p. 234)

La chair du monde, cela revient à dire que tout visible recèle en lui un invisible qui n'est pas seulement de fait, mais qui demeure à jamais apprésenté.

1. R. Barbaras, *Le Mouvement de l'existence. Études sur la phénoménologie de Jan Patočka*, Paris, Les Éditions de la Transparence, 2007, p. 86.
2. « La chair du monde n'est pas expliquée par la chair du corps ou celle-ci par la négativité ou le soi qui l'habite [...] La chair du monde n'est pas *se sentir* comme ma chair – Elle est sensible et non sentant – Je l'appelle néanmoins chair [...] pour dire qu'elle est *prégnance* de possibles, *Weltmöglichkeit* (les mondes possibles variantes de ce monde-ci, le monde en deçà du singulier et du pluriel) », *VI*, p. 304. L'intégralité de cette note (« *Chair du monde – Chair du corps – Être* ») serait à lire en détail.

Le mouvement vers le monde

La réflexion de Patočka trouve son origine dans les derniers travaux de Husserl. Sa thèse d'habilitation, *Le Monde naturel comme problème philosophique*, est rédigée en même temps que les conférences de Husserl réunies dans la *Krisis*. On peut considérer que le point de départ de sa réflexion consiste à reprendre le problème du monde naturel au point exact où les analyses de Husserl l'avaient laissé :

> « Toute phénoménologie est au fond phénoménologie du monde naturel, mais ce fait même a une conséquence paradoxale : le monde naturel comme problème spécifique ne devient le thème de la réflexion de Husserl qu'à titre d'exception et relativement tard. En effet, la thématisation du monde naturel présuppose la thématisation du monde, à la différence de la thématisation des objets dans le monde [...] Le *monde naturel* en tant que monde n'a pu être découvert tant que le *monde en tant que monde* demeurait non manifeste. » (*MNM*, p. 24)

Tant que la phénoménologie s'est préoccupée de la façon dont tel ou tel étant se manifestait à la conscience, tant qu'elle-même est restée fascinée par l'*objet* (corrélat du *sujet* connaissant), elle n'a pas su voir qu'elle présupposait le monde comme archi-phénomène, c'est-à-dire comme condition de l'apparaître en général.

Le premier chapitre de la thèse de Patočka pose d'emblée une affirmation dont il ne se départira pas : **« Le problème de la philosophie, c'est le monde comme totalité »** (*MN*, p. 4) et dessine un programme : montrer que « le transcendantal, c'est-à-dire cette subjectivité antérieure à l'existant, c'est le monde » (*MN*, p. 27). Fidèle à la démarche husserlienne, Patočka cherche à mettre au jour « les structures de la subjectivité transcendantale en laquelle la réalité se forme ». En ce sens, la démarche relève bien d'une phénoménologie transcendantale mais, si elle commence par une exploration systématique de la subjectivité, c'est bien le monde comme totalité qu'elle vise et non le monde comme objet de connaissance. La phénoménologie telle que l'entend Patočka doit s'achever dans une cosmologie. Sans doute ce premier travail demeure-t-il en deçà de ses ambitions et, revenant sur ses propres écrits en 1969, Patočka reprend et précise son propos tout en soulignant ses manques : ainsi, la compréhension du « problème du *monde* » « implique qu'une partie déterminée de l'étant se rapporte à l'étant en *totalité*. Mais il ne suffit pas non plus d'introduire simplement le concept de sujet comme un complément indispensable à la solution » (*MNM*, p. 51). Remarque essentielle parce qu'elle dessine déjà ce que sera le projet d'une phénoménologie a-subjective, c'est-à-dire **d'une phénoménologie qui ne parte plus du sujet pour penser le monde, mais qui tout au contraire pense à partir du monde la façon dont émerge un sujet capable de s'y rapporter.**

Quelle est cette partie de l'étant qui se rapporte à l'étant en totalité ? Autrement dit, quelle est cette partie du monde en laquelle le monde peut s'appréhender ou se réfléchir comme totalité ? C'est le corps qui nous permet à la fois de comprendre que nous sommes dans le monde, mais aussi en vue du monde. Mais ce qui distingue ici les analyses de Patočka et celles de Merleau-Ponty qu'il a lues avec soin, c'est que le corps est ressaisi à partir du mouvement. La notion de « chair du monde » est plus l'indice d'un problème que sa solution : car elle se constitue en quelque sorte comme une totalité indistincte où le partage entre ma chair et celle du monde s'efface. On pourrait en un sens retourner les critiques que Merleau-Ponty adresse à la philosophie réflexive contre lui-même : la chair « récupère tout » sauf sa propre genèse, c'est-à-dire le mouvement même de son paraître. Les « plis » ou les « creux », la « dimensionnalité » de la chair ont ceci d'ambigu qu'ils sont à la fois constituants et constitués. Résumons cela à une question simple : si le monde est chair, comment le devient-il ? Il s'agit donc de remonter au mouvement non pas comme une propriété du corps mais comme sa détermination essentielle : le corps n'est pas susceptible de mouvement, son sens est cette « possibilité de se mouvoir » (*MNM*, p. 96). Une telle perspective fait toute la différence entre phénoménologie et cosmologie. **Car le mouvement, tel que Patočka en conduit l'analyse n'est pas mouvement *dans* le monde seulement ; il est mouvement *en vue* du monde et, comme tel, constitutif du monde.** On comprend alors ce qu'ambitionne la phénoménologie de Patočka : il s'agit de remonter au mouvement comme apparaître même du monde.

Le triple mouvement de l'existence et le monde comme totalité

L'analyse du mouvement de l'existence doit permettre d'établir la possibilité d'une ouverture au monde qui se fasse depuis le monde. Plus que vers Merleau-Ponty, c'est vers Heidegger que Patočka se tourne en lui empruntant les trois dimensions de la temporalisation qu'*Être et Temps* a mises en lumière. Le premier mouvement de l'existence est celui de son enracinement ou de son ancrage dans un monde déjà là. Ce mouvement nous renvoie à une « passivité préliminaire » (*MNM*, p. 9) puisqu'il est la façon même dont le sujet advient à lui-même, se fait perspective sur le monde, existe donc. Le deuxième mouvement est celui qui caractérise l'existence en tant qu'elle se rapporte au monde présent, qu'elle y est insérée : nous vivons dans un monde d'objets, monde à connaître et à explorer, monde vers lequel chacune de nos actions se dirige. Ces deux premiers mouvements ont en commun que la vie y est encore captive d'elle-même, qu'elle ne s'est pas ouverte à une vraie transcendance. Le mouvement y est essentiellement réponse à un besoin. S'il constitue un soi, il revient toujours à soi. Il s'en tient, pourrait-on dire à la clôture du *Lebenswelt*, et non pas au monde « au sens fort du terme – le monde comme l'ensemble de toutes les réalités[1] ». Le troisième mouvement est celui par lequel nous nous rapportons au monde comme totalité : parce que la question de son sens devient pour nous interrogation. C'est ce mouvement qui révèle les possibilités les plus propres de l'existence humaine en tant qu'elle n'est pas seulement accaparée par le besoin ou le faire, mais qu'elle interroge son sens et sa finitude et le fait, ne peut le faire, qu'en se rapportant au sens total du monde.

1. J. Patočka, *Qu'est-ce que la phénoménologie ?*, Grenoble, Millon, 1988, p. 133.

Il nous semble que non seulement Patočka rompt sur ce point avec les analyses de Heidegger pour qui la question du sens authentique de l'existence ne peut être posée qu'à partir de ma propre finitude, mais qu'il renoue de façon inattendue avec le Descartes de la troisième des *Méditations* : le sens de l'être fini que je suis se dévoile dans son rapport à l'infini, non certes de Dieu, mais du monde. Ce dernier mouvement n'annule pas ceux qui les précèdent ; il les récapitule ou les reprend et fait apparaître ce qui en eux était encore impensé. Car notre enracinement dans le monde ne signifie pas un enchaînement définitif à l'étant puisqu'il est déjà ouverture partielle au monde et au mystère de sa transcendance.

Conclusion

Notre question initiale consistait à interroger l'étant singulier que nous sommes parce qu'il est à la fois intramondain et hors du monde dans la mesure même où le monde fait pour lui question. Comment penser ce double rapport sans sacrifier une dimension à l'autre ? Le point de départ cartésien fait du sujet un « spectateur désintéressé » (*unbeteiligter Zuschauer*) du monde : c'est à la condition de neutraliser l'attitude naturelle qu'on pourra en effet dire quelque chose du monde sans préjuger de son sens. Mais on a vu à quelles difficultés conduisait cette voie : la réduction phénoménologique compromet paradoxalement le sens de la vie intentionnelle qu'elle devait dévoiler parce qu'elle nous enferme dans la sphère de l'immanence pure. Si elle dégage le sens du monde comme « monde-phénomène », elle ne nous explique pas comment nous habitons aussi dans ce monde. Or, décrire la façon dont nous habitons le monde implique pour la phénoménologie de se défaire de son ambition première, celle de fonder la connaissance. Le primat de la subjectivité et de la conscience constituante n'est que le corollaire d'une philosophie qui appréhende le monde en terme d'objectivité et qui reste animée par un motif transcendantal. Cette voie transcendantale n'est ni la seule ni peut-être la plus pertinente pour nous reconduire au thème de l'origine du monde. En revenant au corps ou au mouvement de l'existence, Merleau-Ponty et Patočka infléchissent la phénoménologie de Husserl mais ils prolongent aussi des voies qu'il a contribué à ouvrir. Ils explorent et creusent, selon des chemins différents, une exigence qui était déjà celle de Husserl : comment remonter à l'origine du monde en y intégrant le mouvement même de cette remontée ? Voilà qui faisait dire à Merleau-Ponty : « l'originaire éclate, et la philosophie doit accompagner cet éclatement, cette non-coïncidence, cette différentiation » (*VI*, p. 165).

Notion clef — L'horizon

C'est en 1907, dans *Chose et espace,* cours qui suit immédiatement *L'idée de la phénoménologie* et sa découverte de la réduction, que le concept d'horizon est pour la première fois thématisé par Husserl. Un tel concept est requis dès lors que la phénoménologie opère une percée en direction de la transcendance du monde et qu'elle devient une phénoménologie de la chose spatiale. La chose en effet ne se donne pas « en elle-même » ou de façon adéquate dans la perception. Elle se dévoile selon des esquisses (*Abschattungen*) progressives et ne se donne pas tout entière au regard. Ainsi, je ne verrai jamais simultanément que les trois faces d'un cube et, pour que ses autres profils m'apparaissent, il me faudra changer de place. Ces descriptions ne nous renvoient pas au sujet empirique et à sa finitude propre mais plutôt aux lois eidétiques de la perception de la chose transcendante. C'est pourquoi Husserl note que le cube ne se donne jamais à voir d'un seul coup et d'un seul tenant, « même pour Dieu ». Ainsi la chose possède un « horizon » interne qui correspond à l'ensemble des perceptions co-données que je pourrai en avoir. Cet horizon doit se comprendre en un sens spatial mais également temporel, car le dévoilement progressif de l'objet renvoie aussi à un déroulement de l'expérience. Or, puisque percevoir une chose, c'est toujours aussi la percevoir dans un certain contexte ou environnement, l'horizon interne se redouble d'un horizon externe : le monde, de proche en proche, se profile dans une totalité apprésentée. Il est l'horizon de tous les horizons, une réserve inépuisable d'explorations infinies. Patočka a montré ce que cette notion avait d'ambigu en ce qu'elle nous renvoie finalement moins au monde qu'à l'intentionnalité du sujet qui le vise.

Texte choisi

Si l'on part du moi sujet-privé du monde, il paraît acritique et étrange d'affirmer que l'apparition du monde soit tout à fait impossible sans le monde lui-même. (L'*ego cogito* cartésien est un tel moi-sujet privé de monde.) Mais si le moi lui-même n'est à concevoir *uniquement* qu'en tant que le monde dans sa « contraction », dans son individualisation interne, si l'apparition en tant que telle n'est à comprendre que sur ce fondement, l'étude du mouvement étonnant qu'est l'expérience du moi n'attestera-t-elle pas ce processus d'une réflection spéculaire du monde en lui-même ? La vie du moi comme vie d'une individualité ineffable est seule capable, en tant que miroir, de devenir une correspondance de l'univers, de l'Un-Tout. Certes, le monde, se réfléchissant tout en portant en lui et en produisant le miroir lui-même, en étant ce miroir, ne pourra jamais *se faire vis-à-vis* à la manière d'un objet. Pas plus que l'individu qui le réfléchit ne pourra en être distingué comme d'un « autre côté », du « transcendant ». Le monde ne peut jamais être *expérimenté* au sens d'une rencontre, car la rencontre présuppose un possible passage à côté, une possible non-rencontre, ancrée dans l'absence – le monde cependant ne peut jamais être absent, mais tout au plus oublié. Il est le en-quoi préalable et un être « du » monde (*Weltwesen*) ne peut être tel sans projeter un unique en-quoi omni-englobant qui l'embrasse lui-même, ainsi que tout le reste et est, pour cette raison, au-delà de l'opposition de l'immanence et de la transcendance.

C'est cela même qu'est la *conscience d'horizon*: un savoir préalable non thématique sur l'Un englobant qui, dans tout savoir singulier, est présent en tant que projet sur le mode de l'oubli, et qui, là où il est visé, se travestit d'abord en continuation de l'expérience singulière. L'espace-temps est présent d'abord sous la forme d'horizons extérieurs. Mais si la conscience d'horizon peut apparaître comme une continuation de l'expérience singulière, c'est uniquement parce que celle-ci n'est rien d'autre que la différenciation d'un tout originairement projeté.

J. Patočka, *Papiers phénoménologiques,* Grenoble, Millon, 1995, p. 237.

Analyse

Que l'apparition du monde requière le monde semble relever du pur cercle vicieux. Car il est entendu qu'il n'y a apparition que pour ou depuis un lieu, nécessairement distincts de l'apparaissant pour lequel ou en lequel ce qui apparaît se manifeste. Cette conviction n'est pourtant pas exempte de tout présupposé. Ainsi, c'est parce que nous partons d'un ego sans monde que la question de l'apparition du monde depuis une source extra-mondaine se pose. Ce qu'il s'agit donc de penser c'est la façon dont le monde se phénoménalise à partir du mouvement de l'existence. Voilà pourquoi Patočka substitue au thème idéaliste de la réflexion celui, physico-optique, de la réflection ou du miroir. Une telle image pourrait cependant nous tromper en ce qu'elle semble statique plutôt que dynamique. De même, il ne suffit pas de dire que le monde se réfléchit en nous, ce qui reviendrait à poser une autre dualité. De lui à nous le rapport n'est pas de face à face. Si la phénoménologie se donne pour tâche d'élucider le sens de ce qui apparaît à un « sujet » – quelle que soit la définition qu'elle s'en donne –, alors le travail de Patočka cesse de relever de la phénoménologie. Il ne pose pas en effet la question de ce qui apparaît (phénomène, chose, objet, peu importe là encore), mais de l'apparaître lui-même. **Si le monde est la condition même de l'apparaître, alors il ne peut jamais être absent. Mais il ne peut jamais non plus se « donner » en tant que tel.** Ce qu'il y a de trompeur dans la métaphore husserlienne de l'horizon et du monde comme horizon ultime, c'est qu'elle pense le monde comme une « continuation de l'expérience singulière », c'est-à-dire à partir du sujet qui en déploierait le sens. Mais cette expérience singulière est-elle même prélevée sur l'Un-Tout du monde.

Mode d'emploi

Le monde peut se définir comme la somme des éléments qui le composent. Mais cette définition montre très vite ses limites. Un agrégat ne formera jamais un tout parce qu'il lui manquera la règle ou le principe de ce qui fait son unité. C'est ainsi que « le monde du vivant » n'est pas constitué par l'ensemble des être vivants qui le constituent, mais par une définition préalable et apriorique de ce qu'est le vivant. Un tel ensemble, une fois circonscrit, peut bien se constituer comme monde autonome : il lui appartient de définir son périmètre, ses lois, ses procédures formelles et son objectivité propres. Reste un fait que les sciences mondaines n'interrogent pas mais présupposent dans leur constitution : il faut bien que le monde se donne. Voilà le point de départ de l'interrogation proprement phénoménologique. Interroger le sens du monde, c'est donc revenir à l'expérience primordiale dans lequel il nous apparaît et aux modalités de sa constitution. La croyance spontanée se donne un monde déjà constitué là où la phénoménologie, retrouvant une tradition platonicienne, « s'étonne » devant le surgissement du monde.

Chapitre 11
Goodman, manières de refaire le monde

Jean-Marc Durand-Gasselin

Un lieu commun de la pensée moderne considère que la science décrit la réalité et donc ce qui fait le caractère commun du monde. À l'inverse, l'art et *a fortiori* surtout la fiction, invente des mondes imaginaires produits par des subjectivités créatrices. Goodman (1906-1998) remet en cause ce lieu commun avec une force philosophique qui en a fait un classique de la philosophie. Science et art sont, de son point de vue, deux formes de construction symbolique qui ne peuvent fonctionner comme telles qu'en se référant au monde tout en le refaisant chacune à sa manière. Car il n'existe sur lui aucun point de vue absolu, aucun point de vue de Dieu, intuitif ou factuel, qui nous permettrait d'accéder à une réalité du monde sans point de vue singulier. Nous parlons du monde, mais en même temps que nous en parlons nous lui donnons nécessairement, par cette symbolisation au moyen de mots, de nombres, d'images, *etc.*, une consistance propre, par des compositions, des classifications, des accentuations, etc., une consistance qui n'est pas elle-même dans le monde ou du monde. Mais ces constructions ne sont pas arbitraires ou fantaisistes : elles obéissent à des contraintes référentielles et constructives sans lesquelles elles ne seraient pas compréhensibles, chaque type de construction étant en continuité au moins partielle avec celle qui la précède. La notion de vérité doit alors être élargie et réaménagée pour penser la correction de ces constructions. Ce qu'il faut, en philosophie, c'est donc analyser la manière dont nous construisons le monde de manière variée par des symboles et spécifier ces constructions, ces manières de refaire indéfiniment le monde, chez Galilée et Einstein aussi bien que chez Watteau, Wagner ou Péguy, en comparant les contraintes qui sont celles de la science de celles de l'art.

À l'université de Harvard à la fin des années 1920 et pendant les années 1930 Goodman a été formé par Alfred Whitehead, le coauteur avec Bertrand Russell des *Principia Mathematica* (1910-1913), par Clarence Irving Lewis, un des fondateurs de la logique modale et par Carnap, l'auteur de *La construction logique du monde* (1928) et de *La syntaxe logique du langage* (1934), deux livres phares de l'empirisme logique du Cercle de Vienne, dont les représentants se sont installés aux États-Unis dans les années 1930 pour fuir le nazisme. En plus de cette formation scientifique, il a aussi suivi un cursus de « *creative writing* », a été directeur à Boston d'une galerie d'art où il rencontra sa future épouse, l'artiste plasticienne Katharine Sturgis et il sera toute sa vie un infatigable et très avisé collectionneur d'art. Cette formation par la logique moderne et son intérêt central pour l'art, alliage atypique dans l'univers intellectuel moderne des spécialisations et de l'écart croissant entre « scientifiques » et « littéraires », l'incitent à remettre en cause la manière dont la nouvelle logique a été interprétée dans un sens exclusivement positiviste par l'empirisme logique. Pour ce positivisme, la science possède une position privilégiée dans l'ensemble des discours et des productions humaines dans l'accès à la réalité. Tout le reste, une grande partie de l'histoire de la philosophie et les discours religieux, est rejeté du côté du confus, de l'imaginaire, de l'incontrôlable et doit être critiqué et déconstruit au moyen de l'analyse logique ; l'art est simplement neutralisé et sauvé comme assumant explicitement une part de sentimentalité et d'imagination.

L'enjeu pour Goodman est d'essayer de montrer le plus précisément possible en quoi la science ne donne accès à aucun absolu (le monde donné des faits par exemple) parce que la science construit en partie son propre référentiel et remet indéfiniment sur le tapis cette construction dans différentes versions du monde. Le monde existe, mais il est inscrutable en tant que tel dans sa pureté immaculée : les différentes théories scientifiques construisent en s'y référant des mondes ou des versions du monde grâce à un type de symbolisation scientifique qui rend comparables Aristote et Galilée. Il s'agit également de montrer en quoi l'art ne fabrique pas des mondes au sens de constructions imaginaires, sentimentales et absolument originales ou nouvelles, mais en quel sens il fait fonctionner des émotions cognitivement par des symboles qui se réfèrent à quelque chose de nécessairement compréhensible et donc de commun, avec un minimum de continuité historique et sociale. Le pluralisme des mondes d'Homère, de Watteau ou Beethoven est subordonné à des formes d'apprentissage social sans lesquelles ces créateurs n'auraient ni pu créer ni pu produire émotions et compréhension chez les lecteurs ou les spectateurs.

I. Reconstruire dans un monde dépouillé

La nouvelle logique

Goodman a d'abord adhéré à la **révolution intellectuelle que représente la nouvelle logique**, pour en donner une interprétation ontologique originale. La logique syllogistique d'Aristote, qui a été considérée comme valide du IVe siècle av. J.-C. jusqu'à la fin du XIXe siècle, prenait la forme d'une classification des jugements (négatifs/affirmatifs; particuliers/universels) qui attribuent un prédicat à un sujet, ainsi que des formes de combinaisons dans les raisonnements (les syllogismes valides et les syllogismes non valides). Or Frege et Russell, à la fin du XIXe et au début du XXe vont produire une critique de cette logique, accusée de calquer la logique sur les règles de la grammaire, au prix de multiples confusions. Ils vont contribuer à différencier et à expliciter les règles de la logique des propositions, de la logique des classes ou des prédicats et de la logique des relations.

Lorsqu'il est question de logique des propositions, c'est-à-dire lorsqu'il s'agit simplement de combiner logiquement des propositions atomiques avec leur caractère faux ou vrai, on remplace ces propositions par des lettres comme p, q, r etc. et les types de combinaison (négation, conjonction, disjonction, équivalence) qui les lient par des signes conventionnels tenant lieu de constantes logiques. On peut ainsi expliciter les formes de combinaisons valides entre propositions atomiques et également évaluer le résultat de ces combinaisons en termes de vérité et de fausseté pour des propositions moléculaires, si jamais on connaît la valeur de vérité des propositions atomiques qui les composent. C'est le fameux **principe d'extensionalité** pour laquelle la valeur de vérité d'une proposition moléculaire dépend de la valeur de vérité des propositions atomiques qui la constituent et du type de lien qui les unit.

Dans le calcul des prédicats, qui reprend en la transformant la théorie du syllogisme d'Aristote, il s'agit de savoir et d'établir en quoi les propriétés de telle classe d'êtres ou d'entités sont combinables avec telle autre propriété de telle autre classe. Frege et Russell, par des voies différentes, vont **formaliser la proposition sous la forme fonctionnelle** F(x) dans laquelle F désigne le prédicat ou la propriété et x l'entité qui possède le prédicat ou la propriété. Ainsi, si x désigne (comme en mathématiques) une variable indéterminée, on ne peut pas savoir si F(x) a un sens et est vraie – c'est comme si l'on disant « x est vert ». Par contre si on utilise des variables d'individus déterminés comme a, b, c alors on peut savoir la valeur de vérité de F(a) ou de F(b): « la pelouse est verte » est vrai, « le ciel est vert » est faux. Une classe désigne alors l'ensemble des individus qui rendent vraie la fonction, c'est-à-dire qui possèdent la propriété désignée par F. Il faut aussi des opérateurs de quantification, qui, là encore, empruntent à la formalisation mathématique et doivent pouvoir signifier de manière abrégée et formelle « un », « tous », « quelques ». On obtient ainsi un calcul des classes beaucoup plus puissant que la syllogistique d'Aristote.

La dernière forme de calcul logique est celui du calcul des relations. C'est ici que l'on retrouve une troisième idée décisive : **les relations sont extérieures aux termes qu'elles mettent en relation**. La logique traditionnelle, en effet, guidée par la forme verbale, ne connaissait que la forme sujet-prédicat et réduisait les relations à des propriétés des termes, comme on le voit chez Aristote, mais aussi chez Leibniz. La formalisation fonctionnelle de la proposition permet de rendre compte de l'extériorité des relations. Ainsi dire « Michel est à la gauche de Paul » s'exprime de manière logique en xRy ou R(x,y) avec deux variables d'individus, c'est-à-dire comme une fonction à deux variables d'individus placées dans un certain sens, et non pas en deux fonctions distinctes qui concerneraient respectivement x et y.

La nouvelle logique et l'ontologie

Il y a une relation assez forte chez Aristote entre sa logique et son ontologie c'est-à-dire entre sa conception d'une logique par inclusion et sa conception d'un monde peuplé d'une hiérarchie ordonnée de genres, espèces et individus, selon un schème hiérarchique et biologique d'inclusion descendantes. Cela permet une sorte de superposition entre la forme grammaticale du langage, la logique de l'inclusion, la biologie classificatrice et l'ordre général du *cosmos*. De même chez Leibniz le modèle exclusif sujet-prédicat aboutit à un monde où toutes les monades, les différents sujets logiques ou les atomes du monde avec leur série de prédicats, devaient être compossibles entre eux pour former un monde parfaitement dense et en plus le meilleur possible si Dieu en est la cause.

La nouvelle logique critique nécessairement ces ontologies du monde issues du modèle grammatical et exclusif sujet-prédicat. Elle va ainsi donner lieu à de nouvelles interprétations ontologiques du monde. Cela explique l'effet de renouvellement intellectuel considérable de la nouvelle logique pour la philosophie. Or, une fois admis la puissance de clarification et de contrainte de la nouvelle logique, **la question extralogique de savoir comment l'interpréter sur le plan ontologique restait ouverte**.

Ces interprétations ontologiques de la logique moderne dépendent d'abord **du statut ontologique donné aux classes et aux relations**. Dans quelle mesure le calcul logique des propositions, des classes et des relations peut-il avoir une signification sans supposer l'existence de ces entités ? Se pose ainsi une alternative : dans quelle mesure existent comme des entités réelles les ensembles ou les propriétés générales des choses (**platonisme**[1]) ou faut-il dire qu'existent seulement les individus qui composent ces classes ou ces propriétés, ces dernières étant alors seulement des fonctions de classification (**nominalisme**[2]) ?

1. « Platonisme » désigne ici non pas la doctrine historique de Platon mais l'interprétation extralogique de la logique tendant à faire exister comme des entités réelles les objets abstraits ou les propriétés.
2. Le nominalisme est l'attitude philosophique, inaugurée par Guillaume d'Ockham, consistant à dire « *entia non sunt praeter necessitatem multiplicanda* » (il ne faut pas multiplier sans nécessité les entités). Ici il s'agit donc d'une interprétation extralogique de la logique tendant à refuser l'existence aux entités abstraites (ensembles, propriétés, relations).

De plus Frege a opposé **l'extension** (la référence aux objets) et **l'intension** (le sens). Ainsi « rouge » est défini extensionnellement par l'ensemble des objets rouges et « à gauche de » par tous les objets situés à gauche d'autres objets. L'intension renvoie quant à elle à la signification conceptuelle des termes ou des propositions : « rouge » est ainsi une couleur parmi les couleurs, « à gauche de » une relation spatiale réversible. Une **position extensionnaliste** signifie que l'évaluation de la valeur de vérité d'un énoncé se détermine par le rapport à la référence et non pas par des considérations sur le sens ou l'intension ; une **position intensionnaliste** revient au contraire à privilégier l'intension. Frege avait ainsi tendance à défendre une position intensionnaliste et platonisante et Russell, extensionnaliste et nominaliste.

La position extensionnaliste et nominaliste de l'entreprise reconstructionniste de Goodman

Goodman et Quine, son collègue et ami et à Harvard, vont développer **une position extensionnaliste et nominaliste**, dans le prolongement de celle de Russell. Comme le disent deux commentateurs de Goodman « l'extensionnalisme revient à donner plus de poids à la vérité qu'à la signification, à la réalité qu'à la pensée, au monde qu'à l'idée que nous nous en faisons[1] ». Une position nominaliste consiste, de manière extralogique, à considérer qu'il ne faut pas donner de forme d'existence aux classes, aux propriétés ou aux relations. Donc, autant on pourra accepter « x est rouge », autant « x est une couleur » risque de faire proliférer ontologiquement des entités de second ordre (les couleurs, indépendamment des objets colorés). On pourrait alors avoir tendance à croire que, en dehors des énoncés logiques, « vrai » peut être attribué à des significations conceptuelles. Comme s'y engage Goodman : « le langage du nominaliste ne contient pas de noms, de variables ou de constantes, pour des entités autres que des individus[2] » ; ou encore, lorsqu'il évoque sa position commune avec Quine : « absolument tout ce que nous sommes prêts à reconnaître comme entité peut être considéré comme un individu[3] ».

Ce sont ces thèses que résument des expressions comme « le goût des **ontologies désertiques** » ou « **dépouillées** ». Ce goût relève moins d'une justification ontologique que de l'objectif philosophique, inauguré avec Frege et Russell, de clarification des discours à partir de la nouvelle logique. La philosophie s'identifie ainsi à une **reconstruction clarifiée de nos pratiques discursives en partie confuses**. L'ontologie, qui détermine ce qu'il y a dans le monde et ses propriétés a, de ce point de vue, un caractère **doublement dérivé puisqu'elle dépend d'objectifs de clarification et de l'interprétation qu'elle peut donner à la nouvelle logique**.

1. J. Morizot et R. Pouivet, *La philosophie de Nelson Goodman*, Paris, Vrin, 2011, p. 106.
2. N. Goodman, *La structure de l'apparence* [1951], Paris, Vrin, 2004, p. 50-51.
3. N. Goodman, « Un monde d'individus » in *Le nominalisme*, recueils de textes, paris, Vrin, 2012, p. 161.

Quine parle de ce point de vue « d'engagement ontologique ». D'où, déjà, le paradoxe (mais il est seulement apparent) d'une position d'orientation réaliste et acceptant les contraintes de la logique, qui se déclarera plus tard irréaliste et pluraliste.

II. De la version goodmanienne du système constructionnel à la notion de système symbolique

La version goodmanienne du système constructionnel : phénoménalisme et méréologie

Dans *La structure de l'apparence*, Goodman défend, au nom de sa clarté, l'idée de système constructionnel se rapportant à des individus. Pour en comprendre le principe il faut partir de l'ouvrage qu'il discute pied à pied, *La construction logique du monde* de Carnap et de la manière dont Carnap a fait évoluer ses positions vers un physicalisme. Cet ouvrage est en effet une tentative de reconstruction rationnelle, dans un système hiérarchique, de l'ensemble de ce que la science dit du monde dans l'esprit de la clarification russellienne des obscurités de la langue ordinaire. Une reconstruction fondée sur la thèse que l'on peut distinguer, d'un côté, les vérités logiques calculables grâce à la nouvelle logique et, de l'autre, le contenu empirique des objets auxquels se réfèrent nos discours. Carnap en a tiré **une position positiviste, physicaliste et vérificationniste.** Ultimement c'est la physique qui dit vraiment ce qu'est le monde et tous les discours de toutes les sciences, notamment humaines, doivent pouvoir être réduits, par une série de traductions par équivalence, à un discours physique sur des faits observables qui servent de base de référence empirique à l'ensemble de cette reconstruction logique du discours scientifique. Ceci implique un primat de la science, comme dans le positivisme d'Auguste Comte, et particulièrement de la science physique et aussi une perspective vérificationniste : les énoncés n'ont de sens que s'ils peuvent ultimement être vérifiés par la référence à des faits observables.

L'approche de Goodman **prolonge l'intention reconstructive de Carnap mais d'une manière qui ne sera ni physicaliste ni vérificationniste.** D'un côté, elle consiste à montrer en quoi le monde perceptif est bien ce à quoi se réfèrent d'une manière ou d'une autre nos discours : « Le phénoménaliste tient le monde de la perception pour fondamental » répètera-t-il plus tard dans *Manières de faire des mondes*[1], ce qui correspond bien à l'orientation réaliste évoquée plus haut ; mais d'autre part, s'il y a bien un donné qui agit sur notre équipement cognitif, il n'y a **pas pour autant de raison philosophique (au sens de la nécessité de clarification) de privilégier la perspective du physicien sur d'autres perspectives.** En effet, on peut rendre compte, dans un **système constructionnel** capable de mettre en œuvre la nouvelle logique, de la manière dont on se rapporte au monde à partir de *qualia* qui servent de termes primitifs au système, un *quale* étant une caractéristique qualitative répétable de l'expérience phénoménale. Ces *qualia* forment des

1. N. Goodman, *manière de faire des mondes* [1978], Paris, Gallimard, 2006, p. 40.

agrégats qui sont des *concretum*. Il n'est donc pas nécessaire de supposer quelque chose comme des substances sous-jacentes à des propriétés, comme c'est le cas pour Aristote ou encore dans le physicalisme qui tend ainsi au platonisme avec sa hiérarchie des propriétés ou des ensembles. Il est possible ensuite, selon une **méréologie**, c'est-à-dire une **logique du tout des parties**[1], de rendre compte de manière claire des *concretum*, de la manière dont les choses nous apparaissent, **sans présupposer des ensembles ou des espèces distincts des individus de base du système reconstructif.**

Or ces relations entre *qualia* au sein des *concretum* sont des **découpages formés par un tissu de considérations pragmatistes d'utilité, d'intérêt et de pertinence**, qui ne sont donc **pas des décalques** de l'expérience, des représentations, **mais des cartes**, avec leurs repérages **en partie conventionnels, liés à des intérêts différents** et à l'intérieur desquels seulement la notion de vérité fera sens. Le système constructionnel de Goodman, non seulement extensionnaliste et nominaliste mais aussi phénoménaliste et méréologique est ainsi **ouvert sur un certain pluralisme**, à la différence de celui, physicaliste, de Carnap qui demeure moniste. Or, c'est précisément depuis ce pluralisme que Goodman va pouvoir mettre en évidence la différence qu'il y a, en science aussi bien qu'en art, dans ces découpages premiers, ces cartes de l'expérience qui découpent les *concretum* de manières singulières.

Extensionnalisme et nominalisme en épistémologie : trépas du possible, induction et pragmatisme

Dans *Faits, fictions et prédictions* (1954) Goodman s'attaque dans **un esprit extensionnaliste et nominaliste à l'épistémologie** qui peut tendre à faire exister des classes (dont le sort ontologique vient d'être réglé) mais aussi des lois, des prédicats dispositionnels (« inflammable », « soluble » etc.), des mondes possibles, pour expliquer la validité du discours scientifique. De fait, la nouvelle logique, particulièrement la logique modale du possible et du nécessaire (qui s'est développée à la suite des trois calculs évoqués plus haut), avait provoqué la réinvention de la notion leibnizienne de monde possible, nécessaire pour comprendre le monde réel.

Une des premières tentations en épistémologie, compatible avec le schème de la substance et des propriétés, consiste à attribuer des prédicats dispositionnels aux choses en utilisant des formulations contrefactuelles : une allumette est inflammable car si on la frottait elle s'enflammerait. La possibilité ou la potentialité semble donc exister comme une propriété nécessaire de l'allumette. On peut même aller jusqu'à dire que notre monde réel, celui par exemple où l'allumette n'est pas frottée dans des circonstances favorables, se définit par comparaison avec un monde dans lequel elle est frottée et s'enflamme.

Tout ceci est pour Goodman un « **Disneyland philosophique** » qui multiplie de manière intensionnaliste et platonisante les entités. Car il nous suffit d'élucider les circonstances dans lesquelles l'allumette 1 s'est enflammée, ce qui justifie que

1. Les principes techniques de cette logique sont exposés au chap. II de *La structure de l'apparence*.

l'allumette 2 le fera. Il faut donc pour cela revenir au problème général de l'induction hérité de Hume : qu'est-ce qui nous autorise à attribuer en général ou dans le futur une propriété à une chose alors que nos perceptions passées sont limitées en nombre ? qu'est-ce qui va faire que c'est possible ou impossible, nécessaire ou seulement probable ? Si on arrive à répondre à ces questions alors « trépasse le possible » comme entité ontologiquement présupposée par la science[1].

Soient des émeraudes. Avant l'instant *t* nous avons pu examiner qu'elles étaient toutes vertes et donc à partir de *t* les observations confirment l'hypothèse inductive selon laquelle toutes les émeraudes sont vertes. Mais soit maintenant le prédicat « vleu », un « prédicat moins familier que "vert" », « qui s'applique à toutes les choses examinées avant t [une date dans le futur] pour peu qu'elles soient vertes, et à toutes les autres choses [qui n'ont pas été examinées avant t] pour peu qu'elles soient bleues[2] ». Ainsi, les prédictions « toutes les émeraudes examinées à l'avenir seront vertes » et « toutes seront vleues » seront également confirmées par les mêmes observations. Si nous utilisons « vert » et non « vleu » **ce n'est pas en fonction de la réalité ou de la vérité de l'une des deux hypothèses inductives c'est parce qu'il satisfait mieux nos besoins de classification, qu'il fait corps avec un usage déjà existant**. Notre activité de catégorisation est un « reclassement, et non pas découverte d'un classement donné fondé sur la réalité elle-même[3] » avec ses entités suspectes que seraient les mondes possibles et les prédicats dispositionnels.

Les arts considérés comme des langages : l'enjeu de la notion de symbole

Traditionnellement on conçoit le rapport au monde dans l'art de deux manières. Soit on considère que l'art est *mimésis* et qu'il copie les choses du monde en les rendant plus ou moins belles, soit on considère que l'art est expression et alors il produit des œuvres qui extériorisent et traduisent des intentions et des sentiments dans des mondes singuliers. L'art semble tiraillé entre une interprétation absolutiste (perfectionniste) et une interprétation relativiste (expressiviste).

Or, Goodman, dans *Langages de l'art* (1968), rend compte de l'activité artistique à partir de **la notion de symbole**. Un symbole, c'est, dans sa variété (« les lettres, les mots, les textes, les images, les diagrammes, les cartes, les modèles et bien d'autres choses »), ce qui tient pour quelque chose ou ce qui se réfère à quelque chose. Le propre d'une réalité symbolique c'est qu'elle ne peut pas être seulement perçue (par les sens et l'appareil perceptif), mais renvoie aussi à ce qui n'est pas immédiatement accessible à la perception : le symbole doit donc être décodé, lu, ou conçu. « Doit » c'est-à-dire que le symbole n'est accessible que s'il est lu comme tel : **il peut ne pas être lu ou décodé (et seulement perçu) et il peut être bien ou mal lu** (cf. notion clef). Comme le dit Goodman à propos des images fabriquées par l'art : « les propriétés esthétiques d'une image n'englobent pas seulement celles

1. N. Goodman, *Faits, fictions et prédictions* [1954], Paris, Minuit, 1985, p. 75.
2. *Ibid.*, p. 87-88.
3. J. Morizot & R. Pouivet, *op.cit.*, p. 116.

qu'on trouve en la regardant mais également celles qui déterminent comment on doit la regarder[1]. » Or expliquer l'art comme une activité symbolique a d'abord l'avantage philosophique par rapport à la question du monde de **récuser l'alternative absolutisme/relativisme**.

En effet, il peut opposer à la théorie de la représentation ou de l'imitation du réel au moins trois arguments. Tout d'abord il n'y a pas d'œil (ou d'oreille) innocent et neutre servant de référence au réel perçu. L'œil est toujours mû par « les insinuations anciennes et récentes du cœur et du cerveau ». Ensuite, toute représentation de la réalité suppose une série de choix (d'aspect, d'échelle, etc.). Enfin, la symbolisation artistique n'est pas du tout seulement copie ou représentation littérale (par exemple un portrait de Churchill) mais aussi un classement (une image d'une Licorne, individu fictionnel), une expression (par exemple un portrait de Churchill en enfant avec sa petite taille, son sourire d'enfant et un hochet). Les montages symboliques de la référence en art **ne sont pas une série de copies plus ou moins parfaites du monde qui ne demanderaient qu'à être perçues, ils doivent être compris ou décodés par un œil instruit**.

Goodman peut aussi s'opposer à la théorie expressiviste pour deux raisons. Tout d'abord, l'expression est une propriété des symboles artistiques qui doivent être décodés comme expressifs, car les émotions fonctionnent de manière cognitive (ainsi une scène comique, une musique funèbre etc.). L'expérience esthétique du tableau de Churchill en enfant suppose de comprendre les mécanismes de symbolisation comme l'exemplification (cf. plus bas). **L'expression est une propriété des symboles artistiques** qui suppose d'avoir été apprise dans une communauté culturelle, aussi bien pour les produire que pour les lire. Et donc il n'est pas nécessaire pour construire un personnage dépressif, d'être soi-même triste. Il n'y a pas de raison de privilégier, comme Hegel, la poésie lyrique, celle-ci incarnant soi-disant le modèle de l'expression. Le monde n'est pas imité par les artistes et, inversement, **les mondes de l'art** ne sont pas créés à *ex-nihilo* à partir de la subjectivité des artistes : **il faut plutôt dire que le monde est indéfiniment refait dans des versions variées selon les différentes formes de symbolisation** artistique (picturale, musicale etc.) et les différentes œuvres (des différents peintres, compositeurs etc.).

III. Le tournant symbolique : refaire le monde avec des symboles

Les symptômes de l'art et la symbolisation artistique

Dans *Langages de l'art* Goodman affirmait : « L'objectif est d'avoir accès à une théorie générale des symboles[2] ». *Manière de faire des mondes* est l'ouvrage qui accomplit ce tournant symbolique. On y retrouve la même position que celle

1. N. Goodman, *Langages de l'art* [1968], Paris, Fayard, 2011, p. 146.
2. *Ibid.*, p. 27.

décrite dans *La structure de l'apparence* mais sous une forme moins reconstructive et logique (à la Carnap) que directement descriptive. L'enjeu est alors de montrer comme fonctionnent certains de nos systèmes symboliques. En général la science utilise un langage verbal de manière littérale, explicite et le plus univoque possible, en distinguant soigneusement les différents objets dont elle parle. Goodman peut identifier par comparaison **quand il y a art**, c'est-à-dire quand la symbolisation appelle un certain type de lecture et **d'expérience des émotions qui fonctionnent cognitivement**. C'est ce qu'il appelle les **symptômes de l'art**. Goodman en distingue cinq: la densité syntaxique, la densité sémantique, la saturation syntaxique, l'exemplification, la référence multiple et complexe[1].

Ainsi par exemple, la **densité sémantique** renvoie à la différence qu'il y a, dans ce à quoi se réfère le symbole (le signifié dans un vocabulaire saussurien), entre une notice de médicaments ou d'appareil ménager et un poème: dans le premier cas l'objet signifié et ses propriétés sont littéralement et clairement déterminées, séparées les unes des autres et énumérées; dans le second cas ce qui est signifié (choses, saisons, personnes, états d'âme etc.) est muni de propriétés multiples et combinées (« les sanglots longs des violons de l'automne »).

De même la **saturation syntaxique** signifie que tous les détails (ou du moins un grand nombre) comptent ou sont signifiants par opposition à « l'atténuation syntaxique ». C'est la différence entre un tracé de montagne chez Hokusaï et un diagramme économique avec la même courbe (exemple célèbre de Goodman): le premier fonctionne de telle manière que par exemple l'épaisseur du trait, sa couleur comptent et pas seulement, comme pour le même tracé dans un diagramme économique, le rapport de la verticalité et de l'horizontalité. L'atténuation signifie que tous les détails ne comptent pas, certains sont neutralisés, n'activent ou ne doivent rien activer comme lecture et comme émotion liée. Chacun des deux tracés doit être lu différemment, à partir de deux formes syntaxiques que l'on peut opposer.

L'exemplification fonctionne quant à elle comme un échantillonnage. Ainsi un échantillon de tissu exemplifie sa texture et sa couleur et non sa taille. L'or de certaines tombes du mésolithique exemplifie la rareté et l'éclat des morts et non la mollesse relative, l'or étant aussi un métal mou et pas seulement rare et éclatant. L'exemplification explique les phénomènes métaphoriques.

Faire des mondes: quelques opérations fondamentales

Ceci permet d'illustrer le passage très dense de *Manière de faire des mondes* où Goodman recense certaines des opérations fondamentales de la construction des versions du monde dans les différents systèmes symboliques, par-delà leur variété. La première opération évoquée, dans le droit fil de la **méréologie extensionnaliste** de *La structure de l'apparence* consiste à composer et à décomposer les choses:

1. N. Goodman, *Manières de faire des mondes*, *op.cit.*, p. 101-102.

« Faire le monde consiste à séparer et à réunir, et souvent les deux ensemble : d'un côté, diviser les totalités en leurs parties, partitionner les genres en espèces, analyser les complexes en les traits qui les composent, établir des distinctions ; de l'autre, recomposer les totalités et les genres à partir de leurs membres, parties et sous-classes, combiner les composants en des complexes, et faire des connexions. De telles compositions et décompositions s'accomplissent ordinairement, sont du moins facilités ou consolidées, par l'application d'étiquettes : noms, prédicats, gestes, images, etc. [...] L'identification repose sur l'organisation en entités et genres[1]. »

Cet exercice de composition et de décomposition suppose lui-même comme on l'a vu, des formes **d'accentuation ou de pondération** qui correspondent à nos intérêts cognitifs, pratiques ou esthétiques, selon bien sûr ce que peuvent produire les différents types de moyens symboliques (par exemple la peinture accentue certaines couleurs, certaines formes, la danse certains mouvements ou articulations de mouvement etc.). Le style pictural de tel ou tel peintre peut ainsi être mis en valeur comme une manière d'accentuer.

Goodman évoque aussi **l'agencement** dans les relations d'ordre entre les entités et les accentuations, par exemple des relations d'ordre temporel ou spatial avec des métriques spécifiques, comme on le voit dans les différentes sciences. Mais il évoque aussi les **suppressions, supplémentations et déformations** que l'on fait subir à ces formes de composition, d'accentuation et d'agencement.

Pluralisme, irréalisme et continuité constructive : le réalisme interne

Il ne s'agit en rien ici d'une sorte de relativisme généreux et libéral qui ferait disparaître toute forme de contrôle et de sélectivité dans nos constructions. Car **les contraintes sont très fortes** : la référentialité du symbole fonctionne sur une base phénoménale ; les contraintes constructives qui tiennent à la nature des systèmes symboliques (scientifiques ou artistiques) sont fortes ; la compréhension de ces symboles suppose que la symbolisation s'inscrive dans le monde social de la culture et de ses apprentissages, sans jamais pouvoir commencer à partir de rien, comme dans le cas d'un démiurge. « Pour construire le monde comme nous savons le faire, on démarre toujours avec des mondes déjà à disposition ; faire, c'est refaire[2] ». Comme **nous nous situons toujours déjà dans un découpage des qualités sur la base de marques et d'étiquettes liées à nos habitudes dans une histoire de la culture** (c'est-à-dire *a minima* de la communauté par laquelle nous avons appris que tel symbole « tenait pour... » ou « se référait à... »), nous ne pouvons que **refaire le monde, le redécouper partiellement**. Selon la fameuse image de Neurath, reprise aussi par Quine : nous refaisons une partie de notre bateau alors qu'il est en pleine mer. C'est pourquoi on peut parler pour la position de Goodman

1. *Ibid.*, p. 23-24.
2. *Ibid.*, p. 22.

de « **réalisme interne** », selon une expression d'un philosophe lui aussi pragmatiste, Hilary Putnam, pour récuser l'idée d'un accès pur au monde laissé indemne de notre schème conceptuel (Quine) ou de nos systèmes symboliques (Goodman).

C'est sous la conduite de cette forme de « réalisme interne » que l'on peut comprendre le progrès en science : « fait » et « donné » dépendent d'opérations sous-jacentes de découpages dans le tissu phénoménal. Les lois sont ainsi « décrétées autant que découvertes », **mais les différentes versions scientifiques du monde restent comparables et évaluables** grâce aux contraintes évoquées plus haut. Le positivisme logique a eu tendance à avoir de la signification et de la vérité des conceptions trop restrictives, vérificationnistes : n'a de signification que ce qui peut être vrai ou faux et vérifier empiriquement. **La signification et la vérité prennent ici un sens plus souple dans les systèmes symboliques** ; Goodman parle de **concordance** et de **correction**.

Conclusion

Les deux questions ontologiques du monde, de ce qu'il y a et de la structure de ce qu'y a, sont centrales dans l'ensemble de l'œuvre de Goodman. Ses réponses combinent, avec la cohérence exemplaire d'un classique, des considérations très variées sur le rôle de la philosophie comme entreprise de clarification et de mise en ordre, de la logique comme contrainte dans cette clarification, et du symbole comme moyen de « faire référence à... ». Sa position est très articulée : constructionniste, extensionnaliste, nominaliste, phénoménaliste, méréologique, pragmatiste, pluraliste et réaliste mais interne. Il n'y a pas de mondes possibles et le monde est fait d'individus et pas de généralités ou d'ensembles : il faut partir, pour des raisons de rigueur, d'une grande économie, d'une ontologie désertique. Mais ces individus eux-mêmes sont individués, c'est-à-dire deviennent des entités munies d'une identité par nos systèmes symboliques (scientifiques ou artistiques) qui les identifient grâce à des opérations de composition, d'accentuation, d'agencement etc., toutes différentes selon ces systèmes. Le monde est donc peuplé par les individus dont nous redécoupons les contours dans les versions que nous construisons grâce à nos systèmes symboliques. Il est donc extraordinairement riche et pluriel.

NOTION CLEF **Le symbole**

Poser la question du monde, de ce qui s'y trouve et de ses propriétés, c'est poser la question du symbole dans le sens où « on peut bien avoir des mots sans monde, mais pas de monde sans mots ou d'autres symboles[1] ». Sans quoi en effet nous aurions seulement affaire à une partie de notre environnement découpé implicitement selon nos intérêts vitaux. Un symbole peut être défini de

1. N. Goodman, *Manières de faire des mondes*, *op.cit.*, p. 22.

manière minimale comme « ce qui se réfère à… » ou « tient pour… ». Un symbole verbal, pictural, musical, etc. possède de ce point de vue toujours une dimension qui excède la perception immédiate et doit être compris ou décodé, car il peut n'être pas compris mais seulement perçu et il peut être bien ou mal compris. Il y a une typologie des symboles et le philosophe peut donc reconstruire les systèmes symboliques dans lesquels le monde est indéfiniment refait dans des versions-mondes.

Texte choisi

Le physicien tient son monde pour réel, il attribue les suppressions, additions, irrégularités et accentuations des autres versions aux imperfections de la perception, aux urgences de la pratique, ou à la licence poétique. Le phénoménaliste tient le monde de la perception pour fondamental, et les suppressions, abstractions, simplifications et distorsions résultent d'intérêts scientifiques, pratiques ou artistiques. Pour l'homme de la rue, les versions des sciences, de l'art et de la perception, s'écartent de manières multiples du monde familier qu'il s'est construit de bric et de broc avec des morceaux de tradition scientifique et artistique, et où il lutte pour sa propre survie. Le plus souvent, c'est ce monde qu'on juge réel ; car la réalité dans un monde, comme le réalisme dans une peinture, est en grande partie une affaire d'habitude. […]

Le même philosophe qui ici contemple métaphilosophiquement une vaste variété de mondes trouve que seules les versions qui font face aux réquisits d'un nominalisme obstiné et déflationniste respectent sont projet de construction de systèmes philosophiques.

N. Goodman, *Manières de faire des mondes*, *op.cit.*, p. 40-41.

Analyse

On retrouve ici la critique du physicalisme de Carnap qui veut privilégier le réel selon la science physique, mais aussi la défense par Goodman de son orientation phénoménaliste, de son pragmatisme et de son pluralisme. Les opérations multiples par lesquelles nous refaisons le monde en fonction de nos intérêts divers, à partir du divers phénoménal, ne sont pas des biais par rapport à un réel qu'il faudrait trouver nu, mais des manières de fabriquer des mondes variés, des demi-nécessités en fonction de nos usages déjà présents et de nos intérêts. L'homme de la rue est ainsi spontanément pluraliste parce qu'il vit à cheval sur plusieurs types de mondes ou de constructions symboliques traversés par des intérêts différents. Ce pluralisme, comme il le dit ensuite, doit être soigneusement distingué d'un engagement ontologique inflationniste (encombré par les espèces, les prédicats dispositionnels, les mondes possibles etc.) et trop tolérant ou sans contrôle, la version physique du monde de Galilée n'étant pas plus vraie que celle d'Aristote. Au contraire, l'extensionnaliste et le nominaliste maintiennent à la fois la priorité d'un engagement ontologique minimal et des contraintes de référence qui vont à l'encontre d'une telle inflation et d'une telle tolérance.

Mode d'emploi

Goodman est un auteur dont on ne peut mesurer l'originalité et comprendre les thèses sans un minimum de compétence en logique et en histoire de la philosophie analytique (Frege, Russell, Carnap, Quine). Néanmoins il est, même sous une forme un peu simplifiée, d'une très grande utilité pour le thème. Il permet de travailler en effet sur les deux questions ontologiques de ce qu'il y a dans le monde et de la structure de ce qu'il y a. Il donne à nos différentes manières de symboliser une place décisive, car le monde est indéfiniment refait de manière plurielle par notre travail de symbolisation dans ses différentes versions scientifiques ou artistiques, ou plus largement culturelles. Ce travail peut être décrit de manière fine et opératoire. Au sein de celui-ci les différents engagements ontologiques résultent de ses opérations de composition, d'accentuation, d'agencement etc. Les positions de Goodman pourront ainsi être confrontées directement à toutes les autres grandes réponses ontologiques de la tradition philosophique mais aussi, comme outil, servir à analyser la version-monde de tel ou tel artiste ou scientifique. On pourra ainsi mobiliser Goodman pour répondre à des questions comme : la consistance du monde ; y a-t-il un ou plusieurs mondes ? ; les mondes possibles ; qu'est-ce qui fait le caractère commun du monde ?

Partie 2
Littérature

Chapitre 1

Concevoir et interpréter le monde au Moyen Âge : fondements de la modernité

Natalie Cossart

Le Moyen Âge dure mille ans. Il est une longue transition ; il est à la fois **un commencement** – puisque « notre » monde semble s'enraciner dans ces siècles un peu obscurs, d'où émergent le dessin d'un territoire, une société et des structures mentales qui sont les matrices de nos réalités ; il est en même temps **une fin** – puisqu'il marque l'effondrement du « monde » romain et une prise de distance avec la pensée antique. Il est donc une articulation, originale et complexe, qui n'est ni l'avènement d'un monde neuf, ni la continuation d'un monde connu. **C'est cette ambiguïté qui caractérise la notion même de « monde » pour le Moyen Âge : entre héritage et innovation, entre legs et conquête, entre Antiquité et Renaissance**, tout est d'emblée problématique.

Or, puisque **le « monde » n'est pas une chose que l'on peut saisir autrement que conceptuellement, puisque c'est une « idée » qui articule le perçu et le compris**, cette « idée » témoigne des opérations mentales qui président à sa constitution. Se superposent en fait, en ces longs siècles, plusieurs points de vue sur le monde, qui sont autant de strates de pensée d'une société en devenir, sur un territoire en devenir, et dont la grille de lecture et d'interprétation se condense dans le surnaturel et le symbolique.

Pour le dire autrement, si l'on postule qu'est monde un ensemble d'éléments régis par un ordre rendant compte de la réalité, alors **la réalité du monde médiéval est pour nous aujourd'hui une abstraction** !

I. Des repères nécessaires pour comprendre « un » monde en devenir

Problème initial

Qu'est-ce que le monde au Moyen Âge? Question épineuse, puisque si l'on définit le terme par « extension », comme un ensemble de « choses » qui existent, on achoppe sur l'impossibilité – propre à la définition – d'énumérer et de cerner ce dont on parle: **que sait-on de ce qui existe dans le monde au VIIIe siècle, par exemple?** Et sur quoi se fonde l'idée même que quelque chose existe – sa réalité pérenne et invariable? sa nomination dans la langue – c'est-à-dire qu'il existe un « mot pour le dire »? Est-il même possible de concevoir cela aujourd'hui, tant les choses du monde ne cessent d'apparaître et de disparaître? « Le » monde n'est-il qu'une collection de choses? Et, si l'on définit le monde par « compréhension » de cette « totalité » potentielle, on doit plutôt **envisager le monde comme un espace d'expériences et de relations qui donneraient un sens à ce que l'homme saisit de « sa » réalité**. Cela signifie donc que le monde se soumet à une saisie subjective, donc plurielle, tout en étant *a priori* « construit », « pensé », à partir d'une cohérence commune.

D'emblée, donc, le « monde médiéval » se trouve aux prises de ces deux appréhensions: l'homme ne fait l'expérience que de ce qui existe, certes; mais, par exemple, le « monde médiéval » admet comme « existant » des « choses » ou des réalités, qui nous semblent aujourd'hui hors du monde. Prenons un exemple simple: la licorne existe au Moyen Âge, elle est un animal fabuleux qui gambade dans des contrées lointaines mais que d'aucuns ont vu de leurs yeux – et leur parole est vraie...

Et puis **le monde médiéval accueille « le » monde, puisqu'il est la Création**, le dessein de Dieu; **il le reçoit, il ne cherche pas à le modifier, à l'expliquer: le monde est.** Et « ce » monde est le monde médiéval. Ce n'est pas simple à comprendre mais il est possible de formuler ainsi les choses: ce ne sont pas les structures mentales qui vont informer le monde, saisi en totalité, pour construire « un » monde saisi en compréhension. C'est plutôt **le monde considéré *a priori* comme totalité ordonnée et cohérente qui va informer les structures mentales.** Les 1000 années tracent ainsi une longue construction de la conscience du monde, liée à la conscience de ce qui est, à la conscience de ce qu'est l'homme et de ce qu'il peut dans le monde. Cette époque est donc absolument fondamentale.

Dans cette perspective, il faut donc accepter de **penser le monde médiéval comme une véritable articulation, originale et exemplaire, entre deux « mondes ».** D'une part, il assure, **en amont, les prémices de ce qui sera le nôtre**: car, ce monde invente l'Occident dans les frontières que l'on connaît; il est tenté par la vastitude d'un ailleurs à découvrir et, en même temps, préoccupé de se connaître. Mais il est également **l'aval d'un « monde » dont il hérite, qu'il absorbe, qu'il informe, qu'il déforme, qu'il syncrétise** et qui est comme traversé de représentations étonnantes censées lui donner sens : le merveilleux, le fabuleux, l'extraordinaire deviennent des éléments liés au dessein divin, éléments que « ce » monde héberge et qui disent quelque chose « du » monde et des hommes qui l'habitent.

En résumé donc, le Moyen Âge met en œuvre avec force l'idée que « le » monde est une totalité communément partagée ; disons, pour faire simple, qu'il s'agit d'un référentiel objectif et nécessaire de choses existantes, qu'aucun homme ne peut embrasser ou expérimenter dans sa complétude – ie : je ne peux effectivement pas tout savoir, tout voir, tout vivre du monde. Mais, **ce même Moyen Âge manifeste qu'au sein de cette entité, c'est par l'expérience naturellement limitée à « son » propre monde que chacun – entendons membre d'un groupe – peut se hisser à donner une signification et une cohérence à l'ensemble** – ie : ce que je vis dans ce monde, ce que j'en comprends et qui constitue donc « mon » monde n'est pas déconnecté de la totalité, voire « mon » monde participe « au » monde. Ce n'est pas rien : car le monde existe-t-il indépendamment de la conception, ou de l'expérience, que quelqu'un en fait ?

Scansion 1 : le monde dans lequel nous vivons est un signe vers le vrai monde, qui est ailleurs

Pour aborder sereinement les conceptions et représentations que cette longue époque se fait du monde, il est nécessaire de rappeler les scansions fortes qui l'articulent ; ce qui est proposé ici est de l'ordre du repérage des périodes qui constituent ces mille années, c'est-à-dire qu'il s'agit d'un outil de compréhension tracé à grands traits ; la réalité est un peu plus subtile.

Très grossièrement, puisque 1 000 ans ne s'enferment pas dans une seule formule, on peut penser la trajectoire médiévale ainsi : **le point de départ, dans les tout premiers siècles, est davantage orienté vers l'éradication du paganisme** – c'est-à-dire les croyances antiques –, ou plus exactement, vers la conciliation de cet héritage avec les structures politiques germaniques – imposées par les invasions dites barbares. Pour s'enraciner et se déployer, le christianisme est ainsi missionné dans une lutte contre les pratiques païennes, mais il doit également s'insérer dans un cadre politique qui fait valoir le groupe au détriment de l'un.

Concernant l'héritage antique, **l'attitude chrétienne est assez pragmatique** : il s'agit de mettre en forme évangélique les matériaux païens ; les textes philosophiques gréco-romains sont ainsi réinterprétés à la lumière biblique ; le savoir antique devient un outil d'exégèse théologique. C'est vraisemblablement la raison pour laquelle, dans un premier temps, **le déploiement monastique tient le monde à distance et le lit comme une tentation permanente : la Création est miroir du dessein de Dieu mais elle est aussi parfois ce à quoi s'arrête le chrétien, se satisfaisant des plaisirs terrestres**. Or, il faut lutter contre cela. Car, précisons les choses : l'unité spirituelle espérée par le Haut Moyen Âge est certes censée garantir une certaine mise en ordre, mais les chrétiens des premières heures médiévales ne sont ni lecteurs ni érudits : ils ne savent du monde que ce que les fresques, les sculptures, les sermons dominicaux et la vie de chaque jour surtout en disent. C'est par cela que se diffuse une morale chrétienne profonde, plutôt qu'un enseignement ou un savoir. **Le monde terrestre est alors compris comme un lieu où s'éprouver soi-même, dans la crainte de la colère de Dieu, et dans l'espérance du monde céleste. Il n'est pas, en première instance un espace de contemplation.**

Cependant, on l'a mentionné en amont, la jeunesse du monde médiéval est aussi celle d'un climat politique turbulent et très tôt tourmenté par ce qu'il est commun d'appeler les invasions barbares : elles favorisent grandement la dissolution de l'homme dans le groupe. La « renaissance carolingienne » – comprendre l'époque de Charlemagne – et la période romane, qui assoient le système féodal, confirment et affermissent cela. De même, une multitude de paroisses s'est développée, au plus près des habitants, construisant un maillage très étroit qui redouble les obligations seigneuriales, économiques ou sociales. **L'homme de cette époque est le maillon d'un réseau plus vaste que lui-même : il n'existe même que grâce à ce réseau**. Il est asservi par la fidélité – dont l'étymologie ramène à Fides, la foi – à une multitude de groupes : il est, il doit être, fidèle à sa parentèle, à son lignage, à son seigneur, à Dieu... La foi est un moyen en même temps qu'une fin pour édifier une vision du monde. En effet, **si le « je » n'existe pas, le « je » est une partie du « nous » et ma foi en l'appartenance à un groupe est la raison même de mon existence en ce monde**, c'est même mon mode d'existence. Mais plus encore, elle en est la finalité : elle assure la conception imposée d'un monde théocentrique.

Quelles caractéristiques en découlent ? Que faut-il retenir ?

Le monde médiéval se cherche et, on l'a retenu, il s'édifie lentement par une sorte d'hybridation entre l'héritage antique, les apports germaniques liés aux invasions et la culture chrétienne ; cela signifie que le monde défini en tant que totalité de choses existantes est subsumé par la compréhension qui lui est superposée. En d'autres termes, **l'interprétation du monde est le monde**.

Rappelons cette formule de saint Augustin : « Si les philosophes [païens] ont émis par hasard des vérités utiles à notre foi, surtout les platoniciens, non seulement il ne faut pas craindre ces vérités mais il faut les arracher pour notre usage à ces illégitimes détenteurs. » **La *sacra pagina* est le fondement de toute la culture médiévale, et en ce sens, elle s'autorise à infléchir tous les savoirs antérieurs, à les plier à sa propre loi, pour les incorporer à « sa » conception du monde**.

C'est précisément au terme de l'époque romane que se stabilise cette « vision du monde ». On peut voir ainsi dans des manuscrits enluminés des scènes bibliques sur fond d'architecture antique – sont représentés des édifices arborant des chapiteaux décorés de feuilles d'acanthe par exemple, ou des saints et des souverains dont les vêtements sont drapés comme à l'époque gréco-romaine.

Mais surtout, **jusqu'au XIIe siècle environ, le monde réel, terrestre, est conçu et perçu comme un miroir du monde surnaturel, céleste : la nature n'est pas ou n'a pas une valeur en soi ; elle est juste un moyen d'accès à des perfections invisibles et divines.** Elle est un écran à dépasser, ce qui justifie ou explique que l'homme soit considéré comme partie d'un tout, membre presque anonyme d'un groupe, et non individu : en effet, il ne vaut pas pour lui-même, mais comme élément de la création, reflet approximatif d'une perfection qui seule prévaut.

Plus encore, la tentation de **l'exégèse permanente faisant du monde un espace à déchiffrer**, comme peuplé de symboles, **a pu donner lieu à des interprétations parfois farfelues**, voire contradictoires. La fortune d'un ouvrage comme le *Physiologos* en témoigne : ce bestiaire médiéval répertorie l'ensemble des animaux mentionnés dans les Écritures et leur assigne un sens symbolique ; ils ne constituent donc pas une entité zoologique ou biologique, puisque les espèces y valent pour signes à valeur démonstrative ; ils disent quelque chose de la création et rien d'eux-mêmes.

Cela est bien symptomatique de l'attitude interprétative qui prévaut : d'abord on postule un sens spirituel à ce qui est, quel que soit cet objet du monde ; ensuite on adapte la saisie sensible de ses caractéristiques à ce sens premier et essentiel.

Le monde est donc nécessairement subordonné à l'avènement d'un sens transcendant ; il est une incarnation sensible de l'esprit. C'est sa raison d'être. Et cela fait naturellement des pensées antiques les auxiliaires d'un itinéraire proprement théologique.

Scansion 2 : Que l'ordre du monde soit, ici et maintenant !

C'est cependant cette perméabilité très plastique aux textes anciens, qui favorise l'inflexion de la « deuxième moitié » du Moyen Âge.

Car à **partir de 1150 environ, on repère une certaine mutation** de l'esprit occidental. Dans un contexte politique complexe qu'il n'est pas lieu ici de détailler, se réorganise et s'installe peu à peu un État au sens moderne, en lieu et place du système féodal. Il s'appuie sur un renouvellement du droit romain, c'est-à-dire sur un ordre garanti par des règles. Cela marque insensiblement **l'avènement de la raison comme fondement et légitimité d'un système cohérent et général** : le droit, c'est la loi des hommes fondée sur une compréhension intelligente du monde ; c'est une certaine confiance en la capacité de normes communes, à même de protéger et d'encadrer chacun parmi tous. Ce faisant, on le comprend donc, puisqu'il existe une structure extérieure et politique, l'homme se défait de l'écheveau de responsabilités qui étouffait son individualité : les cadres juridiques ou communautaires, pour faire simple, rendent moins nécessaire le joug de l'appartenance au groupe. Et donc, **l'individu peut exister pour lui-même ! Attention, on ne renie pas sa foi, mais on peut agir plus librement.** D'autant qu'un renouveau économique encourage les échanges entre territoires urbains et ruraux, proches et moins proches ; en somme, le monde s'ouvre à l'autre et s'élargit. Se multiplient alors dans un monde devenu curieux et avide, des lectures assidues et notamment, celles de traductions des auteurs antiques, lettrés, mais aussi des savants, scientifiques. Ce sont tous les mondes, gréco-romain, arabe, persan, hindou... qui s'invitent en Occident. Or que disent ces écrits de tous horizons, sinon **la richesse d'un monde ouvert à la découverte et propice à la curiosité** ?

S'ouvrent ainsi à la connaissance la géographie, la zoologie, la botanique, la médecine, l'astronomie... autant de sciences profanes, qui constituent un savoir sur « le » monde. Plus encore, la redécouverte des traductions d'Aristote fait renouer avec une méthode empirique et inductive: il est possible d'observer le monde terrestre pour ce qu'il est. **Il demeure la Création de Dieu mais il n'est plus un écran à franchir pour atteindre le monde céleste, il en est la continuité.**

Progressivement, **se dessine une vision du monde renouvelée, moins diabolique, moins manichéenne. Il est à la portée de la connaissance humaine**, telle que l'Occident médiéval la construit: pour faire simple, le monde n'est pas ou plus mauvais en soi; il trouve une réhabilitation pour lui-même comme création divine et donc comme espace de contemplation et d'enseignement. On comprend aussi que l'art gothique délaisse la représentation de créatures chimériques effrayantes pour privilégier une nature plus ornementale: le monde est beau ! chaque parcelle de la Terre contient le sens du dessein de Dieu.

Plus encore, le monde est vaste à découvrir. Les lettrés, les clercs envisagent alors le monde comme une collection de choses à savoir, à comprendre, à organiser... **Se développent la curiosité et le désir de comprendre, en même temps que s'affinent les capacités à mettre en ordre: *natura est ratio*,** écrit Albert le Grand. La raison est partout désormais, de la grammaire de la langue au dessein de la Création. La spiritualité s'infléchit donc. **Le monde, gouverné par l'idée d'une harmonie divine, devient le lieu cohérent de l'exercice de la raison** – une raison utile, conçue comme un moyen efficace au service de la foi, qui formule l'intelligibilité de ce qui est et qui cautionne sa beauté.

Ces notions structurantes d'une raison articulée à un ordonnancement permettent au monde, d'ici et de maintenant, de se plier à un déchiffrement à la portée des hommes.

Quelles nouvelles caractéristiques en découlent ? Que faut-il retenir ?

Cette trajectoire médiévale d'un millénaire met en place l'idée que **le monde est pour tout le monde**, certes, et qu'il se conçoit dans sa totalité d'abord comme une configuration commune et presque objective – « le » monde n'existe pas en soi; mais cette configuration est un référentiel nécessaire au sein de quoi des conceptions plus subjectives se construisent, qui témoignent de structures mentales distinctes, d'appréhensions sensibles diverses, de points de vue divergents.

Pour le dire simplement, le monde du Moyen Âge est le monde de toujours, mais saisi, cartographié, expliqué, signifiant depuis un surplomb qui lui est propre. Et qui sous-tend les cartographies signifiantes à venir. Mais, plus encore, **le monde n'est pas, à cette époque, un lieu à perfectionner ou à expliquer – autrement que comme perfection divine; il est un espace à recueillir, et dont les représentations élèvent vers la vérité.** Il est le premier chapitre de notre monde.

Voyons maintenant plus concrètement comment il s'est écrit.

II. Topographie du monde, topographie des espaces

Les structures spatiales sont en construction ou en devenir, elles s'indexent sur une saisie religieuse et elles se mesurent à l'aune d'une valeur, strictement chrétienne. La « géographie » médiévale est donc à lire, comprendre et concevoir par ce filtre, qu'elle soit proche ou lointaine – c'est-à-dire que l'on évoque le voisin, le brigand ou le Sarrasin.

C'est pourquoi en première instance, **on peut topographier l'espace avec une ligne de partage qui oppose la nature à la culture**. Appuyons notre propos sur quelques exemples littéraires ou extraits de l'imaginaire médiéval, dont les figures parcourent encore nos réalités.

Le « vrai » monde se construit en opposition aux « hors monde »

La **matérialité médiévale du monde physique** est celle d'espaces cultivés, de clairières aménagées, de campagnes labourées, tous gagnés sur les forêts ou les maquis; les domaines ou les villes sont des enclaves préservées des terres incultes ou hostiles. La réalité du monde habité est donc intimement liée à celle du défrichement. Les sauvages, eux, vivent dans **un « hors monde »**: il faut rappeler qu'étymologiquement, *silvaticus*, le « sauvage », est l'habitant de la **forêt**; or, celui qui se tient loin de la civilisation mène une vie primitive, caractérisée par la violence et la grossièreté. Il est donc presque naturel de concevoir la forêt comme un désert, comme un espace en marge, soustrait aux lois et aux codes: elle est **le lieu du désordre et du chaos, opposé à l'ordre et à l'harmonie du « monde civilisé ».** Elle est à cet égard le lieu privilégié de la *fuga mundi* – « la fuite hors du monde »: elle est le refuge des ermites, des errants, des brigands, des pillards et autres hors-la-loi, voire des amoureux cachés. Mais elle est aussi l'espace naturel des bêtes féroces et des monstres de tout poil. Le conte de fée y logera d'ailleurs à son tour les sorcières, les ogres, les géants, les magiciens de tous ordres – *Hansel et Gretel, Le petit Poucet...* – et également des ours, des loups, des serpents – *Boucle d'or, Le petit Chaperon rouge...*

Sur cette réalité, l'imaginaire médiéval va déployer tout un folklore de l'effroi: à commencer par le loup dévorant – qui, dans la réalité, fait l'objet de battues organisées – et qui alimente les légendes et les croyances, il fera la fortune des contes de fée; plus inquiétant encore, le loup-garou est dans son hybridation une créature barbare, parce que la sauvagerie est d'abord celle qui, associant l'homme à la bête, est essentiellement dénaturation et disqualification. Enfin, les monstres sanguinaires, légués par le paganisme, incarnent le danger diabolique: il y a là des sangliers démesurés, des manticores – au corps de lion, queue de scorpion et tête d'homme, qui se délectent de chair humaine –, et d'autres créatures improbables composées d'animaux divers.

Il se passe en forêt des événements qui échappent à l'ordre du monde: la forêt de Brocéliande est un espace de sortilèges, dévolu à la fée Viviane et à l'enchanteur Merlin; ce « hors monde » cristallise en outre de manière assez pérenne les angoisses humaines: Dante, au début de la Divine Comédie, se perd dans une forêt obscure, allégorie du péché; il y croise des bêtes sauvages – un léopard, un lion, un loup – qui, toutes incarnent un vice. Et encore aujourd'hui, les courses-poursuites nocturnes dans les forêts denses et embroussaillées sont un motif récurrent pour susciter une frayeur cinématographique.

De la même façon, la montagne est un « hors monde »; elle s'oppose à la plaine qui dégage l'horizon, elle est un obstacle sur le chemin des hommes. En ce sens, elle ne figure pas un espace de dépassement ni d'exploit, bien au contraire, elle écrase, elle retarde, elle empêche. C'est à Saragosse, située sur une montagne, qu'est ourdie la trahison contre l'armée de Charlemagne dans la *Chanson de Roland*. C'est encore dans le défilé escarpé des Pyrénées que se joue l'embuscade destinée à perdre Roland – c'est par ailleurs à cause de cette traversée, d'emblée perçue comme un risque, que l'empereur a constitué une arrière-garde. En revanche, les victoires se gagnent en plaines. La montagne est obscure, elle est un lieu de perdition.

C'est donc dans cette **opposition radicale entre nature et culture, c'est-à-dire entre barbarie et civilisation**, que s'entendent les aventures merveilleuses des chevaliers dans un monde forestier peuplé de monstres: les affronter et les terrasser, c'est éradiquer le mal, le primitif, le sauvage; c'est dire encore plus la sainteté prouvée de François d'Assise soumettant la bête de Gubbio ou celle courageuse de Marthe domptant la tarasque provençale!

Ces lieux hors du monde sont des espaces de l'altérité, une altérité que l'on exclut, que l'on marginalise, ou bien que l'on combat victorieusement pour affirmer plus encore le triomphe de la lumière civilisée sur les ténèbres ensauvagées.

III. Entre Chrétienté et Païennie : partition du monde et itinéraire de la vie humaine

L'homme du Moyen Âge occidental est un chrétien, et un chrétien se représente en continuité la Terre et le Ciel selon une partition très spécifique, qui intègre une dimension axiologique.

Le monde est parcouru de routes, l'*homo viator* est son habitant

Paradoxalement cependant, alors que l'homme vit géographiquement entre les bornes d'un espace clos, **son horizon est également les frontières éloignées de la Chrétienté**. Dans cette perspective, il y a du sens à quitter l'espace familier pour s'aventurer, littéralement, et avec tous les risques inhérents à ces périples, vers le lointain. **Prendre la route, c'est se mettre en quête, c'est partir en pèlerinage**, c'est partir en croisade : l'itinéraire n'est pas exclusivement géographique, il est un cheminement spirituel évident.

Très concrètement, **l'homme du Moyen Âge est un nomade** – la sédentarité y est presque une anomalie – ; il est en effet conscient de n'être détenteur de rien sur cette terre : la propriété n'est ni une réalité matérielle, ni une réalité psychologique. L'usufruit d'un fief féodal peut disparaître à tout moment ; la tenure du paysan, ou du vilain, n'est pas son bien propre. Chacun a un maître ou un puissant qui le domine, et cela invalide l'idée même de possession. La mobilité donc est une constante, poussée à un point déconcertant – au moins jusqu'au XIVe siècle : quand les bagages deviennent transportables, donc encombrants, le voyage s'épuise ; la sédentarité devient progressivement la norme ; la route reste l'apanage des errants et des vagabonds.

En outre, la lettre biblique, « Laisse tout et suis-moi » dit le Christ, encourage à parcourir les routes : **l'homme n'est que de passage sur cette terre, il y est en exil, sa vie est un pèlerinage permanent**. Ainsi l'objet symbolique du peuple itinérant est-il le bâton, commun au pèlerin, à l'ermite, au malade, à l'aveugle… : il est le symbole de la foi, l'instrument efficace qui repousse les obstacles et les tentations, et le support bienvenu sur lequel on s'appuie et qui rappelle que l'homme est faible. Métaphoriquement, la figure de l'*homo viator* – l'homme qui parcourt les routes – accuse l'idée d'un homme désintéressé en ce monde des biens matériels, qui va avec sa canne pour tout bagage, enclin à la pénitence. **Parcourir les routes du monde, c'est manifester sa conscience de l'exil et son humilité dans ce monde, c'est aussi affermir son âme par les épreuves** – la forêt, la montagne, les brigands et autres détrousseurs, les bêtes féroces…

L'art médiéval s'emploie à ces représentations : des miniatures figurent allégoriquement l'âme humaine sous les traits d'un pèlerin en marche – par ex, dans *Le Pèlerinage de la vie* du moine cistercien Guillaume de Degulleville. Mais on peut citer plus communément, *Le Colporteur* de Jérôme Bosch : un homme y est représenté en mouvement vers la droite; vêtu modestement, à peine chargé d'une besace, il quitte le monde des tentations humaines – une taverne est à l'arrière-plan –, il repousse avec son fameux bâton un chien, symbole du péché, et qui lui attaque les pieds, et il part. Cette peinture figure l'allégorie de la vie humaine, jetée à l'épreuve du monde pour s'évertuer à trouver le bon chemin, celui qui mène à Dieu: **le monde est ainsi compris comme une réalité physique, mais par l'intermédiaire d'abstractions symboliques.**

On trouve une duplication de ce modèle et une lecture similaire de la destinée humaine dans l'archétype du chevalier errant, tel que le mettent en scène les romans de Chrétien de Troyes. Par exemple, dans *Perceval, ou le conte du Graal* (1182-1190), le héros est celui qui passe d'un état d'ignorance absolue à la nécessité d'une connaissance intime de soi par toute une déclinaison d'initiations. Le roman est inachevé, ce qui en soi est déjà signifiant: il invite à préparer son salut en se confrontant à l'expérience du monde; c'est une quête sans fin. C'est ainsi que se pense l'idéal d'une chevalerie célestielle, un idéal asymptotique, par nature inaccessible et par nature exigeant. Le chevalier errant est une riche invention de Chrétien de Troyes car il incarne aisément le destin de tout homme, dans la quête d'un sens qui échappe au superficiel, dans la volonté d'embrasser sa vie pour en faire une élévation spirituelle: le monde est peuplé de symboles à déchiffrer. Et, à cet égard, l'image du Graal est extrêmement parlante: aujourd'hui encore, il cristallise toutes les ambitions inaccessibles qui incitent à la conscience de ses insatisfactions, à la nécessité de l'action, au dépassement de soi c'est-à-dire à la compréhension fine de « soi dans le monde », de « ce que l'on peut espérer de soi dans le monde ». Ce qui, dans le roman, est une quête religieuse résonne aujourd'hui symboliquement comme n'importe quel rêve de la complétude de soi.

Que faut-il retenir?

Il faut donc bien comprendre que **le monde terrestre n'est pas un lieu de rencontres, mais un espace d'épreuves**: les voyages ou les trajets ne sont pas des occasions pour fréquenter l'altérité. Il n'est pas question de remettre en cause un monde ordonné et pensé par Dieu; **l'*homo viator* ne déroge pas à son but, ne change pas de cap parce qu'il rencontrerait l'Autre**, ne cède pas à la curiosité ni à la tentation – ou ne devrait pas y céder, on sait que la prescription échappe parfois à la réalité. **La « réalité » du monde est allégorique; elle gouverne les interactions des hommes avec le réel**; elle structure les esprits; elle dessine surtout un chemin de vie comme une asymptote à suivre, et c'est la voie vers Dieu.

Même le voyage de Marco Polo, pourtant mû par un regard que l'on analyse aujourd'hui comme critique, est structuré par cette topographie symbolique: *Le Devisement du monde* ou *Le Livre des Merveilles du monde* (1298) isole le royaume de Cathay comme un idéal, une figure substituée du paradis terrestre; et alentours, tout n'est que sauvagerie. Mais pour parvenir jusqu'à cette cité élective, il a fallu tenir fermement son bâton et surmonter bien des obstacles.

Le monde est peuplé d'ennemis, la croisade est une mission

Quelle vision du monde au sens moderne le Moyen Âge se fait-il ?

D'abord, **le monde est composé des 4 éléments dont l'homme, microcosme dans le macrocosme, est également constitué.** On lit ainsi dans l'*Elucidarium* : « l'homme corporel est constitué de 4 éléments, c'est pourquoi on l'appelle microcosme, monde en réduction. Il est en effet composé de terre : la chair ; d'eau : le sang ; d'air : le souffle ; de feu : la chaleur. »

À partir de cet *a priori*, s'établit une étonnante cosmographie où l'on décèle un paganisme résiduel : la terre est organisée autour des 4 fleuves du paradis, 4 vents des roses des vents soufflent à sa surface. Comme on l'a déjà mentionné, c'est bien un écran symbolique qui informe la réalité physique du monde et qui en génère la perception par l'homme. **La géographie médiévale est scientifiquement farfelue mais théologiquement signifiante, car l'horizon du monde est la Chrétienté.** L'héritage antique d'une tripartition traditionnelle de l'espace connu devient donc, sous la lettre biblique, une tripartition religieuse : au triptyque « Europe, Asie, Afrique » se substitue le triptyque « Chrétiens, Byzantins, Sarrasins ». **La mission chrétienne est d'éradiquer ou de convertir les deux engeances qui lui sont antagonistes.**

Le **Byzantin** est chrétien de nom mais pas de fait depuis le schisme de 1054 ; il ne reconnaît pas la suprématie du pape, et la guerre sainte n'a aucun sens pour lui. Plus encore, Constantinople est riche et luxueuse – d'étoffes, d'or, certes mais aussi de reliques –, elle suscite la convoitise, elle justifie le pillage et la vengeance. Dans les chansons de geste, elle figure souvent la Jérusalem céleste : à cet égard *Le pèlerinage de Charlemagne* est exemplaire. Ce texte épique, composé vers la fin du XIe siècle, raconte une expédition de l'empereur à Jérusalem et à Constantinople ; Charlemagne et ses pairs sont conviés au palais du roi Hugon, et, un soir de festin, ils rivalisent de vantardise et se déclarent tous capables d'exploits extraordinaires. L'empereur Hugon les défie de réaliser leurs dires au risque d'avoir la tête tranchée. C'est alors que Dieu intervient pour permettre à chacun, sous Sa protection, d'accomplir sa prouesse. Car Dieu se range toujours du côté des Bons. Ce récit, burlesque à bien des égards, manifeste pourtant comment la création poétique reflète une farouche volonté d'humilier les Byzantins.

Toutefois, **l'ennemi véritable et haï, c'est le Sarrasin**. L'Islam a injustement arraché à la Chrétienté des territoires à reconquérir : de nouveau, la religion impose une géographie. Les croisades, organisées dès 1095, sont un idéal chevaleresque du Fidèle ; il s'agit de poursuivre de sa haine et ses armes les suppôts du Diable. Les chansons de geste abondent en affrontements d'une rare violence, subsumant la politique de conquête par la justification religieuse, entérinant un manichéisme idéologique. *La Chanson de Roland*, par exemple, est archétypale : elle expose une dichotomie arbitraire et fantasmée des espaces, en opposant certes spatialement la France et l'Espagne, mais en faisant de ces territoires des royaumes dont l'étendue et la disposition est signifiante. En effet, le royaume franc, autrement appelé *La douce*

France, est dénommée *Tere Majur* – c'est-à-dire Terre des ancêtres ; il représente le centre névralgique du monde chrétien, la terre des origines ; il correspond plus ou moins à l'ancienne Gaule, idéalement prolongée de territoires conquis par Roland et qui esquissent grossièrement l'espace chrétien du Xe siècle. Beaucoup plus vaste, **le monde sarrasin** comprend tout le reste des espaces, il **cerne donc la Chrétienté, il est d'emblée une menace. Le monde chrétien est donc en proie aux assauts permanents**, suggère les textes épiques, et doit sa survie aux exploits de ses téméraires défenseurs.

Il faut donc reconnaître un racisme religieux à l'œuvre, et géographiquement installé, qui légitime à la fois la clôture d'un territoire sur lui-même et ses conquêtes déferlantes. On notera bien **le sel de ce paradoxe médiéval : mépriser le monde des autres et se nourrir du monde des autres**. Car la Chrétienté a phagocyté, on l'a vu, tous les savoirs qu'elle a ensuite prétendu mépriser. Voilà qui donne encore à penser.

Conclusion

« Le » monde du Moyen Âge est un ensemble d'itinéraires qui articule le sensible de la Création à une dimension spirituelle, c'est une constante à retenir.

Le monde médiéval n'est pas gouverné par l'ustensilité, chaque chose ou chaque être est porté au-delà de lui-même. C'est-à-dire que l'homme du Moyen Âge n'habite pas seulement son monde, au gré d'habitudes presque mécaniques : prier, travailler, (sur)vivre, bâtir, chanter Dieu... Il habite également « le » monde, voire il le construit car, indépendamment des lieux qu'il fréquente concrètement, il parcourt aussi une strate signifiante qu'il met lui-même au jour.

En ce sens, on mesure **l'extraordinaire modernité à l'arrivée de ces temps prétendument obscurs**, du moins en leur commencement, qui déchiffrent et ordonnent la nature. **On leur doit le fondement moderne de ce que seront les nations, on leur doit l'ancrage fondateur d'un Dieu unique et bon, on leur doit la possibilité de se penser comme une personne distincte du groupe. On leur doit de façon encore plus fondamentale une confiance en l'esprit humain pour comprendre à partir de l'observation du réel, pour construire du sens à partir de l'expérience**. C'est le socle nécessaire à l'essor des sciences, comme à celui des lettres.

Notion clef — L'allégorie

De tout ce qui précède, on comprend donc aisément que l'allégorie est **un véritable outil herméneutique au Moyen Âge**. Elle est définie comme un accessoire rhétorique par Aristote, c'est-à-dire grossièrement une forme particulière de métaphore ; elle favorise la compréhension du discours. C'est encore le cas aujourd'hui, où l'allégorie facilite la saisie d'une idée abstraite. Pour l'époque médiévale, **l'allégorie est un moyen de déchiffrement du monde, puisqu'elle articule un sens à un autre sens, une chose à une autre chose. Elle devient la clef essentielle qui va structurer la pensée symbolique, véritable exégèse et mode de connaissance de tout ce qui est.**

On consultera à cet égard si besoin *L'Iconologie* de Cesare Ripa. Ouvrage paru vers 1593 à Rome, puis publié en langue néerlandaise en 1644, ce recueil est demeuré longtemps une référence obligatoire pour les artistes, car il exposait l'iconographie de toutes les figures allégoriques et de tous les emblèmes de la culture classique et chrétienne : ainsi, *« les vertus, les vices, les sentiments et les passions humaines »* étaient-ils « dits » par l'image – sculpture ou peinture.

L'allégorie médiévale s'accorde avec la conviction quasi épistémologique que la vérité est cachée, dissimulée derrière le visible et donc inaccessible ; toutefois, à qui sait voir elle adresse des signes, qu'il convient de repérer et d'interpréter. Évidemment, ces signes relèvent de la révélation de la présence de Dieu en toute chose, mais ils nécessitent un **véritable travail de décryptage** – de dévoilement, au sens littéral du terme.

Texte choisi

Où habite Dieu, demande le disciple.

Partout en puissance, dans le ciel intellectuel en substance, répond le maître.

Mais le disciple revient à la charge :

Comment peut-on dire que Dieu est tout entier partout en même temps et pour toujours, et qu'il n'est aussi nulle part ?

C'est que Dieu, répond le maître, est incorporel, et par conséquent « non localisé » (*illocalis*)

L'*Elucidarium*

Analyse

L'*Élucidaire*, en français, est un ouvrage théologique que l'on doit à Honorius Augustodunensis – appelons-le Honoré d'Autun – et dont le titre signifie qu'il élucide, donc qu'il fait la lumière, sur toutes les choses obscures. Rédigé vers la fin du XIe siècle, c'est un texte dont la traduction en français moderne n'est pas accessible, mais qui a constitué **le bréviaire du chrétien pendant tout le Moyen Âge** : on dénombre en effet 376 manuscrits en latin et autant en langues vernaculaires diverses ; c'est dire si le texte, recopié, traduit, a connu une diffusion massive. Il est répertorié dans de nombreuses bibliothèques de clercs, d'intellectuels et de laïcs sur plusieurs siècles – des versions imprimées existent.

Qu'est-il ? **C'est une sorte d'encyclopédie**, une *somme* dit-on en ces siècles, destinée au clergé inférieur et aux moins lettrés. Il se présente comme un dialogue socratique entre un maître érudit qui répond aux questions de son disciple. Il est composé de **trois livres** : le premier décrit l'histoire de la création de l'homme, sa chute et la nécessité de sa rédemption ; il traite également des anges, de Dieu et de l'enfance du Christ. Le deuxième livre expose les liens entre la fondation de l'Église et le mystère de l'Eucharistie. Le troisième livre est eschatologique ; il annonce le Jugement dernier, décrit les peines du Purgatoire et les enchantements du Paradis.

L'extrait proposé manifeste clairement comme **la Chrétienté, close sur la terre comme on l'a vu précédemment, envisage pourtant sans cloison étanche une ouverture vers le ciel**. **C'est en continuité que se pensent le monde terrestre et le monde céleste**, le pèlerinage de l'âme est bien un itinéraire qui se prépare ici-bas. Il y a donc, en prolongement, le ciel corporel, que nous contemplons, puis le ciel spirituel que peuplent les anges et enfin, plus loin, le ciel intellectuel où les Bienheureux contempleront Dieu.

Mode d'emploi

On convoquera la référence médiévale pour **introduire ou étayer l'idée que le monde en soi est toujours en fait soumis à une « conception » du monde**. En effet, le monde au Moyen Âge est un sens, une matière informée – au sens philosophique du terme.

Ce qui est n'est pas une juxtaposition de choses, ce qui est n'apparaît que comme réalité mise en signification. Or, pour que signification il y ait, il faut une saisie par l'esprit humain. Rappelons que c'est après la Chute, après la consommation du fruit de l'arbre de la connaissance que le monde apparaît à l'homme comme dépositaire d'un projet signifiant et cohérent, c'est-à-dire que le monde advient quand il est interprété.

Alors certes, **le Moyen Âge pose *a priori* l'existence du sens**, et même oriente cette interprétation, parfois dans des directions qui nous semblent surprenantes ; mais, justement parce que cela nous semble outrancier aujourd'hui, **cette référence montre avec force comme le monde n'existe que par la conception que l'on s'en fait, par l'expérience que l'on en a et qui confirme ou achève ou amende ladite conception.** Et surtout, la référence médiévale a le mérite immense de penser l'homme capable – capable de découvrir, d'interpréter, de rendre cohérent. Traduire le monde, c'est le premier pas nécessaire pour pouvoir s'y orienter, y habiter, et comprendre sa propre existence.

On pensera donc, pour expliciter cette démarche, à décliner le monde en espaces, puis en lieux symboliques ; on pensera aussi à articuler à la notion d'allégorie l'idée que le langage, le « dire », est ce qui lie farouchement la « vision » du monde à la « conception » que l'on se construit.

Chapitre 2
Utopia de Thomas More : un autre monde, pour penser notre monde ?

Joana Durand-Gasselin

L'utopie et la question du monde se relient de deux manières. Dans son étymologie même le terme d'utopie, renvoie par le terme de « *topos* » – le lieu – à l'existence d'un monde. Mais ce monde est double si l'on en croit le sizain qui précède la carte du pays d'Utopie, qui nous présente l'île d'*EU-topie*. Ainsi par le biais des préfixes grecs, ce monde est à la fois -*U*, sans existence, introuvable, mais aussi -*EU*, agréable, idéal. L'utopie serait alors la mère des récits de fiction et d'évasion proposant une exploration imaginaire de mondes nouveaux. Cependant, elle est bien davantage descriptive que narrative, et si l'auteur prend la peine de fournir un récit-cadre et un témoin pour se porter garant des descriptions, l'enjeu premier n'est pas celui du divertissement. Le monde créé relève davantage de l'apologue, un récit ou description qui donne à penser. À ce titre, si elle esquisse un monde nouveau et inconnu, l'utopie ne peut naître sans référent-miroir, celui de la société dans laquelle vit l'écrivain qui l'invente. Elle dénonce en creux les dysfonctionnements de la société et elle donne corps à ses manques. *Utopia* de Thomas More, écrit en 1516, est donc à la fois le dessein politique de More, ses réflexions et ses rêves humanistes mais aussi une mise en évidence des défaillances de l'Angleterre du règne de Henry VIII.

L'utopie nous offre donc deux mondes. Le premier, qui s'élabore sous nos yeux dans le récit ou la description, introuvable autrement que dans les pages, et finalement imaginaire. Le second, réel cette fois, mais invisible dans les pages : celui de la société de l'auteur. Enfin nous verrons qu'au-delà du monde lui-même ainsi créé c'est la question de l'Homme qui est ainsi posée et de sa finalité sur terre, autrement dit une question très politique du « monde » que nous voulons pour l'Homme.

I. Livre I : changer de regard sur son propre monde

Les précautions d'un récit-cadre

L'île introuvable n'est pas une île qui n'existe pas, elle n'est en rien imaginaire. More propose **un témoin**, un narrateur qui va raconter une île. Il s'agit de faire fond sur un monde autre dans une démarche qui n'est pas si éloignée de celle des récits de voyage qui arrivent du Nouveau-Monde et serviront de modèle comparatif à nos sociétés tout au long du XVIe siècle, pour aboutir notamment à certains essais de Montaigne tels que *Des Coches* ou *Des Cannibales*. La peinture de l'Autre servant de miroir-critique aux mœurs de nos sociétés. Ainsi dans sa préface adressée à l'humaniste Pierre Gilles, secrétaire de la ville d'Anvers, rencontré lors de sa mission aux Pays-Bas, More se place en posture de **secrétaire et simple transcripteur** d'un discours prononcé par un certain Raphaël Hythlodée :

> « Vous saviez que pour le rédiger j'étais dispensé de tout effort d'invention et de composition, n'ayant qu'à répéter ce qu'en votre compagnie j'avais entendu exposer par Raphaël. Je n'avais pas davantage à soigner la forme, car ce discours ne pouvait avoir été travaillé, ayant été improvisé dépourvu par un homme qui, au surplus vous le savez également, connaît le latin moins bien que le grec. Plus ma rédaction se rapprocherait de sa familière simplicité, plus elle se rapprocherait aussi de l'exactitude, qui doit être et qui est mon seul souci en cette affaire. »

Il écarte toute idée d'imagination : **ni invention, ni composition, ni même disposition** – les majeures parties du discours et les catégories de l'éloquence sont ainsi écartées. Qui plus est, l'indication des faibles compétences linguistiques de Raphaël sont les gages qui intéressent l'auteur : ici point de verbe menteur, d'éloquence emphatique. Si l'utopie doit servir de patron pour une nouvelle Cité elle doit être crédible, certes inconnue, mais en aucun cas elle ne doit passer pour une fantaisie de l'auteur. À ce titre, More poursuit dans sa préface, cette fiction du souvenir : il implore Pierre Gilles de « faire un effort de mémoire » sur un point topographique, mentionnant un autre témoin, John Clément et un désaccord qu'ils auraient sur la longueur du « Pont d'Amaurote qui franchit le fleuve Anydre ». Enfin, **l'absence de précision géographique** est-elle même abordée :

> « Est-ce par ma faute, par la vôtre, par celle de Raphaël lui-même ? Je ne savais le dire. Nous avons en effet négligé de lui demander, et il n'a pas pensé à nous dire, dans quelle partie du nouveau monde Utopie est située. [...] j'ai honte d'ignorer dans quelle mer se trouve l'île au sujet de laquelle j'ai tant à dire. »

Ainsi, avec plusieurs témoins et un voyageur, Raphaël Hythlodée, qui vient confirmer « oralement sinon par lettres » ses dires, la préface a-t-elle donné à Utopia toutes l**es apparences d'un lieu réel.**

Une propédeutique critique

Alors qu'on attendait le discours sur l'Utopie, le livre 1 forme un récit très ancré et très autobiographique qui cite **le règne de Henry VIII**. D'emblée le texte se place sous le signe de la **comparaison des régimes et de leur perfectibilité.**

> « Il a relevé parmi ces peuples inconnus beaucoup de coutumes absurdes, mais aussi d'autres, assez nombreuses, que l'on pourrait prendre comme modèles pour corriger des erreurs commises dans nos villes, nos pays, nos royaumes. »

Mais les détours de la conversation vont ramener les participants à l'Angleterre et le regard de l'étranger va permettre à More d'accumuler **les critiques sur les mœurs du temps et le traitement injuste des problèmes sociaux**. L'un des moteurs du changement est d'abord d'accepter que le progrès puisse se faire en dehors des chemins déjà tracés, c'est-à-dire d'accepter de **remettre en question « l'approbation des ancêtres »** :

> « Faut-il vraiment redouter de découvrir sur un sujet quelconque, un homme plus avisé que ses aïeux [...] ? Nous nous cramponnons sous prétexte de tradition, à ce qui pourrait être amélioré. C'est sur des préjugés de ce genre, dictés par l'orgueil, la sottise et l'entêtement que je suis souvent tombé et une fois en Angleterre ».

La critique que mène More, par narrateur interposé, porte sur « l'inflexible justice [...] contre les voleurs ». Elle se fait de manière assertive et explicite, condamnant et justifiant sa condamnation :

> « Ce châtiment va au-delà du droit sans pour cela servir l'intérêt public. Il est en même temps trop cruel pour punir le vol et impuissant à l'empêcher. [...] On décrète contre le voleur des peines dures et terribles alors qu'on ferait mieux de lui chercher des moyens de vivre, afin que personne ne soit dans la nécessité de voler d'abord et ensuite d'être pendu. »

Une vision sociale

Examiner de plus près qui sont les voleurs conduit à **une critique du mode de vie des nobles** « qui passent leur vie à ne rien faire, frelons nourris du labeur d'autrui », et qui de plus, pour accroître leurs revenus, « tondent jusqu'au vif les métayers de leurs terres ». More décrit ici la fin de la tolérance de libre pâture laissée aux fermiers avant la mise en place du système des *enclosures* qui, combinée à la baisse des salaires, réduit les paysans à la misère.

L'appât du gain que représente la laine des moutons dans l'Angleterre devenu premier pays drapier a conduit les propriétaires terriens à fermer leurs terres, chassant les métayers. Ce phénomène, combiné à l'interdiction des « forêts royales » réservé à la chasse des seigneurs, amena une misère inédite chez les paysans : peu ou pas de travail pour les ouvriers agricoles, impossibilité d'avoir de la terre à cultiver ou de pratiquer un tissage à domicile comme revenu d'appoint.

L'implacable **logique d'appauvrissement** est décrite en détail : cette terre qui n'est plus ensemencée ne nécessite plus de bras pour la cultiver puisque « un seul berger ou un seul bouvier suffisent pour une terre livrée en pâture aux troupeaux ». Par ailleurs, par sa rareté, « le prix du blé augmente » et la laine est devenue si chère après une épizootie que les petites gens ne peuvent plus l'acheter pour la tisser ce qui fait plus de chômeurs encore. Donc de voleurs. Or, cette critique de « l'avidité sans scrupule d'une minorité de citoyens (qui) transforme en une calamité ce qui paraissait l'élément majeur de la prospérité de » l'Angleterre, c'est-à-dire le commerce de laine, pointe d'autres conséquences.

Les riches produisent aussi une autre catégorie promptement réduite à la misère dès qu'elle est inemployable : « les fainéants qui n'ont jamais appris aucun métier capable de leur donner du pain. » Ces valets et domestiques, qui ne savent manier que « le sabre et le bouclier, regardant tous les autres de haut [...] et méprisant tout le monde ». More fait allusion ici aux compagnies de mercenaires que les seigneurs entretenaient et louaient au Roi. Peut-être sont-ils aussi responsables d'avoir donné aux miséreux « le goût de la dépense », dépensant à la taverne et au bordel, dans la boisson et les « jeux détestables », « dans les vêtements et la table » l'argent qu'ils gagnent ou volent.

Ce **réquisitoire** s'achève sur une série d'injonctions qui sont autant de **propositions** pour guérir ce dont souffre le monde mis en accusation :

> « Débarrassez-vous de ces maux dont vous périssez ; décrétez que ceux qui ont ruiné des fermes ou des villanelles rebâtissent ou les vendent à des gens décidés à les restaurer et à rebâtir sur le terrain. Mettez une limite aux achats en masse des grands et au [...] monopole. Qu'il y ait moins de gens qui vivent à ne rien faire. [...] »

II. Le voyage en Utopie : dessiner un autre monde possible

Le livre I a permis la critique d'un certain nombre de problèmes structurels de la société anglaise, critique menée par un étranger et sous caution de son regard. Dans le livre II, l'auteur va décrire « la meilleure forme de gouvernement », le pays d'Utopie, et en détailler les composantes, et les moyens de parvenir à sa réalisation.

Le récit-cadre du livre I avait donné au pays d'Utopie la caution d'un témoin et un ancrage approximatif dans le réel. Il s'agit à présent de **faire émerger un pays**, dans toutes ses dimensions.

Un monde plausible

Un pays doit avoir une **assise géographique**, c'est par cet aspect que débute la forme du territoire et sa situation :

> « L'île d'Utopie, en sa partie moyenne, et c'est là qu'elle est le plus large, s'étend sur deux cents milles, puis se rétrécit progressivement [...] sur une longueur de cinq cent mille, donnent à toute l'île l'aspect d'un croissant de lune. Un bras de mer d'onze milles environ sépare les deux cornes ».

On apprend que le pays est difficilement accessible et somme toute assez caché : des « passes » connus des seuls marins utopiens font que l'entrée du port est un moment périlleux.

Un pays doit aussi avoir **l'histoire de sa fondation** : l'île fut « conquise par Utopus, qui devint son roi dont elle prit le nom ». Et ce roi fondateur a transformé le territoire, autrefois terminé par un « isthme » en île, besogne accomplie par les habitants et les soldats, véritable acte fondateur de la naissance du pays. Puis le livre déroule la description du pays qui à l'instar de la construction du pays semble se faire à partir d'**un territoire vierge qui rend tout possible** :

> « L'île a cinquante-quatre villes, grande et belles identiques par la langue, les mœurs, les institutions les lois. Elles sont toutes bâties sur le même plan et ont le même aspect, dans la mesure où le site le permet ».

Vient ensuite la description de **l'organisation** agraire : les villes, équidistantes, ont la même proportion de terrain à cultiver ; les outils sont mis en commun, le travail des champs est conçu comme un service militaire, chacun y consacre deux années. Suit l'organisation des villes, l'organisation politique, le choix des métiers. Le livre traitera également de la **démographie et l'organisation sociale** :

« Aucune cité ne doit ni diminuer excessivement sa population, ni davantage se trouver surpeuplée ». L'île prévoit donc une expansion possible à partir de colonies pour réguler sa population.

Le luxe de détails contribue à donner un vrai sentiment de réel à l'île : l'organisation sociale, les repas, les moissons, les loisirs, tout est détaillé. Il sera aussi question du personnel politique, de l'éducation, de la philosophie, de la justice, de la guerre et enfin de la religion. **Tout ce qui forme une société humaine** est donc traité par le voyageur dans un récit très détaillé, à la fois pittoresque et didactique.

Un monde idéal : à quelles conditions ?

On l'a vu ce monde qui se dessine dans Utopia n'est pas sans rappeler l'Angleterre et ses problèmes récents. Une Angleterre épuisée au lendemain de la Guerre des Deux-Roses, politiquement et socialement malade, pour laquelle il faut chercher et trouver une « forme de gouvernement » – puisque c'est le titre complet de l'œuvre : *L'Utopie ou le traité de la meilleure forme de gouvernement.*

Ce que permet le dispositif utopique c'est justement de faire apparaître un monde neuf dans lequel le concepteur peut **se prononcer sur tout.** Il sera alors pour lui possible de statuer sur les différentes dimensions politiques du monde. Carte ou page blanche, un monde s'esquisse dans ses dimensions les plus variées : Lois, Magistrats, Travail, Répartition des denrées, Trésor public, Hôpital, Euthanasie des incurables, Vie intellectuelle, Bonheur et plaisir, Luxe, Religion, Guerre. Toutefois, More dégage à grands traits **trois principes** pour ce monde. D'abord la sécurité et la clôture, car c'est un monde qui s'est coupé du reste de la terre pour s'établir. L'identité ensuite, parce que tous sont également soumis à une organisation en tout point universelle, notamment sur la question du travail et des biens, rendant l'harmonie et la prospérité possible. Enfin, c'est un monde régi par **la volonté**, d'un homme fondateur, Utopus mais aussi par des lois qui ne laissent rien au hasard, qui planifient et organisent. Ces traits amènent Philippe Nemo dans son *Histoire des idées politiques* à classer *L'Utopie* de Thomas More dans les « **premières utopies socialistes** » des XVIe et XVIIe siècle.

Un monde à l'envers ?

C'est une île lointaine et difficile d'accès. Mais le lien avec l'Angleterre se fera aisément : l'île comporte 54 cités, de même que l'Angleterre possède 54 comtés. Ainsi le lecteur peut-il lire l'utopie comme **une image de l'Angleterre à venir, une Angleterre corrigée** de ses peines et des défauts pointés dans le livre premier, notamment le capitalisme naissant, la concentration des terres et des richesses, les inégalités croissantes.

L'utopie prend en effet **le contre-pied** d'un certain nombre de pratiques en vigueur alors. L'exemple le plus flagrant est celui de l'**usage des métaux précieux, or et argent**. Ils ne sont précieux que par convention humaine et non par vertu naturelle puisqu'ils ne sont bons et intéressants que par leur rareté. Aussi pour ne provoquer aucun attachement qui serait lié à la beauté ou à l'affection des objets construits, les utopiens les réservent à des usages **déshonorants** : vases de nuit et pots de chambre, chaînes des esclaves. L'argent n'a pas de valeur d'échange et ne sert en Utopie qu'à une réserve de précaution pour payer de futurs mercenaires étrangers. Utopia se distingue aussi dans le sort qu'elle réserve à des catégories bien puissantes en Angleterre : **la noblesse et le clergé**. Elles n'ont pas leur place au sein de la république puisqu'elles incarnent **l'inutilité sociale et l'oisiveté coupable** et que l'île fait du travail sa pierre angulaire et le moteur de son cycle vertueux :

> « la principale et presque la seule fonction des syphograntes est de veiller que personne ne demeure inactif, mais s'adonne activement à son métier, non pas cependant jusqu'à s'y épuiser du point du jour à la nuit tombante, comme une bête de somme, existence pire que celle des esclaves, et qui est cependant celle des ouvriers dans presque tous les pays, sauf en Utopie ».

Cette obligation d'un travail utile de tous permet **un allégement du temps de travail** à « six heures par jour » tout en produisant en abondance le nécessaire. La république est ainsi libérée de ceux qui « ronflent » : la moitié de l'humanité, homme ou femme selon les cultures, et surtout la « troupe des prêtres », les propriétaires terriens, les nobles, et leur « valetaille », tout comme les mendiants.

Ce travail s'accompagne aussi d'une **éducation populaire aux loisirs utiles**, les jeux de hasard sont bannis, de même que les cabarets, tavernes et mauvais lieux, tels que les lieux de débauche ou de rendez-vous. Pas d'ostentation, de luxe ou de mode, les vêtements sont solides pour n'avoir pas à en changer. La chasse, loisir par excellence de la noblesse par héritage de la chevalerie est bannie. Ce loisir qui a mené à interdire les forêts aux paysans est coupable aux yeux de More d'une partie de la misère amenant au vol. On peut en revanche s'arrêter à **l'importance du jardin**, véritable lieu de liberté, de création individuelle et d'émulation avec les autres à travers l'organisation de concours. Enfin, la propriété privée est abolie, et il n'y a pas d'héritage ni d'hérédité des peines ou des biens. On peut donc parler d'**un anti-monde, ou monde à l'envers,** mais qui ne serait pas celui des fous, mais bien peut-être celui, nous le verrons, des humanistes de la Renaissance.

III. Une utopie de la Renaissance : un monde Humaniste

L'utopie de More, néanmoins, n'avance pas à l'aveugle en profilant un monde parfaitement inédit, de même qu'elle ne prend pas seulement le contre-pied du monde existant. Elle est aussi imprégnée de récits, des **philosophies antiques et de l'évangélisme européen**. Elle est en ce sens une utopie humaniste.

Le rêve d'un utopiste de la Renaissance

Dans le sillage de toutes les Grandes Découvertes, notamment en 1492 celle du Nouveau Monde qui donnera lieu à la découverte d'autres peuples et coutumes et à la rencontre du Bon Sauvage, un Nouveau Monde semble en effet possible. C'est en tous les cas celui qu'invente Thomas More, un monde qui fait écho à ses origines, sa formation, ses aspirations et ses convictions.

De petite noblesse récente, issue de la bourgeoisie, il devint à vingt ans juriste puis magistrat. Membre du Parlement d'Angleterre, avocat des marchands de la City de Londres, il était féru d'humanisme, de **lettres grecques et latines**. Il avait suivi les enseignements de John Colet et Grocyn, eux-mêmes ayant fréquenté Lefebvre d'Étaples. Il connut surtout **Érasme** qui lui avait enseigné le grec, avec qui il correspondit amicalement. Il appartint au mouvement évangélique des Chrétiens catholiques visant à réformer les pratiques et la vie liturgique de l'église romaine pour revenir à l'essence de la parole du Christ.

Apprécié d'Henry VIII, il devint son **conseiller**. Mais cette proximité du pouvoir lui permit de prendre conscience d'un certain nombre d'injustices et d'inégalités. Il fut révolté par la campagne d'expropriation des tenanciers dans les grandes propriétés de l'Est de l'Angleterre au profit de l'élevage de mouton, puis par la manière dont les tribunaux punissaient la misère en condamnant le voleur à la pendaison, et enfin par les libertés que prit le Roi avec la morale, le droit et la religion en n'obéissant qu'à sa passion ou son intérêt.

On peut voir dans *Utopia* le projet prudent d'un homme d'État qui voudrait **allier l'éthique et la politique, sauver sa Cité de la décadence, et mettre en œuvre les idéaux de la Renaissance Humaniste.**

Des échos antiques

Le mot d'utopie n'est pas devenu **synonyme de bonheur** par hasard : c'est en effet l'objectif que se donne la Constitution utopienne. Ainsi More se tourne-t-il vers Platon : le pays qu'il imagine est une île, ce qui est la représentation traditionnelle des utopies antiques de l'âge d'or, on parle alors des « îles fortunées » ou des « îles des bienheureux ».

Inspiré du dialogue de *La République* de Platon que l'on avait redécouvert à la fin du XVe siècle, la démarche utopique remet en question nos sociétés dans lesquelles « l'homme est un loup pour l'homme » mû par le principe de l'avoir, et de l'accumulation de biens matériels mais aussi de pouvoirs et de puissance. N'y a-t-il pas un autre monde possible où le bonheur social serait la finalité des sociétés humaines ? **L'abolition de la propriété privée**, inscrite dans la Constitution en est un exemple éloquent :

> « avec un minimum de lois, tout est réglé pour le bien de tous, de telle sorte que le mérite soit récompensé et qu'avec une répartition dont personne n'est exclu, chacun cependant ait une large part [...] Cette comparaison [...] donne raison à Platon, [...] un seul et unique chemin conduit au salut public, à savoir l'égale répartition des ressources. Et comment la trouver réalisée là où les biens appartiennent aux particuliers ? »

Certains autres motifs font écho à des principes antiques. Si l'oisiveté est interdite de cité, ***l'otium*** latin qui combine étude et plaisir est l'idéal du loisir utopien. On a vu que tous les aspects de la vie des utopiens étaient régis et équitables, tournés vers l'utilité de tous, afin de dégager, pour tous « libération et culture de son âme [...] et un loisir affranchi de tout assujettissement possible. En cela réside pour eux le bonheur véritable. »

L'éducation met en place un idéal humaniste, nourri des écrits antiques, sans pour autant les connaître : « En ce qui concerne la musique et la dialectique, la science des nombres et des mesures, ils ont fait à peu près les mêmes découvertes que nos ancêtres. [...] ils égalent les anciens en presque toute chose ». More note qu'ils se détournent de la scolastique et des « finesses de la dialectique », ce qui est une pierre dans le jardin de l'enseignement de la philosophie en son temps, comme le critiqueront aussi bien Rabelais moquant la Sorbonne et Érasme dans son *Éloge de la folie*, les « sornettes plus que scolastiques ».

Ils étudient aussi l'astronomie et non l'astrologie, excellent en langues et apprennent rapidement le grec grâce aux livres apportés par les voyageurs. Ce sont des têtes bien faites, ayant mis en place une éducation universelle. Ce sont en somme des Anciens.

Un nouveau monde pour un nouvel homme. La société du Bonheur

Cette société nouvelle accomplit donc la plupart des idéaux humanistes. **Le refus de la guerre, la religion appuyée sur la morale naturelle épicurienne et l'importance de la liberté** en sont les principaux reflets. « Ils haïssent la guerre », et la condamnent sans relâche eux qui font dériver la guerre de *bellua*, bête sauvage, et la considèrent comme une activité indigne. Mais les utopiens conçoivent une guerre défensive et s'y préparent, homme comme femme. More consacre de nombreuses pages à cet art de la guerre, y défendant la ruse, le cynisme, le calcul : tout est bon pour triompher d'un mauvais ennemi.

De nombreuses pages également sont consacrées à la religion, afin d'établir une religion naturelle, très proche de la religion révélée du Christianisme : les utopiens sont en cours d'évangélisation, ils « abandonnent peu à peu cette bigarrure de croyances superstitieuses ». Toutefois, la tolérance religieuse est en vigueur dans l'île : « Car une de leurs lois, et l'une des plus anciennes, interdit de faire tort à personne à cause de sa religion ». Enfin les prêtres sont de simples fonctionnaires d'État, à l'instar de magistrats, élus par le peuple et chargés « d'exhorter et d'avertir », de faire vivre une religion qui est avant tout la Morale de l'État et permet la cohésion sociale. La tâche est elle aussi ouverte aux hommes comme aux femmes, avec ou sans célibat.

Le bonheur en Utopie réside en un **équilibre entre travail et loisir profitable**, qui élève l'âme et l'esprit. More précise qu'il s'agit d'une morale épicurienne qui **réhabilite le plaisir,** défini comme « tout mouvement et tout repos du corps que la nature nous fait trouver agréable ». Savoir discerner plaisir naturel et « plaisir falsifié » émanant d'un désir séducteur sera l'objet de l'éducation philosophique et de la religion. Il faudra apprendre à discerner ce qu'est le bonheur et s'efforcer de suivre son chemin.

Notion clef **L'utopie**

C'est un genre littéraire qu'invente More, promis à une longue postérité et qui est défini par Simone Goyard-Fabre comme « dialectique par laquelle les légendes dorées permettent de fuir les noires réalités ».

L'utopie remplit plusieurs fonctions : faire rêver à une société meilleure et donner l'espoir d'une transformation du monde réel ; décrire une organisation idéale afin de mesurer l'existant et de porter un regard critique sur nos institutions politiques et sociales inégalitaires ; peut-être aussi donner l'élan pour lutter et transformer le monde.

Elle appartient à la littérature d'idée et se rapproche ainsi de l'apologue, récit recourant à l'image pour une visée allégorique. Mais l'utopie n'emploie pas d'animaux comme dans la fable ou l'apologue, elle décrit un monde qui fonctionne dans nos coordonnées humaines et répond à nos besoins. Elle conserve cependant la même logique argumentative qui implique un double niveau de lecture, correspondant à sa double fonction : **divertir et instruire, selon les principes esthétiques antiques du *placere* et du *docere*.** À un premier niveau de lecture, le récit de voyage avec des noms et des lieux nouveaux, une organisation sociale différente, des rituels et mœurs insolites. Un second niveau de lecture doit amener le lecteur à interroger le sens de ce qu'il lit, à s'en servir comme d'une aune critique pour examiner sa propre organisation politique et sociale. Ainsi l'abbaye de Thélème dans le *Gargantua* de Rabelais fait le procès d'une éducation coercitive fondée sur l'abrutissement horaire et le par-cœur en peignant une académie qui met en pratique les principes humanistes de plaisir et liberté individuelle, et prône l'*otium*, cette liberté qui s'épanouit dans le désir de la connaissance.

Philippe Nemo, dans son *Histoire de la vie politique*, présente les premières utopies socialistes : celle par exemple de Campanella, *La Cité du Soleil*, écrite en 1602, fondée sur un projet d'éducation populaire par opposition à la logique d'asservissement par l'ignorance au profit de L'Argent et du Pouvoir ; elle est gouvernée par un Métaphysicien dont les ministres incarnent les facultés souhaitées, Puissance, Amour, Sagesse. Le gouvernement y est plus autoritaire que chez More, l'égalité primant sur la liberté individuelle.

Cette propension qu'ont beaucoup d'utopies à vouloir régler et ordonner, paramétrer les moindres détails de la vie de leurs concitoyens ont amené à réviser le jugement sur le bonheur collectif qu'elles instituaient à grand renfort d'obligations individuelles. Le nom de **dystopie** désigne le pendant négatif de l'utopie, une société qui ne permet plus d'accéder au bonheur.

Texte choisi

Je vous ai décrit le plus exactement possible la structure de cette république où je vois non seulement la meilleure, mais la seule qui mérite ce nom. Toutes les autres parlent de l'intérêt public et ne veillent qu'aux intérêts privés. Rien ici n'est privé, et ce qui compte est le bien public. Il ne saurait, ici et là, en aller autrement. Chacun sait ailleurs que s'il ne se soigne pas pour sa propre personne, et si florissant que soit l'État, il n'a qu'à mourir de faim ; il est donc forcé de tenir compte de ses intérêts plutôt que de ceux du peuple, c'est-à-dire d'autrui. Chez eux au contraire, où toutes choses sont à tous, un homme est sûr de ne pas manquer du nécessaire, pourvu que les greniers publics soient remplis.

Car la répartition des denrées se fait largement ; il n'y a pas d'indigents, pas de mendiants et, sans que personne ne possède rien, tous sont riches. Est-il richesse plus grande que de vivre sans aucun souci, l'esprit heureux et libre, sans s'inquiéter de son pain, sans être harcelé par les plaintes d'une épouse, sans redouter la pauvreté pour un fils, sans se tourmenter pour la dot d'une fille ? Être rassuré sur les ressources et le bonheur des siens, femme, enfants, petits-enfants, et jusqu'à la plus longue postérité qu'un noble puisse se souhaiter ? Car tout a été calculé pour ceux qui ont travaillé autrefois et qui en sont à présent incapables, aussi bien que pour ceux qui travaillent à présent.

Je voudrais voir qui oserait comparer avec cette équité la justice qui règne chez les autres peuples, où je consens à être pendu si je découvre la moindre trace de justice ou d'équité. Y a-t-il justice quand le premier noble venu, ou un orfèvre, ou un usurier, ou n'importe lequel de ces gens qui ne produisent rien ou seulement des choses dont la communauté se passerait aisément, mènent une vie large et heureuse dans la paresse ou une occupation inutile, tandis que le manœuvre, le charretier, l'artisan, le laboureur, par un travail si lourd, si continuel qu'à peine une bête de somme pourrait le soutenir, si indispensable que sans lui un État ne durerait pas une année, ne peuvent s'accorder qu'un pain chichement mesuré et vivent dans la misère ?

L'Utopie, livre II, trad. M. Delcourt.

Analyse

Ce texte est extrait de la fin du livre Second, il s'agit de la conclusion du narrateur supposé Raphaël, avant que le fidèle scripteur T. More ne ferme le livre, après les prudentes réserves inhérentes au genre de l'argumentation indirecte, par un commentaire favorable à la république utopienne : « il y a bien des choses que je souhaiterais voir dans nos cités ».

Dans ce passage le dispositif critique de l'utopie apparaît clairement : la république fictive a pour mission de corriger les défauts du pays existant, ici l'Angleterre du début du XVIe siècle. La république assure un bonheur matériel et une richesse à tous : elle réalise ainsi son programme de RES PUBLICA, mise en commun des biens, elle sert « l'intérêt public ». C'est une république prospère qui permet à chacun d'envisager sereinement l'avenir et d'envisager « la plus longue postérité qu'un noble puisse se souhaiter ». Cette comparaison avec la noblesse cible la catégorie dont l'existence apparaît la plus enviable et reprend l'un des chevaux de bataille de More : l'oisiveté coupable et coûteuse à tous de certains membres de la société anglaise notamment la noblesse. La république offre à tous la vie des nobles.

Aussi le texte rappelle-t-il que cette richesse trouve son origine dans le travail de tous, « ceux qui ont travaillé autrefois [...] et ceux qui travaillent à présent » et qu'il est donc juste et équitable qu'elle leur revienne. Le travail est l'une des valeurs qui sous-tend et organise la république d'Utopus. Et par travail, le législateur entend un travail qui est utile à tous. La comparaison avec ce qui se produit « ailleurs », dans le monde réel et connu des lecteurs, est explicitée : More reprenant son accusation du parasitisme des « noble [...] orfèvre [...] ou usurier, ou n'importe lequel de ces gens qui ne produisent rien », ou seulement du luxe inutile, sont ceux qui mènent une vie « large et heureuse dans la paresse ou une occupation inutile ». La comparaison est criante de déséquilibre entre la vie confortable indue des plus riches et la misère des plus laborieux, les premiers pourtant inutiles à l'État, les seconds, essentiels.

Ainsi à la fin de son livre More choisit dans cette conclusion de comparer les deux modèles de société pour aboutir à une sorte de *substantifique moelle* de son propos, martelant une nouvelle fois sa conviction qu'une possible justice et équité ne peuvent se faire que par l'effort de tous à travailler au bien commun.

Mode d'emploi

L'Utopie de More sera une référence indépassable pour tenter de **penser le monde dans la philosophie politique**. Le genre littéraire atteste de cette visée première : faire la critique du monde existant grâce à la présentation d'un monde alternatif et préférable. Le terme d'utopie ayant connu une fortune plus large encore que sa seule utilisation littéraire pour désigner des alternatives politiques.

More pose un certain nombre de questions politiques : celle de la justice et de l'égalité entre les citoyens, celle du rôle et de la finalité de l'État : **L'État vise-t-il le bonheur des individus ? La paix sociale est-elle souhaitable ? Le monde peut-il être juste ?** Il s'agira de montrer les buts que se donne Utopus le fondateur et les moyens qu'il se donne pour y arriver. Il s'agit d'abolir la misère et l'on y parvient notamment par des mesures étatiques fortes et en recherchant l'égalité, par le recours au tirage au sort. Toutes les maisons sont semblables, l'économie est planifiée, la propriété privée abolie parce qu'elle crée la misère. Le travail est obligatoire pour tous, les oisifs ont disparu et permettent ainsi de dégager du temps pour les loisirs. On pensera également à la critique du luxe et de l'inutilité des nobles « frelons vivant aux crochets des autres », à la misère qui engendre le vol et mène au gibet par abaissement du travail. Et inversement, on pourra exploiter le texte dans des sujets auxquels l'utopie s'opposerait en donnant un exemple d'État très interventionniste. **Le rôle du gouvernement est-il de seulement garantir la liberté ?** Ou dans des sujets qui questionnent la place et la liberté du citoyen dans ce qui peut apparaître comme un excès d'autorité ou un déni de démocratie, l'île étant régie par un Prince élu à vie par un sénat regroupant les principaux chefs de famille. **Le pouvoir doit-il revenir au peuple ? Peut-on concevoir un monde sans État ? Une société n'est-ce qu'un ensemble d'individus vivant sur un même territoire ?** Elle peut permettre aussi une réflexion sur un sujet tel que : **L'égalité des hommes est-elle possible dans notre monde ?** L'*Utopie* de More nous propose une lecture où l'égalité semble un moyen et une fin pour une société prospère et heureuse mais pas nécessairement démocratique au sens où nous l'entendons.

Chapitre 3
***Calderon* : Le Grand Théâtre du monde**

Magali Rabot

L'article examine la pièce intitulée *Le Grand Théâtre du monde* (vers 1635) du dramaturge espagnol Calderon. Il a pour but de fournir des clés de compréhension de cette œuvre et de la représentation du monde qui y figure. Loin de proposer la figuration d'un seul monde, la pièce semble cependant s'amuser à multiplier les images mondaines : outre le fait qu'un personnage se nomme le Monde, la scène montre en effet deux globes, l'un représentant un univers terrestre et l'autre un univers céleste. Cette multiplication des mondes est à rattacher au fait que la pièce, appartenant au genre de l'*auto sacramental*, tient un discours théologique inspiré par le christianisme : elle nous invite à nous détourner des réalités terrestres pour contempler Dieu, qui serait l'unique vérité. Pour servir ce projet édifiant, la pièce recourt encore au procédé du théâtre dans le théâtre, cher à l'âge baroque, et qui nous emporte dans une vertigineuse remise en question de notre monde et de notre réalité : à l'intérieur de la pièce de Calderon a lieu une autre représentation, qui se déroule dans le premier globe. La pièce intérieure, présentée comme fictive, met en scène des allégories à l'image du spectateur – nous-même – le tout sous le regard de Dieu : il existe donc un seul monde réel, et ce n'est pas le nôtre. Les personnages qui s'agitent un instant sur cette scène terrestre représentent notre vie, brève et illusoire, et les choix que nous faisons pour vivre au monde.

Le Grand Théâtre du monde (*El gran Teatro del mundo*) est une pièce de théâtre de Calderon, dramaturge espagnol du Siècle d'or, poète officiel de la cour de Philippe IV, surtout connu pour avoir écrit *La vie est un songe*. L'œuvre appartient à un genre typiquement espagnol, apparu au XVIe siècle, et qui n'a pas connu de fortune en dehors de la péninsule ibérique, celui de **l'*auto sacramental***. Elle est un chef-d'œuvre de l'âge **baroque** et met en scène, comme bien d'autres pièces de l'époque, le procédé du **théâtre dans le théâtre**. Le principe est simple : dans la **pièce-cadre**, une troupe de théâtre dirigée par **l'Auteur** (*El Autor*, c'est-à-dire tout à la fois Dieu, l'inventeur, l'écrivain, le chef de troupe ou le metteur en scène) doit jouer une pièce commandée par lui. La pièce enchâssée, jouée sur le théâtre du Monde, est de nature **allégorique** : des personnages emblématiques naissent et meurent, et leur brève existence est chargée de représenter toute la condition humaine.

Le processus d'enchâssement et la nature des événements représentés impliquent la création de deux univers : il y a, d'une part, celui de la **pièce-cadre**, monde de référence qui semble être le **monde réel**, **céleste**, auquel appartient l'Auteur-Dieu. Il y a, d'autre part, celui de la **pièce enchâssée**, qui représente **le monde terrestre**, **fictif**, **factice**, puisque commandé par l'Auteur, et sur lequel s'agitent des personnages-hommes à notre image – l'Auteur ne cesse d'ailleurs de souligner le fait que nous assistons à une représentation. Le message global s'inscrit dans la reprise d'un **poncif** hérité de l'Antiquité, celui du ***theatrum mundi***, qui cherche depuis les origines à **traduire la fragilité de l'existence humaine** : la vie est brève et quel que soit notre statut sur terre nous sommes tous égaux face à la mort. L'image est cependant mise au service d'un discours **théologique inspiré par le christianisme** : l'existence mondaine n'est qu'une apparence, nous nous devons de nous tourner vers Dieu, qui est le seul être véritable.

Nous nous arrêterons donc sur ces différents aspects de l'œuvre en envisageant dans un premier temps le genre de *l'auto sacramental* auquel appartient *Le Grand Théâtre du monde*, genre qui s'inscrit dans un contexte bien particulier et répond à des exigences très spécifiques. Ensuite, nous travaillerons sur la structure de l'œuvre qui implique le recours au procédé du théâtre dans le théâtre, qui ne met pas sur un pied d'égalité les deux univers représentés et implique une conception particulière, chrétienne, du monde. Enfin, nous étudierons la reprise du lieu commun du *theatrum mundi* que propose la pièce.

I. Un auto sacramental

L'***auto sacramental*** – expression traduite parfois par **théâtre eucharistique** – est **une pièce en un acte** (*auto*) **qui traite du thème de l'eucharistie**, c'est-à-dire du « sacrement contenant le corps, le sang et la divinité du Christ au terme de la transsubstantiation du pain et du vin, renouvelant rituellement en action de grâce le sacrifice du Christ et constituant la nourriture des fidèles et le symbole de leur unité » (*Trésor de la Langue française*). Le terme espagnol *sacramental* renvoie donc à ce que les chrétiens appellent « saint sacrement », le pain et le vin consacrés. Dans l'Espagne du seizième siècle, l'*auto sacramental* est joué dans un contexte bien particulier, celui de la Fête-Dieu. Il s'agit d'une pièce allégorique qui a un but didactique.

Le contexte de l'auto : la Fête-Dieu

Les *autos* sont des pièces qui sont données à l'occasion de la **Fête-Dieu** et répondent généralement à une commande de l'Église. La Fête-Dieu, ou fête du Saint-Sacrement, a été instituée au XIIIe siècle pour commémorer la présence de Jésus-Christ dans le sacrement de l'eucharistie. Dès le Moyen Âge, cette fête donne lieu à des **processions** dans lesquelles on porte à travers les rues **l'ostensoir**, pièce d'orfèvrerie souvent en forme de soleil, qui abrite et donne à voir et adorer le corps et le sang du Christ présents dans le pain et le vin consacrés. Lors de ces processions, des **chars** fastueux accompagnaient les fidèles, et finissaient par rejoindre une scène fixe à laquelle ils venaient se fixer en complément, constituant une sorte de plateau à rallonge où se déroulait la représentation de l'*auto*, clou du spectacle car la procession était déjà en soi spectaculaire. C'est vraisemblablement à l'occasion de la **Fête-Dieu de l'année 1635**, sous le règne de Philippe IV, que fut joué pour la première fois, à **Madrid**, le *Grand Théâtre du monde* de Calderon.

Le dispositif scénique : les deux « mondes »

La pièce de Calderon prévoit deux chars accompagnant la procession et venant se fixer de part et d'autre de la scène fixe. Sur chacun se trouve un **globe** qui s'ouvre au moment où la représentation de la pièce enchâssée commence : l'un contient un « trône de gloire » dans lequel l'Auteur-Dieu prend place pour assister au spectacle, l'autre comprend un décor à deux portes, l'une représentant un **berceau**, l'autre un **tombeau**. Les personnages allégoriques sortent de la première un à un, vivent quelques instants, avant d'être appelés à sortir-mourir chacun leur tour par la deuxième porte à l'appel de l'Auteur. Sur scène, un globe représente donc **le monde céleste**, l'autre le **monde terrestre** sur lequel se déroule l'existence humaine. Ce dispositif particulier représente à proprement parler le **théâtre du monde** mentionné par le titre de la pièce : d'abord, un personnage nommé Monde est chargé par Dieu de régler les détails de la représentation (décors, accessoires portés par les comédiens...) qui se déroule dans le globe terrestre – celui-ci est donc **le théâtre qui appartient à Monde, le théâtre de Monde** ; ensuite, **ce globe est à l'image de notre monde**, sorte de microcosme à l'imitation de notre macrocosme. Le Monde a donc une présence redoublée sur scène : il est à la fois un **personnage** et un **élément du décor**, un des deux globes, qui va servir de support à la représentation demandée par l'Auteur.

Ce dispositif scénique propose également une **mise en abyme** de la représentation : celle-ci est **dédoublée** dans la mesure où les spectateurs réels assistent à une représentation dont Dieu est le spectateur. Mais par un autre jeu de **dédoublement**, le **spectateur** est également **projeté sur la scène de la pièce intérieure** – les **allégories** qui s'agitent vainement sur le globe mondain, qui vivent avant de disparaître, sont chargées de **le représenter**. Cet effet de miroir est doublé d'un **renversement** : notre réalité, en effet, est taxée de **facticité** – si nous sommes les personnages de la scène du Monde, alors nous jouons dans une **fiction** sous le regard de Dieu qui en est l'unique témoin et qui est **le seul être réel**. Ces effets, dont l'âge baroque est assez friand, sont à lier à la portée **didactique et théologique** de la pièce.

Un drame allégorique et didactique

L'*auto sacramental* a encore pour caractéristique d'être **allégorique** – dimension annoncée explicitement par le sous-titre porté par la pièce de Calderon, *Le Grand Théâtre du monde, auto sacramental allégorique* – et **didactique** : c'est un genre édifiant qui vise à délivrer un enseignement religieux.

Les personnages de l'*auto* de Calderon sont en effet des **allégories** : le **Roi**, la **Sagesse**, la **Beauté**, le **Riche**, le **Laboureur**, le **Pauvre**, **l'Enfant** sont les rôles joués par les comédiens de la scène du Monde. Aucun n'est doté d'un nom, d'une identité individuelle, ils n'ont aucune psychologie, ne connaissent aucune évolution, n'accomplissent aucune quête, et la seule action véritable qui peut les affecter ne dépend pas d'eux puisque c'est l'Auteur qui décide de leur entrée et de leur sortie, c'est-à-dire de leur vie ou de leur mort. Ces personnages sont cependant dotés d'un **libre arbitre** qui leur permet de regretter ou non leurs fautes au moment de mourir. Ils fonctionnent donc essentiellement comme des supports permettant de transmettre didactiquement un message qui se veut efficace.

La portée du genre de l'*auto* est bien didactique et est à rapprocher en cela du **sermon** ou de la **parabole**, qui, par une **argumentation directe** (sermon) ou **indirecte** (parabole / *auto*) va chercher à convaincre le destinataire d'une vérité de nature morale ou religieuse. La spécificité de l'*auto sacramental* est toutefois d'être un genre dramatique – la dimension visuelle, spectaculaire qu'il implique est à rapprocher en cela de ce qui se joue au niveau des **vitraux** ornant une église : le théâtre propose lui aussi des **scènes**, des **tableaux** qui sont autant d'exemples pouvant pousser le spectateur à l'imitation ou au contraire lui servir de repoussoirs.

Dans l'*auto* de Calderon, les allégories, nous l'avons vu, servent à illustrer le message suivant : nous sommes les acteurs d'une pièce de théâtre, qui nous agitons sous le regard de Dieu. Nous devons par conséquent nous tourner vers lui car il est le seul être véritable. L'intrigue minimaliste mise en scène dans la pièce intérieure sert ce projet édifiant, et notamment la fin qui montre les personnages tour à tour emportés dans la mort, quel que soit leur statut social, pauvre, laboureur, riche ou roi..., tous pris dans un même mouvement qui n'est pas sans rappeler celui des **danses macabres**. Les sorts différents qui sont réservés aux personnages après la mort illustrent la **doctrine de la grâce** – le fait d'être sauvé par Dieu en échappant à la damnation éternelle : le Pauvre et la Sagesse, renommée la Religieuse, accèdent aussitôt au paradis, représenté par le banquet final aux côtés de Dieu. La Beauté, le Roi – rebaptisé le Pouvoir – et le Laboureur rejoignent Dieu, après un temps d'attente plus ou moins long au purgatoire. La grâce ne touche cependant ni l'enfant mort-né qui est condamné à errer dans un espace « sans damnation et sans salut », les limbes, ni le Riche qui finit en enfer, exclu de la compagnie de l'Auteur.

Ces éléments liés à des contraintes génériques, celles de l'*auto sacramental*, étant posés, il est temps d'entrer plus précisément dans le propos de la pièce en nous intéressant à son contenu et à sa structure.

II. Le théâtre dans le théâtre : un monde dans un monde

Composition globale de la pièce

La pièce se compose de la façon suivante : au début, l'Auteur appelle le Monde, qui surgit – apparition rejouant dans une certaine mesure la Création –, et lui demande d'organiser une fête en son honneur (*cf.* texte et analyse). Le Monde commente ses préparatifs dans un récit largement inspiré de la Bible, en trois actes : l'acte I évoque la Création, le jardin d'Eden et le Déluge, l'acte II l'exode, les « Hébreux quittant l'Égypte », l'acte III renvoie à l'ère chrétienne inspirée par les Évangiles. Le dernier tableau évoqué renvoie au Jugement Dernier. Vient ensuite la mise en place de la représentation théâtrale à proprement parler : le Monde met en place le décor sur la scène mondaine (berceau et tombeau), il prépare les accessoires correspondant aux différents rôles joués par les comédiens. L'Auteur livre le titre de la pièce intérieure : *Agir bien, car Dieu est Dieu*. Le Monde distribue les accessoires. Les globes s'ouvrent, Dieu s'assied dans son trône situé dans le globe céleste pour assister à la représentation. Un personnage nommé la Loi de Grâce se charge d'introduire la pièce intérieure par un court prologue et la représentation commence. Sur la scène du Monde, les différentes allégories dialoguent, interrompues régulièrement par des interventions du souffleur-Loi de Grâce rappelant le titre de l'œuvre : « agir bien, car Dieu est Dieu », enseignement moral à suivre par les personnages. Le Monde, autre spectateur à suivre la représentation, commente également celle-ci régulièrement. À la fin de cette pièce intérieure, une Voix appelle les personnages à sortir par la porte du cercueil : le Roi est appelé et se repent de ses fautes avant de sortir, puis c'est au tour de la Beauté et du Laboureur qui se repentent successivement avant de quitter la scène. Le Riche et le Pauvre sont appelés en même temps mais ils réagissent de façon très différente : le Riche regrette de perdre les jouissances de la vie mondaine alors que le Pauvre se réjouit de mourir. La Sagesse est la dernière à figurer sur le théâtre. Le globe terrestre se referme sur elle, ce qui met fin à la pièce intérieure. Après la représentation, le Monde reprend les accessoires aux comédiens et les invite à passer au « théâtre des vérités » car celui dans lequel ils ont joué était un théâtre des « fictions ». Dieu, qui se tient assis à une table sur laquelle se trouvent un calice et une hostie dans le globe céleste, appelle à ses côtés le Pauvre et la Sagesse. Il invite la Beauté, le Roi et le Laboureur à les rejoindre plus tard. La Sagesse aide cependant le Roi à accéder immédiatement au monde céleste. L'Enfant mort-né n'accède pas au globe mais il ne va pas non plus en enfer, où finit le Riche. L'Auteur invite chacun à se prosterner devant le « Pain » et le chant du *Tantum ergo* retentit.

La pièce-cadre et la pièce enchâssée : du petit théâtre de la sphère au théâtre cosmique

La pièce enchâssée est donc **centrale** à tout point de vue : elle se trouve au **centre** de la pièce-cadre et elle est **complète**, elle fait *monde* – ce qui n'est pas toujours le cas lorsqu'une œuvre recourt au procédé du théâtre dans le théâtre. Il faut cependant remarquer que cette pièce intérieure est **subordonnée** à la pièce-cadre, c'est-à-dire qu'elle est inscrite dans une relation asymétrique de dépendance, la modulant en **mineur** par rapport à l'autre, qui apparaît comme **majeure** ou **principale**. Cette imbrication de l'une dans l'autre, d'un théâtre des « fictions » dans un « théâtre des vérités », comme le dit le Monde, suggère la **vanité** et la **facticité** de notre vie mondaine, misérable au regard de Dieu. La subordination et la petite taille de la **sphère** représentant notre monde vont dans le même sens : notre réalité est **dérisoire** et surtout **factice**. Le **grand théâtre** du monde est en réalité ridiculement **petit** : il tient sur un char. Le spectateur est emporté dans une espèce de vertige, explique Didier Souiller : « de même que le théâtre offre un reflet du monde "réel" et de son fonctionnement, de même le monde ne se donne plus à voir que comme image ou, pire, comme simulacre » ; « rien ne paraît devoir échapper au soupçon de facticité : ni le moi, ni le monde » (*Calderon et le grand théâtre du monde*).

Le petit théâtre sphérique acquiert cependant, paradoxalement, une valeur **universelle, cosmique** : les **allégories** vont dans ce sens car elles sont, en quelque sorte, un concentré de toute l'humanité. Le fait que le contenu de la pièce-cadre évoque un temps qui s'étend depuis la Création jusqu'au Jugement Dernier appuie encore ce sens : le drame acquiert une valeur symboliquement atemporelle. Le petit théâtre sphérique est bien, finalement, un **microcosme** à l'image du **macrocosme**.

Le théâtre du monde est donc théâtre du monde pour plusieurs raisons : petit théâtre destiné à la mise en scène de fictions, il traduit de manière allégorique et dérisoire la condition humaine. Il suggère également de celle-ci la facticité car il est imbriqué dans un théâtre plus grand, celui de Dieu, seul monde véritable qui puisse compter aux yeux du chrétien. La réflexion sur le monde trouve un prolongement dans le comportement des allégories pendant leur existence terrestre.

III. Le *theatrum mundi*

Les allégories présentes sur la scène mondaine présentent toutes un rapport au monde différent. Toutefois, quels que soient leur statut et les accessoires qu'elles reçoivent pour incarner leur rôle, à la fin de la pièce toutes rendront ce qu'elles ont reçu en signe d'égalité devant la mort. Cette idée est à articuler à un poncif qui remonte à l'antiquité, celui du *theatrum mundi*.

Les allégories comme autant de rapports au monde

La Beauté : une mondaine

Avant même de monter sur le théâtre du monde, la **Beauté** apparaît comme un être extrêmement matérialiste, futile et vaniteux. Son langage, ampoulé, est fleuri dans tous les sens du terme : au Monde qui va lui remettre les accessoires destinés à accompagner son rôle, elle demande des « nuances de jasmin, de rose et d'œillet », il lui remet un bouquet. Elle souhaite que le soleil, devenant son « tournesol », se tourne désormais vers elle – c'est-à-dire qu'elle espère être, à proprement parler, le **centre du monde**. Une fois apparue sur le petit théâtre terrestre, elle invite la Sagesse à aller contempler les beautés terrestres : « viens avec moi flâner dans ces campagnes ». Elle se réjouit de ces beautés, incarne **le bonheur d'être au monde**, et trompée par les apparences, ne voit pas plus loin que le bout de son nez : « pourquoi Dieu a-t-il créé des fleurs, si notre odorat ne doit point jouir du suave parfum de leurs arômes flagrants ? » Prise au piège des sens – elle est celle qui veut voir et être vue –, elle est enfermée dans une conception matérialiste du monde et n'envisage pas qu'il puisse y avoir autre chose. Son repentir au moment de mourir lui permet cependant d'être sauvée.

La Sagesse : le renoncement au monde

L'allégorie nommée la **Sagesse**, rebaptisée la Religion à la fin de la pièce, fonctionne en couple avec la Beauté et c'est un couple antithétique. Si la Beauté est tournée vers l'extérieur, vers la contemplation des biens mondains, la Sagesse est, elle, plutôt tournée vers l'intérieur, dans une posture caractérisée tout à la fois par le **recueillement** et le **renoncement sans concession au Monde** – ce qui ne l'empêche pas d'être altruiste puisqu'elle est la seule à donner du pain au Pauvre qui mendie. La Sagesse incarne bien une religieuse : ses accessoires sont un cilice et une discipline, objets destinés à accompagner la mortification et la pénitence, elle vit « enterrée vivante » dans une « paisible prison », c'est-à-dire au couvent. Elle a le dernier mot dans la pièce intérieure, ce qui la met fortement en valeur, et est la première, avec le Pauvre, à accéder au banquet céleste. Dans cette pièce didactique, elle est un **exemple** à suivre et livre implicitement la leçon donnée au chrétien : « il est nécessaire d'être au monde comme si on n'y était pas » (Anne

Larue). Elle enseigne le ***contemptus mundi***, ce « mépris du monde » que le livre de L'Ecclésiaste, déjà, invitait à suivre. Ses derniers mots prononcés sur la scène mondaine invitent explicitement le spectateur à ne pas commettre d'erreurs.

Le Pauvre et le Laboureur : souffrir au monde

Le **Pauvre** ne reçoit aucun accessoire de la part du Monde, bien au contraire on lui retire les habits qu'il porte et il est condamné à aller nu. Son rôle est fait de misère, de souffrance, de malheur, de pleurs, de froid, de faim..., comme il le dit lui-même – il est donc celui qui incarne la **souffrance mondaine**, traversant l'existence comme l'on traverse une vallée de larmes. Poussé à la mendicité, il n'est pas vu par la Beauté qui est pourtant avide de voir, et le Riche qu'il sollicite ensuite le congédie brutalement. Le Roi le renvoie à son grand aumônier, le Laboureur l'invite à travailler. Seule la Sagesse, sollicitée *in fine*, répond favorablement à son appel. Cet itinéraire du Pauvre montre qu'il fonctionne en réalité comme une sorte de **révélateur** vis-à-vis des autres allégories, qui ne voient pas en lui une occasion d'aimer son prochain et d'« agir bien, car Dieu est Dieu ». Les souffrances terrestres du personnage lui permettent d'être récompensé dans l'autre monde puisqu'il est invité immédiatement après la mort à la table divine.

Le **Laboureur**, quant à lui, reçoit une houe comme objet accompagnant son rôle. Il en accuse réception en se disant héritier d'Adam : digne descendant de celui qui a été chassé du paradis terrestre, il est, en effet, condamné comme lui à travailler pour vivre et il peine énormément. Il semble être lui aussi, mais dans une mesure moindre, une incarnation de la **souffrance au monde**, comme le Pauvre. Pour cette raison et parce qu'il se repent de ses fautes, le Laboureur accédera rapidement à la table divine.

Le Roi : le faux maître du monde

Le **Roi** reçoit du Monde un manteau de pourpre et une couronne, accessoires seyant parfaitement à son rôle. Comme la Beauté, il semble pris au piège des apparences et de la vanité mais pour d'autres raisons, car **il croit qu'il règne sur le monde** : « De tout ce que la mer embrasse, [...] je suis le maître absolu ». En cela, il se trompe totalement dans la mesure où le seul vrai maître est Dieu, ce que la Loi ne manque par de lui rappeler quand il demande ce dont il pourrait bien avoir besoin dans le monde car justement il possède tout. Autre vérité que le Roi oublie également, c'est qu'aux yeux de Dieu son rôle n'est pas meilleur qu'un autre : dernier arrivé sur la scène du Monde, il sera le premier à la quitter – car tous sont égaux devant la mort, quel que soit leur rang. L'allégorie est rebaptisée le **Pouvoir** à la fin de la pièce, en même temps que la Sagesse devient la Religion : les deux personnages, associés, servent à montrer comment Pouvoir et Religion peuvent fonctionner ensemble dans ce monde en vue de l'autre. Ce soutien que le Pouvoir accorde à la Religion lui permet en retour d'accéder au banquet final.

Le Riche : l'amour sans concession des biens du monde

Le **Riche** reçoit des bijoux de la part du Monde. Cet accessoire sied bien à ce personnage matérialiste qui dilapide ses biens en plaisirs et objets de désir. Sa table est présentée comme couverte de victuailles, à la différence de la table divine qui porte seulement un calice et une hostie. Il se vautre explicitement dans la luxure, la gourmandise, la paresse – tous péchés capitaux et fait de son ventre un dieu, oubliant le véritable Dieu. Mourant sans regretter ses fautes passées, le Riche est condamné à brûler en enfer. Il est le pécheur par excellence, incarnant **l'amour sans concession des biens mondains**, et celui qui doit servir d'exemple repoussoir dans cette pièce didactique.

L'enfant mort-né : celui qui reste hors monde

Enfin, la pièce accorde un sort particulier à l'Enfant mort-né qui ne reçoit aucun accessoire de la part du Monde dans la mesure où il ne jouera pas sur la scène terrestre : son statut particulier l'inscrit dans un espace marginal, quelque part entre le globe terrestre et le globe céleste, entre le paradis et l'enfer.

Le topos du *theatrum mundi*

Quel que soit leur statut, tous les personnages de la pièce intérieure doivent rendre leurs accessoires à la fin de la représentation, au moment de leur mort. La pièce de Calderon s'inscrit ici dans la reprise d'un **lieu commun** hérité de l'Antiquité, et qui est déjà usé au moment où il écrit son œuvre : celui du ***theatrum mundi*** (*cf.* notion clef). Ce **poncif** cherchait, dès ses origines, à traduire la **fragilité de la vie humaine et l'égalité de tous au moment de mourir**. L'on retrouve cette idée dans l'œuvre du dramaturge espagnol et elle est même régulièrement formulée par l'Auteur qui ne cesse de dire que la vie est une représentation. De la même façon, l'idée que tous sont égaux est récurrente : le rôle du Roi n'est pas meilleur qu'un autre, affirme Dieu, et le Pauvre rappelle à l'ordre le Roi qui veut le doubler après la mort – « dans le vestiaire du tombeau, nous sommes à présent égaux ». Il faut remarquer que ce poncif est cependant utilisé à des fins religieuses ici : il s'agit de rappeler au fidèle la nécessité de se tourner vers Dieu.

Ainsi, nous avons vu la grande richesse qu'offre l'examen du « monde » dans la pièce de Calderon : le monde est un personnage, certes, mais il est aussi un théâtre, créé à l'image de notre univers, et dont la taille paraît tout à la fois ridiculement petite et démesurée, espace oscillant entre la sphère tenant sur une scène, pouvant prétendre tout aussi bien à des dimensions cosmiques. Le théâtre du monde, c'est encore la dénonciation des apparences : le monde terrestre est factice, seul le monde divin est véritable pour le chrétien. Il convient, dès lors, d'adopter la bonne attitude au monde, qui est, paradoxalement, d'y renoncer.

Notion clef **Le théâtre du monde – *theatrum mundi***

L'expression *theatrum mundi* (théâtre du monde) renvoie à une **métaphore** qui constitue un **lieu commun**, un ***topos***, qui existe depuis **l'Antiquité** – d'où l'emploi de l'expression en latin – et qui n'est pas associé nécessairement au genre théâtral à l'origine. On la trouve exploitée par exemple par Platon, Épictète, Cicéron et Boèce, pour renvoyer à l'idée **qu'un destin décide du sort et de la vie des hommes**. Chez les **Stoïciens**, le poncif est employé pour dire que **les hommes sont égaux devant la mort**, et notamment qu'il leur faudra déposer les costumes et accessoires qu'ils portent au moment de mourir, quels qu'ils soient. **Sénèque**, dans la **lettre 76** adressée à **Lucilius**, écrit ainsi : « De tous ces hommes que tu vois éclatants de pourpre, pas un n'est heureux, non plus que ces princes de théâtre pour qui le sceptre et la chlamyde sont un attribut de leur rôle, et qui après avoir étalé en public leur haute stature et leurs cothurnes, à peine sortis de la scène se déchaussent et redescendent à leur taille naturelle ». Il conclut la lettre 77 sur la même métaphore, après avoir raconté la mort exemplaire de Marcellinus : « **Il en est de la vie comme d'une pièce de théâtre**, où ce n'est pas la durée, mais la bonne conduite qui importe. Il est indifférent que tu finisses à tel ou tel point. Finis, où tu voudras : seulement que le dénouement soit bon ».

Dans les premiers siècles, les **Pères de l'Église**, **Saint Augustin** et **Jean Chysostome** reprennent la métaphore, pour l'appliquer au **message biblique**. Au seizième siècle, l'image connaît un succès considérable, reprise par exemple par l'humaniste **Montaigne**, qui la déploie à l'occasion de sa réflexion sur la mort (I, 20, « que philosopher c'est apprendre à mourir »), ou encore dans le théâtre de **Shakespeare**, dont les pièces étaient jouées au **Théâtre du Globe** qui affichait la devise « ***Totus mundus agit histrionem*** » (le monde entier est un théâtre). L'image est exploitée dans les pièces du dramaturge élisabéthain : dans *Comme il vous plaira*, Jacques affirme que le monde entier est un théâtre (« *All the world's a stage* », II, 7) ; dans *La Tempête* (IV, 1), Prospéro commente une représentation théâtrale donnée par des esprits et souligne à quel point la vie humaine est, comme cette représentation, évanescente et fragile. Au dix-septième siècle, en France, **Rotrou**, dans *Le Véritable Saint-Genest*, comme Calderon dans *Le Grand Théâtre du Monde*, reprend tout à la fois l'image du *theatrum mundi* et le procédé du théâtre dans le théâtre en mettant en scène la conversion du comédien Saint Genest qui joue le rôle d'un martyr chrétien.

Texte choisi

Au début de la pièce, l'Auteur – Dieu – s'adresse au Monde et le fait apparaître sur la scène. Après avoir mis en place l'idée que le Monde est périssable et illusoire, il lui demande d'organiser une représentation théâtrale à l'occasion d'une fête en son honneur :

Auteur. [...] Je veux donner une fête
en l'honneur de mon propre pouvoir, car je sais
que la vaste nature n'en donnera
que pour l'ostentation de ma grandeur.
Et comme une représentation bien applaudie
est ce qui a toujours le mieux réjoui, le mieux plu,
et que la vie humaine est une représentation,
je veux que ce soit une pièce de théâtre
que le ciel puisse voir aujourd'hui sur ton théâtre.
[...] Je veux aujourd'hui que, par moi préparé,
joyeux, libéral et charmant,
tu fasses des décors
qui de douteux qu'ils sont passent pour certitudes.
Nous serons, moi l'auteur, en un instant,
toi, le théâtre, et l'homme, le récitant.

Trad. François Bonfils

Analyse

En ce début ***d'auto sacramental***, la pièce rappelle les **circonstances** dans lesquelles elle s'inscrit dans la mesure où l'Auteur parle d'une **fête** organisée en son honneur : cette fête, c'est évidemment **la Fête-Dieu** à l'occasion de laquelle *Le Grand Théâtre du monde* est joué, et dont Dieu lui-même devient ici le commanditaire – ou plutôt, il devient, à l'intérieur de la pièce de Calderon, le **commanditaire de la pièce intérieure** qui sera donnée plus loin, *Agir bien, car Dieu est Dieu*. Lors de la Fête-Dieu, des processions avaient lieu dans la ville pendant lesquelles l'on exposait le **saint sacrement – le pain et le vin consacrés, qui incarnaient la présence réelle du Christ** : c'est donc bien en l'« honneur » de Dieu et avec « ostentation » que ces festivités se déroulaient.

La réplique de l'Auteur retient encore l'attention car elle met en place, à l'ouverture de la pièce de Calderon, le « **théâtre du monde** » : Dieu, en effet, demande au Monde une **représentation** – et celui-ci devient, au sens propre, un **théâtre**. L'Auteur justifie le choix du genre théâtral en mettant en avant le fait que celui-ci va **plaire** et permettre de **montrer** que « **la vie humaine est une représentation** » : cette idée est essentielle car elle sous-tendra tout à la fois la pièce-cadre et la pièce enchâssée dont le but commun sera de montrer que **la vie humaine humaine n'est qu'une illusion au regard de la vérité divine**, dans une entreprise à la fois **didactique** et **théologique**, à rattacher au **christianisme**.

La pièce enchâssée est ainsi présentée comme une **fiction**, à l'image de la vie humaine, la pièce-cadre comme une **vérité**. L'*auto* de Calderon s'inscrit aussi dans la reprise du ***topos* du *theatrum mundi***, hérité de l'Antiquité (*cf.* notion clef), qui n'était à l'origine ni employé dans le théâtre, ni utilisé à des fins religieuses.

On sera sensible, pour finir, au fait que le texte joue sur les mots : ***Autor*** – *Auteur* en espagnol – signifie tout à la fois **créateur** (donc **dieu**), **inventeur**, **écrivain**, **chef de troupe** ou **metteur en scène**. La **polysémie** du terme contribue à la fois au **plaisir** du texte et à sa portée **didactique**, dans la mesure où Dieu est bien le Créateur et le dramaturge de la représentation fictive qu'est la vie mondaine. Le jeu sur les mots est encore présent en version originale à travers le terme « **apariencias** », traduit ici par « décors » : le terme espagnol désigne tout à la fois les **décors**, le tableau vu sur scène et les « **apparences** » qu'il s'agira justement de dénoncer comme **illusoires**, au regard de Dieu.

Mode d'emploi de l'article

L'article permet d'illustrer une réflexion qui inviterait à analyser des sujets tels que « **le monde est un théâtre** » ou « **le théâtre du monde** » et donne des pistes de lecture pour renforcer la compréhension de cette notion (Sénèque, Montaigne, Shakespeare, Rotrou…). Plus généralement, il permet de comprendre comment **tout un courant de pensée**, qui existe depuis l'Antiquité, **associe vie mondaine et fiction** : le monde est un **théâtre**, une **fiction**, un **songe**, qu'il s'agit de quitter à un moment donné – métaphores qui servent à dire l'évanescence et la fragilité humaines, abordées dans une perspective religieuse ou laïque. Ces images trouvent des prolongements contemporains dans l'idée que le monde relève d'un **programme informatique**, illustrée par une œuvre comme *Matrix* des frères Wachowski (1999) au cinéma, ou suggérée par *L'anomalie* (2020), roman d'Hervé Le Tellier. Dans tous les cas, il y a un questionnement qui s'inscrit dans la **dialectique** qui oppose **l'être**, la **vérité**, la **réalité** d'une part au **paraître**, au **mensonge**, à la **facticité** d'autre part.

L'exemple spécifique de la pièce de Calderon permet en outre de déployer la richesse de l'expression **« théâtre du monde »** – tour à tour véritable théâtre ou dénonciation d'une réalité fallacieuse par le biais de la métaphore. L'examen de la pièce permet d'envisager encore différents types de **rapport au monde** à travers les personnages, tout en poussant le spectateur chrétien du seizième siècle à imiter un comportement en particulier, celui du ***contemptus mundi***, du mépris des choses terrestres et donc du renoncement au monde. L'article sollicite enfin différentes expressions qui peuvent fournir autant de sujets pour le candidat aux concours : « **le centre du monde** », « **le maître du monde** ».

Chapitre 4
Pascal et la « vanité du monde »

Stéphane Arthur

Considérant le monde de la matière, avec l'infiniment grand et l'infiniment petit, et le monde de l'esprit, Pascal fait l'éloge de ce dernier, tout en mettant en évidence les pièges qui le guettent. « Roseau pensant », dont Pascal met en évidence la **grandeur** et la **misère**, l'homme a une place éminente au sein de l'univers, mais aussi inconfortable.

Rejetant aussi bien une approche purement cartésienne du monde qu'une approche sceptique, Pascal invite à s'interroger sur ce qui mérite d'être recherché en ce monde. Il explique ainsi l'importance du **divertissement**, qui incite à se charger d'activités afin de ne pas penser à ce qui nous angoisse, par peur de la mort. Il lui oppose, en particulier dans l'argument du **pari**, l'intérêt et la nécessité de se convertir, c'est-à-dire de se tourner vers Dieu, alors que le divertissement détourne.

Dans les *Pensées*, Pascal incite à la quête d'un Dieu caché, présent en ce monde, mais accessible seulement à ceux qui lui ouvrent leur cœur, et usent de leur raison sans aveuglement. La forme fragmentaire des pensées peut être qualifiée de forme-sens, mimétique d'un monde dont le sens n'est pas donné mais à conquérir. La question du **salut** est la seule qui vaille en ce monde pour Pascal, mais le salut n'est jamais assuré. De même, à propos des choses de ce monde, Pascal se montre pessimiste en matière de pouvoir : il est réticent à toute idée de révolution, par crainte d'une guerre civile et de l'anarchie qu'elle peut engendrer.

Scientifique, philosophe, religieux, Blaise Pascal (1632-1662) a une approche riche du monde, dont il déploie les différents aspects et les niveaux dans son œuvre. « Misère de l'homme sans Dieu » et « Félicité de l'homme avec Dieu » (fragment 4 des *Pensées*, œuvre posthume, que nous citons selon la classification de Michel Le Guern, sachant qu'il existe de nombreuses tables de concordance avec l'ordre et la numérotation adoptés par Brunschvicg, Lafuma ou Sellier, comme dans le tome II de l'édition des *Œuvres complètes* de Pascal établie par Michel Le Guern pour la Bibliothèque de la Pléiade, p. 1657 sq.) : telle est la perspective de Pascal, pour qui **Dieu** a créé un monde comportant un ordre qui échappe souvent à l'homme, dont la nature est corrompue du fait du péché originel. Ce que nous nommons les *Pensées* a pour source une *Apologie de la religion chrétienne*, à laquelle Pascal travaille à partir de 1656, et qui consiste en un projet de défense et illustration de sa foi.

De quelle nature est le monde, et quelle y est la place de l'homme ? Faut-il, au sein de la société, **fuir les plaisirs mondains ou en jouir** ? En définitive, quel rapport au monde s'impose pour qui est attentif à son **mystère** et aux **signes** qu'il comporte ? Mettant en évidence la grandeur et la misère de l'homme, Pascal pointe « **la vanité du monde** » (14), au sens où les plaisirs et les occupations mondains sont dérisoires, au regard de la question du salut de l'âme. La vanité du monde, c'est aussi l'orgueil excessif de tout un chacun, qui croit savoir, et s'invente un monde creux.

Il convient de ce fait de considérer tout d'abord le monde de la matière et le monde de l'esprit, ce qui invite à se demander pourquoi il faut se détourner du monde dans la perspective pascalienne, et enfin à s'interroger sur la nature du monde de Pascal, entre chute et mystère.

I. Monde de la matière, monde de l'esprit

Infiniment grand et infiniment petit

Dans son approche de l'univers, Pascal invite à considérer la nature comme un monde riche qui échappe à l'imagination de l'homme, signe de la puissance du Dieu créateur :

> Je lui veux peindre non seulement l'univers visible, mais l'immensité qu'on peut concevoir de la nature dans l'enceinte de ce raccourci d'atome ; qu'il y voie une infinité d'univers, dont chacun a son firmament, ses planètes, sa terre, en la même proportion que le monde visible, dans cette terre des animaux, et enfin des cirons dans lesquels il retrouvera ce que les premiers ont donné, et trouvant encore dans les autres la même chose sans fin et sans repos, qu'il se perde dans ces merveilles aussi étonnantes que les autres par leur étendue ; car qui n'admirera que notre corps, qui tantôt n'était pas

perceptible dans l'univers imperceptible lui-même dans le sein du tout, soit à présent un colosse, un monde ou plutôt un tout à l'égard du néant où l'on ne peut arriver ? (185)

C'est que la nature est marquée par l'infiniment grand, mais aussi par l'infiniment petit, que peut représenter le ciron (acarien), ce « raccourci d'atome », qui est à soi seul un monde organisé, malgré sa petitesse : « un ciron lui offre dans la petitesse de son corps des parties incomparablement plus petites, des jambes avec des jointures, des veines dans ses jambes, du sang dans ses veines, des humeurs dans ce sang, des gouttes dans ces humeurs, des vapeurs dans ces gouttes... » (185). De ce fait, la compréhension de l'univers échappe à l'homme, « milieu entre rien et tout ». Il en résulte un vertige : « Le silence éternel de ces espaces infinis m'effraie » (187). André Comte-Sponville note à propos de ce fragment : « C'est le monde même, sans la foi. / Aussi la physique est-elle incapable de trouver Dieu, ou même de le chercher, par quoi Descartes est “inutile et incertain” » (préface des *Pensées sur la politique* de Pascal, Rivages Poche, 1992).

« Qu'est-ce qu'un homme dans l'infini ? » (185), demande Pascal, afin d'inviter son lecteur à s'interroger sur la place de l'homme dans le monde qui l'environne, et par rapport aux mondes qui l'entourent, dont celui du ciron, que révèle le microscope, instrument qui a contribué, avec le télescope, au XVIIe siècle, au renouvellement du regard porté sur le monde par les scientifiques. « Combien les lunettes nous ont-elles découvert d'êtres qui n'étaient point pour nos philosophes d'auparavant ! » (654), reconnaît Pascal, dont la foi ne le porte pas à rejeter la science, dans son approche du monde, mais à en montrer les limites, tout en s'émerveillant de la richesse du monde du vivant : « **Vanité des sciences** » (21). Le savoir scientifique est caractérisé par son impuissance : « La science des choses extérieures ne nous consolera pas de l'ignorance de la morale au temps d'affliction, mais la science des mœurs me consolera toujours de l'ignorance des sciences extérieures » (idem).

Matière et esprit

Le rapport de l'homme au monde est d'abord celui de l'esprit à la matière, sachant que l'homme est lui-même composé de matière. La puissance de la matière s'impose ainsi à l'esprit, la matière ayant une capacité extraordinaire de destruction, mais aussi de distraction symbolisée par les mouches : « La puissance des mouches, elles gagnent des batailles, empêchent notre âme d'agir, mangent notre corps » (20, Pascal reprenant une anecdote rapportée par Montaigne, à propos d'une bataille remportée grâce à des abeilles, en fait). Toutefois, le monde de la matière ne pense pas, et l'esprit a cette supériorité qui consiste à pouvoir embrasser le monde de la matière : « Par l'espace, l'univers me comprend et m'engloutit comme un point ; par la pensée, je le comprends » (104). L'infiniment grand est de la sorte saisi, et s'avère présent dans ce qui représente l'infiniment petit à son échelle : **paradoxe d'un monde qui me comprend**, au sens où j'en suis un élément, **et que je comprends**, par ma faculté à le penser.

Sans pensée, l'homme ne serait pas lui-même, car c'est elle qui est sa qualité essentielle : « Je puis bien concevoir un homme sans mains, pieds, tête, car ce n'est que l'expérience qui nous apprend que la tête est plus nécessaire que les pieds. Mais je ne puis concevoir l'homme sans la pensée. Ce serait une pierre ou une brute » (102). L'homme se distingue des autres êtres qui existent dans le monde par une différence ontologique radicale : lui seul pense, signe de sa supériorité de nature.

Roseau pensant

Fragile face à la puissance aveugle et destructrice de la nature, l'être humain est éminent par sa pensée. Pour exprimer cette place singulière qu'occupe l'homme au sein de la nature, Pascal a recours à l'image du « roseau pensant », que prolonge La Fontaine dans sa fable « Le Chêne et le Roseau », inspirée elle-même d'Ésope : « L'homme n'est qu'un roseau, le plus faible de la nature, mais c'est un roseau pensant » (186 l'expression « roseau pensant » apparaissant déjà dans le fragment 104). La **fragilité** de l'homme est telle qu'« une vapeur, une goutte d'eau suffit pour le tuer ». Il suffit d'un grain de sable dans une vessie pour que s'efface le pouvoir d'un homme et que change la destinée d'un pays : « Cromwell allait ravager toute la chrétienté ; la famille royale était perdue, et la sienne à jamais puissante, sans un petit grain de sable qui se mit dans son uretère. Rome même allait trembler sous lui ; mais ce petit gravier s'étant mis là, il est mort, sa famille abaissée, tout en paix, et le roi rétabli » (632). Le hasard semble soumettre les hommes au détail le plus insignifiant, tel « le nez de Cléopâtre » (42, 183 et 392), et certaines pensées font songer à la sagesse de l'*Ecclésiaste*, où il est affirmé que « vanité des vanités, tout est vanité ».

Toutefois, l'homme a une conscience, qui est **conscience du monde et de soi**, ce dont le monde dans lequel nous vivons, matériel, est dépourvu : « Mais quand l'univers l'écraserait, l'homme serait encore plus noble que ce qui le tue puisqu'il sait qu'il meurt et l'avantage que l'univers a sur lui, l'univers n'en sait rien » (186). Le paradoxe de la grandeur de l'homme, et de sa supériorité sur les autres êtres, est qu'elle consiste à se savoir misérable : « La grandeur de l'homme est grande en ce qu'il se connaît misérable : un arbre ne se connaît pas misérable. / C'est donc être misérable que de [se] connaître misérable, mais c'est être grand que de connaître qu'on est misérable » (105). L'anthropologie pascalienne souligne le ridicule de la vanité humaine, et la dignité que la pensée confère à l'homme, qui est aussi matière par son corps. C'est qu'« il y a trois ordres de choses : la chair, l'esprit, la volonté » (725). Pascal s'adresse à notre esprit afin que nous trouvions la volonté de **ne pas partager les erreurs du monde**, c'est-à-dire des autres hommes, et de nous détourner de ses pièges. C'est que « L'homme n'est qu'un sujet plein d'erreur naturelle, et ineffaçable sans la grâce. Rien ne lui montre la vérité. Tout l'abuse » (41) : c'est pourquoi « il n'y a point de vérité dans l'homme » (185). Dans son rapport au monde, l'homme doit se méfier aussi bien de sa raison que de ses sens, pourtant « principes de vérité » (41).

II. Se détourner du monde

Les pièges de ce monde : les puissances trompeuses

Si Pascal nous invite en tant que savant à nous émerveiller de la prodigieuse organisation du monde, présente jusque dans l'infiniment petit, il nous met en garde, en tant que moraliste, contre tout ce qui est source d'illusions dans le monde des hommes. L'esprit humain est en effet confronté aux « puissances trompeuses », que sont l'amour-propre, la coutume et l'imagination (mais aussi la maladie), et qui le détournent de la réalité des choses. L'imagination l'emporte ainsi bien souvent sur la raison, y compris chez les êtres les plus sensés : « Le plus grand philosophe du monde sur une planche plus large qu'il ne faut, s'il y a au-dessous un précipice, quoique sa raison le convainque de sa sûreté, son imagination prévaudra. Plusieurs n'en sauraient soutenir la pensée sans pâlir et suer » (41). L'anacoluthe (rupture de construction volontaire) suggère la chute (en écho à la Chute de la *Genèse*) qu'engendre ce que les classiques, comme Malebranche, nomment la « folle du logis ».

Quant à la coutume, elle fait confondre tradition et nature : « Qu'est-ce que nos principes naturels sinon nos principes accoutumés ? » (116). Aussi Pascal loue-t-il les « opinions du peuple saines » (87) : alors que les « demi-habiles » méprisent la coutume car ils savent qu'elle est le fruit du hasard, mais sans voir qu'elle assure la paix sociale, et que les « habiles » la respectent tout en ayant une « pensée de derrière » car ils savent que rien ne la fonde en raison, le peuple la respecte pour de mauvaises raisons, mais a raison de la respecter. **L'ordre du monde** a sa vertu, et **doit être respecté** :

> Il est donc vrai de dire que tout le monde est dans l'illusion car encore que les opinions du peuple soient saines, elles ne le sont pas dans sa tête, car il pense que la vérité est où elle n'est pas. La vérité est bien dans leurs opinions, mais non pas au point où ils se figurent. Il est vrai qu'il faut honorer les gentilshommes, mais non pas parce que la naissance est un avantage effectif, etc. (85)

C'est l'amour-propre qui rend de ce fait le « moi haïssable » car « Il est injuste en soi, en ce qu'il se fait centre de tout ; il est incommode aux autres, en ce qu'il veut les asservir, car chaque moi est l'ennemi et voudrait être le tyran de tous les autres » (509). Source d'erreur et expression d'une volonté hégémonique, l'amour-propre constitue une puissance trompeuse redoutable : « La nature de l'amour-propre et de ce *moi* humain est de n'aimer que soi et de ne considérer que soi » (758). Selon Pascal, la vérité échappe par conséquent à l'homme, à cause des effets des puissances trompeuses, car sa nature est corrompue en raison du péché originel. **L'homme ne voit donc pas le monde tel qu'il est** : si elle n'est pas aussi faible que le prétendent les sceptiques, sa raison n'est pas aussi puissante que l'affirment les cartésiens.

Le divertissement

En ce monde, une réalité s'impose à l'homme : celle de sa finitude. Sa condition lui semble si insupportable que l'être humain fait tout pour fuir l'idée de sa mort et de sa condition misérable. Aussi se livre-t-il à toutes sortes d'activités destinées à occuper son esprit, afin de ne pas y penser et de soulager son angoisse. Si Montaigne (dont Pascal est un grand lecteur) nomme cela « faire diversion » dans ses *Essais*, Pascal qualifie pour sa part cette fuite de « divertissement », du latin « *divertere* », « détourner ». C'est ce qu'exprime le fragment 124 des *Pensées* : « Divertissement. / Les hommes n'ayant pu guérir la mort, la misère, l'ignorance, ils se sont avisés, pour se rendre heureux, de n'y point penser ». Aussi un « roi sans divertissement » serait paradoxalement l'homme le plus malheureux, car rien ne le détournerait de la pensée de sa condition véritable : « Qu'on en fasse l'épreuve, qu'on laisse un roi tout seul sans aucune satisfaction des sens, sans aucun soin de l'esprit, sans compagnies, penser à lui tout à loisir, et l'on verra qu'un roi sans divertissement est un homme plein de misères » (127). Dans son roman *Un roi sans divertissement* (1947), où il fait référence au fragment 127, Jean Giono met en scène le personnage de « M. V. », qui s'interroge pour sa part sur le rapport de l'homme au « vaste monde ».

Pour apaiser ses angoisses, l'homme se livre à des vanités, qui le détournent à leur tour de l'essentiel – son rapport à Dieu – et néglige la question de son salut. Pascal exprime ce paradoxe : « Que le cœur de l'homme est creux et plein d'ordure ! » (129). Cette déploration est à considérer à la lumière de l'étymologie : en latin, « *vanus* » signifie « creux ». **Sans la grâce, l'homme n'est rien** : « la vie humaine n'est qu'une illusion perpétuelle ; on ne fait que s'entre-tromper et s'entre-flatter » (758). C'est le cœur de l'homme qui est responsable, selon Pascal, du fait que l'homme se détourne de la vérité, et de la sorte de la justice et de la raison : « L'homme n'est donc que déguisement, que mensonge et hypocrisie, et en soi-même, et à l'égard des autres » (idem). **L'homme fuit son salut, au lieu de fuir ce qui est mondain**.

Le pari : ne pas être mondain

« Vous êtes embarqué » (397) : par cette formule, Pascal nous signifie que nous faisons, consciemment ou pas, **le choix de vivre dans le monde ou de le fuir, dans la perspective de profiter des biens de ce monde ou d'assurer notre salut**. Le fameux pari pascalien est original, au sens où il propose de considérer notre rapport au monde, à partir de calculs, au sujet des gains et des pertes, comme le ferait un libertin qui se demanderait au jeu quelle est la mise et quel est le profit possible. Il ressort de l'argumentation de Pascal que l'homme a peu à perdre à fuir les plaisirs mondains (au regard du profit qu'est le salut, qui procure la félicité avec Dieu) et que ce qu'il a à gagner en misant sur l'existence de Dieu est sans commune mesure avec ce qu'il gagne s'il parie que Dieu n'existe pas. Le plus profitable est de ce fait de miser sur l'existence de Dieu : **le gain est inestimable si Dieu existe et**

la perte dérisoire si Dieu n'existe pas. Lui-même retiré à Port-Royal des Champs auprès des jansénistes, Pascal nous invite à fuir les divertissements que la société des hommes valorise : la vie mondaine est un piège. C'est celui dans lequel sont tombés les jésuites, estime Pascal : « Les jésuites ont voulu joindre Dieu au monde, et n'ont gagné que le mépris de Dieu et du monde » (765).

Si les jésuites se rapprochent des mondains, dont l'élite constitue les « honnêtes gens », l'anthropologie pascalienne est au service d'un projet apologétique théologique où le vrai n'existe pas en-dehors de Dieu. La vanité du monde, au sens premier, c'est sa vacuité.

III. Le monde de Pascal

L'« imbécile ver de terre » et la présence du « Dieu caché » (*Deus absconditus*)

Le monde de Pascal, c'est-à-dire son œuvre, dans laquelle est livrée une conception du monde, est hanté par la présence d'un **Dieu caché** (« *deus absconditus* », 227, citation d'Isaïe), qui ne se donne à voir qu'à celui qui sait ouvrir son cœur : ainsi se comprend la formule d'apparence énigmatique « Qu'il y a loin de la connaissance de Dieu à l'aimer » (357). De la sorte, c'est l'amour de Dieu qui donne accès à sa connaissance, et non l'inverse : « Au lieu de vous plaindre de ce que Dieu s'est caché, vous lui rendrez grâces de ce qu'il s'est tant découvert, et vous lui rendrez grâces encore de ce qu'il ne s'est pas découvert aux sages superbes indignes de connaître un Dieu si saint » (373). Ce Dieu caché ne se donne à voir qu'à celui qui sait se montrer humble (de « *humus* », « terre »), et renonce à tout orgueil, en particulier à celui des philosophes qui pensent connaître Dieu par le pouvoir de leur raison. Tel est le sens de la pensée 122, qui discute les atouts et les faiblesses respectifs des thèses des « pyrrhoniens » (c'est-à-dire les sceptiques) et des « dogmatiques » (c'est-à-dire des cartésiens) :

> La nature confond les pyrrhoniens et la raison confond les dogmatiques. Que deviendrez-vous donc, ô homme qui cherchez quelle est votre véritable condition par votre raison naturelle ? Vous ne pouvez fuir une de ces sectes ni subsister sans aucune.
> Connaissez donc, superbe, quel paradoxe vous êtes à vous-mêmes, apprenez que l'homme passe infiniment l'homme et entendez de votre maîtresse votre condition véritable que vous ignorez.
> Écoutez Dieu.

Les sceptiques n'ont pas accès à la compréhension du monde du fait de l'hypertrophie du doute dans leur pensée, alors que dans le cas des cartésiens leur échec est dû à une confiance excessive en la raison : « confond » est à entendre au sens de « montre l'impuissance de ». L'orgueil excessif (« superbe ») de l'être humain est en effet un piège, qui fait que « le moi est haïssable », alors que le monde de l'homme est celui d'une représentation faussée des choses, humaines et cosmiques : « Quelle chimère est-ce donc que l'homme ? quelle nouveauté, quel chaos, quel sujet de contradictions, quel prodige ? Juge de toutes choses, imbécile ver de terre, dépositaire du vrai, cloaque d'incertitude et d'erreur, gloire et rebut de l'univers » (122). **Croyant tout savoir, l'homme ne sait rien du monde et de son sens, s'il ne se décentre pas et ne se tourne pas vers Dieu pour être éclairé** : c'est le sens de la conversion, *cum vertere* signifiant en latin « se tourner vers ». L'oxymore « gloire et rebut » traduit ce paradoxe du monde humain, qui est celui de la grandeur et de la misère, et où l'homme ne peut se faire grand que s'il accepte sa faiblesse (pour éviter l'erreur des cartésiens, trop confiants en la raison), sans s'y résigner (afin d'éviter l'erreur des sceptiques, dont le doute ne les mène pas à Dieu) : comprendre le monde est à prix. En effet, « L'homme n'est pas digne de Dieu mais il n'est pas incapable d'en être rendu digne » (224).

Poésie et profondeur

La conception qu'a Pascal d'un Dieu caché est en parfaite adéquation avec la forme lapidaire des fragments qui constituent ses *Pensées*. Dans cette œuvre, où Pascal se montre **poète** (ce que Paul Valéry avait relevé en son temps), le sens est à conquérir par le lecteur, comme dans la poésie moderne inaugurée par l'œuvre de Rimbaud, alors que dans la poésie traditionnelle le sens est livré au lecteur. Dans le monde des *Pensées*, qui sont les papiers d'un mort et non une œuvre posthume, selon la belle formule de Michel Le Guern (Pascal, *Pensées*, Folio classique, 2004, préface, p. [7]), le lecteur est incité à se faire lui-même poète et **interprète**, comme face aux fragments 17 (« Il a quatre laquais ») ou 98 (« Le bec du perroquet qu'il essuie quoiqu'il soit net »). Le mystère apparent de ces pensées est éclairé par l'ensemble de l'œuvre : le fragment 17 (éclairé par le 82) évoque l'importance de l'apparence sociale pour régler les rapports entre les hommes, alors que le fragment 98 fait référence à la conception cartésienne (ou plutôt à l'hypothèse probable, pour être précis) de l'animal-machine. **De même que la signification des pensées de Pascal ne se révèle qu'au lecteur en quête de sens, de même le sens du monde n'apparaît qu'à celui qui sait y lire la présence de Dieu** : « Dieu est caché. Mais il se laisse trouver à ceux qui le cherchent » (781). L'homme lui-même a quelque chose de baroque, et se présente comme un **monde mystérieux**, qu'il s'agit de sonder en profondeur :

> S'il se vante, je l'abaisse ;
> s'il s'abaisse, je le vante
> et le contredis toujours
> jusqu'à ce qu'il comprenne
> qu'il est un monstre incompréhensible.

La présentation de ce fragment (121) sur cinq lignes rappelle la forme du poème en vers libres (avec trois heptasyllabes, un hexasyllabe et un ennéasyllabe) : le sens du monde (macrocosme ou microcosme) échappe à qui se contente des apparences et ne se fait pas poète. Pascal procède de la sorte par ce qu'il nomme le « renversement du pour au contre » pour mettre en évidence les limites de toute approche du monde qui se veut définitive, et la fait vaciller. En bon classique, il rejette tout excès, et invite à se placer à distance de toute thèse extrême, afin de saisir le monde dans toute sa profondeur et d'y être à sa place : « L'homme n'est ni ange ni bête, et le malheur veut que qui veut faire l'ange fait la bête » (572)...

Pessimisme de Pascal

Profondément influencé par l'œuvre de Saint Augustin, en particulier par *La Cité de Dieu*, Pascal voit avant tout en l'homme un être **peccamineux**, c'est-à-dire porté vers le péché. Il en résulte une approche du monde où la question du salut est fondamentale. Loin de partager l'indulgence des jésuites envers les inconduites des hommes, qu'il tourne en dérision dans *Les Provinciales*, Pascal affirme que Dieu seul a la clef du salut, et qu'accomplir de bonnes œuvres n'assure pas d'être sauvé. Il en résulte une approche du monde inquiète, où la faiblesse de l'homme est spectaculaire : « Condition de l'homme. / Inconstance, ennui, inquiétude » (22).

Dans le domaine des affaires humaines, Pascal se montre tout aussi **inquiet**. Il redoute plus que tout les guerres civiles, et l'anarchie qu'elles engendrent, aussi ne légitime-t-il pas la révolte contre un souverain injuste : « Le plus grand de tous les maux est les guerres civiles » (87). Le fragment 76 invite de ce fait à la soumission envers le pouvoir : « Ne pouvant faire qu'il soit forcé d'obéir à la justice, on a justifié la force. Ne pouvant fortifier la justice, on a justifié la force, afin que le juste et le fort fussent ensemble et que la paix fût, qui est le souverain bien » (76). De fait, l'histoire du pouvoir est nécessairement celle de l'imposture, comme le traduit le chiasme : « ne pouvant faire que ce qui est juste fût fort, on a fait que ce qui est fort fût juste » (94). Cela ne rend pas pour autant la révolte acceptable, et Pascal condamne la Fronde (1648-1653), contestation du pouvoir qui a bouleversé l'ordre en France : « De là vient l'injustice de la Fronde, qui élève sa prétendue justice contre la force » (78). C'est que « La force est la reine du monde, et non pas l'opinion » (477). Seul Dieu possède justice véritable et force. Il est ainsi possible, dans le rapport au monde de Pascal, d'évoquer une morale du dégagement, en contraste avec la morale de l'engagement que prône au siècle suivant Voltaire, pour qui « Il faut cultiver notre jardin », conformément à la formule qui clôt *Candide*.

Conclusion

Milieu entre l'infiniment petit et l'infiniment grand, l'homme doit cultiver sa pensée, qui lui confère une place éminente en ce monde, car elle lui donne sa dignité : « Travaillons donc à bien penser : voilà le principe de la morale » (186). Pour ce faire, il doit éviter les écueils que présentent le monde (des plaisirs limités, qui le détournent de l'infini) et la pensée elle-même (scepticisme et cartésianisme en particulier).

Dans son rapport au monde, l'homme doit se garder de « deux excès » : « exclure la raison, n'admettre que la raison » (172). S'enfermer dans un monde d'illusions (« Cachot », 153) est en effet une tentation à laquelle l'être humain est sans cesse confronté. Pour remédier à cela, il faut se préserver des **écueils que crée l'orgueil** : « Voilà un étrange monstre, et un égarement bien visible » (442). Tel est l'enjeu : comment ne pas s'égarer en ce monde. « Clarté. Obscurité » (637). C'est que « tout le monde est dans l'illusion » (85)...

Le monde ne s'offre dans toute sa vérité et sa profondeur qu'à celui qui sait ouvrir son **cœur** : « Nous connaissons la vérité non seulement par la raison mais encore par le cœur » (101). C'est le « sentiment de cœur » et non le raisonnement qui mène véritablement à Dieu et au salut, prévient Pascal.

NOTION CLEF — Le jansénisme

Le jansénisme est un courant religieux du XVIIe siècle, issu du catholicisme. Il tire son nom de Jansenius, évêque qui a publié *Augustinus* (1640), ouvrage consacré à la pensée de saint Augustin, hanté par la conception de la nature peccamineuse (pécheresse) de l'être humain.

Le jansénisme prône de ce fait un rapport au monde austère : **il faut fuir le monde**, au sens des mondanités. En revanche, les jansénistes étudient la Bible, la grammaire, et se montrent soucieux d'éducation. Les jansénistes posent, comme les calvinistes, la question de la prédestination de l'homme à être sauvé ou damné, quels que soient ses actes en ce monde, alors que les jésuites valorisent les bonnes œuvres dans la quête du salut.

Pascal est proche des jansénistes, dont il prend la défense dans *Les Provinciales* (1656-1657), et combat, comme eux, les jésuites, et leur casuistique, qui considère avec indulgence les fautes des grands de ce monde, selon le cas considéré, et trouve volontiers des dispenses aux règles morales, au prix de contorsions intellectuelles. Le jansénisme, en revanche, est sans concessions.

Même s'il est condamné par l'autorité papale et persécuté à la fin du XVIIe siècle par Louis XIV, le jansénisme exerce une profonde influence sur les esprits. Pascal se retire avec sa sœur à Port-Royal des Champs. Le personnage de Phèdre, chez Racine, est empreint d'esprit janséniste : beaucoup y ont vu l'illustration de la misère de l'être humain abandonné de Dieu.

Ce sont les jansénistes qui se sont chargé de la première édition des *Pensées* (édition de 1670, dite de Port-Royal).

TEXTE CHOISI — Le pari pascalien

– Oui, mais il faut parier. Cela n'est pas volontaire, vous êtes embarqué. Lequel prendrez-vous donc ? Voyons, puisqu'il faut choisir, voyons ce qui vous intéresse le moins. Vous avez deux choses à perdre, le vrai et le bien, et deux choses à engager, votre raison et votre volonté, votre connaissance et votre béatitude, et votre nature deux choses à fuir, l'erreur et la misère. Votre raison n'est pas plus blessée, puisqu'il faut nécessairement choisir, en choisissant l'une que l'autre. Voilà un point vidé. Mais votre béatitude ? Pesons le gain et la perte en prenant croix que Dieu est. Estimons ces deux cas : si vous gagnez, vous gagnez tout ? Et si vous perdez, vous ne perdez rien ; gagez donc qu'il est sans hésiter. Cela est admirable. – Oui, il faut gager, mais je gage peut-être trop. – Voyons, puisqu'il y a pareil hasard de gain et de perte, si vous n'aviez qu'à gagner deux vies pour une, vous pourriez encore gager, mais s'il y en avait trois à gagner, il faudrait jouer (puisque vous êtes dans la nécessité de jouer) et vous seriez imprudent, lorsque vous êtes forcé à jouer, de ne pas hasarder votre vie pour en gagner trois à un jeu où il y a pareil hasard de perte et de gain. Mais il y a une éternité de vie et de bonheur. [...]

[...] Je vous dis que vous y gagnerez en cette vie, et que, à chaque pas que vous ferez dans ce chemin, vous verrez tant de certitude du gain, et tant de néant de ce que vous hasardez, que vous connaîtrez à la fin que vous avez parié pour une chose certaine, infinie, pour laquelle vous n'avez rien donné.

Pensées, fragment 397

Analyse

Le fameux pari pascalien ou argument du pari retourne contre les libertins (c'est-à-dire les athées) leur goût du jeu : Pascal a coutume de pratiquer le « renversement du pour au contre », qui consiste à partir des arguments de l'adversaire, pour montrer que ses principes condamnent sa thèse. L'athée n'acceptant d'argument que ceux que lui livre sa raison, Pascal joue le jeu : la raison, *logos*, est aussi calcul. En l'occurrence, Pascal imagine un dialogue avec un libertin, afin de trancher la question : faut-il jouir des plaisirs de ce monde ou s'en abstenir dans l'espérance d'une félicité avec Dieu, dans un autre monde ? L'enjeu est **de rendre les biens de ce monde haïssables**, afin d'inciter son interlocuteur (et son lecteur) à privilégier la quête de salut sur la recherche des plaisirs ici-bas. Le discours se présente comme mathématique, mais la visée est évidemment impressive. Ne pas choisir étant déjà un choix, Pascal met en évidence la nécessité de choisir (« vous êtes embarqué »), **entre les biens de ce monde et ceux de l'au-delà**, donc de miser sur l'absence d'existence de Dieu ou sur son existence.

La force de l'argumentation de Pascal consiste à opposer l'intérêt immédiat, en ce monde, et l'intérêt véritable, dans le monde d'après la mort terrestre. Pascal use ainsi du calcul, conformément à la logique libertine. Ne pouvant prouver l'existence de Dieu, de même que les athées ne peuvent prouver son absence d'existence, il invite à **miser sur la réalité d'un autre monde** que celui qui s'offre à la vue de son interlocuteur, et à souhaiter que ce monde existe, puisque cela offrirait l'opportunité d'un profit infini (la félicité de l'homme avec Dieu), sans commune mesure avec la mise limitée (les plaisirs éphémères de ce monde). Spectaculaire, la disproportion est telle qu'elle vise à déstabiliser le libertin, afin qu'il s'interroge sur la pertinence de son athéisme (ou de son indifférence envers Dieu).

Mode d'emploi

Le thème du monde est au cœur de l'œuvre de Pascal, qui invite à s'interroger sur la place de l'homme dans le monde et le sens du monde. Le monde de l'homme est celui du péché, conformément à la vision augustinienne (l'œuvre de Pascal prolongeant l'œuvre de saint **Augustin**), mais c'est aussi celui de la pensée. « Roseau pensant », l'homme est à la fois grand et misérable en ce monde.

Le monde, c'est aussi, en dehors du sens cosmique, l'ensemble des activités et des plaisirs. **Faut-il fuir le monde ?** C'est une des questions majeures présentes au cœur des *Pensées*. Pascal pointe les vanités auxquelles s'attachent les hommes, qui ont une propension à se livrer au **divertissement**, qui les soulage de leur angoisse de la mort, mais les détourne de l'essentiel, c'est-à-dire du rapport à Dieu, et de ce fait de leur salut et du bonheur véritable.

C'est que **l'homme se construit un monde**, où il trouve un certain confort paradoxal, fût-ce au prix de charges dont il s'accable et d'illusions dont son esprit est le jouet. L'être humain a une propension à l'aveuglement, qui le porte à voir le monde à l'aune d'un « moi haïssable », qui se leurre lorsqu'il croit pouvoir être juge et mesure de toute chose : c'est une autre manière de fuir le monde, celle que récuse Pascal.

Le monde de Pascal est celui des **paradoxes** et des vertiges : les fragments des *Pensées* nous invitent de ce fait à un rapport actif de notre esprit au monde, afin de chercher une voie nous détournant des **illusions**, en vue de nous mener au **salut**, jamais assuré, dans un autre monde. Tout l'enjeu est là : voir le monde, ni de trop près, ni de trop loin, à la lumière d'un Dieu caché, présent en ce monde. Pascal nous invite ainsi à nous demander : **comment ne pas s'égarer en ce monde ?**

Chapitre 5
Les mondes de Cyrano de Bergerac : du cosmos centré à l'univers infini de l'imagination

Guilhem Armand

Dans les *États et Empires de la Lune et du Soleil*, aussi intitulé *L'Autre Monde*, Cyrano de Bergerac donne à lire non seulement **le premier récit de voyage interplanétaire de la littérature française**, mais aussi se plaît à déjouer les thèses de l'orthodoxie scientifique et religieuse de la première moitié du XVIIe siècle. Alliant **fantaisie littéraire** et **profondeur philosophique**, ce **libertin érudit** joue sur le *serio ludere*, selon le principe **baroque** de l'**alliance des contraires**. Il s'agit pour lui à la fois de **démontrer** que la théorie galiléenne de **la pluralité des mondes** constitue une **hypothèse** des plus probables, et de jouer avec ces mondes nouveaux mais inconnus, désormais ouverts à **l'imaginaire** littéraire. Le premier volet transporte le héros dans la **Lune** après un échec de sa première machine volante (qui l'a amené au Canada). Avant de rencontrer les Sélénites, il a atterri au Paradis terrestre, ironiquement situé loin du « centre du monde ». De retour sur Terre, il narre ses aventures lunaires, mais se trouve poursuivi par l'Inquisition. Pour leur échapper, il construit une machine qui l'emporte sur le **Soleil**, où il parcourt diverses provinces, toutes plus merveilleuses les unes que les autres : **des mondes dans ce monde**. La notion de monde joue donc à plein dans cette fiction, tant sur le plan de sa **poétique** que sur celui des **conceptions scientifiques et philosophiques**.

Libertin érudit, Cyrano de Bergerac a écrit une tragédie (*La Mort d'Agrippine*), une comédie (*Le Pédant joué*), nombre de lettres baroques et précieuses, souvent satiriques, mais surtout un récit de voyage en deux parties : *Les États et Empires de la Lune* qui circulèrent d'abord sous le manteau avant d'être publiés avec *Les États et Empires du Soleil*, par Le Bret, dans une édition posthume un peu tronquée, en 1657. L'ami de Cyrano a édulcoré un certain nombre de passages qui n'auraient pas passé la censure, tant l'auteur **contestataire**, faisant feu de tout bois, aime à **provoquer**. Mais la provocation n'est jamais gratuite chez Cyrano, elle répond à des principes à la fois philosophiques – c'est un disciple de Gassendi, développant une **pensée matérialiste et athée** – et poétiques : baroque et précieuse, l'écriture de *L'Autre Monde* joue sur les **effets de miroir**, le motif du **monde renversé**, la **métamorphose** et le **mouvement**.

Mais la poétique de l'œuvre est au service de la **défense de la thèse copernico-galiléenne** selon laquelle la Terre, contrairement à ce qu'affirment les théologiens chrétiens, n'est pas le centre du **cosmos**, mais n'est qu'une simple planète tournant, parmi d'autres, autour d'une étoile, parmi d'autres, nommée le Soleil, dans **un univers infini** : une **thèse impie**, mise à l'index par l'Église, témoin le procès de Galilée. Attaquant le **géocentrisme**, le libertin érudit remet aussi en question **l'anthropocentrisme** : l'homme ne tiendrait plus la place de favori dans l'espace ni dans l'amour de Dieu – lequel, pour l'athée Cyrano, n'existe pas.

I. Des mondes pour nier l'anthropocentrisme chrétien

De l'idée fantaisiste à la thèse sérieuse de la pluralité des mondes

Le premier volet de *L'Autre Monde* s'ouvre sur des **pointes** précieuses – des plaisanteries de mots d'esprit – que s'échangent le héros-narrateur encore anonyme et des amis, à propos de la Lune : Celle-ci se trouve par exemple comparée à « une lucarne du ciel ». Aux mots d'esprits de ses compagnons, il réplique par un **paradoxe** qu'il signale comme étant plus sérieux : « Et moi, dis-je, qui souhaite mêler mes enthousiasmes aux vôtres, je crois sans m'amuser aux imaginations pointues dont vous chatouillez le temps pour le faire marcher plus vite, que la Lune est un monde comme celui-ci, à qui le nôtre sert de Lune. » Bien que prononcé au milieu d'entretiens pointus, et suscitant la moquerie de ses amis, l'énoncé de ce **paradoxe spéculaire** constitue la reprise d'une thèse galiléenne. Ce qui n'était alors qu'une boutade devient le point de départ du récit de voyage. C'est ainsi qu'une « croyance burlesque » se trouve à l'origine d'une entreprise scientifique : il s'agit alors pour le héros-narrateur de ***prouver*** ce paradoxe devenu théorie (« je ne saurais m'éclaircir de ce doute, si je ne monte jusque-là »). Cette **attitude scientifique**, qui se manifeste par un « désir de lune », se concrétise rapidement dans la fabrication d'une machine relevant d'une science toute fantaisiste : des fioles de rosée censées être attirées par le Soleil… mais cet appareil **parodiquement** inspiré de théories alchimiques le mène jusqu'au Canada. Et son voyage aérien lui a bien montré le mouvement de la Terre sur elle-même.

Au Nouveau Monde, plus précisément en Nouvelle France, il explique au gouverneur de Québec, M. De Montmagny sa théorie de l'héliocentrisme, inspirée de Giordano Bruno et Nicolas Copernic : la Terre est une planète qui tourne sur elle-même et autour du Soleil. Il va même plus loin, citant Galilée : « les étoiles fixes sont aussi des soleils qui ont des planètes autour d'eux, c'est-à-dire des mondes que nous ne voyons pas d'ici […]. »

La thèse – désormais banale – constitue au XVIIe siècle une véritable **hérésie** parce que depuis Saint Thomas, **la cosmologie de Ptolémée et d'Aristote** est devenue un **dogme** appuyant la **foi** chrétienne : la Terre est censée être au centre du **cosmos** (c'est-à-dire un monde clos), entouré de sphères sur lesquelles se déplacent les planètes et le Soleil, et délimité par la sphère des étoiles fixes. La théorie copernicienne **décentre** la Terre et déplace donc l'Homme du cœur de la Création. **Satellisant** la planète autour du Soleil, elle rend probable qu'elle ne soit plus la seule habitée. En supposant d'autres systèmes équivalents autour de chaque étoile, le phénomène se démultiplie **à l'infini**, entraînant un vertige résumé par Pascal dans ses *Pensées* : « Tout ce monde visible n'est qu'un trait imperceptible dans l'ample sein de la nature. […] C'est une sphère infinie dont le centre est partout, la circonférence nulle part. […] Qu'est-ce qu'un homme dans l'infini ? »

Mais loin du **vertige pascalien**, Cyrano voit dans cette idée de la pluralité des mondes une extraordinaire stimulation de sa curiosité scientifique et une invitation au déploiement de l'imaginaire.

Mondes en procès

Quoique les machines inventées par le narrateur relèvent du merveilleux scientifique, son **ascension** à la Lune puis au Soleil démontrent – fictivement, certes – ses théories. Pourtant, sur la Lune, les Sélénites qui le prennent pour un étrange « petit animal », ne veulent pas croire son discours et le traduisent en **procès**, pour avoir osé déclarer non seulement qu'il est un homme, mais aussi que **la Terre – la Lune**, de leur point de vue – **est un monde**. Une **parodie de procès religieux** – à travers laquelle on reconnaît l'allusion au procès de Galilée en 1633 – est alors mise en scène ; et, par un renversement burlesque, le héros-voyageur se voit contraint d'invoquer l'autorité de Moïse et d'Aristote, dont les arguments battus en brèche entraînent rires et anathèmes. Son avocat revient sur **l'absurdité** de ces **judiciarisations de la croyance** : « il vous dira bien qu'il croit, mais il ne croira pas pour cela ». Acquitté, le héros doit quand même déclarer aux cinq coins de la cité « que cette lune ici n'est pas une lune, mais un monde ; et que ce monde de là-bas n'est point un monde, mais une lune. Tel est ce que les Prêtres trouvent bon que vous croyiez. »

De retour sur Terre, au début du second volet, le narrateur – qui se nomme désormais Dyrcona, anagramme de « D[e] Cyrano » – publie ses *États et Empires de la Lune*, qui font grand bruit si bien que le public se divise « en **deux factions**, la Lunaire et l'Anti-lunaire ». Rapidement les dévots lui reprochent d'être un **sorcier** ayant « commerce avec la Lune », le monde des ténèbres. Arrêté par un prêtre à la tête d'une troupe de paysans superstitieux (ils prennent les figures géométriques circulaires de *La Physique* de Descartes pour des rituels d'incantation satanique), Dyrcona doit affronter un **nouveau procès**, mais cette fois pour avoir affirmé que la Lune est un monde habité. En prison, il construit une machine à vide en forme d'icosaèdre qui lui permet de s'envoler vers le Soleil et d'éviter une nouvelle affaire : ce monde-ci étant moins tolérant que l'autre.

Parvenu au Soleil, ce sont divers mondes tous différents qui s'offrent à lui, au gré de son périple. Après plusieurs rencontres merveilleuses, il arrive dans la « République des Oiseaux » où il se trouve à nouveau traduit en procès. Mais c'est cette fois le **procès de l'Homme**, « si sot et si vain, qu'il se persuade que nous n'avons été faits que pour lui », dont les sens sont si faibles, qui ose se penser l'**espèce supérieure**. Il est finalement sauvé par une pie qu'il avait autrefois protégée sur Terre.

Ces trois procès, au-delà de la parodie des pratiques de l'Inquisition, constituent des renversements, qu'autorise la mise en scène d'autres mondes, et ils permettent d'approfondir la remise en cause du géocentrisme et de l'anthropocentrisme chrétiens : une **critique de l'Ici sous le masque de l'Ailleurs**.

La question de la création

Lors de son procès lunaire, le héros subitement devenu dogmatique répète l'idée biblique de la création du monde en six jours, qui entraîne des risées. Dans la perspective libertine qui signale les incohérences du récit biblique (la lumière créée avant le soleil, par exemple), le récit de la Genèse est régulièrement critiqué.

Avant de toucher au Soleil, Dyrcona atterrit sur un de ses « macules », une des « taches » solaires récemment découvertes, irrégularités contredisant le dogme chrétien de **l'incorruptibilité et de l'immuabilité du monde supralunaire**. Il en fait une sorte de satellite habité par un « petit homme » qui explique au héros que cette macule s'est formée sans intervention divine, par des phénomènes de cuisson : l'univers n'est donc pas créé une fois pour toutes et se modifie constamment. La cosmographie cyranienne se mue en une **cosmogonie athée et matérialiste**, d'inspiration épicurienne et alchimique.

Ce développement s'inscrit dans la logique de l'œuvre ; de la Lune au Soleil, la plupart des interlocuteurs du voyageur développent une **théorie de la matière** : qu'il s'agisse de la thèse de la génération spontanée soutenue par le petit espagnol, des différentes « coctions » de l'Homme de la Macule, de la transsubstantiation des Oiseaux, de la fécondation des Chênes de Dodone, à chaque fois, la **matière** est **dynamique** et se transforme presque d'elle-même. Il y a bien une sorte d'**unité** de la matière, toujours semblable, même si elle semble différente. Ces **atomes** se retrouvent dans tous les corps composés, et forment véritablement cette **chaîne** qui unit le minéral au végétal, le végétal à l'animal, le ciron à l'étoile. Cette idée de chaîne « atomique » se retrouve exprimée, sous des formes variées, à travers les différentes théories de la corruption ou de la génération de la matière : c'est ainsi **une vision unifiée du monde** que propose Cyrano en s'appuyant sur une **diversité de discours scientifiques**.

Dans le Soleil, Dyrcona rencontre un arbre merveilleux qui devient rapidement sous ses yeux étonnés un groupe de petits êtres, lesquels se transforment ensuite, par une sorte de danse, en un « beau grand jeune homme ». Ces petits êtres magiques miment en quelque sorte ce jeu des **atomes** décrit dans le premier volet par le « fils de l'hôte », et d'ailleurs ils en reprennent les principales étapes : la formation d'un arbre *ou* d'un homme. La **fiction merveilleuse** se substitue ici à un puissant **microscope** permettant de *voir* le monde des **infiniment petits** et la transformation de la matière, de même que le récit de voyage interplanétaire joue le rôle d'un extraordinaire **télescope** permettant de visualiser l'infiniment grand – deux instruments tout récemment inventés mais encore insuffisants, et que **l'imaginaire** littéraire et scientifique vient compléter.

II. Le voyage baroque d'un libre penseur

L'astronomie moderne constitue un puissant stimulant de l'imagination du poète baroque car elle correspond dans ses principes aux caractéristiques de son **esthétique** qui s'en trouvent en quelque sorte scientifiquement justifiés.

Le Paradis terrestre sur la Lune

Avant de rencontrer les Sélénites, le héros *alunit* paradoxalement au Paradis terrestre qui n'est donc plus situé dans un Orient mythique ou d'inaccessibles sphères célestes. Autrement dit, avant de découvrir d'autres mondes galiléens, il pénètre dans *l'autre monde*, au sens religieux. Évidemment, le matérialiste Cyrano **travestit** totalement la *Genèse*. Dans sa conversation avec son guide, Élie, il tient des propos impies et quelque peu grivois sur le serpent de la Bible. Mais dès la description du lieu, s'exprime toute sa **philosophie sensualiste** dans une réécriture remarquable du décor tel que le peint le livre saint, dont il prend certaines expressions dans leur sens littéral, sources de **métaphores poétiques et plaisantes**. Le jardin d'Eden se trouve travesti en jardin à l'italienne, aux formes géométriques organisées autour des quatre fleuves. Le paradis de Cyrano donne à voir le reflet du monde de référence, une nature travaillée, dont le jardinier n'est pas nommé. Il insiste sur les **sensations** : son odorat est réjoui par les fleurs, sa vue par les couleurs, l'ouïe par le murmure des rus et des oiseaux, et le toucher par la molle douceur des cailloux. La thématique baroque du reflet y est poussée à son comble, donnant le vertige au lecteur, visiteur par procuration de ce monde si peu accessible :

> Je rencontrai d'abord une étoile de cinq avenues dont les chênes qui la composent semblaient par leur excessive hauteur porter au ciel un parterre de haute futaie ; en promenant mes yeux de la racine jusqu'au commet, puis les précipitant du faîte jusqu'aux pieds, je doutais si la Terre les portait, ou si eux-mêmes ne portaient point la Terre pendue à leur racine.

Les notions d'envers et d'endroit se trouvent bouleversées, établissant une équivalence entre la Terre et la Lune, renforçant le **paradoxe spéculaire** à l'origine du voyage. Le **motif baroque** du ***mundus inversus*** prend alors tout son sens dans cet épisode liminaire, et fonctionne comme une **clé poétique** de la suite du récit.

Le motif du monde renversé

La Lune devient bien l'*autre* de la Terre. Les Sélénites marchent à quatre pattes et **inversent** donc l'argument religieux de la supériorité de l'Homme : leur face n'est point tournée implorante vers le Ciel, mais humblement portée vers leur territoire, ils ont quatre appuis solides. Ils paient leur nourriture avec des vers et ont toujours des sonnets dans les poches – une idée dont se souviendra E. Rostand –, se nourrissent de fumée, vénèrent les enfants – l'avenir – plutôt que les vieillards et les fils grondent leurs pères. Un grand nez y est « une enseigne » d'un « homme spirituel, prudent, courtois, affable, généreux et libéral », d'autant plus qu'il permet de faire du visage un cadran solaire et donc de donner l'heure à qui la demande. En ce monde où la virginité est un **vice**, les organes sexuels s'exhibent et nul ne rougit de les voir ; bien plus, ce que nous appelons « parties honteuses » sont reproduites en **pendentifs honorifiques**. Quelques allusions, notamment à un accouplement souhaité par la cour entre le héros et un autre Terrien – un Espagnol qui fait référence au héros du *Voyage to the Moon* de F. Godwin –, peuvent évoquer une tolérance pour l'homosexualité rêvée par Cyrano.

Cette poétique du **monde renversé** guide aussi l'écriture des mondes du Soleil, qu'il s'agisse de la **sagesse** des différents petits êtres rencontrés ou de celle des arbres ou des oiseaux. Ces derniers placent à leur tête le plus inoffensif de tous, afin qu'il ne puisse faire que du bien.

Or ce motif ne vise pas un simple effet esthétique gratuit. Ce sont bien les **valeurs religieuses** du **monde de référence** qui se trouvent frappées d'**absurdité** par les justifications des Sélénites : pourquoi en effet considérer comme honteuses les parties qui permettent la reproduction de l'espèce ? Pourquoi glorifier la virginité ? Diderot, dans le *Supplément au Voyage de Bougainville* – qui présente aussi un *autre monde* à l'Europe, mi-réel, mi-fictif – se servira d'une argumentation similaire.

Un monde de transparence et de poésie

Les Sélénites se distinguent aussi des Terriens par leurs **langages** : celui du peuple est **corporel** et « s'exécute par les trémoussements des membres, mais non pas peut-être comme on se le figure, car certaines parties du corps signifie un discours tout entier ». L'allusion quelque peu grivoise est aussitôt contrebalancée par des exemples pris du front aux pieds. Les grands, eux, emploient un **langage musical**, usage bien pratique puisque si l'on est las de parler, on peut se servir d'un instrument de musique. Cyrano va jusqu'à donner des noms locaux sous forme de quelques notes sur une partition. Plus qu'une agréable **invention**, cet intérêt pour le langage constitue un **leitmotiv** de l'œuvre. Le petit homme de la macule solaire s'exprime en une sorte de **langue primitive originelle** : « [...] une langue que je sais bien n'avoir jamais ouï, et qui n'a aucun rapport avec pas une de ce Monde-ci, laquelle toutefois je compris plus vite et plus intelligiblement que celle de ma nourrice. »

Le propos de l'interlocuteur revient d'ailleurs sur la musique comme un langage qui parle directement à l'âme. Sa langue quasi **cratyléenne** exprime elle aussi le **fantasme d'une communication pure et directe**.

Ce rêve de poète s'inscrit aussi dans une **utopie** de **libre penseur**. À la fin du second volet, Dyrcona se dirige avec Campanella vers la Province des Philosophes – car les âmes de ces derniers finissent dans le Soleil. Une utopie s'esquisse alors, ce qui implique une cohésion sociale et une cohérence politique. Celle-ci s'exprime à travers une certaine **identité entre les philosophes**, non pas une artificielle synthèse des pensées, mais une communication directe qui permet l'union des habitants. Dans ce monde où la **pensée est en liberté**, tout autant que l'espace, le **langage** permet l'existence de la société, car il en est en quelque sorte le ciment. Campanella l'explique ainsi :

> Nous pouvons toutefois par une vigoureuse contention de la volonté, nous rendre diaphanes lorsqu'il nous en prend envie ; et même la plus grande part des Philosophes ne parlent pas avec la langue ; mais quand ils veulent communiquer leur pensée [...] comme leur corps est alors diaphane, on aperçoit à travers leur cerveau, ce dont ils se souviennent, ce qu'ils imaginent, ce qu'ils jugent ; et dans leur foie et leur cœur, ce qu'ils désirent et ce qu'ils résolvent [...].

La lumière du Soleil inspire cette idée d'une **transparence** de la langue et donc des idées et des sentiments : l'idéal d'une communication vraie et immédiate.

III. Imaginer des mondes : l'écriture en liberté

L'œuvre de Cyrano, à la fois **poétique** et **démonstrative**, **scientifique** et **merveilleuse**, relève donc d'un profond **paradoxe** qui trouve sa source dans un **désir** profond de **liberté**.

Sous le signe du « Pourquoi non ? » : hypothèse et invention

Le « Pourquoi non ? » initial du héros invite aussi bien à **l'hypothèse scientifique** qu'à **l'extrapolation imaginaire**, que la poétique de l'œuvre relie intimement.

Le but du héros est d'aller voir pour s'affranchir d'un **doute**. Ce doute-là n'est ni le doute sceptique (menant à l'ataraxie), ni le doute introspectif cartésien, mais il s'agit d'un doute proprement **scientifique** : celui qui mène à la vérification, et donc à la tentative de résolution du doute. Le **voyage**, outil de cette vérification, se transforme en une **expérimentation** scientifique des théories de Copernic et Galilée. L'expérimentation consiste simplement dans le fait de constater *de visu*, et par soi-même la véracité ou la non-véracité de leurs thèses. La fiction se fait **méthodologie** : en effet, la méthode employée ici par le héros-voyageur est celle de **l'induction**, c'est-à-dire le fait de partir de **l'observation** des faits **(l'expérience)** pour remonter à une **loi générale** (par opposition à la déduction de la scolastique chrétienne). Il s'agit, comme le disait déjà Bacon, de « mettre la nature à la croix ». Tout le voyage mis en scène par Cyrano est **réécriture** des théories de Copernic et de Galilée sous la forme d'une expérimentation scientifique, telle que la définira Kant[1] : « Je connus très distinctement, *comme autrefois j'avais soupçonné en montant à la Lune*, qu'en effet c'est la terre qui tourne d'Orient en Occident à l'entour du Soleil, et non pas le Soleil autour d'elle. » L'équivalence entre **montrer et démontrer** est bien mise en valeur dans l'épisode de l'ascension au Soleil où le champ lexical du regard, de **l'observation** est corollaire de celui de la **démonstration**.

Mais les épisodes **merveilleux** s'enchaînent ; les machines elles-mêmes qui permettent d'accéder à ces autres mondes relèvent de la merveille, entre alchimie parodique, superstition et détournement de théories scientifiques. Les différents mondes visités, notamment sur le Soleil, n'ont que peu de rapports les uns avec les autres, et se succèdent au gré de la **parataxe narrative** – comme dans le roman picaresque – au gré des pas du voyageur, démultipliant la fantaisie narrative. Le **probable scientifique** (la pluralité des mondes) constitue une ouverture vers les **possibles infinis de l'imagination**. Si, en 1686, Fontenelle fera dire à son philosophe des *Entretiens sur la pluralité des mondes*, que dans ce voyage à travers les planètes, il faut se « contenter d'en deviner ce que nous pourrons », Cyrano, lui, préfère lâcher la bride à son imagination et **l'hypothèse scientifique** devient **invention littéraire**. Mais comme il se situe dans la tradition de **Lucien de Samosate**, il élabore un « mentir vrai », et la fiction devient une autre forme de langage qui,

1. Kant, préface de la 2de édition de *La Critique de la raison pure* (1787).

bien qu'apparemment fondé sur le **faux**, dit le **vrai**, sinon sur les **mondes inventés**, du moins sur le **monde de référence** par les jeux de **miroirs** entraînant des effets de *réflexions* critiques.

Un voyage dans le monde des livres

L'objet **livre** tient aussi une grande place dans ce texte : c'est la découverte d'un livre (de Cardan) ouvert sur sa table qui incite le héros à se faire voyageur ; c'est la **publication** des *États et Empires de la Lune*, puis la découverte dans ses bagages de la *Physique* de Descartes, qui amène Dyrcona à fuir vers le Soleil. Un cycle se met en place : le **livre** engendre **l'aventure** qui engendre le livre. La rencontre avec le petit Espagnol, avec lequel les Sélénites souhaitent que le héros s'accouple pour voir ce qui en résultera, évoque une **fécondation intertextuelle** entre le premier récit de voyage interplanétaire anglais (Dominguez est le héros de Godwin) et celui de Cyrano. Or, ce jeu de fécondations se manifeste aussi au niveau microtextuel.

Le texte est parcouru de références intertextuelles. Nombre de personnages rencontrés comme Le petit Espagnol, Campanella ou le Démon de Socrate, ou évoqués, comme Tristan L'Hermite, sont des **auteurs** ou des **personnages** de livres. Le **Démon de Socrate** qui a parcouru les âges et les mondes, est emblématique de cette intertextualité et, réciproquement, il signale combien les **mondes inventés** dans ce récit de voyage sont **livresques**. Les conversations qui se tissent au fil des rencontres constituent dès lors autant d'**entretiens entre des ouvrages**, qui nous font voyager dans la **bibliothèque idéale** de ce libertin érudit. Ces livres prennent la parole, s'expriment par la bouche des personnages secondaires, selon une **dynamique humaniste**. Les joutes oratoires, les discussions prennent alors une tout autre dimension, et l'espace livresque de l'œuvre de Cyrano devient ainsi un **espace intertextuel**, au sens strict du terme : les textes s'y rencontrent, échangent leurs points de vue, avant de s'en retourner. Ils dialoguent et s'affrontent dans cet ***autre monde* de la pensée**. D'où une **dialectique** qui ne s'interrompt jamais, car si la prédominance des thèses libertines y est évidente, en revanche, entre leurs diverses explications du monde – vitalistes et matérialistes, notamment – l'œuvre ne tranche pas, laissant le **débat en suspens**, la **discussion ouverte**, à l'image de cet **univers infini, synonyme de liberté**.

Ces phénomènes intertextuels et ces jeux sur la thématique du livre créent une **longue chaîne des livres** – à l'image de la longue chaîne des êtres dans l'univers, image récurrente dans l'œuvre –, au bout de laquelle *L'Autre Monde* semble revendiquer sa place. Les différents mondes merveilleux sont alors clairement à lire comme des réécritures : de la Bible (le Paradis terrestre), d'une théorie atomiste (les petits êtres du Soleil), d'une mythologie réinventée (l'épisode solaire des chênes de Dodone).

L'univers infini de Cyrano

L'exemple des chênes de Dodone est particulièrement éclairant sur la **poétique d'invention** cyranienne. Leur présence sur le Soleil est expliquée par les arbres eux-mêmes : un aigle qui avait mangé des glands de leur forêt d'origine, arrivé au Soleil, les vomit, et ils germèrent. Il s'agit d'un **déplacement topique**, transplantant un monde dans un autre. Mais l'idée du **germe** se trouve réexploitée dans la narration du mythe d'Oreste et Pylade qui finissent transformés en arbres, grâce à la germination de leurs corps. Puis les fruits de ces deux arbres vont justifier **divers mythes** comme ceux de Pygmalion, de Narcisse, de Pyrame et Thysbé, repassés par le filtre de l'histoire première des arbres amants. La **réécriture** obéit ainsi à un principe de **germination** reproductible *ad libitum*, et permettant de créer autant d'histoires ou de mondes que l'on veut.

Or l'on constate une **progression** semblable des épisodes de *L'Autre Monde*, surtout dans le second volet où, d'une part les réécritures sont de moins en moins fidèles, et d'autre part les mondes découverts de plus en plus **nombreux** et **fantaisistes** : une sorte d'accélération du processus, à mesure que le voyageur s'éloigne de la Terre, une **libération progressive et concomitante du style et de la pensée**. Le Royaume des Amoureux, la République de la Paix et celle des Justes font progressivement place à la **Province des Philosophes** qui devient la **destination** ultime de Dyrcona, accompagné de Campanella. Là où tous les grands philosophes – de **Socrate** à **Descartes** – sont réunis, le **langage est transparent** et les vérités sont évidentes. Un **monde utopique** se dessine et des réponses commencent déjà à s'esquisser dans la réécriture des théories cartésiennes, par la voix modifiante de Campanella, sous la plume de Cyrano : la lumière (solaire) de la vérité serait dans la fusion des grands esprits. Mais ce monde ne demeure qu'un **horizon** dans cette œuvre inachevée. Il n'existe qu'en tant que **destination**, comme aboutissement d'une progression, d'une **création en mouvement** comme l'est la fiction cyranienne : une ***démarche***, au propre et au figuré. Ainsi se résout l'aporie que constitue l'expression « monde utopique » – *eu/ou-topos*, lieu du bien/qui n'existe pas. À partir du moment où l'on y arrive, où l'on y est, l'espace utopique ne peut plus exister. Chez Cyrano, la Province des Philosophes, contre-modèle idéal, n'existe qu'au **futur**, ou dans le présent de **l'imagination**. Il s'agit d'un monde en **perpétuel devenir**, celui que doivent construire de concert l'imagination littéraire et la raison scientifique. Cet horizon implique donc un **voyage infini** et donc une **infinité de mondes** à découvrir.

Conclusion

Ainsi, ce qu'offre la nouvelle astronomie à Cyrano, c'est la possibilité de sortir du **cosmos centré** et clos de la conception aristotélicienne prônée par l'Église, et donc d'ouvrir d'**infinies possibilités au savoir**, qui constitue bien tout un *monde* à **explorer** encore et encore. Dans *L'Autre Monde*, le développement de théories scientifiques et philosophiques sérieuses s'articule à l'invention de mondes **merveilleux** pour souligner l'interconnexion de la **raison** moderne et de **l'imagination** naguère méprisée comme outil de **connaissance et d'émerveillement**. Ce faisant, Cyrano participe grandement à la revalorisation de la *libido sciendi*, qui sera un des moteurs de la philosophie des Lumières.

Traduite de nombreuses fois en Angleterre, cette fiction à vocation scientifique et philosophique a influencé aussi bien les **Lumières** britanniques que françaises. **Fontenelle** et **Voltaire** ont à leur tour emporté héros et lecteurs dans les **mondes habités** des étoiles, faisant de **l'imagination** le vecteur de découverte des territoires de la **raison scientifique et philosophique**. Finalement, la fiction n'est-elle pas censée être un monde de liberté ?

NOTION CLEF — Le Baroque

Le mot « baroque » vient du portugais où il désigne une « pierre précieuse irrégulière ». D'abord appliqué aux arts plastiques, il est rapidement réinvesti dans le champ de la littérature. Il désigne alors un **mouvement artistique**, né d'abord dans le monde en **crise** de la fin de la **Renaissance**, durant les Guerres de Religions, et il perdure jusque dans les années **1640**.

Bien que lié à l'Humanisme, l'auteur baroque prône une certaine forme d'**originalité**, il goûte l'**improvisation** et la **virtuosité** ; d'où une forme d'esthétisation du **désordre**, du moins d'une composition dont les effets **irréguliers** sont travaillés. La **pointe** doit **étonner** la raison ; **l'antithèse** doit être hardie ; **l'hyperbole** poussée au maximum. La **démesure** et **l'imagination** – que voudront chasser les Classiques – sont au cœur de son **esthétique**. Il apprécie particulièrement les figures de la métamorphose et du **mouvement** qui traduisent les **transformations incessantes de l'univers et de l'Homme**, cet animal inconstant – et qui trouve là sa paradoxale constance.

Mouvement propice aux effets esthétiques, le Baroque constitue le terreau de la Préciosité ; mouvement qui accueille volontiers la **subversion**, il constitue aussi un langage qui plaît aux **libres penseurs**, conscients de **l'instabilité** de l'univers et enclins à exprimer une **remise en cause** plus ou moins radicale des **valeurs morales et religieuses**.

TEXTE CHOISI

« Monsieur, lui répondis-je, la plupart des hommes, qui ne jugent que par les sens, se sont laissé persuader à leurs yeux ; et de même que celui dont le vaisseau vogue terre à terre, croit demeurer immobile, et que le rivage chemine, ainsi les hommes tournant avec la Terre autour du Ciel, ont cru que c'était le Ciel lui-même qui tournait autour d'eux. Ajoutez à cela l'orgueil insupportable des humains, qui se persuadent que la Nature n'a été faite que pour eux, comme s'il était vraisemblable que le Soleil, un grand corps quatre cent trente-quatre fois plus vaste que la terre, n'eût été allumé que pour mûrir ses nèfles, et pommer ses choux. Quant à moi, bien loin de consentir à leur insolence, je crois que les Planètes sont des mondes autour du Soleil, et que les étoiles fixes sont aussi des Soleils qui ont des Planètes autour d'eux, c'est-à-dire des mondes que nous ne voyons pas d'ici à cause de leur petitesse, et parce que leur lumière empruntée ne saurait venir jusqu'à nous. Car comment en bonne foi s'imaginer que ces globes si spacieux ne soient que de grandes campagnes désertes, et que le nôtre, à cause que nous y rampons [pour] une douzaine de glorieux coquins, ait été bâti pour commander à tous ? Quoi ! parce que le Soleil compasse nos jours et nos années, est-ce à dire pour cela qu'il n'ait été construit qu'afin que nous ne frappions pas de la tête contre les murs ? Non, non, si ce Dieu visible éclaire l'homme, c'est par accident, comme le flambeau du Roi éclaire par accident au Crocheteur qui passe par la rue.

– Mais, me dit-il, si comme vous assurez, les étoiles fixes sont autant de Soleils, on pourrait conclure de là, que le monde serait infini, puisqu'il est vraisemblable que les peuples de ce monde qui sont autour d'une étoile fixe que vous prenez pour un Soleil, découvrent encore au-dessus d'eux d'autres étoiles fixes que nous ne saurions apercevoir d'ici, et qu'il en va de cette sorte à l'infini.

– N'en doutez point, lui répliquai-je ; comme Dieu a pu faire l'âme immortelle, il a pu faire le monde infini, s'il est vrai que l'éternité n'est rien autre chose qu'une durée sans bornes, et l'infini une étendue sans limites. Et puis Dieu serait fini lui-même, supposé que le monde ne fût pas infini, puisqu'il ne pourrait pas être où il n'y aurait rien, et qu'il ne pourrait accroître la grandeur du monde, qu'il n'ajoutât quelque chose à sa propre étendue, commençant d'être où il n'était pas auparavant. Il faut donc croire que comme nous voyons d'ici Saturne et Jupiter, si nous étions dans l'un ou dans l'autre, nous découvririons beaucoup de mondes que nous n'apercevons pas, et que l'univers est à l'infini construit de cette sorte. »

Voyage dans la Lune, Paris, Flammarion, « GF », 1970, p. 37.

Analyse

Le héros-voyageur atterrit d'abord au Canada où il rencontre M. de Montmagny, lequel soutient l'ancienne **cosmologie** mais se montre un interlocuteur tout à fait ouvert. Cyrano développe ici une **analogie** déjà ancienne et diversement exploitée d'Aristote à Pascal, en passant par Copernic : celle du mouvement du bateau relativement à la terre ferme. Il s'agit de souligner la **faiblesse de nos sens**, sources d'erreurs parfois absurdes. Ainsi la **croyance infondée** se trouve opposée au **savoir scientifique**, rationnel, démontrable par la preuve – l'expérience ou les mathématiques, au cœur de la science moderne depuis Galilée.

Cette analogie permet donc de souligner que ce que l'on ne **voit** pas n'est pas forcément inexistant, et que la croyance dans un cosmos centré et fini relève plus de la **vanité** humaine – laquelle dirige le monde, comme le suggère fortement l'allusion aux « glorieux coquins » – que de la **raison**. Bien plus, le discours **démonstratif** du héros glisse vers le pamphlet **satirique** à l'encontre de ces superstitieux au discours **absurde**, ici caricaturé. Et c'est Montmagny qui se trouve amené à énoncer **la thèse de la pluralité des mondes**, en reprenant mot pour mot la citation célèbre de Galilée (« les étoiles fixes sont autant de soleils »). S'esquisse ici de façon implicite un certain vertige, celui des deux infinis de **Pascal**. Mais Cyrano ne l'approfondit pas, lui qui, comme Fontenelle plus tard, se sent à l'aise dans cet **espace ouvert et libéré**.

La dernière réplique du héros revient sur **la justification théologique de l'ancienne cosmologie** : non que l'auteur matérialiste athée y adhère, mais bien pour en démontrer l'incongruité. Cette justification réduirait en effet le pouvoir et la **grandeur de Dieu**, tandis que l'astronomie galiléenne relie **l'éternité** divine à **l'infini** de sa création. Le talent du libertin érudit consiste ici à démontrer « religieusement » qu'accepter la pluralité des mondes revient donc – de façon quasi pascalienne – à reconnaître la petitesse de l'homme et la puissance sans limite de Dieu.

Mode d'emploi

L'Autre Monde offre finalement toute une série de **variations sur la notion de « monde »** : de la thèse galiléenne de la **pluralité des mondes**, à la **fantaisie** littéraire créatrice de **monde merveilleux**. En revanche, les mondes imaginaires se donnent pour ce qu'ils sont, des fantaisies, mais qui délivrent **un savoir**, à tout le moins une **critique** : l'Ailleurs imaginé s'inscrit dans une **dialectique avec l'Ici** de référence, dans une **dynamique de contestation des dogmes** scientifico-religieux, des coutumes superstitieuses. Il permet ainsi, à travers des **altérités imaginaires** de réfléchir sur les **valeurs** morales, politiques et religieuses de la société réelle : une critique de l'Ici sous le masque de l'Ailleurs. Mais ainsi, il met aussi en jeu une autre forme d'altérité : celle d'un discours hétérodoxe, inadmissible en Europe, autorisé dans cet autre monde fictif qui devient ainsi un **univers intertextuel** où peuvent **dialoguer les théories** les plus scandaleuses.

Ce récit de voyage baroque et burlesque nous invite alors à **explorer** nos propre connaissances, à **remettre en question** les **limites** assignées à **l'imagination**, à redéfinir la raison et ainsi à développer notre **curiosité à l'infini**.

Chapitre 6
Du Bourgeois Gentilhomme au Misanthrope Comment peut-on être un homme du monde ?

Émilie Stouder Muraru

Molière ouvre sa carrière théâtrale parisienne avec la création des *Précieuses Ridicules* en 1659. Il eut immédiatement un succès considérable par l'invention d'une forme de satire burlesque qui plut autant qu'elle fit scandale. Il y représentait en effet des « Précieuses », jeunes femmes bourgeoises, recherchant à l'extrême l'élégance et la distinction langagière, pour se prétendre les égales de femmes du monde. Le public du temps voulut y voir une pièce à clés, se moquant ouvertement de personnalités réelles de la société mondaine, là où le dramaturge cherchait surtout à brosser une forme de comportement prétentieux, hypocrite et ridicule. L'objet de cet article sera d'étudier, à travers deux autres pièces de Molière, *Le Bourgeois Gentilhomme* et *Le Misanthrope* **ce que veut dire être un homme ou une femme du monde.** En effet le théâtre offre l'opportunité de présenter des situations vivantes, par l'art du langage autant que par les possibilités du jeu scénique, et donc de **faire réfléchir efficacement à la manière d'être sous le regard des autres.** Nous présenterons tout d'abord les caractéristiques de la société mondaine présentée par Molière dans les deux pièces. Puis nous explorerons les codes qui permettent de devenir une « personne de qualité » dans cette société du XVIIe siècle. Et enfin nous nous demanderons s'il est tout simplement possible de vivre en dehors du monde.

Le Misanthrope a été créé le 4 juin 1666 sur la scène du Palais Royal et *Le Bourgeois Gentilhomme* le 14 octobre 1670 au château de Chambord devant la Cour. Au moment de la création de ces deux pièces, Molière est directeur de la troupe des comédiens du Roi. Il écrit donc pour Louis XIV, qui est un roi féru des arts, accordant une large place aux divertissements et en particulier au théâtre. Les pièces de Molière constituent même des moments attendus des fêtes royales de Versailles quand le roi y crée les « Plaisirs de l'île enchantée ». La comédie prenant appui sur les sujets de société et s'ancrant dans l'époque contemporaine de l'écriture, le public de Molière ne peut manquer de se reconnaître lorsque sur scène apparaît un salon mondain ou une riche maison bourgeoise. Les deux pièces que nous proposons à l'étude se répondent en quelque sorte puisque monsieur Jourdain rêve d'appartenir au monde de Célimène, alors qu'Alceste fustige tous les codes que Jourdain rêve d'apprendre et d'incarner même. Au-delà de l'ancrage dans une époque donnée, ces pièces présentent surtout des êtres souffrant de ne pouvoir trouver leur place dans le monde, cherchant leur identité autant que leur liberté, dans une société faite de conventions et de codes figés. Jourdain comme Alceste, loin d'être de simples ridicules, sont des hommes qui nous font toujours réfléchir à nous-mêmes, dans l'ambition de la comédie qui cherche à corriger les mœurs en faisant rire (*castigat ridendo mores*).

I. La société mondaine représentée par Molière

Le salon de Célimène et la maison de monsieur Jourdain

Les didascalies liminaires des deux pièces sont très générales, indiquant que « la scène est à Paris ». Dans les conventions de la comédie classique, le lieu scénique doit être unique et nous comprenons que nous sommes respectivement chez Célimène et chez Monsieur Jourdain, dans des **lieux privés mais qui sont aussi des lieux de réception mondaine.** Célimène reçoit en effet de la visite tout au long de la pièce mais tout le premier acte se fait en son absence. Et dans *Le Bourgeois Gentilhomme,* Monsieur Jourdain fait venir chez lui différents maîtres et organise réception et divertissement. Nous nous trouvons donc dans le salon de Célimène et dans la grande salle de la maison de Jourdain, des lieux qui permettent au spectateur d'envisager à la fois des interactions privées, familiales ou amoureuses, et des échanges plus mondains, régis par les codes de la vie en société. On y trouve même les spectacles des divertissements donnés dans la comédie ballet du *Bourgeois Gentilhomme.*

Les lieux choisis par Molière sont à envisager comme des **microcosmes pour dire la société** puisque s'y croisent, à des moments divers de la pièce toutes les catégories sociales, des laquais, servante et valets, jusqu'au comte Dorante en passant par les divers marquis de la cour de Célimène et les bourgeois que sont les Jourdain ou encore Cléonte, le prétendant de Lucile Jourdain. **Le croisement des regards et des conditions** est une **donnée essentielle de la dynamique théâtrale.**

Les entrées et les sorties des personnages sont d'ailleurs autant régies par les conventions mondaines que les conventions théâtrales. En effet dans le théâtre classique on change de scène, dans le découpage du texte, dès qu'un personnage entre ou sort du plateau scénique. Et ici les entrées des personnages sont soulignées dans les convenances mondaines, comme on peut le lire par exemple dans *Le Misanthrope* : « qu'est-ce ? / Acaste est là-bas/ Eh bien ! faites monter. » (II,2) ou « Voici les deux marquis qui montent avec nous » (II,4). Nous retrouvons cette double annonce théâtrale et mondaine dans *Le Bourgeois Gentilhomme :* « Monsieur, voici monsieur le comte et une dame qu'il mène par la main » (III,16).

Le ballet des mondains

Dans ces lieux scéniques se mêlent donc **la sphère privée des personnages et une sphère mondaine**, plus publique. Et chacun de ces mondes jette sur l'autre un **regard sans complaisance**. Pour Nicole et Madame Jourdain les visiteurs de la maisonnée sont des importuns profiteurs, un « attirail de gens » pour Nicole III, 3. Et pour Alceste, Célimène ne reçoit que des « flatteurs », qui sont autant des « amants » que des « rieurs ». Monsieur Jourdain, lui, s'enorgueillit de recevoir des « personnes de qualité » chez lui, alors que le comte Dorante et la marquise Dorimène s'amusent à observer un homme qu'ils pensent tout à fait « fou ».

De part et d'autre le jugement provient des codes intégrés ou rejetés du ballet mondain. Il s'agit bien en effet d'une **chorégraphie symbolique** qui fait entrer chacun, soit dans la catégorie des ridicules soit dans celle des personnes estimables. Il n'est donc pas anodin que monsieur Jourdain apprenne à danser puisqu'il lui faudrait éviter symboliquement tous les faux pas s'il veut être reconnu comme gentilhomme. Il se doit donc d'apprendre à faire la révérence mais plus généralement d'**adopter la bonne posture.** La métaphore de l'harmonie chorégraphique se décline aussi sur le plan du langage, si l'on se réfère aux dialogues qui sont **autant des duos que de véritables duels**, dans *Le Misanthrope*, entre Célimène et Arsinoé, ou entre Alceste et Oronte, mais aussi dans *Le Bourgeois gentilhomme* entre les différents maîtres qui se succèdent auprès de monsieur Jourdain.

Les maîtres et les écoliers, la suite du fils du Grand Turc

Les personnages secondaires nous donnent également à voir le ballet chorégraphié de la société mondaine. Plus le personnage occupe une place importante, plus il est accompagné de subalternes qui le mettent en valeur en s'affairant autour de lui. Les Jourdain, comme tout bourgeois, ont une servante, Toinette, de même que Cléonte est accompagné de son valet Covielle. Mais il faut noter l'importance que se donne le maître de musique en faisant composer la commande de monsieur Jourdain par un écolier, ou le maître tailleur en faisant apporter l'habit par des garçons tailleurs. Monsieur Jourdain joue lui aussi de cette cour en miniature quand il ne sait s'il doit garder ou non sa robe de chambre pour écouter la composition musicale à l'acte I scène 2 : « – Laquais ! / – Monsieur ? / – L'autre laquais ! / – Monsieur ? / – Tenez ma robe ». Le plaisir de Jourdain au **simulacre de cérémonial royal** se retrouve à la scène 5 de l'acte II, quand le maître tailleur ordonne à ses aides d'habiller son client :

> « Attendez. Cela ne va pas comme cela. J'ai amené des gens pour vous habiller en cadence, et ces sortes d'habits se mettent avec cérémonie. Holà ! entrez, vous autres. Mettez cet habit à monsieur de la manière que vous faites aux personnes de qualité. [...] (*Monsieur Jourdain se promène entre eux et leur montre son habit pour voir s'il est bien. Le tout à la cadence de toute la symphonie)* ».

L'entrée de Cléonte en fils du grand Turc est accompagnée du même cérémonial, même si c'est dans l'hyperbole comique : à la scène 6 de l'acte IV, il entre « *en turc, avec trois pages portant sa veste* ». Il se déplace accompagné de son « truchement », et pour la cérémonie turque il est suivi d'un mufti, de dervis et de Turcs.

Les personnages de serviteurs ne sont pas si nombreux dans *Le Misanthrope*, en dehors de Basque le valet de Célimène ou du garde qui vient annoncer la convocation judiciaire d'Alceste. Mais les petits marquis comme Acaste et Clitandre jouent le rôle de **faire-valoir des personnages mondains** de premier plan.

En arrière-plan, le monde de la Cour

Pour parfaire la représentation de la société chez Molière, il faut prendre en compte **le monde de la Cour,** qui n'est pas représenté directement sur le plateau scénique mais **dont les décisions et les fonctionnements pèsent sur l'intrigue théâtrale.** Monsieur Jourdain dit ainsi à sa femme qu'elle a tort de déconsidérer Dorante : « **c'est une personne d'importance** plus que vous ne pensez ; un seigneur que l'on considère à la cour, et qui parle au roi comme je vous parle » (III,3). Célimène oppose aussi à Alceste qui lui reproche de faire bon accueil à Acaste, qu'elle **ne peut se passer de son soutien** :

> « Mon Dieu ! de ses pareils la bienveillance importe,
> Et ce sont de ces gens qui, je ne sais comment,
> Ont gagné dans la cour de parler hautement.
> [...] Et jamais, quelque appui qu'on puisse avoir ailleurs,
> On ne doit se brouiller avec ces grands brailleurs. »

C'est ce que ne peut entendre Alceste qui se dispute avec Oronte sur la qualité de ses vers. Quand celui-ci lui adresse une **convocation à se rendre devant le tribunal des maréchaux**, chargé de régler les affaires d'honneur (II,6) Alceste s'y refuse absolument :

> « Quel accommodement veut-on faire entre nous ?
> La voix de ces messieurs me condamnera-t-elle
> À trouver les bons vers qui font notre querelle ? »

La Cour et surtout son jugement sont donc toujours à l'esprit des personnages, qu'ils le craignent ou qu'ils le réfutent. Ce monde des coulisses du jeu scénique est d'autant plus important que **ce sont les gens de Cour qui assistent aux représentations des pièces de Molière.** Le dramaturge leur fait donc place dans le spectacle, par une mise en abyme parfois mordante.

II. Comment vivre dans le monde ?

Les deux pièces proposées à l'étude explorent les codes de l'univers mondain, exposent les règles à suivre, explicites ou tacites, pour faire montre de son appartenance au monde.

Porter des habits élégants

La question des vêtements constitue un ressort comique dans *Le Bourgeois Gentilhomme,* en même temps qu'elle est révélatrice de l'enjeu de l'intrigue. À l'acte II scène 5, le maître tailleur vient apporter l'habit que monsieur Jourdain a commandé. Son inquiétude est de **savoir si cet habit, avec la perruque et les plumes, sont conformes à ce que portent les « personnes de qualité ».** Il apparaît d'ailleurs sur scène en robe de chambre et bonnet de nuit puisque son « tailleur [lui] a dit que les gens de qualité étaient comme cela le matin ». Le maître tailleur profite visiblement de lui, il lui a fait des bas et des chaussures trop petits, les motifs sont placés à l'envers, mais il détourne son attention dès qu'il lui dit que « toutes les personnes de qualité le portent de la sorte », que « tout est bien ». Dorante le conforte dans ce regard en s'exclamant « vous voilà le plus propre du monde » (III,4). Madame Jourdain et Nicole soulignent en vain, le ridicule de ce costume puisque les garçons tailleurs l'ont appelé « Monseigneur ». La même scène se rejoue après la cérémonie turque : madame Jourdain s'exclame en voyant la nouvelle tenue de son mari « Qui vous a fagoté comme cela? » (V,1) alors que lui s'enorgueillit de son nouveau statut de *Mamamouchi.*

Dans *Le Misanthrope* la question se pose également du **rôle mondain des vêtements, et plus spécifiquement des ornements et colifichets.** Alceste raille ainsi le bon accueil que Célimène fait à Clitandre :

> « Vous êtes-vous rendue, avec tout le beau monde,
> Au mérite éclatant de sa perruque blonde ?
> Sont-ce ses grands canons[1] qui vous le font aimer ?
> L'amas de ses rubans a-t-il su vous charmer ? » (II,1)

1. *Canons*- ornements de dentelle

Maîtriser l'art du langage

User d'hyperboles et de superlatifs

La première caractéristique de ce langage est **l'emphase, la démonstration d'une admiration surjouée** par l'accumulation de termes mélioratifs et superlatifs : l'acte I scène 2 du *Misanthrope* permet de décoder ce comportement langagier. Oronte fait lecture de quelques vers qu'il a écrits et, face à lui, Philinte entre dans le jeu mondain de l'admiration quand Alceste s'y refuse :

« Philinte – Je suis déjà charmé par ce petit morceau
Alceste, *bas* – Quoi ! vous avez le front de trouver cela beau ?
[...]
Philinte – La chute en est jolie, amoureuse, admirable.
Alceste *bas* – La peste de ta chute, empoisonneur au diable »

Alceste fustige même « tous ces faux brillants, où chacun se récrie ». Le maître à danser du *Bourgeois Gentilhomme* semble du même avis quand il insiste, dans la scène d'exposition, sur la sincérité de ceux qui écoutent et le plaisir de recevoir des « louanges éclairées » : « il n'y a rien à mon avis qui nous paye mieux que tout cela de toutes nos fatigues ». Mais **le jeu mondain n'a que faire du goût artistique réel** et Oronte dans *Le Misanthrope* va jusqu'à en appeler au tribunal des maréchaux pour laver le déshonneur de ce qu'il considère comme un mauvais avis porté sur ses vers.

Les emphases hypocrites du langage mondain rendent même **ridicules ou décalées les manifestations de l'enthousiasme de Jourdain** : « la belle chose que de savoir quelque chose », « les belles choses, les belles choses » (II,4). Ces mots sont pourtant bien plus sincères que les **suggestions précieuses du maître de philosophie pour que monsieur Jourdain écrive un billet d'amour** : « Mettre que les feux de ses yeux réduisent votre cœur en cendres ; que vous souffrez nuit et jour pour elle » (II,4).

Politesse ou hypocrisie ?

Le langage mondain emphatique est aussi couvert du **vernis de la politesse hypocrite.** Ainsi la transition des scènes 3 à 4 de l'acte III du *Misanthrope* est particulièrement comique par le changement de ton brutal de Célimène, mais elle est surtout révélatrice du **masque que peut prendre la mondaine face à une importune**. Ainsi Célimène critique vertement Arsinoé face à Acaste... puis elle la voit entrer :

« Enfin, je n'ai jamais rien vu de si sot à mon gré,
Elle est impertinente au suprême degré
Et...
Ah ! Quel heureux sort en ce lieu vous amène,
Madame, sans mentir, j'étais de vous en peine ».

Monsieur Jourdain fulmine de même contre le retard de son tailleur (II,4) puis il lui fait le meilleur accueil à la scène suivante, comme s'il avait lui aussi intégré cette posture du langage mondain :

> « La peste étouffe le tailleur ! Si je le tenais maintenant, ce tailleur détestable, ce chien de tailleur-là, ce traître de tailleur, je... »
> « Ah ! vous voilà ? Je m'allais mettre en colère contre vous. »

Les dialogues ainsi inaugurés sont alors à entendre en double sens. La conversation entre Arsinoé et Célimène masque à grand peine l'hostilité des deux femmes. **Leur échange, sous couvert d'amitié bienveillante, est d'une acidité évidente**. Arsinoé se lamente de n'avoir pas pu défendre comme elle l'aurait voulu Célimène dans un salon où elle était critiquée, tant « il est des choses dans la vie / Qu'on ne peut excuser, quoiqu'on en ait envie ». Célimène lui répond sur le même ton qu'elle n'a pu défendre les attaques contre sa vertu prétendue, « cette mine modeste / Et ce sage dehors que dément tout le reste ». Elles se donnent ainsi l'une à l'autre **de sages avis de conduite qui sont autant d'attaques de plus en plus virulentes**.

Les compliments et le persiflage

À chaque milieu mondain, son langage de politesse et Molière s'en amuse en inventant des civilités turques. Ainsi monsieur Jourdain devenu grand *mamamouchi* se comporte en toute amabilité avec Dorimène : « je vous souhaite la force des serpents et la prudence des lions [...] je vous souhaite toute l'année votre rosier fleuri » (V,3). Le spectateur peut s'amuser de cet exotisme, en particulier au XVIIe siècle, en pleine mode des « turqueries ». Mais il peut aussi être amené à se demander quelles sont ses propres formules de politesse, figées et codifiées dans son langage courant.

Face aux formules convenues qui semblent prendre l'interlocuteur en considération, il est intéressant d'étudier le **discours porté sur les absents.** Et autant l'emphase hyperbolique et hypocrite est la caractéristique de l'adresse mondaine directe, autant le **persiflage sans limite** définit le discours porté sur les autres. La très longue scène 4 de l'acte II dans *Le Misanthrope* est en cela exemplaire : Célimène déroule une galerie de huit portraits plus satiriques et moqueurs les uns que les autres. Elle rivalise de **virtuosité langagière, dans un art de la formule piquante**, en répondant aux lancements des petits marquis, Acaste et Clitandre. Ainsi, tour à tour, elle évoque Cléonte « plein d'extravagance », Damon « un parleur étrange », Timante qui « en grimaces abonde », Géralde « l'ennuyeux conteur », Bélise « le pauvre esprit de femme », Adraste, d'un « orgueil extrême », Cléon « sotte personne » et Damon, qui est de « [s]es amis » et pourtant qui « veut avoir trop d'esprit ». Aucun ne trouve grâce à ses yeux et c'est justement cela qui semble faire son triomphe auprès de sa cour, dans un **jeu mondain peu amène.**

La **violente dispute des maîtres** de philosophie, d'armes, de danse et de chant, révèle, elle, la **réalité sous-jacente des conversations policées** : « Allez philosophe de chien ! / Allez, bélître de pédant ! / Allez, cuistre fieffé ! / Comment, marauds que vous êtes... (*le philosophe se jette sur eux, et tous trois le chargent de coups.*) »

Adopter des postures distinguées

La révérence

Il faut ici distinguer les représentations de l'élégance mondaine et les pratiques effectives des salons. Pour monsieur Jourdain, la révérence fait partie de ses **idées préconçues sur les « personnes de qualité »**. Pourtant Dorante dans *Le Bourgeois Gentilhomme* ni aucun personnage du *Misanthrope* ne semblent faire de révérence. Cette obsession de Jourdain devient alors un leitmotiv comique révélant l'incapacité du bourgeois à gagner les codes mondains. Il reçoit ainsi de son maître à danser puis de son maître d'armes une série de consignes très complexes et qu'il peine à suivre. Quand il se retrouve ensuite face à Dorimène, il se ridiculise car il a mal calculé l'espace pour faire trois révérences successives. « Reculez un peu pour la troisième » dit-il à la marquise (III,19), ce qui provoque l'ironie de Dorante: « **Madame, monsieur Jourdain sait son monde** ». Il ajoute d'ailleurs en aparté: « C'est un bon bourgeois assez ridicule, comme vous le voyez, dans toutes ses manières ». Alors même que monsieur Jourdain pense gagner en noblesse d'attitude, il trahit sa condition bourgeoise par sa maladresse. Finalement il réussit à faire « des révérences à la turque » (V,3) une fois qu'il se pense devenu *mamamouchi*. Mais à ce moment-là de la pièce ses interlocuteurs le pensent devenu véritablement fou.

Montrer une sensibilité artistique

Le goût prétendu pour les arts est une **caractéristique des milieux mondains.** Monsieur Jourdain souhaite ainsi apprendre la danse, la musique, il organise des spectacles chez lui et il se targue même de composer un billet galant. Le choix de la comédie ballet pour *Le Bourgeois Gentilhomme* est donc directement lié au sujet de la pièce. En effet **les intermèdes dansés**, entre les actes, s'insèrent dans l'intrigue de la pièce comme des **mises en abyme du jeu mondain**: nous trouvons successivement le ballet composé par le maître à danser, une danse des garçons tailleurs réjouis d'avoir reçu de l'argent pour les compliments adressés à Jourdain, le ballet des cuisiniers qui apportent le festin commandé en l'honneur de Dorimène, la cérémonie turque durant laquelle Monsieur Jourdain devient *mamamouchi* et enfin le « Ballet des nations », apothéose glorieuse.

Par ailleurs les deux pièces se font écho sur **les écrits amoureux.** Oronte demande en effet l'avis d'Alceste sur un sonnet composé en l'honneur de Philis (I,2) et monsieur Jourdain souhaite écrire un billet d'amour à Dorimène mais ne sait dans quel ordre placer ses mots (II,4). Il avait auparavant lui-même trouvé « un peu lugubre » la composition chantée en l'honneur d'Iris par le maître de musique.

Avoir le sens de l'honneur

Les deux pièces font la part belle aux **maximes, formules de vérité générale,** pour revendiquer les valeurs morales que les personnages prétendent appliquer. Ainsi dans *Le Misanthrope* trouve-t-on une **opposition frontale entre l'honnêteté**

et la sincérité d'un côté, et la bienséance de l'autre. Alceste reproche en effet à Philinte de manifester hypocritement son amitié pour un homme dont il connaît à peine le nom : « vous devriez mourir de pure honte » lui dit-il (I,1), avant d'affirmer **« c'est n'estimer rien qu'estimer tout le monde ».** Pour Philinte la logique est différente et son honnêteté doit être considérée en fonction de sa civilité :

> « Mais quand on est du monde, il faut bien que l'on rende
> Quelques dehors civils que l'usage demande »

Il justifie même son hypocrisie en la nommant bienséance :

> « Il est bien des endroits où la pleine franchise
> Deviendrait ridicule et serait peu permise ;
> Et, parfois, n'en déplaise à votre austère honneur,
> Il est bon de cacher ce qu'on a dans le cœur. »

Dans *Le Bourgeois Gentilhomme* s'opposent **d'un côté la transparence de monsieur Jourdain et de l'autre la dissimulation de Dorante.** Mais dans cette pièce la sincérité de Jourdain vaut naïveté plus que principe de vie. Et la dissimulation est au service du mépris de classe chez Dorante, de la manipulation et de la moquerie pour son seul profit personnel. En effet monsieur Jourdain est si fier de ce qu'il pense apprendre qu'il demande par exemple aux maîtres de musique et à danser de rester pendant sa leçon avec le maître d'armes (II,2). Et il est si aveuglé par son désir de grandeur qu'il considère comme de l'honneur de prêter de l'argent à Dorante, puisque c'est un comte qui a ses entrées dans la chambre du Roi (III,3). Madame Jourdain, elle, met en doute le sens de l'honneur des nobles « cela est **fort vilain à vous, pour un grand seigneur, de prêter la main comme vous faites, aux sottises de mon mari.** Et vous madame, pour une grand'dame cela n'est ni beau ni honnête de souffrir que mon mari soit amoureux de vous ».

III. Peut-on vivre hors du monde ?

Monsieur Jourdain veut devenir une « personne de qualité »

Un homme ridicule dominé par son idée fixe ?

Le leitmotiv de son discours, son facteur de prise de décision repose sur une **unique préoccupation : « est-ce que les gens de qualité »** ont ce qu'on lui propose, font ce qu'on lui suggère, disent ce qu'on lui apprend ? Mais dans une société de faux-semblants, il lui suffit d'être nommé « gentilhomme » par un garçon tailleur pour se sentir homme du monde ou d'être intronisé *mamamouchi* pour savoir faire des révérences et connaître des formules de politesse. En cela finalement, il a bien intégré les codes mondains qui associent hypocrisie et emphase. Et paradoxalement aussi il est celui qui se conduit le plus convenablement, cherchant à plaire à la marquise par des révérences et des présents, cherchant à apaiser la querelle des maîtres II, 2, 3. Et son désir d'apprendre, s'il est présenté de manière ridicule, semble bien sincère. Il retient d'ailleurs très bien tout ce qui lui est dit comme le montrent les deux scènes miroirs dans lesquelles il restitue les leçons du maître de philosophie (III,3) et sa nouvelle connaissance du turc (V,1). Pour finir, que dire quand tous ses interlocuteurs, dont il espère qu'ils lui feront gagner en prestige social, se conduisent si mal, se disputant, se battant même, se moquant de lui, abusant de sa confiance... ?

Ou un homme déterminé à changer ?

On a souvent fait de ce personnage un personnage ridicule et fou, or **sa force vient aussi de sa détermination dans son opposition au déterminisme social**. Pourquoi ne pourrait-il pas devenir noble alors qu'il est fils d'un marchand de drap ? Il veut d'ailleurs croire à la fable de Covielle déguisé en truchement du grand Turc qui réécrit l'histoire familiale en manipulant si bien le langage : « Lui, marchand ? C'est pure médisance, il ne l'a jamais été. [...] comme il se connaissait fort bien en étoffes, il en allait choisir de tous les côtés, les faisait apporter chez lui, et en donnait à ses amis pour de l'argent. » (IV,5) Son assurance se retrouve aussi dans les conseils demandés au maître de philosophie pour l'écriture de son billet d'amour : il ne souhaite que son regard pour agencer dans le bon ordre les mots qu'il a choisis. Pourquoi monsieur Jourdain ne pourrait-il pas parvenir alors à ses fins ?

Paradoxalement pourtant, plus il semble accéder à son rêve et plus il se révèle comme l'un des personnages récurrents du théâtre de Molière, **le bourgeois père de famille tout-puissant et tyrannique.** En effet il est au début peu préoccupé du mariage de sa fille puis lui impose d'épouser le fils du Grand Turc. De même avec sa femme, il est en conflit dès le début de la pièce mais devient ensuite de plus en plus désagréable puis nettement autoritaire, coupant toute discussion (V,7).

Alceste désespère de pouvoir sortir du monde

Un homme qui refuse les compromis mondains ?

Alceste est **perpétuellement irrité, refusant le polissage de la parole mondaine** et les conventions hypocrites de la conversation. Dès la scène d'exposition, il s'oppose à Philinte, « Moi, je veux me fâcher, et ne veux point entendre » (v.5), il se fâche avec Oronte sur la valeur de son sonnet, il multiplie les reproches à l'encontre de Célimène et de son comportement avec les fâcheux qui lui rendent visite. Il justifie ce comportement en ces termes :

> « Plus on aime quelqu'un, moins il faut qu'on le flatte :
> À ne rien pardonner, le pur amour éclate » (II,4)

Il fustige aussi le jeu de la Cour dans lequel il refuse d'entrer y compris pour son propre intérêt :

« Le ciel ne m'a point fait, en me donnant le jour,
Une âme compatible avec l'air de la cour ;
Je ne me trouve point les vertus nécessaires
Pour y bien réussir et faire mes affaires » (III,5)

Mais **malgré cette aversion pour le jeu mondain, Alceste ne quitte le salon de Célimène qu'à la fin de la pièce.** Il montre sa volonté de rompre toute relation d'amitié avec Philinte dès l'exposition, mais à la scène 1 de l'acte V, c'est encore à lui qu'il confie « je veux me tirer du commerce des hommes ». Il s'agit cette fois de son procès perdu malgré toutes ses protestations d'honnêteté. Et il reste encore sur le plateau scénique, demandant des comptes à Célimène sur un billet supposé de sa main. Son départ définitif ne survient que dans les ultimes moments, avec ses tout derniers vers :

« Je vais sortir d'un gouffre où triomphent les vices,
Et chercher sur la terre **un endroit écarté**
Où d'être homme d'honneur on ait la liberté ». (V,4)

Alceste affirme donc dès l'ouverture du rideau sa marginalité par refus de toute compromission mais il faut cinq actes d'intrigue théâtrale pour qu'il mette en œuvre réellement son rejet du monde.

« L'atrabilaire amoureux »

Cette expression figurait comme sous-titre dans les premières éditions de la pièce. Un atrabilaire est une personne sujette à l'abattement, la tristesse, la méfiance et la critique puisqu'elle est soumise à sa bile noire dans la théorie ancienne des humeurs. Ce sous-titre en forme d'oxymore souligne donc le fait que Alceste n'a pas la pleine maîtrise de ses réactions. Il explique la difficulté d'Alceste à sortir du salon de la coquette Célimène malgré sa misanthropie. Il est amoureux et ses sentiments l'emportent, au-delà de ses principes d'honneur et de sincérité : « Je confesse mon faible : elle a l'art de me plaire » confie-t-il à Philinte (v. 230). Malgré le choix de la comédie, le personnage d'Alceste montre alors une **forme de tragique, un emportement fatal lié à son amour** :

« J'ai ce que sans mourir je ne puis concevoir
[...] Ah ! tout est ruiné,
Je suis, je suis trahi, je suis assassiné !
[...] l'offense est trop mortelle » (IV,2)

Paradoxalement en exprimant sa douleur, Alceste rejoint l'emphase du discours amoureux mondain[1]. Il se targue d'être sincère mais le langage ne lui offre pas beaucoup d'autres moyens que les codes précieux pour dire la force de

1. voir supra les formules très similaires proposées par le maître de philosophie à monsieur Jourdain (2b-Maîtriser l'art du langage / *User d'hyperboles et de superlatifs*)

ses sentiments. Et lorsqu'il envisage de se venger de Célimène, c'est en demandant à Eliante d'accepter son amour, ce en quoi il se trompe lui-même, adoptant une forme de posture hypocrite. Puis, tout à son désarroi il propose un marché de dupes à Célimène : « Efforcez-vous ici de paraître fidèle, / Et je m'efforcerai, moi, de vous croire telle » (IV,3). L'amour vient donc mettre à mal la posture droite et sincère revendiquée par Alceste.

Conclusion

La leçon de la comédie est ambiguë dans les deux pièces, les personnages éponymes semblent tournés en ridicule pour que le spectateur puisse réfléchir à ses propres travers. Et pourtant, ceux qui leur font face ne sont-ils pas aussi outrés ? Les aspirations de monsieur Jourdain et d'Alceste sont en apparence totalement opposées. Et pourtant celui qui cherche à entrer dans le monde montre par sa détermination une forme d'indépendance d'esprit, alors que celui qui fuit les mondanités est comme piégé par son sentiment amoureux. Au spectacle complet de la comédie ballet répond aussi le ballet symbolique des petits marquis dans le salon de Célimène, et la leçon des maîtres de Jourdain vaut bien les galeries de portraits qui se succèdent tout au long du *Misanthrope*.

Finalement ces deux pièces révèlent le questionnement qui parcourt tout le théâtre de Molière, **comment prendre place dans le rapport de force du jeu social,** comment trouver la vérité de son être voire sa voie vers le bonheur ? Et au-delà, comment faire spectacle et divertissement avec des questionnements si sérieux ?

NOTION CLEF **La double énonciation théâtrale et la mise en abyme**

Le propre du jeu théâtral est de reposer sur une **double situation d'énonciation** : les personnages évoluent sur le plateau scénique dans **une intrigue qui les occupe et les concerne,** leurs dialogues y sont consacrés. **Mais en même temps leurs paroles sont reçues par le public** qui n'a pas toujours la même connaissance de l'intrigue qu'eux, soit qu'il soit mis au fait de secrets soit qu'il découvre des situations qu'il ignorait. Ainsi le public sait que Dorante manipule monsieur Jourdain et qu'il fait croire à Dorimène que le diamant qu'il lui a offert est son propre cadeau. La double énonciation permet donc, par la complicité entre le dramaturge et le public de créer des situations comiques, inquiétantes ou tragiques selon le genre théâtral. Mais la double énonciation permet **aussi un travail réflexif**, au-delà de l'intrigue théâtrale. En effet le dramaturge, par un jeu de double sens, peut mettre en place une mise en abyme, c'est-à-dire proposer un reflet de sa démarche de dramaturge dans le jeu scénique. Ainsi *Le Bourgeois Gentilhomme* avec la cérémonie turque et les intermèdes, montre la construction d'une mise en scène, la transformation d'un espace en lieu de spectacle et de divertissement. Mais la pièce fait aussi **réfléchir au rôle du costume comme de**

la parole, ce qui renvoie cette fois au jeu de la Cour et des salons mondains, au-delà de la seule situation de Jourdain. Devant le salon de Célimène et les **jeux de faux-semblants par l'hypocrisie mondaine, le public de Molière ne peut manquer de se sentir directement concerné.** La mise en abyme repose ici sur la représentation des salons mondains, Alceste et son désir de sincérité met en question les codes sociaux et la sincérité des goûts artistiques. Et si Molière écrit pour plaire à son public, comme directeur de la troupe des comédiens du Roi, n'est-il pas lui aussi soumis à des conventions sociales et mondaines dans sa création théâtrale ?

Texte choisi

PHILINTE.
Mon Dieu, des mœurs du temps mettons-nous moins en peine,
Et faisons un peu grâce à la nature humaine ;
Ne l'examinons point dans la grande rigueur,
Et voyons ses défauts avec quelque douceur.
Il faut, parmi le monde, une vertu traitable ;
À force de sagesse, on peut être blâmable ;
La parfaite raison fuit toute extrémité,
Et veut **que l'on soit sage avec sobriété.**
Cette grande raideur des vertus des vieux âges
Heurte trop notre siècle et les communs usages ;
Elle veut aux mortels trop de perfection :
Il faut fléchir au temps sans obstination ;
Et c'est une folie à nulle autre seconde
De vouloir se mêler de corriger le monde.
J'observe, comme vous, cent choses tous les jours,
Qui pourraient mieux aller, prenant un autre cours ;
Mais quoi qu'à chaque pas je puisse voir paraître,
En courroux, comme vous, on ne me voit point être ;
Je prends tout doucement les hommes comme ils sont,
J'accoutume mon âme à souffrir ce qu'ils font ;
Et je crois qu'à la Cour, de même qu'à la ville,
Mon flegme est philosophe autant que votre bile

Le Misanthrope I, 1

Analyse

Dans cette scène d'exposition, Philinte et Alceste **disputent de la sincérité et de l'hypocrisie dans les rapports mondains**. Ici Philinte expose la réflexion qui sous-tend son attitude, plus subtile que le simple jeu hypocrite que lui reproche son ami. On peut y voir une **forme d'indulgence pour la nature humaine,** qui pourrait se rapprocher de l'idéal de l'honnête homme théorisé au XVIIe siècle.

Il montre qu'il accepte le pacte du jeu social avec lucidité, en faisant preuve de mesure (« que l'on soit sage avec sobriété ») mais aussi de bienveillance envers les autres. Dans une forme de mise en abyme, Molière montre aussi **les limites de la comédie qui prétendrait « corriger le monde »**, c'est-à-dire apporter des solutions définitives. Il ouvre sa pièce de théâtre par la présentation d'une posture qui est peut-être celle du dramaturge avec son sujet : il présente deux esprits qui prennent de la distance avec les conventions de la Cour, l'un par son « flegme », l'autre par sa « bile ». Mais il montre aussi en quelque sorte une voie de réflexion au lecteur, qui devra regarder avec une forme de bienveillance lui aussi le ballet mondain qui se présentera devant ses yeux, le temps de la représentation.

Mode d'emploi

Ces deux pièces peuvent servir utilement de références pour les sujets qui traitent de la place des êtres dans la société, dans la dichotomie entre les aspirations individuelles, les sentiments et perceptions personnelles et la nécessité de se plier à un certain nombre de conventions pour trouver sa place parmi les autres. Monsieur Jourdain comme Alceste posent tous deux la question de **savoir si l'on peut être soi dans le monde, si faire partie du monde suppose d'abandonner sa liberté.** Le premier semble ne pouvoir se définir qu'à travers des codes fantasmés plus que réels, le second voudrait s'extraire du ballet mondain en en restant malgré lui prisonnier. *Le Bourgeois Gentilhomme* semble apporter une vision plus légère par la forme de la comédie ballet, quand *Le Misanthrope* serait plus sérieux, mais en réalité ces deux pièces ont une portée morale voire philosophique similaire, puisque le dramaturge ne nous propose pas de modèle à suivre, de meilleure manière d'être au monde. Il n'en reste pas moins que ces œuvres peuvent servir aussi de références pour des devoirs demandant des **exemples de jeu mondain, par le travail comique, sur le langage en particulier,** mais aussi sur la mise en œuvre d'un sens de l'honneur particulièrement fluctuant.

Chapitre 7
Le monde de Hugo : « Tout est plein d'âmes »

Stéphane Arthur

Né dans un monde en pleines mutations, du fait des événements de la Révolution française et de l'Empire, Victor Hugo, figure de proue du **romantisme**, proclame son ambition d'une révolution esthétique en matière de ***mimesis,*** c'est-à-dire de représentation du monde. Il prône en effet une représentation totale de la réalité, passée et présente, en mettant en évidence aussi bien le monstrueux (grotesque) que l'idéal (sublime), à rebours des artistes classiques, qui livrent du monde une représentation idéalisée. Ce qui est vrai du monde l'est aussi de ce microcosme qu'est l'être humain.

Il en résulte la **création d'un monde**, où l'hyperbole et l'antithèse jouent un rôle décisif, sur les plans poétique, politique et métaphysique. La poétique de Hugo est une poétique du déchiffrement : le poète, pour qui le monde fait signe, joue une fonction herméneutique, en interprétant, au profit de l'humanité. Il joue aussi le rôle d'un explorateur d'infini : sa quête d'absolu concerne aussi bien l'homme, l'individu étant à soi seul un monde, que l'univers.

L'artiste n'a pas pour seule fonction d'aider les hommes à comprendre le monde, en livrant et en éclairant ses **mystères**. Révolté contre les injustices et les absurdités du monde dans lequel il vit, Hugo revendique son engagement. Ayant volontiers recours à **l'utopie**, il aspire à transformer radicalement le monde et pour ce faire nous invite à changer de regard sur les êtres qui le peuplent. Un autre monde est possible, proclame le poète.

Si l'exil de Victor Hugo (1802-1885) à Jersey puis à Guernesey est bien connu, il ne faut pas perdre de vue qu'il a été un voyageur curieux (en Europe, du moins), ce qu'attestent ses récits (*Le Rhin*, en 1842, et ses carnets de voyage, dont la publication est posthume). Son œuvre peut aussi être considérée comme un voyage au cœur de l'Histoire, mais également de l'humanité et des individus, avec leurs mondes particuliers, et plus largement de l'univers. Elle retient en effet l'attention par son ampleur, et par la manière dont elle met en scène et interroge le rapport au monde de l'homme. Le **refus des limites** par l'auteur des *Contemplations* (1856) et des *Misérables* (1862) a des enjeux philosophiques, esthétiques, anthropologiques. Ainsi Hugo prône-t-il une esthétique de la représentation intégrale du monde, qu'il s'agisse du macrocosme (la nature) ou de ce microcosme qu'est l'homme : tout être de ce monde mérite notre attention, proclame le poète, ce qui a pour corollaire éthique que, considéré dans une certaine perspective, tout être mérite le respect, et peut faire l'objet d'une représentation artistique. Pourquoi l'art devrait-il s'interdire d'élire comme objet esthétique un être qui est en dehors des canons de beauté et des normes morales du monde voulu par la société ? Nous verrons de ce fait, dans un premier temps, quels sont les principes qui justifient l'ambition hugolienne d'une représentation totale du monde, qu'il s'agisse de l'univers ou de l'homme, de leur part d'ombre ou de lumière. Il en résulte la création d'un monde, peuplé de visions hugoliennes qui constituent autant d'invitations à porter un **certain regard sur le monde : Hugo incite à admirer et à intégrer**. Ce refus de l'exclusion, empreint d'**utopie** et de **révolte** face au monde tel qu'il est, éclaire la volonté d'agir sur le monde, au cœur de l'œuvre de Hugo, qui se présente comme une écoute du monde.

I. L'homme et le monde : individu et totalité

L'enfant du siècle : le poète, né dans un monde nouveau

« Ce siècle avait deux ans ! Rome remplaçait Sparte, / Déjà Napoléon perçait sous Bonaparte » : par ces vers fameux, qui ouvrent le premier poème du recueil *Les Feuilles d'automne* (1831), Hugo affirme **l'inscription de son existence dans un monde qui est celui de l'histoire**. Le destin individuel est indissociable, en l'occurrence, du destin collectif, comme le suggère l'épigraphe latine « *data fata secutus* », tirée de l'*Énéide* de Virgile et qui peut être restituée par « j'ai suivi les destins que m'assignaient les dieux ». Le poète, enfant du siècle des révolutions et fils d'un général d'Empire, est né dans un monde de perturbations historiques, qui ont mis à bas l'Ancien Régime. Dans la *Confession d'un enfant du siècle* (1836), Musset présente ainsi le monde dans lequel a émergé sa génération comme un monde en crise, entre « débris » du monde ancien et « semences » du monde à venir.

Hugo s'inscrit, de fait, dans le sillage de la Révolution, même s'il est conservateur dans sa jeunesse. Il affirme ainsi que la révolution politique et sociale de 1789 doit être suivie d'une révolution esthétique, qui mette fin à l'absolutisme esthétique qu'est l'art classique aux yeux des romantiques : alors devenu républicain, il l'exprime avec force dans *William Shakespeare* en 1864. C'est que Hugo est attentif aux transformations du **monde** qui lui est contemporain, ce qui explique son intérêt pour le passé : il veut éclairer l'histoire qui est en train de s'écrire à la lumière de l'histoire passée, comme il le proclame dans la préface de *Marie Tudor*, en livrant « le passé ressuscité au profit du présent ». Injoué, à défaut d'être injouable, le drame *Cromwell* invite ainsi à penser en 1827 la question de la crise qu'engendre une révolution lorsqu'il y a régicide. De manière plus générale, Hugo mène en 1830 son spectateur puis son lecteur (la version imprimée étant plus audacieuse) dans le monde de l'Histoire, avec une véritable plongée dans ses souterrains, à la scène 2 de l'acte IV d'*Hernani*, lorsque don Carlos, roi d'Espagne et futur empereur du Saint Empire romain germanique, se trouve seul face au tombeau de Charlemagne, symbole de l'isolement du grand homme et de la fragilité de tout pouvoir. Le monde des apparences ne doit pas faire illusion : qui est en haut de la pyramide se trouve paradoxalement dans la position la plus instable qui soit, à la merci d'un mouvement du peuple qui fasse basculer ce pouvoir.

Le souverain ne doit pas oublier que sa vision du monde n'est pas celle du peuple, force aveugle, qui le voit grotesque : « miroir où rarement un roi se voit en beau ! ». Effrayé, don Carlos demande à Charlemagne, son illustre prédécesseur, de lui inspirer la force de gouverner un monde si hostile et si redoutable, où il faut se faire grand alors que toute grandeur semble refusée à autrui :

> Montre-moi que le monde est petit, car je n'ose
> Y toucher. Montre-moi que sur cette Babel
> Qui du pâtre à César va montant jusqu'au ciel,
> Chacun en son degré se complaît et s'admire,
> Voit l'autre par-dessous et se retient d'en rire.

Le souverain redoute la confusion du monde, où tout est mêlé (ce que suggère l'étymologie de « Babel », qui vient d'un verbe hébreu voulant dire « mélanger »), le haut et le bas s'inversant si aisément. Le monde étant plus complexe que ne le suggèrent ses représentations traditionnelles, il convient d'en montrer aussi bien la part sombre que la part glorieuse.

Le refus de représenter une « nature mutilée » : la totalité du monde

La préface de *Cromwell* (1827) atteste la volonté de représenter autrement le monde que ne le font les classiques, qui idéalisent ses représentations : Hugo rejette ce qu'il nomme une « nature mutilée ». Il refuse de cantonner l'art à la seule représentation du beau, et revendique **l'ouverture de l'art à la représentation de tous les aspects de la réalité**, y compris les moins admirables. La muse moderne « sentira que tout dans la création n'est pas humainement *beau*, que le laid y existe à côté du beau, le difforme près du gracieux, le grotesque au revers du sublime, le mal avec le bien, l'ombre avec la lumière ». Dans sa quête de vérité, l'artiste livre « le monde soumis à son imitation ». Partant du principe que « tout ce qui est dans la nature est dans l'art », Hugo aspire à « de la comédie fondue dans la tragédie », comme a su le faire Shakespeare, « ce dieu du théâtre », qu'il ne s'agit en aucun cas d'imiter, mais qui peut constituer une influence féconde. Le dramaturge est en quête du grand et du vrai (préface de *Marie Tudor*).

Le drame romantique aspire ainsi à représenter la totalité du monde. Tout être devient de ce fait un potentiel sujet esthétique. Avec Hugo, la littérature met en scène un héros noir (dans *Bug-Jargal*), un personnage sourd et difforme (Quasimodo dans *Notre-Dame de Paris*), un bouffon (Triboulet dans le drame *Le roi s'amuse*), un être au visage mutilé (Gwynplaine dans *L'homme qui rit*)… Aucun élément du monde n'est exclu : dans *Les Travailleurs de la mer* (1866), c'est le monde des profondeurs sous-marines qui est livré au lecteur, avec la pieuvre. Cette dernière est chez Hugo le symbole **d'un autre monde, enfoui** : celui de l'âme en proie au mal, dont elle ne peut se dépêtrer. « L'hydre harponne l'homme » : placé dans une situation similaire à celle d'Hercule face à l'hydre de Lerne, l'homme est condamné à un combat des plus rudes afin de ne pas s'écarter de la voie voulue par Dieu. La pieuvre, pieux/œuvre : la pieuvre est bien avant tout un nom (alors que cet animal n'est pas connu sous ce nom en France avant le roman de Hugo), donc un univers. Par sa création, l'auteur s'élève à Dieu : « Orphée, Homère et Hésiode n'ont pu faire que la Chimère. Dieu a fait la Pieuvre ». En effet, « tous les idéals étant admis, si l'épouvante est un but, la pieuvre est un chef-d'œuvre ».

Hugo ambitionne une recréation de l'intégralité du monde par la magie de l'art : « Tout ce qui existe dans le monde, dans l'histoire, dans la vie, dans l'homme, tout doit et peut s'y réfléchir, mais sous la baguette magique de l'art » (préface de *Cromwell*). **L'art est ainsi réflexion du monde**, au sens de restitution et de pensée du monde.

L'homme, monde complexe, en péril hors de son monde habituel

Hugo estimant que deux principes contradictoires coexistent dans la nature, le **grotesque** et le **sublime**, il considère que l'être humain est un monde dans lequel ces deux principes sont présents. Inspiré par Chateaubriand et Madame de Staël, Hugo imagine, dans une prosopopée, le christianisme s'adressant à l'être humain pour lui dire sa nature double : « Tu es double, tu es composé de deux êtres, l'un périssable, l'autre immortel, l'un charnel, l'autre éthéré, l'un enchaîné par les appétits, les besoins et les passions, l'autre emporté sur les ailes de l'enthousiasme et de la rêverie, celui-ci enfin toujours courbé vers la terre, sa mère, celui-là sans cesse élancé vers le ciel, sa patrie » (préface de *Cromwell*). Hugo estime en effet que le christianisme engendre l'avènement des temps modernes et fait prendre conscience à l'homme de la duplicité de sa nature, qui comporte une part de grotesque et une part de sublime, à l'image de la nature tout entière. En ce sens, **l'être humain est un microcosme à l'image du macrocosme**.

Si le sublime renvoie à l'idéal, le grotesque (que Hugo ne définit pas vraiment) ne désigne pas seulement le laid : il est associé au monstrueux, et la mort rôde dès qu'il est question de grotesque. Qui plus est, tout personnage qui quitte son espace, dans l'œuvre de Hugo, en particulier son théâtre, est en danger, comme l'a montré Anne Ubersfeld (dans *Le Roi et le Bouffon*) : tel est le cas de François Ier dans *Le roi s'amuse* (pièce représentée à une reprise en 1832, puis interdite, malgré la suppression officielle de la censure de 1830 à 1835) lorsqu'il s'aventure chez Saltabadil, dans un lieu infâme indigne de lui, ce qui a déclenché de vives indignations dont la presse dramatique se fait volontiers l'écho. Tel est déjà le cas du poète Pierre Grégoire dans *Notre-Dame de Paris*, où il risque la mort lorsqu'il s'aventure malgré lui dans la Cour des Miracles. **Quitter son monde, c'est courir des risques.**

II. La création d'un monde : visions hugoliennes

Un monde de l'hyperbole et de l'antithèse : ombre et lumière

Que ce soit dans ses poèmes, ses récits ou ses pièces de théâtre (mais aussi ses dessins), Hugo manifeste une ambition qui lui a valu le surnom d'« Ego Hugo ». Le recours à l'alexandrin, qu'il disloque afin de le rendre plus souple et plus naturel, dans nombre de ses drames, atteste le refus de renoncer à la grandeur tragique : « Mais moi ! qui me fera grand ? qui sera ma loi ? » s'interroge don Carlos face au tombeau de Charles le Grand (*Karolus Magnus*, en latin), c'est-à-dire de l'empereur Charlemagne. Dans son combat contre le coup d'État de Louis-Napoléon Bonaparte, puis contre le Second Empire, le poète use de l'hyperbole, se mettant en scène, sous des traits épiques, comme ultime combattant face au tyran dans « *Ultima verba* » : « S'il n'en reste qu'un, je serai celui-là » (*Les Châtiments*, 1853).

Dans sa vision du monde empreinte de la **tension entre le sublime et le grotesque**, l'antithèse s'impose naturellement, comme souvent chez les romantiques, qui aiment concilier les contraires, et même des éléments contradictoires : dans *La Reine Margot*, Alexandre Dumas imagine la rencontre, la lutte puis l'amitié à la vie, à la mort, entre un catholique et un protestant, dans le contexte paroxystique de la Saint-Barthélemy, lors des guerres de Religion du XVIe siècle. Dans *Hernani*, Hugo s'amuse à multiplier le jeu des antithèses : entre les deux jeunes prétendants (Hernani et don Carlos) et le vieillard (don Ruy Gomez) qui tous trois convoitent la jeune doña Sol, entre le roi (don Carlos) et le bandit (Hernani)... Parfois, l'opposition réside dans le contraste entre les rôles déjà joués par des comédiennes, et ceux qui leur sont attribués, afin de les faire jouer à contre-emploi, comme en 1835 lors de la création au Théâtre-Français d'*Angelo, tyran de Padoue* : Mademoiselle Mars, coutumière des rôles nobles, joue la courtisane La Tisbe, alors qu'à Marie Dorval, qui a triomphé sur le Boulevard et est habituée à interpréter les personnages plébéiens, est confié le rôle d'une aristocrate, la patricienne Catarina.

Ombre et lumière : telle est la teneur de l'œuvre de Hugo, qui aime jouer des contrastes. C'est que les choses de ce monde ne sont pas réductibles à une lecture univoque. Le lecteur étant invité à s'interroger sur la place de chacun dans la société et sur celle de l'homme dans le monde, le goût hugolien de l'antithèse a une triple fonction : poétique, politique et métaphysique.

Le poète, déchiffreur : l'artiste et les signes du monde

L'œuvre hugolienne affirme sa **cohérence** comme le monde a la sienne. **Le poète est celui qui doit lire le grand livre de la nature** : Hugo aime rappeler son goût des *Bucoliques* de Virgile. Si Baudelaire, dans son rapport symboliste au monde, présente les artistes comme des « phares » de l'humanité, Hugo a recours à l'image des « mages », dans *Les Contemplations*. La poésie de Hugo se fait cosmique, lorsqu'elle célèbre ces illustres explorateurs, « célébrateurs, révélateurs », « voyants des choses inconnues » :

> Pour connaître les horizons,
> À travers l'ombre et les tempêtes,
> Ayant au-dessus de vos têtes
> Mondes et soleils, au-dessous
> Inde, Égypte, Grèce et Judée,
> De la montagne et de l'idée,
> Envolez-vous ! envolez-vous !

Un rapport herméneutique au monde (c'est-à-dire d'interprétation) se fait ainsi jour : pour le poète, le monde fait signe, le monde est signes. C'est pourquoi le poète donne ce mot d'ordre : « Allez tous à la découverte ! / Entrez au nuage grondant ! » (« Les Mages »).

De la sorte le poète s'ouvre aux êtres, qu'ils soient humains, animaux, végétaux ou même minéraux. Tous lui parlent, car « tout est plein d'âmes », (« Ce que dit la bouche d'ombre »), dans la perspective hugolienne :

> Non, tout est une voix et tout est un parfum :
> Tout dit dans l'infini quelque chose à quelqu'un ;
> Une pensée emplit le tumulte superbe,
> Dieu n'a pas fait un bruit sans y mêler le Verbe.
> Tout, comme toi, gémit ou chante comme moi,
> Tout parle. Et maintenant, homme, sais-tu pourquoi
> Tout parle ? Écoute bien. C'est que vents, ondes, flammes,
> Arbres, roseaux, rochers, tout vit !

Le poète est ainsi celui qui sait se montrer à l'écoute du monde, tel un oiseau recueillant une goutte d'eau sur une tombe : « La fauvette à la tête blonde / Dans la goutte d'eau boit un monde » (« Les Mages », à rapprocher de « Croire, mais pas en nous », dans *Les Contemplations*). Poète de la **totalité** et de **l'infini**, Hugo est le poète de la nature, où il cherche **Dieu**.

Un monde qui intègre : le refus des limites

L'expérience de la mort de ses proches et de l'exil anéantit le poète, qui livre avec les *Contemplations* un ouvrage dont la préface n'est pas sans rappeler le ton grave de certains passages des *Mémoires d'Outre-Tombe* de Chateaubriand : « Ce livre doit être lu comme on lirait le livre d'un mort ». Hugo nous livre ainsi une poésie orphique : « J'ai su monter, j'ai su descendre » (« En frappant à une porte », VI, 24). Cette poésie d'outre-tombe s'exprime dans toute son intensité dans l'ultime poème du recueil, qui fait suite au mot « fin », Hugo revendiquant une poésie de l'illimité : « À celle qui est restée en France », émouvante dédicace (datée de « Guernesey, 2 novembre 1855, jour des Morts ») à sa fille Léopoldine, mais aussi à la défunte liberté, que le tyran a fait disparaître. « Ouvre, tombeau », réclame Hugo : sa poésie ne se limite pas aux choses de ce monde. En cela, Hugo incarne parfaitement le « tourment de l'ailleurs et du passé », caractéristique du romantisme, selon la formule d'Henri Peyre dans *Qu'est-ce que le romantisme ?* (Paris, PUF, 1971). Cette **fascination de** l'ailleurs se traduit en particulier par la composition du recueil *Les Orientales* (1829), avec les fameux « Djinns ».

Le poète n'est pas seulement à l'écart du monde, il est aussi, dans le cas de Hugo, celui qui franchit le seuil du monde politique et s'engage, par ses écrits, par ses discours, par ses mandats. L'admiration que Hugo nous invite à ressentir face au sublime que peuvent incarner dans *Les Misérables* des personnages en marge des normes de la société (l'ancien bagnard, la prostituée, l'enfant des rues) est **iconoclaste** : elle est destinée à briser les limites que la doxa impose au respectable, voire à l'humain. Le regard neuf que Hugo nous invite à porter sur le monde est indissociable de son engagement.

III. La volonté d'agir sur le monde : le rôle de l'artiste

S'engager pour transformer le monde : Hugo, auteur révolté

À l'origine de l'engagement bien connu de Hugo se trouve une révolte contre un monde qui fabrique de l'injustice. Hugo relate ainsi, dans le volume IV d'*Actes et paroles* (voir à ce propos notre article sur Victor Hugo dans *La culture générale auteur par auteur*, chez Ellipses), comment est née cette volonté d'intervenir afin de refuser certaines règles d'un monde sans justice véritable ni humanité. Il s'agit d'une scène à laquelle il a assisté à Paris, devant le Palais de justice : il y a vu une jeune femme condamnée pour vol, le carcan au cou, marquée au fer rouge. « Pour moi, c'était une voleuse, ce fut une martyre », témoigne Hugo.

Les pogroms dont sont victimes les juifs en Europe orientale inspirent ainsi l'écriture en 1869 du drame *Torquemada*, sur les ravages de l'Inquisition, qui persécute toute liberté religieuse, et impose son fanatisme. Plus connus sont ses combats contre la peine de mort (*Le Dernier Jour d'un condamné*), pour l'enseignement laïc ou l'idée européenne. Il n'est pas anodin que Camus, grand révolté contre la condition humaine, ait présent à l'esprit, au siècle suivant, le personnage de Quasimodo lorsqu'il crée, dans *L'Étranger*, celui de Meursault, sourd aux conventions du monde des hommes, qui ne font pas sens pour lui.

La trajectoire politique de Hugo a sa cohérence, même si l'on peut être surpris de prime abord qu'elle le mène d'une droite très conservatrice à une gauche radicale. Un lien peut être trouvé dans le **refus de se résigner au monde tel qu'il est** et dans la revendication d'une **démesure**, au sens premier d'un refus des limites qui bornent l'horizon des hommes, que ces limites concernent les rapports entre les différents mondes au sens social, ou entre le monde contemporain au poète et le monde passé.

Monde passé, monde présent : l'imaginaire du monde comme liens

L'engagement de Hugo prend des formes variées, dès sa jeunesse. Il combat ainsi les destructions prévues d'ouvrages architecturaux encouragées par Paul-Louis Courier, favorable à la vente du domaine de Chambord, et au démantèlement pierre à pierre du château et des autres lieux qui symbolisent à ses yeux les temps obscurs de l'Ancien Régime. Porté par son amour de la pierre et de l'histoire, Hugo intervient dans le débat de manière vibrante dans *Guerre aux démolisseurs* (écrit en 1825). Il oppose un regard historique et esthétique sur les monuments du passé au regard idéologique des révolutionnaires avides de faire table rase du monde ancien. Comme nombre de romantiques, Hugo entend renouer les chaînons de l'histoire, que la Révolution française a en partie brisés : il n'est pas anodin que Hugo publie des *Odes et ballades*, formes médiévales, dont l'édition définitive paraît en 1828. La nostalgie n'est pas la seule source d'inspiration de Hugo : au monde du passé, il associe des êtres légendaires (sylphes, lutins, fées...) évoqués par Nodier dans ses contes fantastiques et familiers à ses amis fréquentant, comme Hugo, les réunions de l'Arsenal. **L'imagination joue un rôle majeur dans la représentation du monde** par le poète.

Dans un article intitulé « Actualité de Victor Hugo : réflexions sur le bicentenaire de 2002 » (publié par la *Rivista da Universidade de Aveiro*, n° 19/20, 2002-2003), Claude Millet montre que ce qui explique que Hugo nous semble contemporain, à l'ère d'internet, c'est la **connexion** qui existe entre ses personnages, tous **liés** dans ses romans, en particulier dans *Les Misérables* : « Hugo, en accord sur ce point avec les saint-simoniens, conçoit le monde comme un réseau de communication. [...] Cet imaginaire du lien, de la connexion, à peu près impénétrable à un esprit de 1952 par exemple, est au contraire spontanément appropriable pour un lecteur de 2002 ».

Vertus de l'utopie : imaginer un autre monde

C'est pourquoi l'utopie joue un rôle dans la transformation du monde. Il est ainsi possible d'établir des ponts entre *Utopie* (1516) de Thomas More et *Les Misérables* (1862). Dans la première partie de son récit, More dénonce un monde caractérisé par la fabrique de l'injustice, en particulier du fait de la pratique des *enclosures*, qui réduit les pasteurs à voler pour subsister, puis imagine **un monde idéal**, gouverné par la raison, et décrit par Raphaël Hythlodée. Injuste et absurde, puisque c'est le seul moyen de se nourrir pour ceux qui n'ont plus de troupeau à garder, la répression de plus en plus sévère du vol est dénoncée par Thomas More. De même, Hugo, influencé par les idées socialistes, montre la misère du prolétariat, à travers son roman et dresse ainsi un véritable **réquisitoire** contre une société qui crée des nécessités qu'elle réprime. Ainsi, Jean Valjean n'a pas volé par vice, mais, faute de trouver du travail dans un contexte défavorable, pour faire vivre les enfants de sa sœur, prématurément veuve. La dépossession de son corps par Fantine, qui loue sa force de travail, puis son corps, après avoir vendu ses cheveux et ses palettes (dents de devant), traduit symboliquement les effets pervers d'un capitalisme qui déshumanise, aliène, et condamne, au mépris des sentiments humains : Fantine, anagramme d'enfant (avec en plus le « i », qui peut suggérer une vive douleur), se sacrifie pour sa fille, Cosette, et donne tout, y compris son corps, ce qui en fait un personnage christique.

Imaginant un monde où les modèles sont l'ancien bagnard, devenu monsieur Madeleine, qui crée de la richesse, en tant qu'entrepreneur, et la prostituée, Hugo suggère que « le sublime est en bas », selon sa formule dans le poème « Les Malheureux ». L'utopie est ici au service d'un réquisitoire contre un monde sans humanité que l'on ne peut accepter. L'exergue des *Misérables* est explicite à ce sujet :

> Tant qu'il existera, par le fait des lois et des mœurs, une damnation sociale créant artificiellement, en pleine civilisation, des enfers, et compliquant d'une fatalité humaine la destinée qui est divine ; tant que les trois problèmes du siècle, la dégradation de l'homme par le prolétariat, la déchéance de la femme par la faim, l'atrophie de l'enfant par la nuit, ne seront pas résolus ; tant que, dans certaines régions, l'asphyxie sociale sera possible ; en d'autres termes, et à un point de vue plus étendu encore, tant qu'il y aura sur terre ignorance et misère, des livres de la nature de celui-ci pourront ne pas être inutiles.

Imaginer un monde où les marginaux ne sont pas des « classes dangereuses » mais des êtres potentiellement sublimes, c'est clamer la monstruosité du monde tel qu'il est et inviter à le remplacer par un autre. Dans *Les Misérables*, Hugo désigne ainsi l'utopie comme « vérité de demain ». Dans *Quatrevingt-Treize*, cependant, Hugo, conscient des dangers possibles des utopies, met en scène deux aspects de l'utopie, à travers le dialogue final de Cimourdain et de Gauvain : l'utopie à court terme, violente, qui est celle du soldat, et l'utopie à long terme, qui est celle du penseur. Si l'utopie peut susciter des exactions, comme en 1793, **l'absence d'utopie est elle aussi terrible, car elle est le signe d'une absence d'idéal, donc d'une résignation au monde tel qu'il est, avec ses injustices.**

Conclusion

L'œuvre de Hugo invite à considérer la totalité du monde, dans un élan romantique vers l'infini. Le monde n'a pas de limites, et tout être peut se révéler apparaître comme un monde riche : « Et tout homme est un livre où Dieu lui-même écrit. / Chaque fois qu'en mes mains un de ces livres tombe, / Volume où vit une âme et que scelle la tombe, / J'y lis » (*Les Contemplations*, « La Vie aux champs »). Dans sa représentation de l'univers ou de l'homme, Hugo est en quête d'absolu. Tout être, humain ou pas, est lui-même un monde caractérisé par des tensions, et qui n'est jamais ni tout à fait grotesque, ni tout à fait sublime. Incarnation d'un romantisme humanitaire, Hugo s'illustre de ce fait par des combats, légitimés par une révolte contre les injustices du monde social et politique de son temps. S'il veille à intégrer à l'humanité tous les hommes que les préjugés sociaux sont tentés d'écarter, il combat aussi le regard que la doxa porte sur les êtres qui n'appartiennent pas à l'espèce humaine : tout et tous, dans l'univers, parlent au poète. Dans sa représentation du monde, avec toute la richesse que ce concept peut avoir, Hugo donne pour mots d'ordre : vérité, totalité et liberté. « N'est-ce pas que c'est ineffable / De se sentir immensité [...] ! » (« Les Mages »).

NOTION CLEF **Le grotesque et le sublime**

Si le grotesque a pour étymon l'italien *grottesca*, qui qualifie des décorations présentes à l'origine dans des grottes, et concerne de prime abord ce qui est ridicule, le sublime constitue une catégorie esthétique renvoyant à ce qui transcende la beauté, conformément à son étymon latin *sublimus*, qui désigne ce qui « va en s'élevant » ou ce qui « se tient en l'air ».

Notion majeure chez les classiques, le sublime est au cœur de la *Critique de la faculté de juger*, au XVIIIe siècle. Kant analyse en effet le sentiment de sublime que ressent l'homme face à des forces de la nature qui le dépassent, comme un paysage de montagne, et lui font ressentir sa propre finitude.

Le monde de Hugo est bien celui du grotesque et du sublime, au sens où l'auteur des *Contemplations* aime à mettre en scène dans ses œuvres le monstrueux et l'idéal. Puisque « tout dans la création n'est pas humainement beau » (préface de *Cromwell*), l'artiste se doit de tout représenter, dans cette imitation de la nature qu'est une œuvre. Toutefois, Hugo aime renverser les perspectives sur le monde, et jouer des paradoxes : si « le sublime est en bas » (« Les Malheureux »), cela permet de procéder à un renversement axiologique qui a des enjeux idéologiques.

Avec l'antithèse entre le grotesque et le sublime, Hugo interroge le regard porté sur le monde, et invite à passer de l'exclusion à l'inclusion. Le poème « J'aime l'araignée et j'aime l'ortie » (*Les Contemplations*, III, 27) montre que **nous apprenons à voir le monde d'une certaine manière**, et que le grotesque supposé de certains êtres est aussi une construction culturelle. Ce texte a une portée aussi bien métaphysique que poétique, et invite à considérer la valeur de tout être en ce monde : « Passants, faites grâce à la plante obscure, / Au pauvre animal » peut être entendu comme une **exhortation à voir la grâce des êtres les moins admirés**.

Texte choisi

Le pauvre poète jeta les yeux autour de lui. Il était en effet dans cette redoutable Cour des Miracles, où jamais honnête homme n'avait pénétré à pareille heure ; cercle magique où les officiers du Châtelet et les sergents de la prévôté qui s'y aventuraient disparaissaient en miettes ; cité des voleurs, hideuse verrue à la face de Paris ; égout d'où s'échappait chaque matin, et où revenait croupir chaque nuit ce ruisseau de vices, de mendicité et de vagabondage toujours débordé dans les rues des capitales ; ruche monstrueuse où rentraient le soir avec leur butin tous les frelons de l'ordre social ; hôpital menteur où le bohémien, le moine défroqué, l'écolier perdu, les vauriens de toutes les nations, espagnols, italiens, allemands, de toutes les religions, juifs, chrétiens, mahométans, idolâtres, couvert de plaies fardées, mendiants le jour, se transfiguraient la nuit en brigands ; immense vestiaire, en un mot, où s'habillaient et se déshabillaient à cette époque tous les acteurs de cette comédie éternelle que le vol et le meurtre jouent sur le pavé de Paris.

C'était une vaste place irrégulière et mal pavée, comme toutes les places de Paris alors. Des feux, autour desquels fourmillaient des groupes étranges, y brillaient çà et là. Tout cela allait, venait, criait. On entendait des rires aigus, des vagissements d'enfants, des voix de femmes. Les mains, les têtes de cette foule, noires sur le fond lumineux, y découpaient mille gestes bizarres. Par moments, sur le sol, où tremblait la clarté des feux, mêlée à de grandes ombres indéfinies, on pouvait voir passer un chien qui ressemblait à un homme, un homme qui ressemblait à un chien. Les limites des races et des espèces semblaient s'effacer dans cette cité comme dans un pandémonium.

[...] C'était comme un nouveau monde, inconnu, inouï, difforme, reptile, fourmillant, fantastique.

Notre-Dame de Paris, livre deuxième, chapitre VI,
« La Cruche cassée », 1831

Analyse

Ayant suivi la bohémienne Esmeralda dans les rues la nuit, le poète Gringoire se trouve **égaré** dans un monde qui n'est pas le sien : celui de la fameuse Cour des Miracles, dont Louis XIV a mis fin à l'existence depuis, le roman de Hugo ayant pour cadre Paris en 1482. L'accumulation du premier paragraphe suggère la présence d'une populace effrayante pour un « honnête homme ». La comédie qui s'y prépare fait peur, car elle a partie liée avec le vice et le crime. La misère déshumanise, et effraie, car elle pousse à de violentes extrémités : au XIXe siècle, les bourgeois ont peur de ce qu'ils nomment « les classes dangereuses ». **Deux**

mondes en apparence dichotomiques existent. La distinction entre les honnêtes gens et les autres ne recouvre pas la distinction entre les bons et les méchants, suggère cependant l'œuvre de Hugo.

Lecteur de l'histoire de la ville de Paris écrite par Sauval au XVIIe siècle, Hugo plonge son lecteur dans un univers effrayant et pittoresque, dans lequel règne une confusion infernale. Le terme de « pandémonium », forgé par Milton, désigne en effet l'Enfer : Hugo joue avec le procédé de la **catabase** (descente aux enfers), familier aux auteurs antiques, sauf que le narrateur se montre ici ironique, le poète Gringoire étant un anti-héros qui « découvre » un aspect du monde réel, et non un autre monde, celui des morts ou de créatures fabuleuses. La monstruosité de ce lieu vient en effet des créatures qui le peuplent : le poète croit assister à un véritable sabbat.

Si le monde évoqué est présenté sous des traits si surnaturels, c'est avant tout pour livrer le point de vue de Gringoire, qui croit s'être aventuré dans un autre monde que le monde réel. Ce passage atteste ainsi la puissance de l'imagination dans la représentation du monde : l'historien Sauval inspire Hugo, qui livre la **perception d'un monde inquiétant, faussée par l'épouvante** qu'éprouve Gringoire, dont la vie est toutefois réellement en péril.

Avec cette description de la Cour des Miracles, nauséabonde pour les honnêtes gens, le lecteur est immergé dans le monde du grotesque. La présence d'Esmeralda en ce lieu, conformément au principe du contraste, rend encore plus spectaculaire son caractère sublime.

Mode d'emploi

Cet article se propose d'initier au monde de Hugo, dans la diversité de ses sens (l'univers, le monde des hommes, le monde propre à l'individu, le monde créé par Hugo dans ses œuvres), afin de poser les questions du mystère du monde et de l'interprétation des signes de ce monde. Peut-on saisir le monde ? Comment **représenter** le monde ? Tout être doit-il être représenté ?

Au seuil du monde, le poète nous invite à repousser les limites, et à contempler l'immensité, dans l'univers, mais aussi au cœur de **tout être, qui est un monde à soi seul**, où le grotesque et le sublime sont en conflit. La complexité du **monde de l'homme** est spectaculaire, chez Hugo, tout comme le refus du « chacun son monde ». Avec Hugo est présente la perspective d'un monde sans fin.

La force de l'engagement de Hugo a, certes, des enjeux politiques et sociaux, mais aussi des conséquences esthétiques : Hugo livre une littérature de l'inclusion, qui refuse les limites et transgresse les bornes de la doxa. Peut-on **changer le monde** ? Telle est une des questions majeures que soulève l'œuvre de Hugo, qui invite à recourir à l'utopie pour transformer le monde qui semble s'imposer à nous, et ouvrir la voie à **un autre monde**.

Chapitre 8
Les Fleurs du mal de Charles Baudelaire : s'emparer du monde pour créer des mondes

Émilie Stouder Muraru

« Notre âme est un trois-mâts cherchant son Icarie »
« Le Voyage », section « La mort », in *Les Fleurs du mal*

Charles Baudelaire est un poète érudit et dandy, fondateur de la modernité en poésie ; mais aussi un homme insaisissable, meurtri, au regard presque inquiétant sur la photographie prise par Nadar en 1862 ; ou encore un homme peut-être infréquentable, sulfureux, adepte des paradis artificiels, des provocations et des bas-fonds. Il est homme de paradoxes, et sa vérité est sans doute une somme de tous ces portraits que l'on a pu dresser de lui depuis plus de 150 ans. Il nous reste aujourd'hui une poésie qui emporte les sens et les esprits à chaque génération, qui ravit et qui bouscule tant son écriture reste inclassable. C'est sans doute ce qui peut définir le mieux le poète, « celui qui crée », si l'on se réfère à l'étymologie du terme. L'objet de cet article sera donc d'approcher le monde complexe de Charles Baudelaire dans son recueil *Les Fleurs du mal*. Nous envisagerons ce qu'il révèle de sa vision du monde et de la société qui l'entoure à travers la structure très personnelle de l'œuvre. Puis nous verrons comment, en véritable alchimiste des mots, il absorbe le monde pour le révéler dans une vérité dérangeante ou fascinante, mais surtout nouvelle. Et enfin nous montrerons que Baudelaire est un véritable créateur de monde, un poète démiurge, chez qui la parole poétique acquiert un authentique pouvoir créateur.

Charles Baudelaire naît en 1821, la même année que Gustave Flaubert et Fiodor Dostoïevski, au moment où, dans les arts et la littérature, le romantisme prend toute son ampleur. Sa jeunesse se déroule dans les circonvolutions de son histoire personnelle du fait de la mort de son père et du remariage de sa mère avec un homme qu'il n'aima jamais et qui ne l'aima pas plus. Il se débat contre sa famille qui l'envoie voyager pour le distraire de la vie de bohème puis lui coupe toute ressource quand ses dettes se font trop importantes. Mais il vit aussi en témoin direct les soubresauts de l'Histoire, de la Restauration à la monarchie de Juillet, de la 2de République au 2d Empire. Et pendant que la société se réinvente sans cesse sur le plan politique, elle se transforme aussi par l'industrialisation et l'urbanisation progressive de la France. Baudelaire observe ce monde en profonde mutation et il comprend très rapidement qu'il veut le regarder à travers l'expression poétique. Il commence à écrire dès son voyage sur l'île Maurice et l'île de la Réunion en 1841 puis il publie ses premières critiques d'art en 1845, ses premiers poèmes les années suivantes. Le recueil des *Fleurs du mal* que nous lisons aujourd'hui est le résultat de plus de quinze années de travail, de trois éditions, de 1857 à 1868, d'un procès qui censura six poèmes avant la réhabilitation des pièces interdites en 1949 seulement.

I. Le poète se heurte au réel : écrire pour révéler la souffrance d'être au monde

Orphelin de père à l'âge de six ans, Baudelaire grandit, nourri de ses lectures et dans une opposition de plus en plus prononcée contre son beau-père, le général Aupick. Plus tard, le regard que la société porte sur lui, à travers le procès intenté aux *Fleurs du mal*, le touche amèrement. Ces faits ne doivent pas paraître anecdotiques dans l'étude du recueil, cette souffrance est pour le poète source d'inspiration et de création.

Le recueil des *Fleurs du Mal* est organisé en six sections, qui proposent un parcours thématique en apparence mais que l'on peut aussi lire comme **un parcours de désespérance personnelle.**

Dans « Bénédiction », la naissance d'un poète martyr

La première section du recueil, « Spleen et Idéal » s'ouvre sur une forme de légende personnelle, un récit fondateur :

> « Lorsque, par un décret des puissances suprêmes,
> Le Poète apparaît en ce monde ennuyé,
> Sa mère épouvantée et pleine de blasphèmes
> Crispe ses poings vers Dieu, qui la prend en pitié »

Le poète débute son propos par son propre surgissement au monde, à la fois comme l'objet d'un dessein divin et comme la manifestation d'une malédiction terrible. Le « monde ennuyé » dans lequel il prend vie est à entendre comme un monde accablé par l'Ennui, ce que Baudelaire considère comme le pire et le plus effrayant des « monstres glapissants, hurlants, grognants, rampants, / Dans la ménagerie infâme de nos vices » (« Au lecteur »).

Le Poète naît donc dans un monde qui le rejette de la manière la plus radicale. Les paroles maternelles lui ôtent d'emblée toute humanité et toute légitimité apparente à vivre : il est un « monstre rabougri » et un « arbre misérable », et elle lui souhaite tortures et souffrances.

> « Pourtant, sous la tutelle invisible d'un Ange,
> **L'Enfant déshérité s'enivre de soleil,**
> Et dans tout ce qu'il boit et dans tout ce qu'il mange
> Retrouve l'ambroisie et le nectar vermeil. »

En l'espace de quelques strophes, et avec l'articulation de l'adverbe « pourtant », Baudelaire renverse la malédiction. Le monde est aussi source de beauté, et l'enfant se nourrit d'elle. Ce quatrain confirme la nature divine du poète puisque les mets des dieux de l'Olympe, le nectar et l'ambroisie, lui sont associés. Un processus similaire de mise en opposition se retrouve plus loin dans le poème quand, à la malédiction maternelle, succèdent les imprécations de sa femme. Le ciel, est là aussi pour lui le lieu vers lequel il tourne son regard pour échapper à la bassesse du monde terrestre :

> « Vers le Ciel, où son œil voit un trône splendide,
> Le Poète serein lève ses bras pieux,
> Et les vastes éclairs de son esprit lucide
> Lui dérobent l'aspect des peuples furieux »

Baudelaire fait alors de lui-même **la figure d'un élu** qui seul peut s'élever au-dessus de la laideur du monde, celui qui pourra révéler les « fleurs du mal » à travers et au-delà de sa propre souffrance : « Je sais que la douleur est la noblesse unique » affirme-t-il avant de se ceindre de la **« couronne mystique », symbole du martyr créateur.**

L'expression d'une souffrance existentielle

Une société grossière

Le monde terrestre semble n'apporter au poète que souffrance et le deuxième poème de la section « Spleen et idéal » poursuit le tableau d'une humanité grossière et violente. Dans « L'Albatros », Baudelaire propose un **autoportrait allégorique** : la société, est un « navire glissant sur les gouffres amers » et ses « hommes d'équipage » trompent leur ennui en capturant et maltraitant des albatros. Le poète, lui, « est semblable au prince des nuées ». Son univers est celui de « l'azur » et **personne ne sait voir la magnificence de « ses grandes ailes blanches » tant il devient**

« gauche et veule », « comique et laid », au contact des hommes. Il n'est plus entre leurs mains qu'un pantin risible : « Exilé sur le sol au milieu des huées / Ses ailes de géant l'empêchent de marcher ». Ici l'écriture mime le boitillement de l'oiseau qui ne sait que voler, par l'anacoluthe, une rupture de construction grammaticale. En effet l'apposition « exilé » crée l'attente d'un sujet au masculin singulier, pour le vers suivant, « le poète » par exemple. Or ce sont les ailes qui sont mentionnées, on se heurte à elles puisque l'albatros ne peut les replier totalement, ce qui fait de lui et donc du poète un être inadapté à la vie « sur le sol », c'est-à-dire en société. Et pourtant les albatros sont « compagnons de voyage » des marins, ils ont besoin comme les poètes, de vivre près des hommes pour se nourrir.

La Muse du spleen

Le poète dépend donc du monde des hommes qui le méprisent et le font souffrir. Les deux poèmes consacrés explicitement à la Muse, allégorie de l'inspiration, en sont très révélateurs. Elle est en effet présentée comme « malade » puis « vénale » dans les titres des sonnets 7 et 8 des *Fleurs du Mal*. La **dégradation de cette figure habituellement représentée de manière élogieuse** révèle la souffrance du poète puisqu'elle est à l'image de son état d'esprit dans la création. Elle est sujette aux cauchemars, ses « yeux creux sont peuplés de visions nocturnes » et elle est moribonde, les « deux pieds violets » et les « épaules marbrées » par le froid. Elle semble même prostituer son art « pour gagner [t]on pain de chaque soir » en travestissant sa peine « Pour faire épanouir la rate du vulgaire ». Ce portrait en diptyque est une **première entrée dans le spleen baudelairien.** Il s'agit d'une mélancolie profonde qui résulte d'une souffrance morale puissante, sans cause aisément identifiable. Les termes de « tristesse », « douleur » et « angoisse » abondent dans *Les Fleurs du mal*. Ils deviennent même des allégories terribles, comme on peut le voir dans ce combat épique de la fin d'un des poèmes titrés « Spleen » :

> « Et de longs corbillards, sans tambours ni musique,
> Défilent lentement dans mon âme ; l'Espoir
> Vaincu, pleure, et **l'Angoisse, atroce, despotique,**
> **Sur mon crâne incliné, plante son drapeau noir.** »

L'angoisse du Temps

Le Temps, figure allégorique aussi, occupe une place majeure dans le regard que Baudelaire pose sur le monde, pour exprimer sa souffrance et une **forme d'inadéquation à sa propre vie.** Le poète peut ainsi évoquer un passé immémorial, forme d'âge d'or avant la déchéance de l'homme : « j'aime le souvenir de ces époques nues » écrit-il dans le poème V de « Spleen et idéal ». Mais il explore surtout un présent insaisissable et fait explicitement du Temps « L'Ennemi » dans le poème éponyme : « Le Temps mange la vie, / Et l'obscur Ennemi qui nous ronge le cœur

/ Du sang que nous perdons croît et se fortifie ». Le sonnet « À une passante » montre aussi, dans le cadre d'une rencontre furtive, **l'incapacité tragique à retenir le temps** :

> « Un éclair… puis la nuit ! Fugitive beauté
> Dont le regard m'a fait soudainement renaître,
> Ne te verrai plus que dans l'éternité ? »

Le temps reste insaisissable se contractant pour faire disparaître la passante, mais s'étirant aussi indéfiniment dans le spleen. Il est une composante de la souffrance existentielle du poète : **« Mon âme est un tombeau que […] / Depuis l'éternité je parcours et j'habite ».** L'Horloge, qui donne son titre au dernier poème de la section « Spleen et idéal », explicite ce poids du temps à travers un ***memento mori*** **implacable, qui signe une urgence à vivre** :

> « Horloge ! dieu sinistre, effrayant, impassible.
> Dont le doigt nous menace et nous dit : – *Souviens-toi* ! […]
> Les minutes, mortel folâtre, sont des gangues
> Qu'il ne faut pas lâcher sans en extraire l'or »

La fascination morbide

La mort est omniprésente dans la poésie de Baudelaire : « Meurs vieux lâche, il est trop tard », lui dit le Temps dans « L'Horloge », et lui-même rappelle à la femme aimée qu'elle sera bientôt semblable à la charogne rencontrée sur le bord d'un chemin (« Une charogne »). Le poète révèle un goût poétique certain pour la dégradation des corps, les atmosphères macabres, la déchéance, la putréfaction, mais aussi les créatures surnaturelles, vampires ou succubes, ce qui fait de lui **l'héritier d'un romantisme noir.** La section « Révolte » semble ainsi tout entière inspirée du satanisme romantique de Byron. « Le Voyage », dernier très long poème du recueil, en huit sections, clôt une progression chronologique entamée avec le récit de la naissance dans « Bénédiction ». Il s'achève sur une interpellation directe :

> « Ô Mort, veux capitaine, il est temps ! levons l'ancre !
> **Ce pays nous ennuie, ô Mort, appareillons** […]
> Plonger au fond du gouffre, Enfer ou Ciel, qu'importe ?
> Au fond de l'Inconnu pour trouver du *nouveau !* »

Cet ultime poème referme donc explicitement le monde des *Fleurs du mal* par l'évocation d'une mort prochaine, mais sans que le poète renonce à la création. Il se dit gagné lui-même par l'ennui, ce qui fait écho au « monde ennuyé » du poème liminaire. Mais l'**autre monde sera alors peut-être un nouveau territoire poétique à explorer**[1].

1. Voir aussi dans « La mort de artistes » : « la Mort, planant comme un soleil nouveau, / Fera s'épanouir les fleurs de leur cerveau »

Le poète censuré, exclu du monde littéraire

Le procès et la censure

La première édition du recueil en juin 1857 s'attire les foudres de la justice impériale et Baudelaire est **condamné pour « outrage à la morale publique et aux bonnes mœurs »**. Il s'agit bien ici de porter jugement et d'**interdire les mots que le poète pose sur le monde**. Dans son réquisitoire, le substitut Ernest Pinard déclare ainsi :

> « De bonne foi, croyez-vous qu'on puisse tout dire, tout peindre, tout mettre à nu, pourvu qu'on parle ensuite du dégoût né de la débauche et qu'on décrive les maladies qui la punissent ?
> Messieurs, je crois avoir cité assez de passages pour affirmer qu'il y a eu offense à la morale publique. »

Le recueil est présenté comme une **incitation à la débauche,** en particulier par la galerie de portraits féminins qui seraient des peintures lascives, complaisantes voire outrées, **prétendant édifier les lecteurs quand elles ne viseraient que le trouble érotique**. Six poèmes sont alors interdits, et le poète comme son éditeur sont condamnés à des amendes. Ernest Pinard poursuit ainsi son réquisitoire :

> « Quand le livre apparaît, c'est pour rester ; il demeure dans nos bibliothèques, à nos foyers, comme une sorte de tableau. S'il a ces peintures obscènes qui corrompent ceux qui ne savent encore rien de la vie, s'il excite les curiosités mauvaises et s'il est aussi le piment des sens blasés, il devient un danger toujours permanent. »

Le recueil de poèmes constituerait donc une mise en danger de la société, mais l'interdire est surtout une manière éclatante de **montrer la force de la poésie pour dire le monde**.

Le poète albatros « qui hante la tempête et se rit de l'archer »

Après l'interdiction de six poèmes, Baudelaire publie une seconde version des *Fleurs du Mal*, largement augmentée. Dans « L'Albatros », qui fait partie des nouveaux poèmes de 1861, le poète se présente comme majestueux quand il survole le monde en « prince des nuées », c'est-à-dire maître du monde poétique si on élucide l'allégorie. Il peut alors se tenir à distance des attaques et des blessures infligées par la société, des « huées » du monde terrestre. Dans « Élévation » on retrouve la même image d'un **poète albatros survolant le monde depuis un espace réservé au Poète élu** :

> « Envole-toi bien loin de ces miasmes morbides ;
> Va te purifier dans l'air supérieur,
> Et bois, comme une pure et divine liqueur,
> Le feu clair qui remplit les espaces limpides. »

Le recueil propose donc deux représentations antithétiques du poète : il est à la fois l'homme souffrant, inadapté au monde des hommes, terrassé par le Spleen, et à la fois l'esprit supérieur, surplombant le monde pour s'en emparer poétiquement.

II. Le poète absorbe le monde : écrire pour donner à voir

Une œuvre inclassable

Dépasser les courants pour créer un univers esthétique unique

Les Fleurs du mal représentent un monde à part dans le champ littéraire puisqu'elles ne sont **pas réductibles à un courant ou à une école dans un XIXe siècle qui aime les classifications esthétiques.** Le recueil est dédié à Théophile Gautier, « poète impeccable, [...] parfait magicien es langue française, [...] très-cher et très-vénéré maître et ami ». Il est donc placé sous la tutelle du chef de file du **Parnasse,** dont la devise poétique est « l'art pour l'art », c'est-à-dire **la recherche du Beau** en dehors de toute considération morale ou toute recherche d'utilité.

> « Que tu viennes du ciel ou de l'enfer, qu'importe,
> Ô Beauté ! monstre énorme, effrayant, ingénu ! [...]
> Qu'importe, si tu rends, – fée aux yeux de velours, [...]
> L'univers moins hideux et les instants moins lourds ? »
>
> (« Hymne à la beauté »).

La dédicace à Théophile Gautier ne doit cependant pas limiter la poésie de Baudelaire à une recherche de perfection formelle. Ses écrits portent aussi la **trace de ses lectures romantiques** de jeunesse. Dans la plainte élégiaque du poème « Chant d'automne » par exemple, le poète exprime sa mélancolie devant le passage des saisons et il recherche dans la présence de la femme aimée une douce consolation : « Amante ou sœur, soyez la douceur éphémère / D'un glorieux automne ou d'un soleil couchant ».

Enfin Baudelaire est aussi incontestablement le **précurseur du symbolisme,** suggérant, en particulier à travers la théorie des correspondances,[1] l'existence d'un monde invisible derrière le monde sensible. Pour le poète **le monde est à déchiffrer** et l'écriture poétique est une quête quasi mystique qui use d'analogies et de synesthésies.

Faire de la poésie un art universel

Le recueil révèle la passion de Baudelaire pour les autres arts, au premier rang desquels la peinture. Le poème « Les Phares » propose ainsi, en onze quatrains, de transcrire poétiquement l'univers des huit peintres et sculpteurs, qui constituent pour lui ses « phares », ses **figures tutélaires indispensables** : « C'est pour les cœurs

1. Voir infra, l'étude du poème « Correspondances »

mortels un divin opium ! ». De même il dédie des poèmes à Ernest Christophe, un statuaire, ou encore à Victor Hugo. Il prend le titre de « L'heautontimoroumenos » chez le poète latin Térence; il met en scène « Don Juan aux Enfers » ou évoque « La Béatrice » de Dante. Et ses poèmes multiplient les **références érudites**, aussi bien à des personnages bibliques que mythologiques ou littéraires: Faust, lady Macbeth, Sisyphe, Phoebus, Abel et Caïn... Le poème « Franciscae mea laudes » est même entièrement écrit en latin avec ce sous-titre « vers composés pour une modiste érudite et dévote ». Une figure particulière enfin est à mentionner dans les très nombreuses références artistiques du recueil, il s'agit de Constantin Guys, auquel le poème « Rêve parisien » est dédié. En effet Baudelaire consacrera en 1863 une étude titrée *Le Peintre de la vie* moderne, qui contribua à faire connaître ce dessinateur et graveur.

La poésie est donc pour Baudelaire, le lieu de **convergence des mondes artistiques qui constituent son univers personnel.**

La force des perceptions sensorielles: le poète est le messager du monde sensible

L'enivrement est un thème récurrent du recueil, dès le poème « Bénédiction » qui fait état d'une expérience sensorielle fondatrice puisque « l'enfant déshérité s'enivre de soleil ». On le retrouve explicitement à travers la parole de « L'âme du vin » qui s'adresse à l'homme: « En toi je tomberai, végétale ambroisie [...] Pour **que de notre amour naisse la poésie** / Qui jaillira vers Dieu comme une rare fleur ». L'enivrement est donc source de floraison c'est-à-dire de création. Il ne se limite pas cependant au pouvoir du vin et le parfum joue aussi un rôle majeur dans l'emportement des sens, tout autant que les « philtres infâmes » (« La Destruction ») mais aussi le simple regard de la femme aimée, comme on le voit dans « Le Poison »: « Mes songes viennent en foule / Pour me désaltérer à ces gouffres amers ». On a souvent parlé du goût de Baudelaire pour les paradis artificiels, mais sa poésie se construit plus explicitement d'un **enivrement allégorique** dû à une extrême sensibilité aux sollicitations sensorielles immédiates.

Une quête poétique sans cesse renouvelée pour dire un monde

Les Fleurs du mal présentent des thèmes récurrents, comme obsessionnels. L'écriture semble chercher à dire encore et encore, **comme si la parole poétique n'était jamais épuisée,** comme si le verbe ne réussissait pas à se saisir pleinement de l'objet. Il en va ainsi du **spleen** dont on retrouve le terme dans le titre d'une section mais aussi de quatre poèmes, et qui est évoqué ailleurs sous de multiples nuances. « Tristesse de la lune », « Le Guignon », « L'Irréparable », « L'Irrémédiable » par exemple sont autant de titres programmatiques annonçant une déclinaison du spleen autour de l'angoisse du poète. De même **le motif du temps** est essentiel, comme celui du **désir parfois trouble** pour la femme aimée.

Enfin des figures récurrentes constituent le monde des *Fleurs du mal*, autour d'un **riche bestiaire**: par exemple les insectes grouillent dans « Spleen », sur la « charogne » ou autour du « mort joyeux », matérialisant la décomposition des corps; le loup menace dans les poèmes « Au lecteur », « Sépulture » ou « L'irréparable », voire dans « Crépuscule du soir ». Et le chat comme le serpent servent d'allégorie de la femme dans leur sensualité fascinante et inquiétante: « chat voluptueux » (« La géante ») et « serpent sur la braise » (« Les métamorphoses du vampire »).

L'écriture est une **quête poétique enclose dans un recueil mais qui ne semble pas pouvoir s'épuiser.**

Le poète de la modernité, le peintre du monde urbain

> « Je t'aime, ô ma très belle, ô ma charmante...
> [...] j'ai de chaque chose extrait la quintessence,
> Tu m'as donné ta boue et j'en ai fait de l'or. »

(« Projet inachevé d'un épilogue pour la 2e édition »)

La déambulation urbaine

Nous avons vu que quand le poète albatros survole le monde, il le domine en majesté. Nous retrouvons ce motif dans « Tableaux parisiens », de manière plus prosaïque, par la mise en abyme du premier poème de la section, « Paysage »:

> « Je veux, pour composer chastement mes églogues,
> **Coucher auprès du ciel, comme les astrologues**,
> Et, voisin des clochers écouter en rêvant
> Leurs hymnes solennels emportés par le vent. »

Le poète évoque ensuite, dans le poème « Le Soleil », une **déambulation qui associe l'écriture à son parcours urbain:**

> « Le long du vieux faubourg, [...]
> Je vais m'exercer seul à ma fantasque escrime,
> Flairant dans tous les coins les hasards de la rime,
> Trébuchant sur les mots comme sur les pavés,
> Heurtant parfois des vers depuis longtemps rêvés. »

Tout au long de la section, nous **suivons le poète à travers la ville:** il gagne « le nouveau Carrousel » dans « Le Cygne » et se lamente de la disparition du « vieux Paris »; il traverse « le faubourg secoué par de lourds tombereaux » dans « Les sept vieillards »; il se trouve dans « la rue assourdissante » quand il rencontre la Passante du poème éponyme; il feuillette des livres d'anatomie chez les bouquinistes des « quais poudreux » de la Seine dans « Le Squelette laboureur ». **Le monde urbain, dans son évolution et sa réalité quotidienne**, entre ici en poésie par l'écriture novatrice de Baudelaire.

Les êtres de la ville

Cette section du recueil démontre l'acuité du regard du poète sur la société : **il donne à voir un monde méprisé ou ignoré,** les êtres que l'on ne regarde pas, que l'on ne montre pas, parce qu'ils semblent insignifiants, mais aussi et surtout parce qu'ils paraissent laids ou sont souffrants. Ainsi une galerie de portraits se constitue, « une mendiante rousse », « les sept vieillards », « les petites vieilles », « les aveugles », « une passante » auxquels on peut ajouter les personnages de « Crépuscules du soir » : « le savant obstiné », « l'ouvrier courbé », les « catins » et les « escrocs, leurs complices / Et les voleurs » ou encore les joueurs compulsifs du poème « Le jeu ». **L'écriture poétique fait alors de ces êtres des personnages à part entière.** La « mendiante rousse » devient, à ses yeux, plus belle qu'une « reine de roman » ; les petites vieilles sont toujours au fond d'elles les « Mères au cœur saignant, courtisanes ou saintes » qu'elles ont été jadis. De même les aveugles sont « Terribles, singuliers comme des somnambules » mais ils apparaissent comme **des figures de voyants magnifiques dans un monde qui ne regarde rien, une ville « éprise du plaisir jusqu'à l'atrocité »**. Ce vers fait écho aux oxymores du projet d'un épilogue, qui évoque de Paris « [s]on vice vénérable étalé dans la soie, / Et [s]a vertu risible, au regard malheureux ».

III. Le poète démiurge : créer des mondes

> « les fleurs nouvelles que je rêve » (« L'Ennemi »)

Le poète ne se contente pas de donner à voir le monde à travers son regard singulier. Il crée aussi des mondes, donne forme à des rêves et des fantasmagories, explore poétiquement son univers mental.

Le poète alchimiste

Baudelaire revendique explicitement son rôle d'alchimiste, il est celui qui sait transformer la boue en or. Mais **il ne faut pas imaginer que « l'or » soit toujours le Beau**. Il ne s'agit pas de magnifier le laid ou de transfigurer magnifiquement la fange. Le titre du recueil nous l'indique, le poète crée à partir du mal, il fait pousser des fleurs, ses poèmes, qui se nourrissent du mal. Mais il s'agit de « fleurs maladives », comme l'écrit Baudelaire, dans sa dédicace à Théophile Gautier. Le travail de l'écriture poétique est à entendre comme dans « Une charogne » : « le ciel regardait la carcasse superbe / Comme une fleur s'épanouir ». Le poème est un surgissement qui peut être bouleversant, on revient ici à une forme de sublime au sens romantique du terme.

L'alchimie est donc une transfiguration, à entendre comme une **métamorphose du réel en matériau poétique**. Et si le Beau formel fait partie des recherches de l'écriture poétique de Baudelaire, le poète ne cherche pas à bercer les âmes et les imaginations de jolies images. « Par toi je change l'or en fer / Et le paradis en enfer » écrit-il même dans « Alchimie de la douleur » en inversant l'ordre alchimique.

Le paysage mental du spleen

Dans la série des poèmes du spleen, Baudelaire matérialise sa profonde mélancolie en créant des paysages de « faubourgs brumeux », de **monde pluvieux qui abolit les frontières entre l'homme et le monde qui l'entoure,** chacun semblant absorber l'autre, dans un emprisonnement réciproque. « Je suis comme le roi d'un pays pluvieux » et « un peuple muet d'infâmes araignées / Vient tendre ses filets au fond de nos cerveaux » pendant que « l'âme d'un vieux poète erre dans la gouttière ». Le poète crée ici des tableaux qui sont des **représentations multisensorielles de son état mental**. Il crée un monde qui prend toute son ampleur dans la section « Fleurs du mal ». Cet univers a sa propre géographie, avec les « plaines de l'Ennui profondes et désertes » (« La Destruction »), ses paysages de « rochers plein d'apparitions » et « bois sombres » (« Femmes damnées »), de « terrains cendreux, calcinés, sans verdure » (« La Béatrice ») mais aussi ses créatures inquiétantes, telles « La Débauche et la Mort » (« Les deux bonnes sœurs »). Le spleen crée un monde mental désolé, à la fois désert, infini et révélant un **enfermement mortifère de l'esprit.**

Le voyage vers l'Idéal

Mais la poésie permet aussi de créer des échappées du spleen. Et si les yeux de la femme sont des philtres de perdition, son **parfum est une voie vers l'Idéal.** Le poète cherche ainsi explicitement à faire apparaître un monde dans « La Chevelure » :

> « Ô boucles, Ô parfum chargé de nonchaloir !
> Extase ! Pour peupler ce soir l'alcôve obscure
> Des souvenirs dormant dans cette chevelure,
> Je la veux agiter dans l'air comme un mouchoir ! »

Les paysages de l'Idéal semblent liés à l'albatros : nous découvrons « une île paresseuse » et « un port rempli de voiles et de mats » (« Parfum exotique ») mais aussi « l'azur du ciel immense et rond » (« La chevelure »). Et le poète s'émerveille dans « Le Serpent qui danse » : « Comme un navire qui s'éveille / Au vent du matin / Mon âme rêveuse appareille / Pour un ciel lointain ». Il s'agit de partir en un voyage immobile, chargé des images des îles où Baudelaire a séjourné. Et « aller là-bas vivre ensemble » serait pour le poète **une autre forme de révélation de soi** : « Aimer à loisir / Aimer et mourir au pays qui nous ressemble [...] Tout y parlerait / À l'âme en secret / Sa douce langue natale » (« L'invitation au voyage »). **Le monde idéal abolit aussi le temps destructeur** et le crépuscule n'y est pas synonyme de mort ou d'angoisse : « Le monde s'endort / Dans une chaude lumière » (*ibid.*)

Enfin, dans une absorption réciproque, **la femme et l'Idéal peuvent parfois se confondre**, comme dans le poème « La Géante »: le poète fait du corps de la Géante un paysage entier de campagne et de montagne. Il est lui-même à la fois le « chat voluptueux » qui dort à ses pieds et un double de la Nature qui a donné naissance à cette créature, dans un nouveau récit de création.

La dimension mystique de la poésie baudelairienne

Le poète s'approprie les références religieuses de son éducation, mais en en faisant un matériau de la création poétique, il les renverse, les malmène. Dès le poème liminaire, « Au lecteur » il fait le portrait d'une humanité déchue, d'un monde dégradé: « C'est le Diable qui tient les fils qui nous remuent [...] **Chaque jour vers l'Enfer, nous descendons d'un pas** ». Le recueil peut être lu comme une exploration des tentations et des actes les plus vils, mais comme il s'agit surtout de créer des « fleurs du mal », ce monde déchu est une source fascinante d'inspiration et de création. Et la poésie peut être une voie vers une forme de rédemption en nous faisant échapper à l'Ennui.

La section « Révolte » va plus loin encore en **inversant les référents de la morale chrétienne.** Ainsi le premier poème expose « le reniement de Saint Pierre », le deuxième prend le parti de Caïn contre Abel et le dernier se clôt sur une prière à Satan:

> « Fais que mon âme un jour, sous l'Arbre de Science,
> Près de toi se repose, à l'heure où sur ton front
> Comme un Temple nouveau ses rameaux s'épandront ! »

Baudelaire a toujours récusé les accusations de satanisme, mais il opère ici une forme explicite d'abjuration religieuse. Il voit en Satan celui qui peut le mieux comprendre ses souffrances humaines, et en appelle à sa pitié: « Ô Satan, prends pitié de ma longue misère ».

Conclusion

La poésie de Charles Baudelaire **se nourrit donc du monde**, ou plutôt des mondes qui l'entourent et le constituent. Le poète donne à voir, de manière désabusée, une société gagnée par l'Ennui et prompte à la débauche, à la bêtise comme à la grossièreté. Mais au lieu de rejeter cette laideur et la souffrance, il en fait le matériau de sa création pour faire surgir des mondes, qui représentent la matérialisation antithétique de son Spleen comme de son aspiration à l'Idéal. Ce recueil des *Fleurs du mal* fascine toujours aujourd'hui, parce qu'il emporte, qu'il malmène aussi, et qu'il crée des évocations qui explorent nos émotions les plus douces comme les plus inavouables. C'est une **poésie qui fait monde**.

Notion clef **Les synesthésies**

Ce terme désigne en premier lieu une pathologie neurologique, dans laquelle le sujet ressent des sensations simultanées dans des domaines sensoriels différents. Associées à l'écriture poétique, les synesthésies désignent le **processus d'association de différentes perceptions sensorielles dans la création de figures et d'images**. Elles se retrouvent alors dans les comparaisons, métaphores et analogies qui associent des réalités distinctes et créent ainsi un autre rapport au monde. Chez Baudelaire l'écriture par synesthésie est explicitée dans le poème « Correspondances » (voir infra) et elle est mise en œuvre en particulier à partir des parfums auxquels le poète accorde une très grande puissance d'évocation. Ainsi le parfum de la chevelure de la femme aimée permet la création d'un monde idéal, onirique et multisensoriel. Le vin, réel ou symbolique, est également une source de création poétique féconde en synesthésies dans la démarche alchimique du poète. Voici par exemple le dernier quatrain du poème « Le serpent qui danse », dans lequel évoque la bouche de son amante, Jeanne Duval. « L'eau de [s]a bouche » emporte ses sens, mêle le goût et la vue, au point de faire de lui un porteur de mondes :

« Je crois boire un vin de Bohème,
Amer et vainqueur,
Un ciel liquide qui parsème
D'étoiles mon cœur ! »

Texte choisi

Correspondances

La Nature est un temple où de vivants piliers
Laissent parfois sortir de confuses paroles ;
L'homme y passe à travers des forêts de symboles
Qui l'observent avec des regards familiers.

Comme de longs échos qui de loin se confondent
Dans une ténébreuse et profonde unité,
Vaste comme la nuit et comme la clarté,
Les parfums, les couleurs et les sons se répondent.

Il est des parfums frais comme des chairs d'enfants,
Doux comme les hautbois, verts comme les prairies,
– Et d'autres, corrompus, riches et triomphants,

Ayant l'expansion des choses infinies,
Comme l'ambre, le musc, le benjoin et l'encens,
Qui chantent les transports de l'esprit et des sens.

Les fleurs du mal

Analyse

Ce texte est à lire comme un art poétique. Baudelaire y définir les « correspondances », les **résonnances entre le monde matériel et le monde immatériel**, entre le monde sensible et le monde de la poésie. Le choix du sonnet, permet d'expliciter la démarche de déchiffrement du réel. En effet les deux quatrains permettent de définir « la Nature » et le rapport que « l'homme » entretient avec cette allégorie sacrée. Elle produit de « confuses paroles » à déchiffrer dans un monde où il faut dépasser les antithèses apparentes (vers 6 et 7) pour percevoir la communion des perceptions sensorielles : « Les parfums, les couleurs et les sons se répondent ». Le premier tercet apporte ensuite la charnière du sonnet, ici la **mise en application de ces synesthésies** à travers une succession de comparaisons qui associent l'odorat au toucher à l'ouïe et à la vue (vers 9-10). Le poème progresse en envisageant des parfums ensuite plus capiteux permettant une élévation spirituelle, « ayant l'expansion des choses infinies ». Et le sonnet se clôt sur la clé du vers 14, qui expose l'emportement de la création poétique. Il faut ici considérer la **polysémie de « sens » qui clôt le poème** relevant à la fois des perceptions sensorielles qui permettent de se saisir du monde et à la fois de la signification que le poète va mettre à jour. Ce poème symboliste met en œuvre l'injonction formulée par Arthur Rimbaud en 1871 : « il faut être *voyant*, se faire *voyant* ».

Mode d'emploi

Ce recueil peut servir de référence pour des sujets portant sur la force évocatrice de l'écriture : comment les mots permettent-ils de dire le monde ? **Comment le langage s'empare-t-il du monde ?** Charles Baudelaire écrit le monde dans lequel il vit, mais dans la singularité de son écriture poétique. Il explore le langage, les références et les arts. Il donne aussi à voir les êtres du monde urbain, il explore sans complaisance les bas-fonds de la ville comme de l'âme humaine. La condamnation des *Fleurs du mal* est aussi révélatrice, en miroir du regard du poète, des codes moraux de la société du second Empire.

Par ailleurs ce recueil apporte un support de réflexion sur la **force créatrice du langage poétique, pour des sujets portant sur l'imaginaire**, sur les tentatives pour sortir du monde réel. En cela Baudelaire est un créateur de mondes. Son univers est singulier, fait de navires au long cours, de femme-monde et de soleils éclatants dans son Ideal, mais aussi de paysages pluvieux, angoissants et mortifères dans son évocation du Spleen. Par l'usage des synesthésies *Les Fleurs du mal* apportent enfin des exemples précis du travail du créateur dans la démarche littéraire.

Chapitre 9

Balzac : « Rouler dans les mondes spirituels et infinis »

Jérémie Alliet

Balzac est, à l'évidence, un écrivain très *mondain* – c'est d'ailleurs quelque chose que sa postérité, illustre ou anonyme, aura particulièrement retenu, notamment Proust dont la représentation de la haute aristocratie lui doit beaucoup. À l'organisation de la société autour d'un système de cour, marqué par la figure du roi, succède après la Révolution, un système de classes, où différentes sphères sociales sont en relation : les manières de se comporter en société, mœurs et socialités, sont bouleversées par les mutations profondes de l'espace socio-économique, et Balzac veut rendre compte, dans un genre littéraire en quête de légitimité, le roman, de ces évolutions. C'est pourquoi les scènes de mondanités, mettant en avant la bonne société et les bonnes mœurs, sont innombrables dans le texte. Tout aussi innombrables sont les personnages du roman balzacien, construisant, dans leurs interactions les uns avec les autres, dans leurs échanges, et aussi dans le phénomène littéraire de leur retour d'une œuvre à l'autre, un véritable monde. Car le roman balzacien, où tout a une signification, construit un système complexe de hiérarchies et de cohérence : l'œuvre est un monde car elle incorpore une immense diversité de caractères, de groupes sociaux, de territoires, d'espaces, et les connecte les uns aux autres. Le projet balzacien contribue à repousser les frontières du monde, à interroger, parfois en versant dans la littérature fantastique, parfois dans le paranormal, les fondements de l'existence humaine et les limites de la conscience de l'homme au sein d'un univers qui le dépasse et le transcende.

Le terme de *monde* ne connaît pas au XIXe siècle d'emplois novateurs. Chez Balzac, ainsi, il recouvre en principe trois grandes sphères d'idées qu'on étudiera successivement : le monde est d'abord l'ensemble des individus d'une population donnée. Ce sens, proche de celui que lui donne Molière, abondamment cité dans le dictionnaire de référence du XIXe siècle, le Littré, concerne l'aspect social et sociétal de la notion : les gens et les mœurs. Dans un deuxième sens, le mot de *monde* renvoie à une structure géographique, celle de la planète, de la Terre, et de ses différentes zones et territoires. Dans un troisième sens, enfin, le *monde* fait référence à un concept philosophique très actuel dans la société contemporaine de Balzac, popularisée par les travaux de Kant et de Victor Cousin : le *monde* s'impose comme délimitation d'une partie du réel, et une autre existerait dans un « autre monde », dans un espace mystérieux hors de la perception.

I. Un monde de personnages

Le monde comme ensemble quantitatif

L'ampleur même de l'œuvre balzacienne (quelque quatre-vingt-onze romans insérés progressivement dans *La Comédie humaine*, et souvent réédités du vivant de Balzac) invite la critique et les lecteurs à imaginer que le roman balzacien construit un monde. Une telle représentation de la société dans le matériau littéraire présente indiscutablement un aspect massif, complet, saturé de personnages, qui contribuent à la vision d'un Balzac architecte d'une société qui ferait **« concurrence à l'état-civil »**. Cette tradition critique, qui voit dans l'œuvre balzacienne un monde reflétant le monde de la société du XIXe siècle, et en particulier de celle des deux régimes politiques où Balzac a écrit son œuvre, la Restauration (1815-1830) et la Monarchie de Juillet (1830-1848), est renforcée par la grande quantité de travaux universitaires qui ont recensé, catalogué et compté, les personnages de *La Comédie humaine*, les classes sociales, les groupes d'individus, etc. Un premier *Répertoire de La Comédie humaine*, parfois titré ***Dictionnaire des personnages***, par Anatole Cerfberr et Jules-François Christophe, fut ainsi publié en 1887 aux éditions Michel-Lévy, avec 2250 entrées. S'appuyant sur le travail de Fernand Lotte en 1952, Pierre Citron et Anne-Marie Meininger proposent en 1981 un ***Index des personnages fictifs de* La Comédie Humaine**, publié à la fin de l'édition de la Bibliothèque de la Pléiade. Le décompte de la population fictionnelle balzacienne est, encore aujourd'hui, un sujet d'actualité de la recherche et de la critique.

Les romans de Balzac mettent en rapport un très grand nombre de personnages. Avec près de deux-cent-quatre-vingt personnages, *Splendeurs et misères des courtisanes*, rédigé entre 1838 et 1847, constitue le roman le plus densément peuplé de *La Comédie humaine* ; il s'agit aussi du dernier roman écrit par l'auteur. Si, dans les premiers textes, le monde de Balzac est moins peuplé, on observe une très nette inflation de l'ensemble des personnages dans un roman, ce qu'on appelle **le personnel romanesque**. Beaucoup de romans écrits par Balzac dans le tournant des années 1830-1840 sont construits sur le modèle d'une « galerie de portraits » où sont introduits les uns après les autres les personnages qui composent le monde de la fiction : ainsi le début de *Béatrix* (1838), d'ailleurs très mal reçu par les contemporains de Balzac, enchaîne-t-il dix portraits consécutifs : le portrait du baron du Guénic, celui de sa femme, celui de sa sœur, celui de leurs domestiques Mariotte et Gasselin, celui du curé de Guérande, M. Grimont, celui de l'amie proche de la famille, Mlle de Pen-Hoël, celui d'un autre ami proche, le chevalier du Halga, celui de la mystérieuse Mlle des Touches qui vit non loin de Guérande, et, enfin, celui du fils du baron, Calyste. Le record établi par *Le Père Goriot* (1834), et ses sept portraits est battu : on lisait déjà dans l'*incipit* du texte le portrait de Mme Vauquer, et de ses pensionnaires, Mlle Michonneau, Poiret, Victorine Taillefer, Rastignac, Vautrin et Goriot. Mais on remarquera que la galerie de portraits du *Père Goriot* est orientée vers la présentation de personnages de plus en plus essentiels pour l'intrigue, jusqu'au dernier qui donne son nom au roman. Dans *Béatrix*, le portrait de l'héroïne éponyme ne nous est pas donné. Plus tard, dans *Les Employés* (1838), et dans deux romans inachevés, *Les Petits Bourgeois* (1843) et *Les Paysans* (1845), Balzac propose de véritables morceaux de bravoure, décrivant avec beaucoup de minutie de très longues séries de personnages dont l'apport à l'intrigue est minime. On pourra donc retenir que la construction d'un monde fictionnel, d'**une société sursaturée de personnages**, n'est pas toujours nécessaire du point de vue de l'intrigue. Deux objectifs fondamentaux du roman selon Balzac, sa **dimension didactique et instructive** (le roman est une monographie, il nous renseigne sur des groupes sociaux, sur des types de personnages), et sa **dimension dramatique** (le roman doit présenter une intrigue qui saisisse et capte l'attention du lecteur) sont donc parfois contradictoires.

Le monde comme cycle

On lit ainsi souvent *La Comédie humaine* comme un ensemble de romans qui construit un immense monde fictionnel. Cette tradition est aidée et motivée par un des procédés fondateurs de l'écriture de Balzac : le **retour des personnages** (environ 575) d'une œuvre à l'autre. Ce procédé aujourd'hui fort célèbre n'est toutefois pas venu à l'esprit de Balzac dès le début de sa carrière d'écrivain. Les premiers romans de ce qui va devenir *La Comédie humaine*, comme *Les Chouans* (1829) ou *Le Chef-d'œuvre inconnu* (1832), ne construisent pas encore un *monde* balzacien. Il faut attendre la rédaction du *Père Goriot* pour que ce que Balzac désignait lui-même comme l'idée qui le fait « devenir un génie ! » vienne épaissir l'univers de la fiction et contribue à en faire un monde. Désormais, à partir du *Père Goriot*, les personnages d'une œuvre réapparaîtront dans d'autres œuvres, réinsérés par le procédé de l'écriture dans l'intrigue romanesque. **Rastignac**, par exemple, personnage de premier plan du *Père Goriot*, où le lecteur assiste à ses débuts dans la haute société du faubourg Saint-Germain, où se trouve la noblesse qu'il aspire à rejoindre, réapparaît lors d'une soirée à l'Opéra dans *Illusions Perdues*, ou d'un dîner mondain dans *Splendeurs et misères des courtisanes*. On mesure, au passage, l'importance symbolique du *Père Goriot* dans la carrière d'auteur de Balzac, cette importance symbolique entrant pour une part non négligeable dans la célébrité du texte, encore aujourd'hui.

Le système des personnages reparaissants contribue à l'unité de l'espace fictionnel. Cette unité est d'abord construite par **un effet de réel** : tel personnage de premier plan dans un roman réapparaît à l'occasion d'un évènement public dans un autre, accréditant à la fois son existence et celle de l'action à laquelle il prend part. C'est tout particulièrement le privilège des médecins (Desplein et Bianchon), des banquiers (Nucingen et du Tillet), des policiers (Corentin), des avocats (Derville et Desroches), des juges (Camusot). Ces professions sont représentées dans le monde balzacien par une poignée de personnages qui occupent une fonction manifeste d'unification des différents textes et des différents espaces : **Bianchon** est à la fois médecin des pauvres et des riches duchesses, médecin de Paris et célèbre en province.

Mais l'unité de l'œuvre est aussi garantie par le procédé des personnages reparaissants en ce qu'il permet de donner de **la profondeur au monde de la fiction**. Pour reprendre un exemple connu, la détresse de **Mme de Restaud** dans *Le Père Goriot*, alors qu'elle est menacée par son mari et qu'elle ne peut se rendre au chevet de son père mourant, se comprend lorsqu'on lit *Gobseck*, où le narrateur balzacien nous révèle la relation perverse qui la lie à son amant Maxime de Trailles, lequel la ruine pour ses plaisirs mondains. L'ambiguïté des relations intimes que présente **Vautrin** à Rastignac dans *Le Père Goriot* est explicitée dans *Illusions Perdues*, où le même Vautrin devient le maître et l'amant d'un autre beau jeune homme. Le monde balzacien prend sa cohérence et sa complexité dans cet éclairage progressif des motivations d'un personnage ou de plusieurs personnages, surgissant d'un roman à l'autre, au point même qu'on parle communément de « cycle », car, comme le dit Proust, « dans Balzac, c'est rarement le roman qui est l'unité : le roman est constitué par un cycle dont un roman n'est qu'une partie » (*Contre-Sainte-Beuve*, Gallimard, 1971, p. 273). Le **cycle** se définit par un mouvement circulaire (le personnage revient ponctuellement dans les romans) mais aussi par un mouvement d'approfondissement qui est celui de la spirale (le personnage est de plus en plus dévoilé par ses retours progressifs) : le cycle de Vautrin, qui réunit *Le Père Goriot*, *Illusions Perdues* et *Splendeurs et misères des courtisanes* s'appréhende ainsi comme une coupe transversale du monde de la fiction, en révélant à la fois la richesse et la profondeur du monde de Balzac.

Enfin, l'unité de l'œuvre est facilitée par **le sentiment de reconnaissance**, voire de **familiarité**, qui se tisse entre le lecteur des œuvres et les personnages reparaissants de la fiction. À cet égard, il n'est pas étonnant que les personnages du monde de Balzac qui réapparaissent le plus souvent soient également ceux que le lecteur peut citer de mémoire le plus facilement : une forme de reconnaissance est engendrée par le surgissement dans un roman de figures familières (Rastignac, Vautrin, Bianchon) qui assurent la fidélité du lecteur.

Tous les personnages ne réapparaissent bien sûr pas à la même fréquence : leur degré de réapparition conditionne la construction dans la fiction balzacienne, du Monde avec sa majuscule, c'est-à-dire d'un espace tout à fait singulier où les valeurs, l'idéologie, les mœurs et la morale sont entremêlées.

II. Monde, demi-monde et mondanités : un nouvel espace romanesque

L'« entrée dans le monde » : un passage obligé du roman balzacien

Par un **emploi métonymique** propre au XIXe siècle (le TLF donne la première attestation chez de Maistre en 1821), le terme de « monde », souvent rehaussé par un adjectif (le « beau monde », le « grand monde ») ou une majuscule (le « Monde ») renvoie à un principe configuratif et organisationnel de l'espace social en différents groupes sociaux, classes sociales plus ou moins clairement différenciées, et qui ne se mélangent pas. Les travaux de Pierre Barbéris, à cet égard essentiels, mettent à jour la coupe transversale du « Monde » balzacien, en y distinguant d'abord une aristocratie d'Ancien Régime, de vieille noblesse conservatrice et fidèle à l'héritage de Louis XVI. Cette société se regroupe autour d'un quartier géographique spécifique, **le faubourg Saint-Germain**. Elle s'oppose à une aristocratie plus récente, nettement plus progressiste, proche des milieux d'affaire et de la haute banque, société du quartier de **la Chaussée-d'Antin**. Balzac évoque aussi la société du **faubourg Saint-Honoré**, plus jeune, plus brillante, de noblesse moins illustre mais où l'on s'amuse. La bourgeoisie balzacienne (commerçants, juges, avoués, médecins) compose un troisième étage du « Monde », et se localise principalement, à l'époque de Balzac, dans le quartier du Marais, au centre de Paris. Enfin, à ces trois groupes sociaux, le « Monde » ajoute un quatrième, celui des artistes, des journalistes, des écrivains, des actrices et de certaines prostituées de luxe – les courtisanes ; qui compose **« le demi-Monde »**.

Ainsi, à différents moments d'anthologie de *La Comédie humaine*, Balzac prend-il le soin de représenter dans des cadres spécifiques les différents groupes sociaux qui composent le Monde. Dans *Le Père Goriot*, **le bal** donné par madame de Beauséant constitue un moment d'« entrée dans le monde » (titre d'un chapitre de l'édition originale). Les bals, privés et publics, constituent un moment d'échange important entre les différentes strates sociales, comme au début de *Splendeurs et misères des courtisanes*, qui se déroule au bal de l'Opéra en 1824. L'**Opéra** est pour Balzac le lieu de la sociabilité par excellence : dans *Illusions Perdues*, le jeune Lucien fait son entrée dans le Monde à l'Opéra, dans la loge de la marquise d'Espard, où il se rend compte de son ridicule de provincial et de la vulgarité de ses mœurs. Dans les années 1840, Balzac représente beaucoup le Monde lors de **dîners mondains**, où se retrouvent journalistes, actrices et prostituées, comme dans *La Cousine Bette*.

Il est probable que la connaissance et l'intérêt de Balzac pour la société mondaine, et la haute aristocratie en particulier, lui soient venus de son expérience personnelle. Proche de l'aristocratie de province notamment à travers les relations de son beau-frère Eugène Surville, polytechnicien, Balzac rencontre, fin 1831, la **duchesse de Castries**, membre éminent du groupe aristocrate conservateur qui soutenait le frère de Louis XVIII, le roi Charles X qui a abdiqué lors de la révolution de Juillet. Elle est la nièce du duc de Fitz-James, chef du parti légitimiste. Celle-ci représentera pour lui **une des grandes dames du Monde**, et sera l'inspiratrice, en partie, de *La Duchesse de Langeais*. Le monde de la fiction et le monde de la biographie s'interpénètrent donc.

Le monde, un système hiérarchique sociologique

Chaque strate du monde social obéit à ses propres règles et à ses propres usages. Balzac, qui cherche à faire du roman un genre sérieux, didactique et herméneutique, le note dans *Splendeurs et misères des courtisanes* (1846) : « On voit qu'à tous les étages de la société, les usages se ressemblent, et ne diffèrent que par les manières, les façons, les nuances. **Le grand monde a son argot**. Mais cet argot s'appelle *le style* » (*CH*, t. VI, p. 882). Balzac tient tant à cette idée qu'on la retrouve dans *Les Paysans* (1845, inachevé) à peu près contemporain : « La plaisanterie du paysan et de l'ouvrier est très attique, elle consiste à dire toute la pensée en la grossissant par une expression grotesque. **On n'agit pas autrement dans les salons.** La finesse de l'esprit y remplace le pittoresque de la grossièreté, voilà toute la différence. » (*CH*, t. IX, p. 94) Véritable outil de déchiffrement des signes, le roman selon Balzac s'attache à décrypter les indices d'appartenance d'un individu à un groupe social, pour l'insérer au sein d'une **taxinomie** : celle du Monde, de ses variations et de ses variétés. Tout, alors, devient élément mondain : **les vêtements** indiquent, par exemple, la manière dont les femmes de Paris suivent la mode et dont les femmes de province l'ignorent. **Les gestes** – ne pas tenir son mouchoir ouvert dans les loges de l'Opéra pour les dames, ou savoir utiliser son lorgnon pour les messieurs – sont des indicateurs de l'appartenance sociale ; **le corps**, en général, est un marqueur important de l'usage du monde : les aristocrates d'Ancien Régime présentent des physionomies élancées, des mains soignées, des cheveux poudrés et coiffés (Balzac est le premier écrivain à introduire dans le roman des coiffeurs publics, tels que nous les connaissons aujourd'hui). Le monde balzacien est tout entier acharné à créer des distinctions sociales, et à les abolir. L'espace social est donc éminemment **conflictuel** : il s'agit de lutter pour le prestige symbolique qui permet aux individus les plus haut « placés » de dicter les règles et les mœurs de chaque sphère sociale. À cet égard, il convient de mentionner la métaphore très souvent utilisée par Balzac du sceptre, et plus généralement de la royauté : le monde balzacien est un espace de **sacralisation** de certains personnages et de certaines fonctions sociales, qui passe par l'**exclusion** brutale de ceux qui ne correspondent pas à l'étiquette imposée à chaque sphère.

Le monde de Balzac est donc profondément inégalitaire et violent. L'intégration ou le rejet d'un personnage à un groupe mondain correspond au degré de déchiffrement des signes que ce personnage peut mettre en avant : Rastignac fait l'expérience de cette « **magie sociale** » lors de son entrée chez Mme de Restaud, où il a la grossièreté de lui rappeler sans le vouloir ses origines bourgeoises. Les petites phrases ont une grande valeur. C'est que, dans le monde balzacien, tout est signifiant. La pratique romanesque de Balzac est celle d'une **saturation sémiotique** : le monde n'existe que parce qu'il est composé par une série de signes discriminants, qui instituent des différences, des hiérarchies des frontières entre les individus. Réciproquement, c'est parce que les signes romanesques convergent vers une représentation cohérente que le monde balzacien peut émerger comme un système complet. D'où, également, l'angoisse maintes fois exprimée par Balzac de l'indistinction, de l'aplatissement des mœurs, liée à une dégradation des signes.

III. L'espace et l'usage du monde : limites et frontières du territoire

Le territoire balzacien à l'échelle planétaire

Tous les romans de Balzac ne se déroulent pas à Paris (contrairement à ce que la postérité a retenu : à titre d'exemple, le film *Illusions Perdues* récemment porté à l'écran par X. Giannoli (2021) n'adapte en réalité que la partie parisienne du roman, alors que celui-ci se déroule en grande partie à Angoulême). *La Comédie humaine*, ensemble architecturé des romans de Balzac, est elle-même en partie divisée en sections géographiquement opposées : au sein des « Études de mœurs », la première section de l'œuvre, Balzac a en effet souhaité distinguer des « Scènes de la vie parisienne » et des « Scènes de la vie de Province », elles-mêmes distinctes des « Scènes de la vie de campagne ». **L'opposition entre la province et Paris** est l'une des lignes de démarcation sociale et idéologique essentielle à la conception du monde chez Balzac. Si Paris reste souvent le centre de gravité de la société balzacienne, la province occupe une très grande place dans la géographie fictionnelle, ou même les provinces : à titre d'exemples, *Béatrix* (pourtant classé dans les « Scènes de la vie privée ») se déroule à **Guérande**, *La Vieille fille* se déroule à **Alençon**, *La Muse du département* à **Sancerre**, *Eugénie Grandet* à **Saumur**, *La Rabouilleuse* à **Issoudun**... Plus qu'un monde d'opposition entre Paris et le reste de la France, le roman balzacien est davantage le roman de la **communication**, de la transition entre ces deux espaces : sa géographie est donc celle des réseaux. Il rend compte de la naissance du **chemin de fer** sous la Monarchie de Juillet, des voyages en calèche tirée par des chevaux (les voitures de poste) entre différentes villes, des déplacements à pied de certains personnages, parfois sur de très longues distances. Ce monde connecté l'est également par **le transport des correspondances épistolaires** : le monde de Balzac est un monde de papier à l'intérieur même du roman. Un très grand nombre de textes donne à lire au lecteur des lettres échangées entre les personnages, ce qui contribue à la construction et à l'épaisseur du monde. Des parties entières de *Modeste Mignon*, qui se passe au Havre, ou de *Béatrix* sont construites sur des échanges épistolaires, et Balzac décrit même comment les lettres sont portées et envoyées par la poste. Il écrit également, en 1842, *Mémoires de deux jeunes mariées*, un roman entièrement épistolaire, construit sur l'échange de deux personnages, Louise de Chaulieu et Renée de l'Estorade, amies du couvent séparées par leur mariage. Autres textes qui s'échangent dans le monde de Balzac et dont la transmission crée un lien entre les différents espaces : les **journaux** constituent un élément central du monde de *La Comédie humaine*. Car le journal n'est pas un produit culturel individuel et éphémère, que l'on ne lit qu'une fois avant de le jeter : dans les villes de province tout particulièrement, **le journal circule dans la société**, il passe de main en main, et son acheminement constitue l'un des enjeux de dépendance de la province envers Paris, où la plupart des journaux (mais pas tous) sont imprimés.

Si la province constitue, dans sa diversité même, un premier cercle concentrique autour de Paris, le roman balzacien élargit encore l'espace géographique de la fiction dans la construction de son monde. Si aucun texte de Balzac ne se déroule aux **États-Unis**, le voyage pour ce nouveau pays de naissance récente (Balzac écrit cinquante ans après la Révolution américaine) est souvent mentionné dans les romans : dans *Le Père Goriot*, Vautrin rêve de déménager en Louisiane pour y ouvrir une plantation (*CH*, t. III, p. 141). Dans *La Rabouilleuse*, le soldat Philippe Bridau est envoyé au Texas après la défaite de Napoléon. Balzac mentionne aussi le voyage aux **Indes**, réinvestissant le stéréotype de l'enrichissement fulgurant du capitaine de navires marchands (*Eugénie Grandet* et *Modeste Mignon* reprennent cette idée). Si ces zones géographiques sont moins explorées qu'évoquées, en revanche le roman balzacien se place dans un monde ouvert, à la fois transfrontalier (les nouvelles *Sarrasine*, *Gambara*, *Massimila Doni* et *Honorine* se déroulent en Italie ; *El Verdugo* en Espagne) et transcontinental. En **Afrique**, Balzac place certains de ses textes, notamment en insérant dans le paysage désertique des moments-clefs de ses intrigues : dans *La Duchesse de Langeais*, par exemple, le général de Montriveau raconte son périple à travers le désert avec son guide, et le sentiment d'abandon total de soi à un autre dans le danger mortel de l'espace. Les paysages enneigés de **Russie** sont convoqués dans *Adieu !*, où Balzac décrit la campagne militaire de Napoléon et la Bérézina. Enfin, quoique sa présence soit beaucoup plus rare dans les romans, **l'Asie** est convoquée dans *La Comédie humaine* et s'insère dans certains aspects du monde : Balzac entremêle souvent le fantasme asiatique et la judéité. L'époque de Balzac ne distingue pas l'Extrême-Orient (Chine, Japon) et le Moyen-Orient ; aussi l'auteur rend-il compte pêle-mêle des coutumes du Moyen-Orient et de la mode des « chinoiseries » dans la société bourgeoise du XIXe siècle, férue d'artisanat et de culture extrême-orientale.

L'autre-monde : Balzac et la question des frontières du réel

Les frontières de l'espace géographique ne sont pas les seules que le monde de Balzac explore et étend. La littérature balzacienne cède une place importante, au sein même des romans, à la réflexion **métaphysique** et au rapport qu'entretient le réel avec le monde spirituel et le surnaturel. Fasciné par des phénomènes psychologiques que son époque ne diagnostique pas encore, Balzac a souvent mis en avant des personnages qui interrogent le rapport entre le vrai, le réel et l'imaginaire. Dans *Maître Cornélius*, par exemple, il décrit un personnage à la **double personnalité**, qui se vole lui-même sans s'en rendre compte. Le vieux Cornélius se dérobe son propre argent la nuit, et se plaint d'être volé le jour : il est en réalité atteint d'une forme aiguë de schizophrénie. De la même manière, dans *La Femme de Trente ans*, au chapitre « Les deux rencontres », Balzac met en scène une séance d'**hypnose** puissante, où une jeune femme est séduite et enlevée, dans le salon de ses parents, par un pirate en fuite. L'**attachement inexplicable** d'un être pour un autre conduit également Balzac à une exploration, encore très nouvelle pour son époque, des homosexualités. La vie, le fonctionnement et parfois l'altération des états psychologiques fascine l'auteur parce qu'ils ouvrent la question du monde sur la recherche d'un « ailleurs » immatériel et absolu, sorte d'envers de la réalité, où se dérouleraient des phénomènes parallèles et métaphysiques. Il convient de rappeler que le « monde » de la fiction, l'architecture de *La Comédie humaine* est orientée vers ces questions métaphysiques : *La Comédie humaine* est un ensemble de trois sections, les « **Études de mœurs** », les « **Études philosophiques** » et les « **Études analytiques** ». La conception de l'ensemble cherche à étudier les phénomènes (les relations sociales, les « mœurs »), pour ensuite remonter à leurs causes (« philosophiques »), et enfin à leurs principes absolus (« analytiques »). Ainsi, toute la théorie balzacienne sur le monde converge, en définitive, vers une recherche des principes absolus qui gouvernent la conscience de l'homme, et qui le placent en rapport avec la **transcendance**, et Dieu.

NOTION CLEF — **Le magnétisme et les mondes spirituels**

Le rapport entre **monde matériel et monde spirituel**, entre le réel et l'imaginaire, entre le concret et l'abstrait, a très tôt fasciné Balzac. Comme beaucoup d'écrivains du premier XIXe siècle (voir notamment Hugo), Balzac s'est intéressé à la théorie pseudo-scientifique et philosophique du magnétisme, à laquelle il a consacré plusieurs textes importants, comme *Ursule Mirouët*, ou *Le Cousin Pons* et *Splendeurs et misères des courtisanes*. Inspirée par les doctrines physiologiques de **Mesmer** (1779) et de **Puységur**, le magnétisme s'est imposé à la fin du XVIIIe siècle comme une théorie selon laquelle le monde physique est parcouru par un **fluide immatériel et universel** responsable de phénomènes paranormaux, comme certaines formes de somnambulisme ou de divination. La maîtrise de ce fluide aurait des effets spectaculaires, comme des transferts de conscience d'un corps à l'autre, la guérison miraculeuse d'états psychologiques graves, la vision sur le passé et l'avenir, le contrôle du temps, etc. Balzac a également recherché dans les écrits du théologue **Swedenborg** quelques idées sur la métaphysique des fluides, considérant après l'écrivain suédois que la pensée pouvait se matérialiser, se concrétiser en d'autres fluides, et qu'à l'inverse, le corps matériel pouvait être abandonné par l'âme, opérant le **passage réciproque du matériel au spirituel**, et ouvrant la possibilité d'un ou de plusieurs autres mondes. Ces théories aujourd'hui peu sérieuses ont également accompagné, dans le domaine physique, les premières découvertes sur **l'électricité**.

Texte choisi

« Vous entendrez plusieurs personnes disant que la finesse est l'élément du succès, que le moyen de percer la foule est de diviser les hommes pour se faire faire place. Mon ami, ces principes étaient bons au Moyen Âge, quand les princes avaient des forces rivales à détruire les unes par les autres ; mais aujourd'hui tout est à jour, et ce système vous rendrait de fort mauvais services. En effet, vous rencontrerez devant vous, soit un homme loyal et vrai, soit un ennemi traître, un homme qui procédera par la calomnie, par la médisance, par la fourberie. Eh ! bien, sachez que vous n'avez pas de plus puissant auxiliaire que celui-ci, l'ennemi de cet homme est lui-même ; vous pouvez le combattre en vous servant d'armes loyales, il sera tôt ou tard méprisé. Quant au premier, votre franchise vous conciliera son estime ; et, vos intérêts conciliés (car tout s'arrange), il vous servira. Ne craignez pas de vous faire des ennemis, malheur à qui n'en a pas dans le monde où vous allez ; mais tâchez de ne donner prise ni au ridicule ni à la déconsidération ; je dis tâchez, car à Paris un homme ne s'appartient pas toujours, il est soumis à de fatales circonstances ; vous n'y pourrez éviter ni la boue du ruisseau, ni la tuile qui tombe. La morale a ses ruisseaux d'où les gens déshonorés essaient de faire jaillir sur les plus nobles personnes la boue dans laquelle ils se noient. Mais vous pouvez toujours vous faire respecter en vous montrant dans toutes les sphères implacable dans vos dernières déterminations. »

Le programme de savoir-vivre de Mme de Mortsauf et le Monde
sous la Restauration (vers 1815) dans *Le Lys dans la vallée* (1835)
Cf. CH, t. IX, p. 1091-1092.

Analyse

Dans ce passage de la lettre qu'elle lui adresse, madame de Mortsauf, une riche et noble châtelaine vivant dans la région de l'Indre-et-Loire, près de Tours, adresse à son protégé, le jeune Félix de Vandenesse, ses conseils et ses préceptes avant l'entrée de celui-ci dans le grand monde parisien. Il s'agit d'un **programme moral** complet, où elle lui indique les vertus à arborer et les conduites à tenir face à la société parisienne en pleine effervescence et dans un contexte politique en ébullition : en effet, la lettre est écrite à l'été 1815, lors de la chute de Napoléon Ier et du rétablissement de la monarchie absolue en France, alors que le frère de Louis XVI est couronné roi sous le titre de Louis XVIII. Les allusions au « monde » social sont nombreuses, et Mme de Mortsauf insiste tout d'abord sur la dimension conflictuelle de la société nouvellement construite : la **métaphore du combat** restera toujours privilégiée sous la plume de Balzac, pour qui l'espace social est celui d'une lutte, pour les positions, pour les classements, pour le prestige. La lutte des cours princières de l'Ancien Régime est remplacée par la lutte morale des hommes voulant s'illustrer dans le monde. À cet effet, Mme de Mortsauf dresse ici le **portrait moral du parfait homme de cour** : la loyauté et la franchise sont des qualités nécessaires pour triompher des obstacles, mais leur revers est une détermination sans faille et une rectitude dans les actions, qui illustrent la thèse balzacienne de l'idée fixe, de **l'énergie concentrée sur un seul objectif**. Ne réussissent dans le monde, et particulier dans le monde de l'art, que ceux qui sont capables de renoncer à l'éparpillement causé par les plaisirs faciles, et qui, au contraire, sont « implacables » dans leur volonté et leur détermination. On sera sensible à **la métaphore de la « boue » sociale**, qui est une des composantes essentielles, au sens propre comme au figuré, de l'espace mondain chez Balzac, et qui inscrit bien le texte dans un XIXᵉ siècle qui s'urbanise et se démocratise. Notez, enfin, les synonymes du mot « monde » dans le texte : la « **foule** » indistincte que critique Mme de Mortsauf et contre laquelle elle met en garde Félix se transforme en « **sphères** » célestes gravitant autour d'un centre. Le monde balzacien a également l'apparence d'un **système solaire**.

Mode d'emploi de l'article

L'œuvre romanesque de Balzac, d'une ampleur et d'une profondeur spectaculaires (plus de 90 romans, près de 2 000 personnages) fait « monde » au sein de la fiction. Ses **personnages**, en particulier, contribuent à une représentation qui s'appréhende tout à fait selon les caractéristiques du thème proposé cette année : le monde balzacien est un **système hiérarchisé** en classes sociales, en groupes géographiques, en « espèces » d'individus ; c'est un **système cohérent**, la cohésion de l'ensemble étant assurée par le retour des personnages qui produit un effet de réel perceptible ; c'est un **système géographique** qui marque, dans la première moitié du XIXᵉ siècle, un élargissement des frontières spatiales du roman ; c'est un **système métaphysique**, qui appuie une représentation de l'homme en société sur des considérations philosophiques et spirituelles, selon lesquelles les frontières classiques (intérieur/extérieur, matériel/spirituel, pensée/action) sont abolies. On trouvera donc dans les romans de Balzac un modèle de représentation de la société du XIXᵉ siècle, de ses **mœurs**, de ses règles, du « beau monde », ainsi qu'une réflexion bien plus générale sur les rapports entre **le réel et l'imaginaire**, le paranormal, l'étranger. Enfin, on pourra mobiliser l'œuvre de Balzac pour montrer comment le roman épouse **la diversité géographique du**

monde connu par le XIXe siècle : le roman décrit le désert africain, les magnifiques monuments de l'Italie et de l'Espagne, les bords de mer de la Bretagne et de la Normandie, les contrées enneigées de Russie et de Suède, et les premiers personnages qui font du **ski** de la littérature.

Chapitre 10

De l'art du monde au monde de l'art dans À la recherche du temps perdu

Cécile Leblanc

Le roman de Marcel Proust (1871-1922) a pour sujet principal le monde dans la mesure où il narre l'apprentissage d'un jeune narrateur déterminé à devenir un artiste sans savoir si sa vocation a une quelconque légitimité. Extrêmement curieux, fasciné par l'idée d'explorer les cercles sociaux auxquels il n'appartient pas et qui lui apparaissent comme autant de *terra incognita*, le narrateur s'efforce d'abord d'approcher les « gens du monde », ainsi que se nomme l'élite sociale qu'il convoite d'intégrer, puis de les observer et de noter leurs attitudes paradoxales : barricadés au sein de castes qui leur permettent, croient-ils, de ne pas s'intégrer au monde, ils savent parfaitement s'y adapter pour perpétuer leurs positions dominantes. Ayant constaté, dégrisé, que les « gens du monde » sont exactement semblables, en médiocrité, aux autres acteurs de la société, ayant enfin perçu des signes encourageants de son aptitude à créer, le narrateur se meut en artiste et proclame que seule l'œuvre d'art, née de l'accession des créateurs à un autre monde originel et profond, constitue un monde authentique et éternellement vivant.

On se souvient du fameux « À nous deux, maintenant ! » de Rastignac à l'enterrement du père Goriot. Tout roman, de Balzac à Proust et de Stendhal à Aragon, retrace l'itinéraire d'un jeune homme dans le monde et sa plus ou moins grande réussite à parcourir les castes sociales perçues comme autant de mondes à pénétrer, d'obstacles à vaincre pour s'y faire accepter et y triompher, comme Rastignac ou s'y perdre comme Julien Sorel. *À la recherche du temps perdu* est bien le roman d'apprentissage d'un jeune homme fasciné puis dégrisé par les cercles mondains auxquels il cherche à avoir accès et dont il admire l'art de faire de leurs salons autant de mondes clos ritualisés pour « gens du monde » tout en restant dans le monde, arrimés à une société moderne qui assure leur pérennité, pourvu qu'ils pratiquent l'art de s'y adapter. Cet article montrera comment le jeune mondain en exploration essaie de devenir un « homme du monde » avant de comprendre que sa vocation d'artiste consiste en l'exploration de son monde intérieur pour parvenir au monde de l'art.

I. Être du monde : tout un art

Faire clan

Dès l'origine, « un roman parle du monde. Et l'invente. Et le combat[1] ». **Le roman apparaît ainsi comme le lieu privilégié pour interroger le rapport du je au monde**, l'inclusion ou l'exclusion dans un environnement social et géographique mouvant, en bute aux mutations qui traversent sans cesse la société. Le roman abordant systématiquement l'intermédiation entre les hommes, il tente de décrypter le sens du monde en le déployant, en le divisant en cercles, en clans, en classe qui permettent de cartographier la structure de la société décrite en une pluralité de mondes. Ce n'est pas un hasard si les grands cycles romanesques du XIXe siècle, ceux de Balzac et de Zola sont directement inspirés d'une perception géocentrique et décrivent le monde comme un système cosmique, par exemple chez Balzac, dans *La Fille aux yeux d'or*, où il passe en revue tous les « mondes » sociaux que les héros auront à traverser :

> Au-dessus de cette sphère, vit le monde artiste. Mais là encore, les visages, marqués du sceau de l'originalité, sont noblement brisés, mais brisés, fatigués, sinueux. Excédés par un besoin de produire, dépassés par leurs coûteuses fantaisies, lassés par un génie dévoreur, affamés de plaisir, les artistes de Paris veulent tous regagner par d'excessifs travaux les lacunes laissées par la paresse, et cherchent vainement à concilier le monde et la gloire, l'argent et l'art.

Dans *À la recherche du temps perdu*, Proust ne fait pas exception, le monde est également décrit comme un système de cercles, de clans, de « chapelles » où évoluent **les « gens du monde », c'est-à-dire ceux qui appartiennent à un**

1. Émilie Brière et Mélanie Lamarre (dir.), « Le roman parle du monde. Lectures sociocritiques et sociologiques du roman contemporain », *Revue des sciences humaines, n° 299* (octobre 2010).

cercle, valorisé sur l'échelle sociale ou qui s'efforce de devenir une valeur. Focalisant ses observations sur les cercles de l'élite sociale, le narrateur de la *Recherche* s'efforce, dans un premier temps, de les différencier, d'en percevoir les variations. Il montre que les espaces sociaux où se regroupent les « gens du monde », permettent de percevoir le monde comme un macrocosme composé de microcosmes le reflétant tout en présentant un point de vue particulier. Ces microcosmes, ou « petite église » sont à la fois semblables par des comportements humains génériques et sociologiquement prévisibles, mais singuliers par ce que des éléments d'une humanité spéciale peuvent y apporter. Ainsi, le salon de la duchesse de Guermantes est-il différent des autres salons du faubourg Saint-Germain « comme Leibniz admet que chaque monade en reflétant tout l'univers y ajoute quelque chose de particulier ». Cette particularité, comme la monade leibnizienne, implique une fermeture sur elle-même, sans portes ni fenêtres, sans communication possible avec l'extérieur. Comme le rappelle Gilles Deleuze, « chaque sujet exprime le monde d'un certain point de vue. Mais le point de vue, c'est la différence elle-même, la différence interne absolue. Chaque sujet exprime donc un monde absolument différent[1] ». **Assimilé à une monade, le salon mondain fonctionne paradoxalement en autarcie tout en étant un miroir du monde**. Ainsi de la « terreur » de Madame Verdurin à l'idée que son salon puisse s'ouvrir à d'autres personnes que « ses fidèles » et à d'autres « credo » que ceux qu'elle inculque alors qu'elle duplique exactement les valeurs de son temps et même d'un temps court.

> Pour faire partie du « petit noyau », du « petit groupe », du « petit clan » des Verdurin, une condition était suffisante mais elle était nécessaire : il fallait adhérer tacitement à un Credo dont un des articles était que le jeune pianiste, protégé par Mme Verdurin cette année-là et dont elle disait : « Ça ne devrait pas être permis de savoir jouer Wagner comme ça ! », « enfonçait » à la fois Planté et Rubinstein et que le docteur Cottard avait plus de diagnostic que Potain. (*RTP*, I, p. 185)

Jusqu'au bout, même en ayant changé de « monde », dans *Le Temps retrouvé*, Mme Verdurin n'aura de cesse de proclamer « Nous ferons clan ! nous ferons clan ! » assurant ainsi que sa conception du monde ne peut être autre que celle des salons clos.

Être invité

Être du monde, c'est faire légitimement partie d'un cercle, y être admis puisque le salon se conçoit entre ouverture et fermeture, élection et exclusion, protection de l'entre-soi et désir affiché de n'y pas tenir, illusion d'un refuge et angoisse de l'écroulement. Il reconstitue un monde tenu soigneusement à l'écart des autres cercles qui menaceraient de l'absorber, en arborant des valeurs comme autant de remparts qui seront franchis si l'on est invité. Car pour être « homme du monde » ou « femme du monde », il faut être appelé, soit par la naissance, soit par des qualités

1. Gilles Deleuze, *Proust et les signes*, PUF, 1964, p. 55.

particulières et valorisées socialement. Déroger à la conformité du cercle dérange comme « un invité en veston dans une soirée où tout le monde est en habit ». Le narrateur, parti en quête de ces micro-mondes inaccessibles constate que la possibilité d'avoir croisé le prince de Saxe à l'Opéra « embranchait sur une vulgaire soirée de (sa) vie quotidienne un passage éventuel vers un monde nouveau ». Il n'aura de cesse que de jouer les « passe-murailles » tout en se questionnant sur sa légitimité. « Suis-je invité ? » se demande-t-il avec angoisse au début de son apprentissage faute de comprendre pourquoi il a vu la duchesse de Guermantes « dévier de sa marche stellaire, venir s'asseoir à côté de moi et m'inviter à dîner ». Il redoute d'être « le témoin gênant » devant lequel les Guermantes ne seront pas vraiment eux-mêmes. Mais au moment où l'invitation est acquise et où il est devenu quelqu'un qu'on cherche à inviter, c'est en héros de Stendhal qu'il entre dans le salon Guermantes :

> Je sentis, au contraire, que Mme de Guermantes avait le désir de me faire goûter à ce qu'elle avait de plus agréable quand elle me dit, mettant d'ailleurs devant mes yeux comme la beauté violâtre d'une arrivée chez la tante de Fabrice et le miracle d'une présentation au comte Mosca :
> – Vendredi vous ne seriez pas libre, en petit comité ? Ce serait gentil. Il y aura la princesse de Parme qui est charmante ; d'abord je ne vous inviterais pas si ce n'était pas pour rencontrer des gens agréables. (*RTP*, II, p. 671)

Monde absolument fermé à l'extérieur et se défendant contre ceux qui veulent y pénétrer, le monde Guermantes s'ouvre à ceux qu'ils n'intéressent pas tant les mondains sont stupéfaits qu'on les tienne pour quantité négligeable. **Admis dans le monde Guermantes au moment où il ne le désirait plus, le narrateur a tout loisir d'observer comment ils font monde**. La notion de caste est tout d'abord régie par la notion de « race » et, partant, par l'aspect physique puisque survivent en eux, selon la théorie d'Augustin Thierry dans ses *Récits des temps mérovingiens*, le monde des blonds francs conquérants opposés au monde des bruns gallo-romains soumis :

« Grands, minces, la peau et les cheveux dorés, tout à fait le type Guermantes, ces deux jeunes gens avaient l'air d'une condensation de la lumière printanière et vespérale qui inondait le grand salon » (*RTP*, II, p. 509) de sorte que « les Guermantes n'étaient pas moins spéciaux au point de vue intellectuel qu'au point de vue physique ». L'éducation y joue également un rôle : « Deux hommes du monde restant seuls vivants dans une île déserte, où ils n'auraient à faire preuve de bonnes façons pour personne, se reconnaîtraient à ces traces d'éducation, comme deux latinistes citeraient correctement du Virgile ».

We happy few

La loi de l'origine et de la génétique générant un sentiment d'appartenance et une impossibilité d'appartenir au même monde permet à l'un des moteurs principaux de l'interaction sociale d'entrer en jeu, le snobisme. **Appartenir à un certain monde qui vous est refusé, en être est d'autant plus désirable que c'est**

impossible et totalement hors de portée. La « race » et « l'esprit Guermantes » sont des qualités intrinsèques à un groupe du monde auquel les autres ne peuvent parvenir, ce qui fait le désespoir et la souffrance aiguë du snob Legrandin :

> Mais à ce nom de Guermantes, je vis au milieu des yeux bleus de notre ami se ficher une petite encoche brune comme s'ils venaient d'être percés par une pointe invisible, tandis que le reste de la prunelle réagissait en sécrétant des flots d'azur. Le cerne de sa paupière noircit, s'abaissa. Et sa bouche marquée d'un pli amer se ressaisissant plus vite sourit, tandis que le regard restait douloureux, comme celui d'un beau martyr dont le corps est hérissé de flèches : « Non, je ne les connais pas », dit-il [...] (*RTP*, I, p. 126)

L'intégration impossible dans un monde inaccessible détermine également la constitution antithétique d'autres sphères compensatrices comme celle des Verdurin où l'impossibilité d'accéder au plus « grand monde » fait ériger le « demi-monde[1] » en modèle enviable. Ainsi, la bourgeoise Sidonie Verdurin constitue-t-elle son salon socialement mélangé autour d'articles de foi qui permettent de couper ses invités du monde et de constituer un monde en soi. Ainsi les femmes du salon sont-elles représentées par « une personne presque du demi-monde, Mme de Crécy, que Mme Verdurin appelait par son petit nom, Odette, et déclarait être "un amour", et [par] la tante du pianiste, laquelle devait avoir tiré le cordon ».

Faute de pouvoir trouver une intermédiation, réduits à demeurer dans leurs sphères respectives[2], les gens du monde s'épient et rivalisent d'originalité dans l'affichage de leurs signes distinctifs comme autant de preuves par des rituels qu'ils sont bien du monde, ou à tout le moins, d'un monde :

> L'habit noir était défendu parce qu'on était entre « copains » et pour ne pas ressembler aux « ennuyeux » dont on se garait comme de la peste et qu'on n'invitait qu'aux grandes soirées, données le plus rarement possible et seulement si cela pouvait amuser le peintre ou faire connaître le musicien. Le reste du temps, on se contentait de jouer des charades, de souper en costumes, mais entre soi, en ne mêlant aucun étranger au petit « noyau » (*RTP*, I, p. 186).

Comme le rappelle Gilles Deleuze, la « ***Recherche*** **se présente donc comme l'exploration des différents mondes de signes[3]** ». Le narrateur a pour tâche de percer cet art de faire signe, cet art de mettre en scène les symboles aptes à construire ou à revendiquer une appartenance distinctive, à créer ce que Stendhal, après Shakespeare, constituait en credo : we *happy few, we band of brothers*[4].

1. Le « demi-monde » désigne, au XIXe siècle, par euphémisme, le monde des courtisanes et des « femmes entretenues ».
2. PINSON, Guillaume. *Sixième chapitre. Les romans d'un monde clos* In : *Fiction du monde : De la presse mondaine à Marcel Proust* [en ligne]. Montréal : Presses de l'Université de Montréal, 2008 (généré le 29 mars 2022). Disponible sur Internet : <http://books.openedition.org/pum/20743>. ISBN : 9791036503757. DOI : https://doi.org/10.4000/books.pum.20743.
3. Gilles Deleuze, *op. cit.*, p. 11.
4. William Shakespeare, *Henry V*, 1598.

II. L'art d'être dans le monde

Le narrateur et la CGT

Le dernier volume de la *Recherche*, *Le Temps retrouvé*, établit le bilan du parcours du narrateur « depuis le temps où (il) avait débuté dans le monde ». Ce dernier, dont les dons intellectuels ont séduit le marquis de Saint-Loup et d'autres aristocrates qui ont fini par lui ouvrir les portes des bastions mondains, a pu jauger les « gens du monde ». **Le rôle du narrateur de la *Recherche* est donc de questionner l'être du monde, d'en observer les comportements pour percevoir, sous les singularités affichées, la similitude des réactions et le paradoxe des adaptations spectaculaires de ces mondes qui se prétendent clos pour cacher leur décevante banalité.** En pénétrant, au fil du roman, les différentes castes, il en perçoit l'humanité commune et non les différences que les hôtes et surtout les hôtesses des salons s'acharnent à afficher. Force lui est de constater que « évidemment, dans ce salon, toutes les femmes que j'avais imaginées comme des statuettes de Saxe ressemblaient tout de même davantage à la grande majorité des femmes ».

L'illusion créée par le prestige social du nom et celle du physique ne résistent pas longtemps à l'observation, comme l'apprend rapidement un narrateur examinant avec une précision d'entomologiste ces êtres du monde dans leurs comportements sociaux. Il se rend compte, au cours de son apprentissage, combien il s'est illusionné sur ces êtres fantasmés sur la foi de récits historiques qui l'avaient fait rêver :

> Et mes regards s'arrêtant à ses cheveux blonds, à ses yeux bleus, à l'attache de son cou et omettant les traits qui eussent pu me rappeler d'autres visages, je m'écriais devant ce croquis volontairement incomplet : « Qu'elle est belle ! Quelle noblesse ! Comme c'est bien une fière Guermantes, la descendante de Geneviève de Brabant, que j'ai devant moi ! ». (*RTP*, I, 264)

Le commentaire *a posteriori* du narrateur instruit par l'expérience montre le processus qui a conduit à l'aveuglement sur la nature exceptionnelle de la duchesse de Guermantes. Le caractère de commune humanité ressort *in fine* en lieu et place des caractères prétendument distinctifs de la « race » ou de la caractérisation physique. L'étude menée par le narrateur se mue en satire sociale pour marquer, à l'instar des moralistes du XVIIe siècle comme La Rochefoucauld ou La Bruyère, les manquements des gens du monde « distraits et oublieux » mais aussi confondant préjugés et jugement de goût. Ce constat conduit à un renversement total de la hiérarchie mondaine et sociale, à une révolution au sens propre :

> J'avais assez fréquenté de gens du monde pour savoir que ce sont eux les véritables illettrés, et non les ouvriers électriciens. À cet égard, un art populaire par la forme eût été destiné plutôt aux membres du Jockey qu'à ceux de la Confédération générale du travail. (*RTP*, IV, p. 467)

La prétendue élite sociale est en réalité incapable d'appréhender l'intelligence et les qualités de l'esprit quand d'aventure il s'en trouve dans ses cercles : « Bref, les gens du monde s'étaient désengoués de M. de Charlus, non pas pour avoir trop pénétré, mais sans avoir pénétré jamais sa rare valeur intellectuelle ».

Le narrateur sociologue

Le passage du narrateur « dans le monde » est donc un art de l'étude sociale ou, mieux, un art d'appliquer au roman une discipline nouvelle, la sociologie. En effet, le romancier conçoit et écrit son roman au moment de l'avènement en France de la sociologie représentée par les travaux de Durkheim et de Gabriel Tarde qui l'influenceront durablement. Durkheim, pour fonder **la science sociologique montre que le fait social influence et même détermine tout comportement individuel dans le monde.** Or c'est bien le fait social qui dicte la conduite des gens du monde. Gabriel Tarde, de son côté, défend l'idée, reprise de Spinoza, que l'une des lois qui régit l'être dans le monde est l'imitation, les deux autres en étant l'opposition et l'adaptation. Or, comme le montre Proust inspiré par Tarde, les bourgeois ressemblent aux aristocrates parce qu'ils les imitent pour devenir « gens du monde », les aristocrates se rapprochent des bourgeois et du peuple parce qu'ils s'adaptent tout en cherchant à s'opposer. **L'interaction sociale est donc la loi en vigueur dans le monde et c'est elle qui constitue l'art du monde.**

À la recherche du temps perdu est alors un essai, un traité d'observation du monde dont les conclusions permettront de déclencher la révélation de la vocation de romancier du narrateur. L'écrivain transforme ainsi fréquemment les observations de son narrateur en lois générales sur le monde social :

> Dans le monde (et ce phénomène social n'est, d'ailleurs, qu'une application d'une loi psychologique bien plus générale), les nouveautés coupables ou non n'excitent l'horreur que tant qu'elles ne sont pas assimilées et entourées d'éléments rassurants. (*RTP*, IV, p. 305)

On aura toujours besoin de pétrole

Pour le narrateur observateur du monde des castes et des salons, la reine des facultés est celle de l'adaptation. Si le caractère commun prédomine, et non des particularités toutes de surface, l'art d'être dans le monde consiste en un perpétuel ajustement aux mouvements du monde. Dès le XIXe siècle, suite à la constitution de la biologie et des découvertes de Darwin[1], l'adaptation s'enrichit du sens de modification, pour être ensuite transposé en sociologie. Le narrateur observe ainsi comment les « patrons » d'un cercle, d'une caste et leurs fidèles sont

1. La première traduction française de *De l'origine des espèces* paraît en 1862.

capables de poursuivre leurs buts de domination et de fermeture. Leur faculté à s'adapter « devient le processus endogène qui permet au système soit d'assimiler la nouveauté, soit de modifier sa structure interne pour assimiler cette nouveauté[1] ».

Paradoxalement, c'est donc ce caractère de commune humanité qui rend possible les castes et en faisant de l'art d'être dans le monde la faculté d'en ingérer les mutations. Ainsi, la classe aristocratique, loin d'être en perte de vitesse socio-économique comme on le croit souvent, a su pénétrer le capitalisme, système créé par et pour la bourgeoisie. La sphère aristocratique décrite comme fermée et imperméable aux autres mondes, figée dans un passé prestigieux et révolu est donc très active pour unir au prestige du nom et de l'histoire celui de l'argent afin d'énoncer le credo du paternalisme capitaliste qui la perpétue en une savoureuse synthèse que la princesse de Parme inculque à sa fille en guise d'éducation :

> Au contraire, sois bonne pour les petits. Tes aïeux étaient princes de Clèves et de Juliers dès 647 ; Dieu a voulu dans sa bonté que tu possédasses presque toutes les actions du canal de Suez et trois fois autant de Royal Dutch qu'Edmond de Rothschild ; ta filiation en ligne directe est établie par les généalogistes depuis l'an 63 de l'ère chrétienne ; tu as pour belles-sœurs deux impératrices. Aussi n'aie jamais l'air en parlant de te rappeler de si grands privilèges, non qu'ils soient précaires (car on ne peut rien changer à l'ancienneté de la race et on aura toujours besoin de pétrole), mais il est inutile d'enseigner que tu es mieux née que quiconque et que tes placements sont de premier ordre, puisque tout le monde le sait. Sois secourable aux malheureux. (*RTP*, II, p. 720).

Cette dualité permet de réfuter le cliché de la fin d'un monde et de la décadence de l'aristocratie, sujet souvent évoqué pour la *Recherche* au profit d'un mouvement d'adaptation et de réinvention du corps social à l'aune des données socio-économiques.

Non pas roman de la fin d'un monde mais roman de l'ouverture à la modernité, la *Recherche* met donc en scène non pas la rupture ou la définitive séparation des mondes dans l'espace ou dans le temps, mais au contraire leur fusion rendue possible par l'appétit socio-économique et l'instinct de survie qui transforme les *happy few* en *janus bi-frons* de la réussite. Ainsi du Duc de Guermantes :

> Formidablement riche dans un monde où on l'est de moins en moins, ayant assimilé à sa personne d'une façon permanente la notion de cette énorme fortune, en lui la vanité du grand seigneur était doublée de celle de l'homme d'argent, l'éducation raffinée du premier arrivant tout juste à contenir la suffisance du second. (*RTP*, II, p. 521).

Si le marquis Robert de Saint-Loup, grand aristocrate au physique typiquement Guermantes épouse Gilberte Swann, issue de la bourgeoisie de confession juive, c'est parce que l'alliance du nom et de la richesse permettent une perpétuation de

1. Simonet, Guillaume. « Le concept d'adaptation : polysémie interdisciplinaire et implication pour les changements climatiques », *Natures Sciences Sociétés*, vol. 17, n° 4, 2009, pp. 392-401.

l'être au monde des classes dirigeantes. Si le côté de chez Swann a symboliquement rejoint le côté de Guermantes, c'est, pour reprendre la fameuse expression du prince Salina dans le roman de Lampedusa, *Le Guépard*, « que tout doit changer pour que rien ne change ». Si la guerre a permis à Proust de reconsidérer son roman, de revoir sa stratégie romanesque et d'appréhender les bouleversements sociaux induits, la révolution (au sens propre) des mondes qui permet à madame Verdurin, devenue princesse, non seulement de pénétrer le monde Guermantes mais d'y devenir une Guermantes, était inscrit dans l'art d'être dans le monde et a seulement été accéléré par les événements. « **Voilà qui nous dit fortement qu'une société est un tout dont les parties communiquent et s'interconnectent par-delà les barrières et selon des modèles antérieurement conçus et déposés**[1] » comme le remarque le critique Jacques Dubois. Ainsi le salon Verdurin se perpétue en opérant une mue sociale stratégique et sans affects :

> Le salon des Verdurin [...] s'était ouvert à un monde nouveau et les fidèles, appâts d'abord de ce monde nouveau, avaient fini par être de moins en moins invités [...]

III. Le monde de l'art

Le monde ou l'art

Parvenu à ce qu'il croit le terme d'un apprentissage décevant puisqu'il ne débouche sur aucun signe confortant sa vocation, le narrateur jette un regard nostalgique sur la vie des cercles :

> Ce n'était vraiment pas la peine de me priver de mener la vie de l'homme du monde, m'étais-je dit, puisque le fameux « travail » auquel depuis si longtemps j'espère chaque jour me mettre le lendemain, je ne suis pas ou plus fait pour lui, et que peut-être même il ne correspond à aucune réalité. (*RTP*, IV, p. 434)

Le narrateur oppose donc une dernière fois l'existence privilégiée et désirable de « l'homme du monde », à laquelle l'artiste, travailleur forcené et ermite doit nécessairement renoncer, avant de s'apercevoir que c'est paradoxalement sa connaissance du monde qui nourrira sa création. La tour d'ivoire n'existe pas pour le narrateur parce que la matière de son « expérience » dans le monde, sera « la matière de [son] livre ». Cependant sa description du monde des salons, en particulier artistiques, est allée dans le sens d'une toujours plus grande caricature. Dans les premiers cahiers de brouillons (entre 1908 et 1911), le narrateur rend hommage au mécénat aristocratique, fondamental pour le monde artistique de la Troisième République. Mais, au gré des refontes de la *Recherche*, les salons mondains se bornent souvent à n'y être plus que le lieu des gesticulations sociales,

1. Dubois, Jacques. « Marcel Proust et la sociologie », *Idées économiques et sociales*, vol. 186, n° 4, 2016, pp. 15-23.

et le narrateur est souvent déçu de s'apercevoir que la conversation de Mme de Guermantes ne diffère finalement pas de celle des bourgeoises : la seule divergence est que les bourgeoises s'expriment ainsi pour conquérir une situation dans le monde tandis que les aristocrates veulent surtout se maintenir au sommet de la pyramide sociale. **Quand le monde se mêle d'art, c'est donc pour servir ses intérêts arrivistes et ses objectifs de réussite mondaine.** Pourtant, et c'est le paradoxe proustien, quand d'aventure un salon comme celui de Mme Verdurin promeut la carrière d'œuvres géniales comme la sonate et le septuor de Vinteuil pour être reconnue et franchir les barrières sociales, il permet aux auditeurs attentifs et aux artistes qui fréquentent ces salons d'avoir accès à l'œuvre qui y est interprétée et donc à son monde profond, original et immortel auquel ils n'auraient pas eu accès sans ces salons mondains.

Le vrai monde, c'est l'art

Mais les salons, les cercles, les clans, finalement tous produits de l'imitation, ne peuvent plus constituer des mondes désirables à explorer, seul l'art original le peut, car **l'artiste est le seul créateur possible** :

> Et voici que le monde (qui n'a pas été créé une fois, mais aussi souvent qu'un artiste original est survenu) nous apparaît entièrement différent de l'ancien, mais parfaitement clair. (*RTP*, II, p. 623)

Si le monde imaginé par l'écrivain est puissamment original, c'est qu'il est nécessaire, à l'opposé des réunions sociales. Ce monde s'est émancipé des conventions et des diktats sociaux ancrés dans la temporalité que l'écrivain a expérimentés avec les gens du monde. Il privilégie désormais la recherche d'un univers découvert par les propres facultés sensitives de l'artiste, sans plus accepter les corrections que lui imposerait la raison qui le ramène sans cesse vers la société. Si l'originalité n'existe pas dans le monde, elle est révélée par l'œuvre d'art qui délivre du superficiel et du machinal en créant un monde extra-temporel et extra-social qui est le seul *vrai* monde de sorte que « chaque artiste semble ainsi comme le citoyen d'une patrie inconnue, oubliée de lui-même, différente de celle d'où viendra, appareillant pour la terre, un autre grand artiste » (P., III, p. 761). L'artiste sera donc original quand il aura pris conscience de son point d'origine, de sa patrie d'élection qui fait que l'œuvre ne pourra être autre que ce qu'elle est puisqu'elle traduit un monde originel, intemporel et universel qui donne à lire la condition humaine. S'il a bien conscience que l'œuvre relève d'un monde métaphysique, il prend conscience que l'œuvre a aussi une réalité formelle résultant du travail d'un « créateur » particulier : « Ce qui m'avait semblé une totalité n'était plus qu'une unité, [...] je dépassais maintenant la notion de l'un et comprenais ce qu'était le multiple[1] » note-t-il dans un brouillon.

1. Cahier 57, f° 3r°.

Ces mondes sont donc rendus accessibles aux lecteurs par la qualité particulière de chaque création artistique, comme, par exemple, l'écriture de l'écrivain visionnaire « car le style pour l'écrivain aussi bien que la couleur pour le peintre est une question non de technique mais de vision » (*RTP*, IV, p. 474).

Dès lors, l'art accomplit le miracle de nous donner à « voir le monde avec les yeux d'un autre » et de nous accorder, surtout, ce que le voyage dans les castes sociales n'avait pu nous offrir, la circulation dans un univers où co-existent toutes les facettes du moi et des mondes, une exploration de mondes divers que la société ne pouvait pas offrir :

> Grâce à l'art, au lieu de voir un seul monde, le nôtre, nous le voyons se multiplier et autant qu'il y a des artistes originaux, autant nous avons de mondes à notre disposition [...] (*RTP*, IV, p. 474).

Conclusion

À la recherche du temps perdu raconte, selon la fameuse formule de Genette, comment Marcel devient écrivain, c'est-à-dire comment le narrateur du roman s'efforce de découvrir la méthode qui lui permettra de mettre en pratique sa vocation. En attendant, il se lance dans « le monde », empressé de se faire ouvrir les portes des clans mondains barricadés derrière leurs préjugés et leurs codes pour faire illusion sur leur vacuité commune. Croyant explorer des mondes originaux et pittoresques, il s'aperçoit qu'ils sont non seulement perméables mais semblables puisqu'obéissant aux lois sociales de l'imitation et de la reproduction. **C'est alors que se met en place la théorie proustienne de l'art : seul l'artiste puissamment original et novateur « à perpétuité » porte en lui un monde authentique et réel qu'il révèle grâce à ses facultés visionnaires.** Ainsi le lecteur ou l'auditeur peuvent-ils « avec un Elstir, avec un Vinteuil, avec leurs pareils, (voler) vraiment d'étoiles en étoiles ».

S'inspirant de *La Monadologie* de Leibniz qui figurait au programme du baccalauréat, dans la jeunesse de Proust, vers 1880, l'écrivain montre que chaque vision d'artiste révèle « un miroir vivant perpétuel de l'univers [1] », et donc est seul apte à permettre de parcourir les mondes pour appréhender le monde.

1. Gottfried Wilhelm Leibniz, *La Monadologie*, publiée par Émile Boutroux, Paris, Charles Delagrave, 1881, § 7, p. 173.

Notion clef — L'ineffable et le monde

Mot dérivé du préfixe privatif latin in et de la racine indo-européenne *bha (parler) que l'on retrouve tant dans le grec φημί (je parle) que le latin effari (parler) d'où infans (enfant, celui qui n'a pas la parole), fable (le récit) ou fatum (la parole divine). L'ineffable, caractère de ce qui ne peut être exprimé par le langage semble donc pratiqué par ceux qui sont en dehors du monde et des échanges sociaux. Il devient, au début du XIXe siècle, le symbole de l'art, opposé à la mondanité caractérisée par le flux des paroles vaines ou triviales. Le monde est en effet appréhendé par l'humain dans et par le langage : il peut ainsi y avoir accès et l'ordonner en fonction de ses besoins et de sa conception de ce qui fait société. Chez Proust, c'est le langage en vigueur dans les salons qui régit l'existence même des « gens du monde » et leurs gesticulations. Or ce que fait le narrateur au terme d'un apprentissage qui débouche sur la confirmation de sa vocation d'écrivain, c'est ce constat que le langage de l'œuvre doit être d'une tout autre nature que celui de la société. Car si le langage est mode, mobilité, mais aussi limitation à des postures changeantes et paradoxalement toujours semblables, l'œuvre est stabilité, originalité et immortalité. Pour traduire ces qualités, pour faire œuvre, l'artiste et au premier chef l'écrivain, échappe au langage ordinaire, dépasse l'indicible, au sens où l'entend Vladimir Jankélévitch, qui le rend « muet en accablant sa raison et en médusant son discours » pour donner accès à l'ineffable, à l'inexprimable et donc à un au-delà des mots : le mystère de l'œuvre d'art provoque méditation et perplexité, donne à réfléchir le monde et sur le monde, pour atteindre le vrai occulté par la mondanité de sorte que « la vraie vie, la vie enfin découverte et éclaircie, la seule vie par conséquent réellement vécue, c'est la littérature ».

Texte choisi — Contre Sainte-Beuve, l'artiste, l'homme et le monde

L'œuvre de Sainte-Beuve n'est pas une œuvre profonde. La fameuse méthode, qui en fait, selon Taine, selon Paul Bourget et tant d'autres, le maître inégalable de la critique du XIXe, cette méthode, qui consiste à ne pas séparer l'homme et l'œuvre, à considérer qu'il n'est pas indifférent pour juger l'auteur d'un livre, si ce livre n'est pas un « traité de géométrie pure », d'avoir d'abord répondu aux questions qui paraissaient les plus étrangères à son œuvre (comment se comportait-il, etc.), à s'entourer de tous les renseignements possibles sur un écrivain, à collationner ses correspondances, à interroger les hommes qui l'ont connu, en causant avec eux s'ils vivent encore, en lisant ce qu'ils ont pu écrire sur lui s'ils sont morts, cette méthode méconnaît ce qu'une fréquentation un peu profonde avec nous-mêmes nous apprend : **qu'un livre est le produit d'un autre moi que celui que nous manifestons dans nos habitudes, dans la société, dans nos vices**. Ce moi-là, si nous voulons essayer de le comprendre, c'est au fond de nous-mêmes, en essayant de le recréer en nous, que nous pouvons y parvenir. Rien ne peut nous dispenser de cet effort de notre cœur. Cette vérité, il nous faut la faire de toutes pièces et il est trop facile de croire qu'elle nous arrivera, un beau matin, dans notre courrier, sous forme d'une lettre inédite, qu'un bibliothécaire de nos amis nous communiquera, ou que nous la recueillerons de la bouche de quelqu'un, qui a beaucoup connu l'auteur. [...] Et pour ne pas avoir vu l'abîme qui sépare l'écrivain de l'homme du monde, pour n'avoir pas compris que le moi de l'écrivain ne se montre que dans ses livres, et qu'il ne montre aux hommes du monde (ou même à ces hommes du monde que sont dans le monde les autres écrivains, qui ne redeviennent écrivains que seuls) qu'un homme du monde comme eux, il inaugurera cette fameuse méthode, qui, selon Taine, Bourget, tant d'autres, est sa gloire et qui consiste à interroger avidement pour comprendre un poète, un écrivain, ceux qui l'ont connu, qui le fréquentaient, qui pourront nous dire comment il se comportait sur l'article femmes, etc., c'est-à-dire précisément sur tous les points où le moi véritable du poète n'est pas en jeu.

Marcel Proust, *Contre Sainte-Beuve*, 1908.

Analyse

À l'automne 1908, Proust entreprend un article pour *Le Figaro* qu'il intitule « Contre Sainte-Beuve ». Longuement développé, exposant la théorie esthétique de Proust l'article devient un essai de trois cents pages. Sur lequel il s'appuiera pour écrire la Recherche à partir de 1909.

Dans quelle mesure l'œuvre est-elle imputable à son auteur ? dans quelle mesure l'auteur se confond-il avec l'homme vivant dans le monde pendant qu'il crée ?

Charles-Auguste Sainte-Beuve (1804-1869) a voulu profiter des découvertes des sciences naturelles pour renouveler la critique littéraire en appliquant une nouvelle « méthode » à la genèse d'une œuvre. Comme les naturalistes ont placé le vivant dans le milieu qui le détermine, Sainte-Beuve a posé l'hypothèse que l'artiste était indissociable de son monde et que son œuvre pouvait s'expliquer par son éducation, ses conditions de vie, son milieu. Or Marcel Proust a construit l'esthétique de sa *Recherche*, comme une antithèse à opposer au critique. La thèse proustienne, en effet, repose sur un refus de considérer le monde comme une donnée objective et le comportement humain en société comme une base fiable pour comprendre l'humanité. La connaissance du monde, au contraire, se fait par l'impression ressentie, laquelle devient plus vraie que le réel car c'est le moi profond, intérieur qui donne toute la mesure du sujet, pas son existence dans le monde extérieur. Le moi social est par conséquent le fruit d'une nécessité d'interagir en société, dans le monde, d'être un homme du monde qui se répand en conversations, en arguties et parfois contrevient à la loi ou à la morale sans que le moi profond, le moi artiste en soit affecté. Ainsi s'explique l'évolution d'un homme dans le monde et la permanence de l'artiste dans son propre monde.

Mode d'emploi

La lecture de Marcel Proust sera extrêmement profitable pour explorer le thème de cette année. En effet, tant l'aspect de la mondanité que celui des représentations sociologiques y sont abondamment commentés. Des sujets comme (« peut-on être dans le monde sans être du monde ? », « qu'est-ce qu'être mondain ? », « Être au monde », « peut-on sortir du monde ») y trouveront matière à réflexion. Mais l'auteur de la *Recherche* sera d'autant plus important qu'on peut utiliser de façon très précise à la fois les très nombreuses scènes sociales du roman où les différentes formes de discours rapportés témoignent d'une énonciation polyphonique faite de mots « usés » qui ne sont jamais que « d'emprunts » (Roland Barthes) et témoignent de la superficialité des échanges mondains parfois totalement caricaturés par le narrateur. On leur opposera les soliloques du narrateur avec les tableaux du peintre Elstir ou surtout la sonate et le septuor de Vinteuil, destinés à démontrer la séparation radicale entre la comédie humaine jouée dans les mondes sociaux et la représentation humaine de l'œuvre. On pourra également y avoir recours pour tous les sujets liant ou opposant la notion de « monde » et de « d'art ». Car si la mondanité est mobilité, marquant le renversement perpétuel des situations et des opinions, l'œuvre est stabilité et permanence. On y aura recours enfin sur un sujet redevenu d'actualité après Sainte-Beuve et Proust, celui de la responsabilité de l'artiste dans le monde et de l'attitude à adopter vis-à-vis de son œuvre.

Chapitre 11
Traverser le monde avec Blaise Cendrars

Jawad Tlemsani-Cantin

> *« La sérénité ne peut être atteinte que par un esprit désespéré et pour être désespéré il faut avoir beaucoup vécu et aimer encore le monde. »*
> *Une nuit dans la forêt. Premier fragment d'une autobiographie* (1929) de Blaise Cendrars

Le monde dans la poésie de Cendrars est omniprésent, on n'intitule pas pour rien la réédition de ces trois poèmes narratifs *Du monde entier au cœur du monde* (1957)... Dans la poésie de Cendrars, il y a donc une belle place pour la présence du monde, du voyage, de la diversité des hommes et des paysages et de leurs effets sur le sujet, toujours pris entre la griserie des départs et une tristesse récurrente.

Mais le poète voyageur ne s'en tient pas là car il interroge le fait même de représenter le monde. Pour avoir beaucoup lu Schopenhauer, il sait que le monde est sa représentation. Il lui revient donc d'inventer une écriture apte à rendre ce monde dans ses réalités les plus triviales, sa modernité, sa vitesse si c'est ainsi qu'il est perçu. Avec Cendrars, la poésie se renouvelle véritablement entre 1912 et 1919.

Ce questionnement enfin impacte le sujet poétique lui-même dont la perception est également entravée. Il doit donc faire un pas de côté pour se connaître, tenter de se reconnaître dans d'autres figures, et surtout naître comme poète. Il lui faut aussi faire le choix d'avancer en s'appuyant sur une connaissance du monde parfois livresque mais aussi, et surtout, sur son pouvoir de narrateur, de conteur. Qui raconte fait vivre... on ne peut plus inventer sa vie ni le monde lorsqu'il n'y a plus de subjectivité pour transmettre ce regard, lorsqu'on n'est plus de ce monde.

« Je suis un poète pour qui le monde est perpétuellement présent. Je connais le monde, j'ai vu le monde, je peux parler du monde ! » disait Blaise Cendrars. Et de fait, le jeune homme né en Suisse en 1887 avait, avant l'âge de trente ans, connu plusieurs villes d'Europe, la Russie, New York, Paris, était né comme poète aux yeux de ses pairs, s'était choisi un nouveau nom, un nom de feu, Blaise Cendrars, avait participé à la Grande Guerre où il avait perdu son bras droit et publié en 1919 trois grands poèmes narratifs réunis sous le titre éloquent *Du Monde entier.* La suite de sa vie l'emmène encore aux quatre coins du monde – il se passionnera pour le Brésil –, lui fait exercer différents métiers, écrire (*L'Or* en 1925, *Bourlinguer* en 1948 pour ne citer que quelques titres parmi les plus célèbres...) avant de mourir à Paris en 1961.

Suivre Cendrars fait déjà découvrir beaucoup d'horizons, éprouver la diversité des peuples, et embrasser plusieurs existences. Mais **qu'apprend-on en traversant le monde avec Blaise Cendrars?** Qu'apprend-on sur le monde et sur le sujet poétique qui se construit dans ce mouvement?

Le premier recueil du poète, composé de ses trois grands poèmes narratifs: *La Prose du Transsibérien et de la petite Jehanne de France, Les Pâques à New York et Le Panama ou les aventures de mes sept oncles* est particulièrement éclairant pour ces questions dans la mesure où ces trois longs poèmes mettent en scène la découverte du monde moderne par un sujet poétique globe-trotteur guidé par **une triple interrogation métaphysique.** « Qui suis-je? » et « Où allons-nous? » innervent respectivement *Les Pâques* et la *Prose* tandis que le *Panama*, poème des origines, répond, lui, à « D'où venons-nous? »[1] Pour explorer donc le rapport de Cendrars au monde, on regardera comment il l'éprouve physiquement, ce que c'est que de traverser terres et mers. Puis on interrogera ce qui passe *au travers* des mailles du filet, ce qui est insaisissable dans ce mouvement. Enfin, on se demandera ce qu'il y a de l'autre côté, qu'advient-il quand on *traverse* le monde?

I. Traverser terres et mers

Les lieux parcourus

Alors que *Les Pâques à New York* (1912) et *La Prose du Transsibérien* (1913) dessinent deux **itinéraires précis**, le poème du *Panama* (1918) trace un **parcours plus éclaté**. Dans le premier poème, le sujet qui s'appelle Blaise patiente dans Moscou avant d'emprunter le train tout neuf qui lui fera traverser la Russie en compagnie d'une jeune fille, une muse, une prostituée nommée Jeanne – ou Jehanne de France. Les derniers vers de ce très long poème (447 vers) ramènent le héros brutalement à Paris, au pied de la Tour Eiffel. Cette ellipse du retour comme la répétition en refrain de « Dis, Blaise, sommes-nous bien loin de Montmartre? » soulignent tous deux que Paris reste le centre dans ce mouvement d'extension à

1. Selon P. Caizergues dans « Le Panama ou les sept visages d'Orphée », *La Provence et la séduction du Sud*, Minard-Lettres Modernes, 1996, p. 113-120.

l'est. *Les Pâques à New York* raconte une nuit d'errance dans la mégalopole où le sujet pauvre, affamé, abandonné, traverse la ville moderne comme un nouveau Christ, la transcendance en moins... Enfin dans *Le Panama ou les aventures de mes sept oncles*, le poète cherche à suivre à travers des lettres comme sur les routes du monde, les trajectoires de sept oncles, sept miroirs de lui-même, qui depuis l'Inde, Tokyo ou les Bermudes donnent à leur neveu qui lit avidement leurs histoires, l'avidité de partir et de se trouver.

Entre fascination et mélancolie

Le vaste monde fait l'objet d'une vraie fascination pour le sujet lyrique. Comme le rappelle Myriam Cendrars dans l'essai biographique qu'elle consacre à son père, le transsibérien faisait déjà en 1900 briller ses yeux de visiteur de l'Exposition universelle : on pouvait (de Paris !) visiter voitures-lits, voiture-salon, wagon-restaurant, décor au luxe éblouissant et toile peinte qui se déroulait pour que le paysage défile... Le jeune Blaise Cendrars égrènera quelques années plus tard les noms des villes que traverse le train « Entends les sonnailles de ce troupeau galeux Tomsk Tcheliabinsk Kainsk Obi Taïchet Verkné Oudinsk Kourgane Samara Pensa-Touloune. » (v. 205), et manifestera, avec le champ lexical de la faim et de la soif, de **l'appétit, son désir de connaître le monde** : « Le Kremlin était comme un immense gâteau tartare », « j'avais faim »...

Mais le voyage apporte aussi sa part de souffrance. « Il n'y a plus que la Patagonie, la Patagonie, qui convienne à mon immense tristesse. » dit le sujet poétique du *Transsibérien*... La fascination se double d'une tristesse répétée, **la mélancolie des chemins de fer ici, la nostalgie là**, reprise en épiphore pour presque chacun des sept oncles dans les lettres desquels on sentait qu'« il y avait encore quelque chose / La tristesse / et le mal du pays ». La souffrance est la plus aiguë lorsque le poète traverse New York et rencontre les émigrés misérables « la foule des pauvres [...] tassée comme du bétail »

D'immenses bateaux noirs viennent des horizons
Et les débarquent, pêle-mêle, sur les pontons.

Il y a des Italiens, des Grecs, des Espagnols,
Des Russes, des Bulgares, des Persans, des Mongols.

(*Pâques*, vers 71-74)

La ville devient un **microcosme de toute la misère humaine** sur Terre dont le poète errant n'est pas seulement un témoin mais bien une incarnation lui aussi.

Montrer le monde

Comment montrer ce monde contrasté, riche, multicolore, étonnant, blessant parfois, comment le faire entendre en poésie ? Cendras retient d'abord **le procédé de la liste**, les accumulations gourmandes à la Rabelais qui disent son gigantesque appétit du monde. Il y a profusion avec lui, foisonnement, « Car l'univers me déborde » dit-il vers 339 après 40 vers brefs accrochant mille images « Autant d'images-associations que je ne peux développer dans mes vers » (v. 337). Le poète retient en effet de préférence la **petite touche évocatrice** plutôt qu'une description. Pas de sublime, de paysage état d'âme, de pittoresque sous sa plume mais une voracité du monde, une ivresse de dire et des images, brèves et intenses...

Les choix éditoriaux ont aussi leur importance. Cendrars était ami avec les peintres de son temps : les Delaunay, Fernand Léger, Chagall. Pour *La Prose*, il a ainsi imaginé avec Sonia Delaunay un livre-objet constitué d'une seule feuille de 2m de haut, à déplier pour voir conjointement les compositions colorées, vives et abstraites de Sonia Delaunay à gauche et le texte du poème sur la partie droite. Seul élément figuratif, une tour Eiffel en bas de la page... Les courbes et les couleurs exprimaient sur un autre mode **l'enthousiasme et la vitesse du poème**, les rendaient plus saillantes grâce aux vertus du simultanéisme[1]. Quant au *Panama*, son édition originale invitait par autre un jeu de pliage à ouvrir le recueil comme on ouvrirait un guide de voyage, le tout incluant aussi bien des affiches que des cartes des lignes des chemins de fer...

Enfin, le vers **fait entendre le bruit du monde**. Les langues étrangères sont présentes comme par collage dans *Le Panama* au vers 176 « Boys », ou 373 « My gun » et les onomatopées ne sont pas en reste pour intégrer au vers par exemple le bruit du train sur les rails d'un voyage qui dure des semaines

Tout est un faux accord
Le broun-roun-roun des roues
Chocs
Rebondissements

(*Prose*, v. 187-192)

Cendrars fait donc preuve d'une grande inventivité pour montrer et faire entendre le monde dans ses vers mais ce geste porte en lui-même son échec. Pour le monde comme pour le temps ou pour le moi, leur perpétuel mouvement – si ce n'est leur essence même d'objet – les rend insaisissables, toujours quelque chose glisse au travers du tamis qu'on a choisi... Voyons donc **quelle réponse poétique Cendrars apporte** au paradoxe de la représentation du monde et d'un moi inatteignables.

1. Dans le simultanéisme, mouvement artistique développé par les époux Sonia et Robert Delaunay, deux artistes travaillent ensemble pour produire une œuvre que l'œil devrait pouvoir lire d'un seul regard comme un chef d'orchestre lit d'un seul coup les notes superposées dans la partition. Déjà expérimenté dans le domaine de la peinture, du textile, du décor, l'association avec un texte est une première.

II. Passer à travers : l'insaisissable

Ce qui fuit : Le monde est sa représentation

Cendrars a souvent cité la phrase de Schopenhauer selon laquelle **« Le monde est ma représentation »**, « tout ce qui existe existe pour la pensée, c'est-à-dire, l'univers entier n'est objet qu'à l'égard d'un sujet, perception que par rapport à un esprit percevant, en un mot, il est pure représentation[1]. » Cette idée exprime également l'impossibilité pour l'écrivain qui raconte de sortir de sa subjectivité, le monde réel lui échappe, il est condamné à parler de lui-même, de ses impressions et de ses souvenirs… Malgré ce perpétuel retour sur soi, le sujet, enfermé dans sa subjectivité, ne peut pas non plus se connaître.

Cependant, le sujet **peut encore extérioriser sa propre perception du monde.** Cette perception semble reposer pour Cendrars sur les caractéristiques de rapidité et de modernité, traits saillants du monde pour lesquels le vers va devoir être travaillé en profondeur. Pour se faire, l'écriture se **réinvente et produit un monde auquel on croit**. Cendrars avait conscience de la puissance de *sa* représentation. Ne disait-il pas au patron de *France-Soir* qui voulait savoir s'il avait effectivement pris le transsibérien : « Qu'est-ce que ça peut te faire puisque je vous l'ai fait prendre à tous ? » Le voyage raconté est bien une construction – ce qui constitue une vraie solution littéraire : si le monde est ma représentation, alors la fiction, l'imaginaire sont aussi des voies d'accès à la réalité… À la vérité, la réussite poétique de cette représentation du monde atteste que Cendrars voit les richesses possibles d'une telle frustration et n'est pas très éloigné de la pensée de Nietzsche qui, dans *Humain trop humain,* renversait les points de vue et postulait que « ce n'est pas le monde comme chose en soi **mais le monde comme représentation (comme erreur) qui est si riche de sens**, profond, prodigieux[2]. »

Une écriture prosaïque

Pour montrer cette richesse, Cendrars est très attentif au monde moderne, à la civilisation mécanique qui est la sienne, il sait célébrer les grands espaces mais aussi s'émerveiller devant les villes, les publicités, le cinéma et se montre soucieux de retenir ce qui jusqu'alors n'avait pas sa place en poésie : **le prosaïque**. Ce choix d'écriture guide pour son titre *Prose du Transsibérien*, comme il le dit lui-même dans sa correspondance en 1913 :

> « *Je suis et veux être populaire.* Rhapsode des voyages. Pâques, le Trans *et un nouveau poème* Le Canal de Panama et les aventures de mes sept oncles *sont conçus dans cet esprit. Je veux exprimer tout le monde d'aujourd'hui, la vie de tous les jours, les annonces des journaux, les étiquettes des boîtes de conserve, les marques de fabrique, les horaires ma vie avec toutes ses adresses, une rage*

1. Schopenhauer, *Le Monde comme volonté et représentation*, 1819, § 1.
2. Nietzsche, *Humain trop humain*, 1878, § 29

de dents, l'eau, la psychiatrie, toi, moi, les saisons, tout ce qui est concret, qui se voit, se touche, se sent, les couleurs, les échelles dans la lumière, le bois, le marbre, le tapis, tout ce que je possède enfin aujourd'hui, ce qui a servi à son emploi de tous les jours, en un mot nos richesses. ***Ma poésie est telle que les éléments merveilleux de la matière se prêtent à toutes les créations.*** »

On ne saurait mieux dire l'importance des éléments du monde concret, comme s'ils étaient, eux, saisissables...

Une écriture de la vitesse

Afin de mieux les retenir, qu'ils ne passent pas *au travers*, le vers se réinvente, le tamis se resserre, **l'écriture épouse la vitesse de la perception**. Pour son **vers libre**, Cendrars élit une syntaxe désarticulée et supprime quasiment toute ponctuation. Il multiplie les coïncidences et en jouant de la juxtaposition, produit un flux d'images, de souvenirs et d'impressions qui mettent en pratique les principes du simultanéisme. Enfin, dans ses effets de montage ou de changement rapide d'images, on retrouve un paysage qui défile, des scènes d'une grande force émotionnelle... à l'instar de ce que propose le cinéma qui le fascinait tant. Une scène de départ du *Panama* réunit ces différents traits dans une écriture sténographique fortement évocatrice pour l'esprit :

Le sang des bandits
Les chants de la lumière ébranlent les tours
Les couleurs croulent sur la ville
Affiche plus grande que toi et moi
Bouche ouverte et qui crie
Dans laquelle nous brûlons
Les trois jeunes gens ardents
Hananie Mizaël Azarie
Adam's Express C°
Derrière l'Opéra
Il faut jouer à saute-mouton
À la brebis qui broute
Femme-tremplin
Le beau joujou de la réclame
En route ! (v. 339-353)

Ainsi, dans une écriture qui dessine une épopée du chemin de fer et du monde moderne, on ressent l'enthousiasme et la frénésie du sujet percevant. Traverser le monde avec Blaise Cendras, ce n'est pas le parcourir, c'est courir et tout embrasser. Mais ce mode d'être au monde semble miné par un autre paradoxe : dans quelle mesure le sujet n'échappe-t-il pas lui aussi à sa propre perception ?

Un sujet éclaté, diffracté, insaisissable

Le sujet serait inconnaissable. Selon Schopenhauer, quand le sujet « se tourn[e] vers l'intérieur afin de se connaître, il ne contemple qu'épaisses ténèbres, il rencontre un vide absolu[1] » – ce qui le condamne à se chercher à l'extérieur dans les reflets déformés du monde. Or, dans l'œuvre poétique qui nous intéresse, il y a **de nombreux visages extérieurs possibles** pour le sujet poétique. Rappelons d'abord s'il est besoin, que malgré les apparences et les tentations, le je lyrique n'est pas un je autobiographique, le « Blaise » qu'interpelle Jeanne n'est pas Frédéric Sauser, lequel n'a pas nécessairement pris le transsibérien... Adoptant la devise de Nerval « Je suis l'autre », Cendrars convoque une ronde de figures pour lesquelles il éprouve une vive sympathie : le voyageur toujours en partance, le nomade, l'émigrant, le métis, le gitan, l'aventurier, le bourlingueur... des **êtres de passage qu'on rencontre dans des lieux de transit**, ports, trains, bateaux, bistrots... « Ces **êtres de traverse forment la famille qu'il s'est choisie**, une famille d'évadés perpétuels » dit Cl. Leroy[2]

« Je suis tous les visages »

Comme le moi reste flou, Cendrars s'efforce de dessiner son visage à travers les sept oncles du *Panama* qui sont autant de figures d'identification, de miroirs, venant diffracter le Je poétique. Tous les oncles sont introduits dans le texte via des extraits de lettres fictives envoyées à la famille : ils ont ainsi presque uniquement une existence de papier, de mots. Même si c'est avec le septième que, paraît-il, la ressemblance est la plus forte, choisir un modèle serait renoncer. D'où peut-être cette énigmatique formule vers 497 : **« Je suis tous les visages »... Être ou suivre ?** Être en suivant ? mais suivre, est-ce vraiment être ? En se plaçant dans la lignée familiale, le je poétique peut *in fine* dire à son tour « J'ai le mal du pays » et dans les tout derniers vers du *Panama* chercher à se définir lui-même.

Je voudrais être la cinquième roue du char
Orage
Midi à quatorze heures
Rien et partout

Ces images et associations à des êtres animés, inanimés, au cosmos entier expriment le caractère insaisissable du sujet, mais sans amertume... **Il est cet « homme-monde », universel,** dont parle Alexander Robert Dickow, le portrait de tous les visages qui aboutit à l'absence (celle du sublime, de l'absolu) « Car l'homme-monde n'est figurable que sous les aspects du vide ou de la multitude : du vide, puisque incarnant toutes les expériences des êtres humains, et par conséquent toutes les antinomies, toutes les contradictions de tous les êtres humains ; de la multitude, comme autant de prises de vue fugitives ou partielles d'un être dont on ne parvient pas à saisir la totalité. Le poète voudrait pourtant, non représenter cet

1. Schopenhauer, *Parerga*, 1851, § 32.
2. Claude LEROY, *Dans l'atelier de Cendrars*, Champion classiques 2014, p. 87.

être universel, – mais l'incarner lui-même. C'est avec cette ambition monstrueuse et magnifique que Cendrars signe la fin du *Panama*[1]. » Accéder au statut d'« homme-monde », est-ce qui attend celui qui traverse le monde, qui passe au-delà ?

III. De l'autre côté du monde ?

Venir au monde, advenir comme poète

Venir au monde, ne plus être de ce monde... Les échos à la naissance sont multiples sous la plume de Cendrars. Dans le recueil *Du monde entier*, le sujet cherche ainsi souvent à fixer sa naissance, le moment de son avènement comme sujet poétique comme si parmi tout ce qui était insaisissable, une chose restait sûre, qu'il est un sujet écrivant. **Les naissances sont donc symboliques** : partir de chez soi et prendre le transsibérien en est une pour « Blaise » dont les premiers mots du poème sont :

En ce temps-là, j'étais en mon adolescence
J'avais à peine seize ans et je ne me souvenais déjà plus de mon enfance
J'étais à 16.000 lieues du lieu de ma naissance

(*La Prose* v. 1-3)

Pourtant, un sentiment d'incomplétude demeure chez ce sujet qui ne cesse de répéter « J'étais fort mauvais poète / Je ne savais pas aller jusqu'au bout. »...

Autre naissance dans *Les Pâques*, celle d'un homme qui sort de sa nuit d'errance dans New York, non pas comme un Christ moderne puisqu'il n'éprouve aucune charité et affirme à deux reprises à Dieu « Je ne pense plus à Vous », mais comme un être éprouvé, qui a tout brûlé **pour mieux renaître de ses cendres**, comme l'indique le pseudonyme qu'il adopte à partir de 1912. Quant au sujet lyrique du troisième poème narratif, il nous dit à l'ouverture « C'est le crach du Panama qui fit de moi un poète ! » Naissance tonitruante à laquelle répond à l'autre pendant du poème (vers 473 et 486) **la naissance de la poésie** : « Ce matin est le premier jour du monde », « La poésie date d'aujourd'hui ».

Pour que ces naissances aient lieu, il y a donc eu à chaque fois un passage, une traversée, un événement qui n'est cependant pas de l'ordre de la rencontre avec la transcendance divine. Ainsi, selon le critique Claude Leroy, le mot de passe qui donnerait accès à son univers, plus que « bourlinguer », serait « partir ». **Un départ c'est aussi et surtout un commencement**, l'occasion rêvée de tout recommencer, de renaître. Celui qui recrée le monde dans la représentation qu'il en donne, qui est fasciné par les départs et qui, dans le nom qu'il *se* donne, se place sous le signe du phénix (capable de toujours renaître de ses cendres), naît véritablement *dans* l'écriture du monde.

1. DICKOW, A. *Le poète innombrable : Cendrars, Apollinaire, Jacob*, Paris, Hermann, 2015

Mais comme poète qui raconte

À la différence du vers qui étymologiquement est ce qui revient, la prose est ce qui avance, comme un train à travers la Russie, comme un homme dans les rues de New York, comme un récit vers sa fin... Or, s'il est très rarement question de sa propre mort dans le recueil, beaucoup de récits sont évoqués par les trois sujets lyriques, et les trois textes eux-mêmes ressortissent au genre du **poème narratif**. Il faut donc interroger de plus près le récit, la fable.

« Des livres », tel est le premier vers du *Panama*, et tout le poème sera jalonné par l'écrit, du premier livre d'images grâce auquel l'enfant va épeler le monde (« La baleine / Le gros nuage / Le morse / Le soleil ») jusqu'aux lettres des oncles prodigues qui sont pour l'enfant un « Éblouissement », à quoi s'ajoutent quantité de titres cités, précédés une fois de cette exclamation « Bien quoi / Il n'y a donc plus de belles histoires » (v. 421-422).

C'est peut-être qu'**il faut les inventer...** Le « fort mauvais poète » du *Transsibérien* fatigué par la question lancinante de Jeanne « Dis Blaise sommes-nous loin de Montmartre ? » ne trouve comment la calmer que lorsqu'il dit « Viens sur mon cœur / Je vais te conter une histoire... » (vers 244-245), il devient *homo fabulator*. Là, le vers ralentit et déploie des paysages et des situations qui font rêver.

> *Au Fidji règne l'éternel printemps*
> *La paresse*
> *L'amour pâme les couples dans l'herbe haute et la chaude syphilis rôde sous les bananiers*
> *Viens dans les îles perdues du Pacifique !*
> *Elles ont nom du Phénix, des Marquises*
> *Bornéo et Java*
> *Et Célèbes à la forme d'un chat.*
>
> *Nous ne pouvons pas aller au Japon*
> *Viens au Mexique*
> *Sur les hauts plateaux les tulipiers fleurissent*
> *Les lianes tentaculaires sont la chevelure du soleil* »
>
> vers 247-257

L'évocation de paradis terrestres, de lieux des plus exotiques et de l'amour qu'ils y vivront triomphent de la mélancolie des voyages. Relancée trois fois, cette histoire l'emmène loin et lui fait **construire des mondes, belle image de son geste d'écriture dans le recueil**... Inventer, conter est en effet au cœur de la parole humaine, Cendrars lui-même évoquait les folies des légionnaires au front en ces termes : «Leur vie est neuf fois sur dix une vie imaginaire. Seule leur mort est réelle parce qu'ils ne sont plus là pour la raconter[1]. »

1. Blaise Cendrars, *L'Homme foudroyé*, Folio, p. 35

« Aller jusqu'au bout »

Peut-être faut-il donc comprendre le « Je ne savais pas aller jusqu'au bout » repris quatre fois dans le poème comme un manque bien sûr mais aussi et surtout comme un élan vers la vie, car au bout, il n'y aura plus de récit… *La Prose du Transsibérien* ne s'attarde pas du tout sur la destination finale du voyage, une ellipse saisissante ramène rapidement le jeune homme au pied de la Tour Eiffel. Comme s'il y avait un risque à demeurer « au bout »… ses amis le savent…

> *J'ai des amis qui m'entourent comme des garde-fous*
> *Ils ont peur quand je m'en vais que je ne revienne plus*
>
> (vers 426-427)

Vie et écriture sont mouvement alors que la mort immobilise et ne peut être représentée faute de pouvoir être médiée par la subjectivité. Avec des faits objectifs, on ne fait pas un récit. Ce rapport à la perception, au mouvement et à soi dessinent donc **les contours d'une écriture dynamique** qui trouve dans le récit et dans la poésie, en même temps, son rapport au monde.

> *[Écrire] est un travail ingrat qui mène à la solitude. On apprend cela à ses dépens et aujourd'hui je le remarque.* ***Aujourd'hui, je n'ai que faire d'un paysage, j'en ai trop vu ! Le monde est ma représentation. L'humanité vit dans la fiction.*** *C'est pourquoi un conquérant veut transformer le visage du monde à son image. Aujourd'hui, je voile même les miroirs. Tout le restant est littérature. On n'écrit que « soi ». C'est peut-être immoral. Je vis penché sur moi-même.* ***Je suis l'Autre***[1].

Conclusion

Mille itinéraires donc dans cette œuvre mais un seul, un vrai appétit du monde qui permet d'inventer une écriture dynamique et de se sentir vivant.

Certes, « l'inassouvissement pharamineux des désirs[2] » balance chez Cendras entre la célébration et l'angoisse, l'euphorie et le vertige, la lévitation et la chute… mais traverser le monde avec Blaise Cendrars offre plusieurs lignes de crête sur lesquelles se tenir. On peut accepter l'ivresse et **conjurer la tristesse des voyages** en prenant le monde à bras le corps, façonner des livres-objets, **chanter les lieux traversés** ou rêvés, **réinventer son vers pour qu'il intègre la modernité**, le prosaïque, même la vitesse. Si le monde n'est que la représentation qu'on en a, alors que cette représentation soit grisante ! **« La poésie date d'aujourd'hui »,** rien de moins… Et si le sujet apparaît également comme insaisissable, peut-être faut-il lui proposer des miroirs et des naissances symboliques car, lorsqu'on se demande

1. *L'Homme foudroyé, ibid.*, p. 105
2. Blaise Cendrars, *L'ABC du cinéma*, 1926.

ce qu'il y a de l'autre côté du monde, on découvre la mort qui met un point final à tout récit, mais qui dit aussi, en creux, **l'importance de l'imaginaire, de la fable**. L'art est long et le monde est vaste...

NOTION CLEF **La modernité**

Notion délicate puisqu'elle est **constamment réactualisée,** et sensible parce qu'elle cristallise des valeurs, la modernité est d'abord **ce qui s'oppose à la tradition**, au conservatisme. Le moderne affiche en effet son appartenance au camp du présent, de la nouveauté et soulève assez rapidement **polémiques et manifestes**. Le triomphe final des Modernes sur les Anciens qui s'opposaient à l'âge classique sur leur rapport à l'imitation ouvrit la voie à bien d'autres positionnements esthétiques tranchés.

Baudelaire est considéré comme le premier poète moderne, lui qui a accueilli dans ses vers les transformations de la ville, la boue même du monde, questionné la traditionnelle distinction des vers et de la prose et surtout été l'un des premiers à utiliser ce mot de « modernité ».

Selon Adorno, la modernité atteint **son apogée au début du XXe siècle** lorsque s'expriment le futurisme axé sur la représentation de la vitesse, le cubisme qui représente la réalité sous la forme de figures géométriques, le dadaïsme pour qui l'art doit surtout provoquer les codes bourgeois de la société et la notion d'esthétique. Un esprit nouveau apparaît en effet autour d'Apollinaire, de Max Jacob, de Picasso... et de groupes d'avant-gardes.

Pour ces quelque 400 artistes qui se retrouvaient à Montmartre, la modernité est une valeur supérieure qui leur fait célébrer la rue, la machine, la publicité, la couleur, exalter l'intensité, l'utilité. Leur enthousiasme les mène à **croire à** l'avenir de l'humanité dans la science et l'amour, à la liberté créatrice, et à emprunter à d'autres arts leurs innovations formelles (montage, collage...).

Vers la fin du XXe siècle apparaît le terme de **postmoderne** qui réfère aussi bien à l'ère de la mondialisation et de l'information qu'à des œuvres culturelles moins hermétiques que celles de la modernité et caractérisées par des **jeux de mise à distance** (hybridité générique, ironie, intertextualité, autoréflexivité) après une crise de la représentation.

TEXTE CHOISI

«Blaise, dis, sommes-nous bien loin de Montmartre ?»

Nous sommes loin, Jeanne, tu roules depuis sept jours
Tu es loin de Montmartre, de la Butte qui t'a nourrie, du Sacré-Cœur contre lequel tu t'es blottie
Paris a disparu et son énorme flambée
Il n'y a plus que les cendres continues
La pluie qui tombe

La tourbe qui se gonfle
La Sibérie qui tourne
Les lourdes nappes de neige qui remontent
Et le grelot de la folie qui grelotte comme un dernier désir dans l'air bleui
Le train palpite au cœur des horizons plombés
Et ton chagrin ricane…

« Dis, Blaise, sommes-nous bien loin de Montmartre ? »

Les inquiétudes
Oublie les inquiétudes
Toutes les gares lézardées obliques sur la route
Les fils télégraphiques auxquels elles pendent
Les poteaux grimaçants qui gesticulent et les étranglent
Le monde s'étire s'allonge et se retire comme un accordéon qu'une main sadique tourmente
Dans les déchirures du ciel les locomotives en folie s'enfuient
Et dans les trous
Les roues vertigineuses les bouches les voies
Et les chiens du malheur qui aboient à nos trousses
Les démons sont déchaînés
Ferrailles
Tout est un faux accord
Le broun-roun-roun des roues
Chocs
Rebondissements
Nous sommes un orage sous le crâne d'un sourd…

« Dis, Blaise, sommes-nous bien loin de Montmartre ? »

Mais oui, tu m'énerves, tu le sais bien, nous sommes bien loin

Prose du Transsibérien et de la petite Jehanne de France, 1913, vers 162-194.

Analyse

À travers un dialogue dissymétrique, cette page de la *Prose du Transsibérien* questionne la **mélancolie des voyages**. Que la question de Jeanne revienne comme un refrain lancinant en est le premier signe, l'exaspération montante le dit également. Le monde qui s'étend à perte de vue pour ces passagers d'un train lancé sur 9 000 km est présenté avec la monotonie des parallélismes de construction et un lexique peu engageant : « La pluie qui tombe / La tourbe qui se gonfle / La Sibérie qui tourne ». Cette mélancolie possède ses traits traditionnels : une ironie amère qu'on a déjà entendue chez Baudelaire (« ton chagrin ricane »), la tentation de la folie perceptible dans les jeux de mots comme « grelot / grelotte »...

Pour combattre ce sentiment, le poète évoque d'abord **le centre que représente Paris** pour eux. Au troisième vers, les images sont maternelles mais le réconfort est interdit par la distance et le temps « tu roules depuis sept jours / Tu es loin ». Le poète propose donc, dans un deuxième temps, de s'enivrer avec le voyage. On pourrait « oublie[r] [s]es inquiétudes » en se perdant dans la contemplation du paysage. Fausse piste ici encore à cause de **la violence que renvoie le monde** comme le montrent « Les poteaux grimaçants qui gesticulent et les étranglent » ou « les chiens du malheur qui aboient à nos trousses. »

Il ne reste plus alors que la vitesse et l'art. Avec cette troisième voie, la plus développée, progressivement, le vers se libère davantage : la syntaxe se désarticule, le rythme s'accélère (quatre vers ne sont constitués que d'un mot), le voyage devient **hallucinatoire comme pour mieux rendre la déformation du paysage sous l'effet de la vitesse**, le monde est la représentation qu'on en a. Lorsque des onomatopées rendent le bruit qui obsède les voyageurs, on comprend que le poète accueille le monde et le présent au lieu de lutter contre lui par l'évocation du passé. La musique ne devient pas harmonieuse pour autant, au contraire, la dissonance règne : la main du musicien est « sadique » et « tourmente » son instrument, « Tout est un faux-accord » mais la perception a changé. Or, c'est exactement ce à quoi est invité le lecteur qui doit se mettre debout et non assis **pour déplier cet accordéon de deux mètres de haut** assorti des formes abstraites et colorées de Sonia Delaunay qu'est *La Prose* dans son édition originale.

En définitive, par les fulgurances de sa poésie capable de faire taire un instant la mélancolie et par l'invention du premier livre simultané, le poète a su représenter « Le monde [qui] s'étire, s'allonge et se retire comme un accordéon », donner une forme littéraire à la vitesse accompagnant le mouvement du futurisme et ouvrir une nouvelle voie à la poésie, **sur les « cendres » (v. 5) d'un ancien monde.**

Mode d'emploi

Le recueil *Du monde entier* de Cendrars constitue un corpus privilégié pour aborder le thème au programme dans la mesure où il émane **d'un poète voyageur** qui a effectivement arpenté le monde. Montrer le monde est une entreprise titanesque pour laquelle il faut **une langue de la démesure**. On n'aura pas de mal à utiliser cette référence pour évoquer l'ambivalence que ressentent ceux qui parcourent le monde : fascination et tristesse, enthousiasme et mélancolie.

Mais Cendrars ne conçoit pas son entreprise à la manière des récits de voyage du siècle précédent. Au contraire, il cherche à faire entrer **la modernité** dans ses vers, la vitesse, la dimension la plus concrète, prosaïque pour mieux rendre la perception qu'il en a. C'est que Cendrars est en effet un lecteur de **Schopenhauer** et qu'il s'est interrogé sur la représentation du monde dans ses vers. À cet égard, il constituera un exemple très pertinent dans une copie de dissertation de culture générale de la transposition artistique d'une pensée philosophique.

De même que le monde est reconstruit dans les vers, le sujet lyrique apparaît en définitive aussi comme une construction littéraire, dont la naissance est célébrée et dont la mort est conjurée par la relance perpétuelle **du récit**, d'une histoire. *Homo viator, homo fabulator ?* Dans le titre *Du monde entier au cœur du monde*, il y a bien un chemin initiatique, un mouvement vital, un renouvellement de l'écriture poétique, du poème narratif – qui s'est bien éloigné du genre de l'épopée – pour que dure l'enchantement et par là, l'existence.

Chapitre 12
Le Chaos-Monde ou Tout-Monde, une utopie géopoétique de la Caraïbe

Joana Durand-Gasselin

Le concept de monde et les métaphores géographiques ou géologiques dont il s'accompagne sont au cœur du renouveau des littératures antillaises depuis les années 1980. **Littérature-Monde**, Chaos-Monde, Tout-Monde, Archipelisation, Lieu, Paysage sont en effet autant de concepts que l'on retrouve sous la plume d'Édouard Glissant, principal théoricien de cette nouvelle littérature antillaise. Un concept si important qu'il amène Édouard Glissant à rebaptiser l'institut d'études martiniquais en Institut du Tout-Monde en 2006 et à lui donner pour mission de mettre en pratique l'esthétique et la pensée de la **créolisation du monde**.

Mais quels sont les contours du monde que dessine la nouvelle littérature antillaise, celle d'Édouard Glissant, René Depestre, Patrick Chamoiseau, Gisèle Pineau ou bien encore Raphaël Confiant que réunit l'ouvrage collectif *Écrire la parole de nuit*, paru en 1994 ? C'est un monde qui se saisit par la production poétique, une réalité à laquelle on n'accède que par l'imaginaire.

On peut observer tout d'abord que ce monde naît dans un espace particulier, celui de **l'archipel caribéen**, carrefour d'histoires et d'influences, marqué par un imaginaire et un monde commun mais ouvert sur plusieurs territoires. On peut ensuite établir que c'est un monde qui se construit sur **une série d'oppositions avec le monde occidental**, et qui serait un anti-monde, ou un monde complémentaire, monde de « la parole de nuit » par opposition à celui de textes écrits et parus au grand jour, monde du « diversel » par opposition à l'universel. Glissant parle de Chaos-Monde et de créolisation du monde : c'est ce qu'il conviendra, pour finir, d'explorer. Quelle est cette nouvelle relation au monde qui s'annonce comme **une utopie du XXIe siècle** par un auteur travaillé par « un souci pour le monde ».

I. Dire la Caraïbe

Si le Tout-Monde est une utopie pour penser un autre monde, c'est néanmoins dans un ancrage caribéen qu'elle s'invente et, précisément pour Glissant, dans la réalité du « petit pays », la Martinique, qui l'a vu naître. Un monde qui s'invente le fait toujours à partir d'un ancrage réel. Ici, la réalité de départ est celle de **la Plantation**, issue de la traite des esclaves amenés d'Afrique. Les concepts de la géo-poétique de Glissant se font ainsi l'écho de certains traits spécifiques de la Caraïbe.

La littérature archipel

La première réalité des Caraïbes est qu'elle se constitue de plusieurs territoires, de plusieurs îles formant un archipel, voire englobant un espace bien plus large qui empiète sur le territoire états-unien et qui s'agrège aux Amériques. Il existe une réalité culturelle que véhicule aussi la langue : un réalisme merveilleux, « parole de nuit », liaison entre écriture et oralité, une même communauté d'écritures, que Carlos Fuentes décrit ainsi dans *Géographie du roman* en 1993, un « courant d'esprit qui coule du Mississippi à l'Orenoque et dans lequel nagent des poissons de toutes les couleurs et de toutes les langues ».

Ainsi Glissant parlera-t-il aussi de « **construction archipelique** » des œuvres de la Caraïbe. L'identité qui émane d'un archipel n'est pas celle que véhicule le territoire, au sens de terroir, avec un ancrage fort et des racines. Ainsi Glissant utilisera-t-il davantage une notion de paysage très ouverte :

> « Rêver le tout-monde, dans ces successions de paysages qui, par **leur unité, contrastée ou harmonique, constituent un pays.** Descendre le contraste, ou le remonter, dans l'ordre des pierres, des arbres, des hommes qui participent, des routes qui s'effacent. »

Cette définition fait la part belle à **la diversité**, accueillant les contrastes, le pluriel. Ce que l'écrivain haïtien René Depestre dans l'article « *Les Aventures de la créolité* » reformulera en citant Flaubert : les îles sont ainsi « toutes dissemblables dans leur diversité ». Milan Kundera expose l'idée de « contextes médians » que partagent les différents territoires des Caraïbes, cohabitant à l'intersection de plusieurs histoires et territoires, croisant des influences pré-colombienne, latino-américaine, africaine, française, nord-américaine, voire canadienne.

À la manière d'une confédération, l'archipel propose une **Unité-diversité**, une union qui ne contraint ni n'enferme personne. Peut se poser dès lors la question des limites de cette appartenance : où s'arrête-t-elle et comment existe-t-elle ?

L'oralité et la « parole de nuit »

Cette même expérience du temps, de l'espace et d'autrui se joue à travers la question de l'oralité. En choisissant la métaphore de la « parole de nuit », le collectif antillais de *La nouvelle littérature antillaise*, paru en 1995 sous la direction de Ralph Ludwig, propose une image qui a la possibilité de renvoyer à un monde parallèle, celui de la veillée nocturne, des contes et proverbes transmis oralement. À cette dimension nocturne s'ajoute celle de l'oralité que Glissant définit comme « **oraliture** », mot-valise qui confère à l'oralité une importance comparable à celle de l'écriture. Ce monde qui ne vivait pas au grand jour, ce monde caché des esclaves des plantations, a néanmoins forgé un imaginaire, des motifs, une langue, le créole, et c'est un patrimoine littéraire de même dignité que les œuvres imprimées.

Hector Poullet, dans *Mon oncle Rigobert le « tafiateur »* ou *La Mare au Punch*, installe ces différents marqueurs de la parole de nuit en quelques lignes de cette nouvelle :

> « C'est tante Mélanie qui **chante souvent ces paroles**. C'est de l'oncle Rigobert qu'elle parle, bien sûr. Il faut vous dire que mon oncle est **tafiateur, non pas aviateur, tafiateur**, [...]. À la **distillerie** du Clairon, c'est lui qui est chargé de goûter le rhum pou délivrer le bon de conformité. C'est un métier qui n'est pas facile, car il ne s'agit pas seulement de mesurer le degré d'alcool du tafia, il faut aussi la saveur du vesou, **la chaleur du soleil qui a chauffé les champs de canne** [...]. Il n'est pas rare que mon oncle rentre du travail un peu brinzing, plus à Rome qu'à Paris [...] Moi, j'aime les soirs de pleine lune quand il a sa démarche chaloupée et souple, qu'il fait ses yeux de velours et qu'il me dit :
> – **Sultana ma fille, assieds-toi là que tonton te raconte les histoires de la Lune saoule**.
> De la Lune saoule, tonton ?
> Oui ma fille, de la Lune saoule !
> **Il paraît qu'il y a de cela un peu plus de cent ans**, un jour d'avril 1848, les nègres de l'habitation décidèrent de fêter à leur manière la fin de l'esclavage qui durait depuis trois siècles. »

On retrouve plusieurs éléments de la « parole de nuit » : tout d'abord la transmission orale, redoublée ici par la chanson de la tante, et le conte de l'oncle, mais aussi un métier ancré dans l'univers des plantations de canne à sucre, l'un des rouages du Commerce Triangulaire. On retrouve également la mémoire des luttes qui apparaît dans la commémoration de la fin de l'esclavage en 1848, et le recours à des images et métaphores : elles conservent leur part d'obscurité, notamment celle de la lune saoule, figure tutélaire des conteurs nocturnes.

Le créole

La langue que se forgent ses territoires permet aussi de définir les contours de ce monde, et au-delà du véhicule de la langue, d'induire une poétique. Le créole et les « aventures de la créolité » pour reprendre l'expression de R. Dupestre renvoient à un certain nombre de traits géopoétiques. C'est Raphaël Confiant qui les expose, dans « *Quelques pratiques d'écriture créole* ». Il insiste en plus de cette dimension d'oralité sur le **caractère circulaire et atemporel**, l'absence de récit au sens de succession d'événements et de péripéties profite à une structure répétitive qui s'accompagne d'une chute brutale. C'est, là encore, le calque du temps linéaire de la Plantation, comme le dénouement brutal et inopiné calque celui des contes créoles. Il met en évidence aussi le recours au récit-étoilé, au ressassement qui narre à nouveau comme pour refléter ce questionnement de l'arrachement inaugural, celui qui a permis le départ du territoire originel africain. Confiant parle de « Graal créole » pour désigner cette recherche impossible des identités.

Autre aspect : celui de l'absence de vocabulaire et de pratique descriptive dans une langue rurale et orale, qui empêche de donner forme aux paysages et habitants autrement que par un recours au français ; cela va alors *exotiser* et réifier des réalités dont on voudrait seulement témoigner :

> « Je suis né dans une île amoureuse du vent
> où les flamboyants pleurent en flocons de sang »

Ces très beaux vers de Victor Duquesnay cités de mémoire par R. Confiant, confinent à l'absurde puisque la métaphore des « flocons de sang » ne relève pas d'une expérience sensible ni d'un imaginaire commun antillais. Comment écrire dans la langue du maître et néanmoins traduire une identité différente ? C'est l'enjeu des littératures colonisées qui veulent se réapproprier leur histoire et leur imaginaire, mais aussi pouvoir témoigner des réalités sensibles qui les voient naître.

Ainsi, derrière la notion de Tout-Monde, il existe d'abord un monde, celui de la Caraïbe. Glissant fait de ces réalités historiques et géographiques un socle pour une véritable géopoétique ou philopoétique, qu'il va nommer Chaos-monde ou Tout-Monde.

II. Un anti-monde

Mais si le Chaos-Monde est une utopie, elle ne peut exister sans la critique du monde qu'elle entreprend de corriger. La pensée géopoétique de Glissant se construit sur une série d'oppositions à la lecture univoque du monde faite par le monde occidental.

L'oraliture

Glissant forge le terme d'*oraliture* dans lequel on reconnaît l'*oral* et le suffixe *-ture*, présent aussi bien dans littéra*ture* que dans écri*ture*. Il s'agit d'offrir à l'oralité traditionnelle et identitaire de la « parole de nuit » un statut aussi respectable que celui des grandes œuvres d'art occidentales et par là de **chahuter une vision uniforme du monde** :

> « la prétention à l'être qui définit des modèles transparents d'humains et qui organise des échelles d'accession à l'humain, est liée à l'apparition du signe et en particulier du signe écrit. Il y a eu en Occident, en même temps et parallèlement, une marche vers la transcendance de l'écriture par rapport aux oralités premières, et une aspiration à l'être. »

L'écrit et la littérature ont permis de dégager de grands modèles pour dire le beau, le vrai, le bon, pour façonner une hiérarchie des conduites et des arts qui vous rendent légitime à régner et décider y compris sur des territoires étrangers. Glissant célèbre les « œuvres de grande beauté des cultures occidentales » mais signale qu'elles se sont construites d'abord sur les œuvres orales de conteurs et chanteurs grecs, de l'Ancien Testament, de Popol-Vuh des Amérindiens. Cependant, ces pures transcriptions de récits oraux ont trop vite abandonné ce que Glissant nomme « l'étant, les étants, les existants » pour prétendre, par l'écrit, fixer l'être : Glissant y voit comme une volonté de l'Occident de « dominer, régenter le monde ».

Le diversel contre l'universel

Le tout-Monde est un anti-universalisme. Il doit permettre de penser autrement que par l'Un. L'oraliture est droit à l'opacité identitaire, répétition et ressassement, circularité, discontinuité, elle recourt à l'image. Elle fait exister une autre vision du monde :

> « Les pensées occidentales sont les seules généralisantes dans notre univers : ni la pensée chinoise ni la pensée indienne ni les pensées amérindiennes ne sont généralisantes ; les Chinois ont inventé des milliards de choses mais ils n'ont pas inventé l'idée générale de la science ».

Ainsi il ne s'agit plus de « comprendre », de « prendre avec soi » comme le suggère l'étymologie, dans une idée à la fois de transparence mais aussi d'appropriation mais de **s'ouvrir à des sens plus vastes et donc de réclamer une part d'obscurité** dont on ne pourra jamais se rendre maître. C'est un enjeu à la fois poétique et politique, et un défi pour l'Occident trop prompt à régenter :

> « Il faut se battre, poétiquement, pour affirmer le droit à l'opacité de tous les peuples ; c'est-à-dire que je n'ai pas besoin de comprendre un peuple, une culture, de la réduire à la transparence du modèle universel pour travailler avec, les aimer, les fréquenter, etc. »

L'oral est à reconquérir comme les grands poètes de l'Étant, Rimbaud et les Romantiques allemands malheureux dans l'écriture figée, ont reconquis leur langue. D'autres, tels que Joyce, Ezra Pound, Hölderlin ou Nietzsche ont eux aussi entrepris de rompre avec une parole de « compréhension » pour écrire une « **parole éclatée** », terme qui n'est pas sans rappeler le titre choisi pour l'ouvrage collectif, de « **parole de nuit** », un autre visage de parole buissonnière.

Une autre dimension qui peut sembler anti-occidentale est de contribuer à faire exister une **autre dimension du temps**:

> « Notre conception du temps n'est pas celle, linéaire, du temps occidental [...] Nous avons par exemple, dans les pays de la Caraïbe, les pays créoles, un temps naturel qui n'est pas le temps culturel de l'Occident. L'Occident depuis longtemps a perdu la conception de temps naturel, [...] du temps étroitement lié aux épisodes de la vie de la communauté. [...] Glissant voit dans la mondialisation qui fait émerger d'autres conceptions du temps la preuve que sa géopoétique est en marche, d'autres conceptions du temps, non linéaires, chinoises, indiennes ou précolombiennes "interviennent aujourd'hui dans la sensibilité diffractée des humanités." »

Le lieu contre le territoire, la Relation

À travers un autre exemple, celui du mythe, Glissant montre comment il s'agit de penser un autre rapport, une autre **Relation au Monde**. Il oppose les notions de Lieu et de Territoire, rappelant comment la langue écrite a servi à légitimer, à travers des récits, la prédation des terres: « C'est une tendance fondamentale du mythe fondateur dans les cultures occidentales que de légitimer l'appropriation du territoire de l'autre ». Or pour les « civilisations composites » nées de la diaspora et de la traite, il faut contester la légitimité et la filiation des mythes en faisant valoir d'autres récits. Les mythes amérindiens du Popol-Vuh et du Chilam-Balam dissocient la Création du monde et l'apparition de l'Homme; le conte créole n'a pas de mythe fondateur, « c'est un conte sarcastique, caustique, sceptique qui a déjà compris qu'il y a une volonté dénaturalisante dans tout mythe fondateur. »

Aussi est-il important de donner au territoire une autre dimension, que la configuration archipelique aide justement à penser. **L'identité n'est plus pensée en termes de racine mais de rhizome**, emprunt fait aux philosophes G. Deleuze et P. Guattari, comme une errance qui se nourrit de relations et de rencontres, de croisements qui la font prospérer et se multiplier. Les traits de l'identité ne sont pas ataviques mais composites, et les paysages sont préférés à la notion de terre ou terroir. Ainsi, par une série d'oppositions, se dessine une pensée qui va aussi avec un autre monde. Cette pensée comme ce lieu est « barque ouverte » anti-système clos, anti-universaliste. Elle chante la diversité du monde, l'ambiguïté, la non-certitude: « Le lieu qui nous est particulier est le lieu où l'on est, où l'on est né, c'est notre pays ; et le lieu qui nous est commun, c'est le Tout-Monde ». Le lieu n'est pas un territoire qui enracine, c'est un point de rencontre connecté à tous les ailleurs : il est issu de la relation plus qu'il n'est identitaire.

De l'archipel à l'archipelisation

L'archipel poétique est un concept qui illustre **plusieurs oppositions** : le diversel contre l'universel, le discontinu contre le continu, le dispersé contre l'uni, le caractère ouvert contre la fermeture, la connexion et non l'isolement, le flou face au délimité. À partir d'un terme de géographie, c'est une philo-poétique, une vision du monde et une géopoétique, une relation au monde différente qui s'opèrent. Aussi l'archipel est-il chargé d'archipeliser ou de procéder à une archipelisation des identités, visant à renforcer à la fois leur autonomie et leur lien commun. L'archipel ne se comprend pas sans le recours à la notion de créolisation du monde, véritable vision géopolitique du monde.

III. Le chaos-monde, une utopie pour le XXIe siècle

« Ma poétique c'est que rien n'est plus beau que le chaos – et il n'y a rien de plus beau que le chaos-monde » chante Édouard Glissant dans son article, *Le chaos-monde, l'oral et l'écrit*. À travers cette déclaration il s'inscrit dans la lignée des **inventeurs de langue et de mondes**.

La créolisation du monde

> « J'appelle Tout-Monde notre univers tel qu'il change et perdure en échangeant et, en même temps la "vision" que nous en avons. La totalité-monde dans sa diversité physique et dans les représentations qu'elle nous inspire : que nous ne saurions plus chanter, dire ni travailler à souffrance à partir de notre seul lieu sans plonger à l'imaginaire de cette totalité. »

Le monde n'est plus univoque ni uniforme, il est une Totalité-Monde, traversé et travaillé par la « Relation », concept qui valorise **l'échange et la mise en contact, la diversité et l'absence de hiérarchie**. Le monde change parce que l'on échange. Le Lieu est un élan vers le monde, jamais un ancrage qui enferme, explique Glissant dans son *Introduction à une politique du divers*.

Ce qui se met en place à travers cette poétique, c'est un processus, une créolisation du monde, qui ne s'achève jamais, à la différence de la « créolité » qui serait une définition figée. C'est un processus biologique, linguistique, culturel, accéléré par un moment historique précis – celui de la mondialisation. Glissant affirme que « nous sommes en train de restituer des univers chaotiques », ce que l'on voit à l'œuvre à travers quelques phénomènes, « la détresse des pays africains, l'extinction silencieuse des peuples andins, l'espèce de tremblement qui étreint l'Afrique du Sud, l'agonie sans témoin des Indiens de l'Amazonie » qui « barattent par en dessous » d'une apparente « domination, les traités entre Américains et Japonais, la réunification de l'Allemagne, la débâcle de l'Union soviétique, l'hyper-européanisation de l'Afrique ». Un processus que P. Chamoiseau décrit : « [M]ise en contact accélérée et massive de peuples, de langues, de cultures, de races, de conceptions du monde et de cosmogonies, [qui] se fera selon des dynamiques qui relèvent du choc et de la déflagration, un continu tissé de discontinuités. »

Le futur rend compte de la dimension prospective et utopique du projet. C'est le monde souhaitable que décrit Glissant : « Le Tout-Monde, c'est le monde tel que nous le désirons et tel qu'il n'est pas encore, c'est-à-dire le monde qu'on partage, le monde où les différences sont acceptées, où on ne réduit pas la diversité à un banal enfermement. »

Habiter le Tout-Monde

On peut voir dans le Tout-Monde la dernière utopie humaniste du XXe siècle, ou la première du XXIe siècle. « Chacun se pense en pensant l'autre et son point de vue » ; c'est un **nouvel humanisme** qui envisage le monde comme « lieu-commun », **réactivant la conception cosmopolitique de la Terre comme demeure de l'homme**.

C'est une **position singulière** que défend Glissant, car elle refuse un universalisme simplificateur et asservissant, qui apporte trop de lumière univoque et compromet la complexité des êtres et des lieux mais qui refuse aussi l'idée de régionalisme, de littérature ou philosophie du terroir, ou même plus largement, de nationalisme. Le monde est plus ouvert que ne le sont les cartes et les territoires. Ici pas de reconquête post-coloniale ou décoloniale. On prend, comme l'écrit René Depestre, « les voilures de la francophonie » pour avancer, « à perte de vie océane », *En fils créole de la francophonie*. On accepte l'héritage et les rencontres, le même poète écrit dans *Adieu à la Révolution*, un poème dessillé sur son aventure cubaine, comment il voit « mes jours /élargir un nouveau ciel de poète en moi ». Il s'agit ici de célébrer une ouverture faite de métissage, sans se priver d'aucune richesse :

> « Vive les petits matins maternels de la langue française !
> ils me font des signes de frère
> tout en haut des mots au galop
> bien créole d'Aimé Césaire !
> [...]
> voici un sang et un horizon d'homme libre
> criblés de rivières et de rêves en crue,
> voici la charrue des mots à donner en vrac
> à la bonne et fraîche illumination d'autrui,
> en prose et en poésie, voici la pirogue
> qu'il faut pour descendre en chantant
> les tout derniers rapides du XXe siècle. »

On retrouve les principaux éléments du Tout-Monde : le mouvement, les échanges, une conception extensive du Lieu à la fois historiquement et géographiquement, l'opacité entre le rêve et le réel.

La Littérature-Monde

« Le tout-Monde, nous apprenons qu'il a un langage » : nous en avons vu les contours à travers les termes de Lieu, d'Archipel, de Diversel. Mais il s'agit aussi de pouvoir proposer une littérature pour faire vivre le Tout-Monde, nourrir l'imaginaire. Il existe le projet littéraire d'une littérature-monde qui convienne à **la démesure du monde**. On peut penser aux publications poétiques d'Édouard Glissant, le recueil *Pays rêvé, pays réel* qui inclut *Les Grands Chaos* et son anthologie poétique de 2010 *La Terre, L'Eau, Le Feu, et Les Vents, Une anthologie de la poésie du Tout-Monde*. Une littérature à l'écoute du monde, de la terre et de ce qui la constitue de sensible, résumant toutes les littératures. Le recueil proclame tout d'abord : « Rien n'est Vrai, tout est vivant », refusant la proclamation figée pour préférer la célébration du mouvant, comme le montre ce dernier poème :

> « Je dévale les espaces et les temps, les fleuves de Chine, je consulte les temples pillés des sommets des Andes, les chroniques des cent royaumes du temple féodal du Japon, les proverbes en raccourci des pays malgaches et océaniens. »

Ce qui est au cœur de cette littérature, c'est l'imprévisibilité de conception et de composition puisque s'y mêlent l'oral et l'écrit, les textes connus et inconnus, l'art et la science, le questionnement des frontières et des hiérarchies. S'y célèbrent **une démesure poétique baroque**, le « choc des parlers à vif et des écritures inconnues dans le choc des roches du monde ». Dans cette même anthologie, Glissant affirme encore :

> « Le Tout-monde est à la fois le limon et la cendre, la libation et l'élévation, la terre et le feu, l'eau et l'air secret. L'enfouissement et la consomption, la purification et l'inspiration : la terre encore et les feux, l'eau et l'air, brutalement. Dans ces éléments sont abordés la pensée humaine, les souffrances des peuples, les luttes et les abandons, ce que tu cries et ce que tu médites. »

En plus de mêler les quatre éléments constitutifs du Monde, Glissant convoque l'émotion et la pensée, les élans contraires, réunis sous la bannière du choc et de la souffrance : une vision chaotique dont il fait émerger le Tout-Monde.

NOTION CLEF **Le chaos**

En théologie, le terme renvoie à la confusion générale des éléments avant leur séparation et leur arrangement pour former le monde. Dans la langue courante, le terme désigne un état d'enchevêtrement, de désordre, de confusion. Le chaos politique, c'est un état d'agitation et d'anarchie d'où ne semble pas émerger encore un monde.

Le chaos-monde de Glissant se situe à la croisée de ces différentes définitions. **Il est un monde non pas défini et fini, mais qui prend acte d'une transformation permanente, de mise en relation de ses acteurs et paysages, un monde que l'on saisit dans l'Étant et non pas dans l'Être, dans l'Oral, mobile et mouvant plus que dans l'Écrit figé**. En ce sens, il emprunte à Deleuze dans *Qu'est-ce que la philosophie?* sa définition d'un **chaos nécessaire** à l'art, à la science et à la philosophie; un chaos sur lequel ces trois disciplines « tirent des plans », un **chaos positif**, qui permet de s'arracher aux certitudes trompeuses et mensongères de la Religion par exemple. Le chaos-monde est signe d'une pensée, d'un rapport au monde, d'une poétique ouverte qui se définit avec les notions de ***diversel*** – mot-valise qui oppose le divers à l'universel – et d'***archipel***; il montre qu'une identité peut prendre des formes éclatées, que le même et la clôture du territoire ne sont pas les seules manières de faire monde commun. Il convoque enfin, bien sûr, la notion de ***créolisation*** du monde qui renvoie à un métissage dont Glissant fait « les réserves d'avenir des humanités d'aujourd'hui ».

Ainsi, par chaos, on doit rassembler « affrontement, harmonie, conciliation, opposition, rupture, jointure, toutes ces conceptions du temps, du mythe, de l'être comme étant, des cultures qui se joignent » selon les termes volontairement contradictoires de Glissant dans *Le Chaos-monde l'oral et l'écrit*. C'est une notion corrélée à un monde qui accepte la variété de ces histoires et influences, comme le fait la Caraïbe, et qui en fait une expérience jubilatoire « extraordinairement proliférante et bénéfique »; elle est sans doute la seule à pouvoir témoigner d'un monde en pleine mutation, avec la fin des empires coloniaux et dans une ère post-guerre froide.

TEXTE CHOISI

En fils créole de la francophonie

À nous les collines du vieux marronnage
à nous les anses et les mornes bleus
les arbres souverains en fleurs
au beau mitan du cyclone!

à nous les plages au rhum noir
sous le clair de lune
les étoiles amies face à la mer
amicalement éblouissante!

à nous les veillés dansantes
qui offrent à boire un dernier verre de punch à nos morts!

à nous le carnaval endiablé
les combats de coqs-bataille
les fêtes catholiques
bien intégrées aux vaudous
libertaires de la table et du lit!

à nous l'élévation au septième ciel
du goût de la patate douce et du manioc
[...]

à nous la liberté de marronner
les outrages du passé: le temps fort
blanc du crachat et des fers aux pieds
et à l'âme et aux mains sans horizon
les anges brûlants du citron
et du piment-z'oiseaux
sur les blessures du temps-longtemps
et par le sang qui court encore plus vite
que tout le malheur nègre en Somalie.

Dans une histoire enfin bien à nous
dans les voilures de la francophonie
à perte de vie océane à nous
la sensuelle jubilation du tambour
quand on donne à boire à manger à jouir
à sa gourmande et créole imagination!

René Depestre

Analyse

Ce poème de René Depestre, haïtien exilé à Cuba pendant vingt ans à l'invitation de « Che » Guevara, propose une vision possible du Tout-monde. Si l'acceptation du français n'y semble pas poser problème, c'est parce qu'il s'y marie à la « gourmande et créole imagination ». Le poème avance dans **la créolité** à travers des paysages aux termes spécifiques, les collines nommées « mornes » et la menace du « cyclone », des coutumes, et des pratiques à la limite du folklorique, « veillées dansantes » et « verre de punch » ou bien encore la strophe dévolue aux mets antillais. Mais il gagne peu à peu en **obscurité**. Il est alors question des « plages au rhum noir » et des pratiques de temps et d'ordre inversé, que l'on a désigné par « parole de nuit », ici, le « carnaval endiablé », les « combats de coqs-bataille » et les « vaudous libertaires » qui enserrent les fêtes catholiques.

Surtout, dès le premier vers, c'est la revendication du passé d'esclave et de lutte, avec l'allusion au **marronnage**, du nom de l'acte par lequel l'esclave prenait sa liberté et fuyait la Plantation pour se réfugier en forêt. Or à présent ce qu'il faut marronner, ce sont « les outrages du passé » pour écrire « une histoire enfin bien à nous »: rappeler les blessures du temps fort/blanc du crachat, des sévices « brûlants » au moyen du « piment-z'oiseaux » et des privations de toute liberté, où pieds, mains et âme étaient « sans horizon ». La strophe se désarticule avec des enjambements permettant une lecture plurivoque: le temps fort blanc / ou le temps fort/blanc du crachat; et qui peu à peu intègre aussi des expressions d'une langue réappropriée, avec le recours aux traits d'union comme dans « temps-longtemps ».

Mais ce qui l'emporte ici, c'est surtout « une sensuelle jubilation » de la langue, combinant créole et francophonie à l'image de son titre. L'anaphore structurante des « à nous » crée une énumération amoureuse des réalités antillaises ou créoles reconquises. « À nous [...] quand on donne à boire à manger à jouir à sa gourmande et créole imagination ! ». **La créolisation du monde** se fait par la réappropriation des lieux et des faits, de l'histoire et des coutumes, du malheur et du sang – réappropriation en mouvement puisque le poème se termine sur l'image des « voilures de la francophonie » et d'un horizon « à perte de vie océane ». La francophonie est enserrée par la répétition de la revendication « à nous » et libérée du carcan de l'ordre des majuscules au profit d'un désir sans frein ni point.

Mode d'emploi

La notion de chaos-monde et son corollaire de notions, Archipel, Lieu, Relation, Divers, permettent d'interroger la notion même de monde au singulier. **Qu'appelle-t-on monde ? N'existe-t-il qu'un monde ?** En termes de perception géographique, de totalité englobante, mais aussi en termes de sentiment d'appartenance, et de volonté de questionner les récits ou les philosophies universalistes du monde. La notion d'archipel est à ce titre éclairante, elle permet de se demander comment faire monde en dehors d'un territoire clos. Elle oblige à questionner l'au-delà des limites du territoire pour proposer de regarder ce qui constitue un monde: les liens qui s'y nouent, les connexions qui s'y rattachent.

Rapidement, la notion de chaos-monde ou de Tout-Monde prend sens en philosophie politique : **À quelles conditions peut-on parler de monde commun ?** Ce qu'interroge Glissant, c'est ce moment où l'universel occidental est chahuté par une pensée plurielle qui ne se reconnaît plus dans un récit univoque, linéaire, et qui veut par l'écriture et dans la sphère politique, faire exister d'autres récits du monde, circulaire, cyclique, parfois même en l'absence de récit ou de mythe fondateur figé. Les outils conceptuels que propose Glissant avec le chaos-monde, le diversel, la créolisation et l'archipel permettent de penser plusieurs états du monde, plusieurs mondes.

À travers la notion de **chaos-monde**, on pourra aussi questionner le monde comme enjeu esthétique : Comment dire/chanter/peindre le monde ? **Comment l'art se fait-il l'écho du monde ?** On pourra montrer comment, à travers des textes métissés qui conservent le français mais le créolisent dans son lexique ou sa syntaxe, se font entendre des voix et des perceptions du monde alternatives ou du moins complémentaires ; on pourra rapprocher cette entreprise d'autres exemples libérateurs et inclusifs, comme la féminisation de la langue.

Ainsi, à la croisée de l'esthétique et de la politique, en **géopoétique** pour reprendre le terme de Glissant, on pourra comprendre la singularité de Glissant qui se tient au milieu, entre l'universalisme et le nationalisme, entre un monde unique et un monde clôturé ; un monde où l'identité n'est plus un motif de crispation puisque ce qui importe est la Relation qui se tisse et se modifie sans cesse.

Partie 3
Cinéma

Chapitre 1
Le cinéma comme accès au monde : l'expérience néoréaliste (1943-1952)

Mathieu Rasoli

D'une durée historiquement réduite mais d'une influence déterminante dans l'histoire du cinéma, **le néoréalisme italien modifie radicalement les liens entre le spectateur et le monde, *via* l'écran.** S'appuyant notamment sur les analyses de Gilles Deleuze et d'André Bazin, cet article s'emploie à expliciter les enjeux de ce nouveau rapport au monde, dans ses dimensions esthétique, politique et pragmatique.

En effet, **le néoréalisme est d'abord un réalisme** dont la nouveauté tient tout à la fois à une réalité sociale et économique nouvelle (la ruine de l'Europe d'après-guerre) et à la volonté de ne pas reconstituer la réalité pour les besoins du cinéma mais au contraire de s'efforcer de **faire advenir la réalité afin de la consigner** par l'enregistrement audiovisuel. Communistes, agnostiques et chrétiens se rejoignent sur le postulat de la défense des populations les plus démunies, qui permet d'**élever à la dignité de l'écran des figures prolétariennes** jusque-là restées invisibles. Or cette irruption de la réalité bouleverse les codes de la représentation, et particulièrement la construction de la temporalité narrative. En voulant s'ouvrir au monde, le cinéma néoréaliste a réorganisé le fonctionnement du récit filmique, rejetant les formes génériques qui se caractérisent par l'efficacité de leurs effets et promouvant une **liberté du montage, qui s'adapte à l'observation minutieuse des événements du monde, jusque dans leur contingence et leur arbitraire**.

Connu pour être le premier acte de la modernité cinématographique, le courant néoréaliste naît en Italie dans l'immédiat après-guerre en réaction au régime fasciste, qui a vu à la fois l'essor du cinéma de studio depuis la création de l'immense complexe de Cinecittà et la diffusion massive d'épopées propagandistes et de comédies légères.

En 1943-1944, en pleine guerre, alors que les studios de Cinecittà servent de camp de réfugiés et que les moyens techniques et financiers manquent cruellement, **une génération de jeunes artistes se saisit de l'urgence politique pour révolutionner le cinéma italien**, en y insufflant un engagement politique, une liberté formelle et une **volonté de montrer le monde tel qu'il est**. Les films de Roberto Rossellini, Luchino Visconti et Vittorio De Sica donnent ainsi naissance à un mouvement artistique de grande ampleur, qui prend bientôt le nom de « néoréalisme ». Le terme est inventé en 1943 par le monteur Mario Serandrei, lorsqu'il découvre les rushes du premier film de Visconti *Les Amants diaboliques*: « Je ne sais comment on pourrait appeler ce type de cinéma, sinon "néoréaliste"[1] ». Ce qui frappe Serandrei, c'est la puissance cinématographique que peut transmettre la réalité la plus sombre et la plus triviale. Bien vite, les films néoréalistes remportent un succès fracassant en Italie, mais surtout à l'étranger, où ils sont perçus comme l'avant-garde du cinéma mondial.

Il est toutefois difficile de déterminer précisément les contours esthétiques du néoréalisme, ni *a fortiori* d'en donner une définition incontestable. Comme on le verra, il est possible de distinguer des critères formels et thématiques mais qui sont toujours sujets à caution en l'absence d'un manifeste écrit de ce mouvement ou d'un chef de file. Le seul artiste ayant tenté de théoriser de ce mouvement est Cesare Zavattini, scénariste attitré de De Sica et de plusieurs autres cinéastes, notamment dans des entretiens et notules publiées en marge des scénarios. Par exemple, on peut lire en 1953 en introduction à la parution du scénario d'*Umberto D.*: « le désir impérieux qu'a le cinéma de voir, d'analyser, sa soif de réalité constituent un hommage aux autres, à tout ce qui existe[2]. » Un peu plus tard, en 1959, alors que le néoréalisme semble appartenir au passé, Rossellini trouve une formule fulgurante pour justifier le programme esthétique de ce courant: **« Les choses sont là; pourquoi les manipuler[3] ? »** La révolution néoréaliste consiste donc, à rebours d'une conception du cinéma comme divertissement ou comme endoctrinement, à **imposer à l'écran une prise en compte de la réalité** de la façon la plus brute possible. Or cette prise en compte n'exclut pas la mise en fiction ni l'identification, bien au contraire. Le réel, tel que délimité par le cadre de l'écran, apparaît comme une entité organisée voire organique, et non pas comme des *choses*, des fragments. En ce sens, les films néoréalistes, sur lesquels Deleuze fonde le concept d'image-temps, vérifient la célèbre formule du philosophe, selon laquelle « le cinéma ne

1. Laurence Schifano, *Visconti: une vie exposée*, Paris, Gallimard, 2009, p. 254.
2. Cesare Zavattini, *Umberto D. Dal soggetto alla sceneggiatura. Precedono alcune idee sul cinema*. Milan-Rome, Fratelli Bocca, 1953 (non traduit en français; nous traduisons).
3. Repris dans Roberto Rossellini, *Le Cinéma révélé*, textes réunis par Alain Bergala, Paris, Ed. de l'étoile, Centre national des Lettres, 1984.

présente pas seulement des images, il les entoure d'un monde[1] ». Il s'agira donc d'**interroger précisément ce souhait de faire du cinéma un mode d'accès au monde**, en examinant d'une part comment le monde modifie le cinéma et d'autre part, dans le mouvement inverse, en quoi le cinéma modifie notre conduite dans le monde.

Précisons que le corpus étudié ici se concentre sur les six ou sept films constituant le noyau dur du néoréalisme[2] et fait appel également à quelques films supplémentaires que plusieurs traits saillants permettent d'intégrer à ce courant.

I. Le cinéma comme « fenêtre sur le monde[3] »

Les cinéastes du néoréalisme sont confrontés, avec la fin du fascisme, à la dure réalité d'une Italie appauvrie et en ruines. C'est parce qu'ils souhaitent rendre compte de l'état réel de leur pays et, au-delà, de la vie quotidienne des individus plongés dans le plus grand dénuement, qu'ils trouvent une méthode et une esthétique propres à rendre compte de la réalité.

Une méthode de travail héritée de la guerre et de l'après-guerre

Filmer dans les ruines

La volonté de tourner des films durant la période de Libération de l'Italie s'est heurtée *de facto* à la **pénurie de moyens matériels et humains**. Rappelons que la Libération dure près de deux ans, de l'été 1943 à mai 1945, durant lesquels la ligne de front remonte vers le Nord et la réorganisation du pays avance à pas lents. Les studios de tournage sont par exemple affectés pendant de nombreux à l'accueil des réfugiés. La génération de jeunes cinéastes qui ont commencé leur formation sous Mussolini ne peut donc matériellement pas reconstituer artificiellement des décors fictionnels. Il faut donc **tourner en extérieur**, ce qui avec le matériel de l'époque interdit toute prise de son simultanée et implique de post-synchroniser les dialogues et les sons d'ambiance, voire, comme ce sera souvent le cas, de s'appuyer sur la musique pour créer un liant narratif et ne pas choquer l'oreille du spectateur.

L'obligation de tourner en extérieur coïncide de toute façon avec le projet de montrer fidèlement l'état du monde. Ainsi, lorsque Rossellini décide de rendre compte des événements dont il a été témoin pendant la guerre, l'idée s'impose tout naturellement de **filmer le paysage désolé d'une Rome largement détruite par les bombardements**. *Rome, ville ouverte* (1945) devient le premier volet d'une « trilogie de la guerre », qui pourrait tout aussi bien se nommer « trilogie des

1. Gilles Deleuze, *L'Image-Temps*, Paris, Les éditions de Minuit, 1985, p. 92.
2. Cf. Pierre Sorlin, « Ce qu'on a appelé "néoréalisme cinématographique" », *Cahiers d'études italiennes*, 28, 2019.
3. André Bazin, « Théâtre et Cinéma », *Esprit*, juin et juillet-août 1951, repris dans *Qu'est-ce que le cinéma ?*, Paris, Le Cerf, 1958, p. 166.

ruines » où, avec *Paisà* (1946) puis *Allemagne, année zéro* (1948), Rossellini multiplie les vues de décors urbains dévastés par la guerre, à tel point que le bâtiment en ruine devient en quelque sorte le décor-type d'*Allemagne, année zéro*, décrit dès le générique en lancinants travellings et qui servira de lieu d'errance au personnage du jeune Edmund. Ce dernier, ne trouvant plus aucun refuge, au propre comme au figuré, dans le monde laissé en héritage par les adultes, ne pourra que se jeter du haut d'un immeuble éventré. Élargissant son propos de l'Italie vers l'Europe tout entière, Rossellini ne fait que **saisir sur le vif la réalité du monde** qui l'entoure.

Une création collective

Il convient de souligner que les films néoréalistes s'ancrent avec vigueur dans le domaine de la fiction. Plusieurs scénaristes sont amenés à collaborer à l'élaboration du scénario, soit dans sa phase de dramaturgie générale (appelée *soggetto*, c'est-à-dire sujet), soit dans sa phase de rédaction (*sceneggiatura*), et se retrouvent pour travailler de film en film. C'est pour cette raison que d'une part l'influence de grandes figures comme le communiste Cesare Zavattini ou le chrétien Tullio Pinelli plane sur le cinéma italien pendant plusieurs décennies et que d'autre part de nombreux scénaristes prennent une part active au tournage des films, soit que le scénario nécessite de nombreuses modifications, soit que les problèmes de recrutement les amènent à jouer le rôle d'assistant à la mise en scène, voire de cinéaste en second. Federico Fellini a par exemple beaucoup écrit pour Rossellini avant de l'assister et de devoir le suppléer sur l'épisode florentin de *Paisà*. La machine cinématographique néoréaliste est ainsi conçue comme une **aventure collective relativement égalitaire**, où le cinéaste n'est pas un créateur démiurge mais le porte-voix d'une volonté de monstration partagée par le plus grand nombre.

Offrir l'écran au monde des humbles

Le visage du plus faible

Qu'y a-t-il donc à montrer, au sortir de la guerre ? Dans la logique néoréaliste, le monde digne d'être vu est celui des plus humbles, qu'il s'agit de figurer dans les tâches réelles de leur vie quotidienne. À l'inverse du fascisme qui voulait imposer des modèles sociaux archétypaux (l'homme athlétique prêt à faire un bon soldat, la mère de famille nombreuse), **les néoréalistes vont à la rencontre du réel et, pour ce faire, emploient des acteurs non professionnels filmés dans leur propre rôle**. C'est ainsi que Visconti montre la dureté des conditions de vie des pêcheurs siciliens dans *La Terre tremble* (1948) avec de vrais pêcheurs recrutés sur place, de même De Santis avec les ouvrières agricoles dans les rizières du Piémont dans *Riz amer* (1949) ou Germi avec les mineurs en Sicile dans *Le Chemin de l'espérance* (1950). Même lorsqu'elles sont incarnées par des acteurs (toujours peu connus), les figures de prolétaires sont au centre de nombreux films néoréalistes, du chômeur devenu colleur d'affiches du *Voleur de bicyclette* de De Sica (1948) au berger dépossédé de ses biens de *Pâques sanglantes* de De Santis (1950). La mise en scène vient elle aussi élever à la dignité de l'écran ces personnages nouveaux, car les **nombreux gros plans** ne concernent pas les quelques personnages principaux, mais aussi les figurants, y compris peu à leur avantage, qui au gré d'une apparition fugace font surgir un monde de dénuement par l'irruption de visages marqués par la misère et la souffrance, comme lors de la manifestation de retraités qui ouvre *Umberto D.* de De Sica (1952).

Le monde sidérant du quotidien

Pour donner accès au monde sans le travestir, nombre de ces films se donnent comme mission de filmer le plus objectivement possible le quotidien de ces populations jusqu'alors invisibles. C'est ce qui fait dire à Bazin que « l'unité de récit du film [néoréaliste] est la succession d'instants concrets de la vie[1] ». Pour la première fois dans l'histoire du cinéma, ce courant s'intéresse en effet pour ce qu'ils sont aux **événements minuscules de la vie quotidienne** : trajets ordinaires, repas, gestes machinaux, etc. Certains cinéastes vont même jusqu'à **insérer des séquences documentaires** au cœur de la fiction, comme le fait Rossellini dans *Stromboli* (1950) avec la scène de la pêche au thon, au cours de laquelle le personnage joué par Ingrid Bergman voit les pêcheurs en plein travail. Durant une dizaine de minutes, le spectateur est dans la même position que la protagoniste, plongé dans l'observation des gestes minutieux et habiles d'une pêche hautement spectaculaire. Le montage dynamise en effet l'épisode par la succession rapide de plans rapprochés ici sur un binôme de pêcheurs tirant un thon de toutes leurs forces, là sur le frétillement des animaux sortis de l'eau. Le regard de plus en plus choqué de l'actrice, souligné en gros plan, renforce la puissance d'évocation de cette séquence. Ce qui est visé dans cette séquence documentaire, c'est donc un **effet de sidération** du spectateur devant une irruption du monde réel au cœur du récit. C'est sur ce type de séquences néoréalistes que Deleuze fonde son concept de l'image-temps, qui se caractérise par l'impuissance du personnage face à une « situation purement optique et sonore pure, [c'est-à-dire] quelque chose de trop puissant ou de trop injuste, mais parfois aussi de trop beau, et qui dès lors excède nos capacités sensori-motrices[2] ».

Rendre compte de l'étendue du monde

Le monde réel nécessite d'être rendu dans sa complexité. C'est pourquoi les films néoréalistes se déploient sur l'ensemble du territoire italien, qui ne forme une unité nationale que depuis la deuxième moitié du XIXe siècle. Le cinéma permet de **donner voix aux dialectes**, notamment dans *La terre tremble*, où les pêcheurs s'expriment dans un dialecte sicilien qui nécessite une traduction pour un Italien

1. André Bazin, « Une grande œuvre : *Umberto D.* », *France-observateur*, octobre 1952, repris dans *Qu'est-ce que le cinéma ?, op.cit.*, p. 333.
2. *Op. cit.*, p. 29.

d'une autre région. Sans aller jusqu'à ce point, de nombreux films enregistrent grâce aux acteurs non professionnels des accents locaux, des tournures et des vocables spécifiques au lieu de tournage.

De même, les paysages jouent un rôle majeur de **légitimation culturelle de tous les territoires** de la péninsule. Dans *Paisà*, Rossellini pousse à son point maximal cette attention accordée à tous les territoires en imaginant une sorte d'odyssée du spectateur à travers l'Italie de la Libération. Bazin y voit « l'équivalent rigoureux d'un recueil de nouvelles[1] » en ce sens que les six épisodes qui se succèdent composent, du Sud au Nord, une mosaïque de l'Italie contemporaine. Des côtes de Sicile au delta du Pô, des bas-fonds napolitains ou romains au musée des Offices de Florence, le film livre une cartographie de l'Italie réelle qui servira de modèle, même très émoussé, à de nombreux films où les voyages des protagonistes sont l'occasion de partir à la rencontre des lieux et des gens qui les peuplent. S'impose une **figure cinématographique propre au néoréalisme, celle du raccord regard**, qui consiste à monter successivement un gros plan sur un personnage observant puis un plan d'ensemble ou un travelling qui montre, comme une épiphanie, **l'image inédite d'un monde jusqu'alors caché qui parvient simultanément au personnage et au spectateur**. La fin de l'épisode napolitain de *Paisà* en offre une version magistrale, lorsque le soldat américain, voulant ramener un enfant des rues à sa famille, découvre l'effroyable misère d'un quartier semi-troglodyte. Le cinéma assume ici sa puissance de monstration en mettant en scène un processus de dévoilement qui donne au spectateur la même place que le personnage, celui d'un témoin naïf bientôt déniaisé.

Les cinéastes néoréalistes, animés à la fois par la conviction de devoir montrer le monde tel qu'ils le voyaient et par l'énergie de tourner les contraintes techniques en partis pris de mise en scène, ont donc révolutionné le rôle dévolu à l'image dans la mise en présence du monde. On notera toutefois que ce réalisme est partial dans le choix de ses sujets et de sa forme, en raison de la volonté manifeste de faire figurer sur l'écran les catégories sociales les plus modestes, qui jusque-là ne servaient que de faire-valoir. Reste à se placer du point de vue du spectateur et à analyser le rapport au monde que les cinéastes souhaitent nouer avec le public.

II. « Un cinéma utile à l'homme[2] »

Il ne faudrait pas perdre de vue que la volonté de réalisme en art a des implications politiques et épistémologiques, qui ne sont pas à dissocier du contexte historique. En l'occurrence, le néoréalisme rencontre un grand succès car il est une réponse

1. André Bazin, « Le réalisme cinématographique et l'école italienne de la Libération », *Esprit*, janvier 1948, repris dans *Qu'est-ce que le cinéma ?*, *op.cit.*, p. 277.
2. Cesare Zavattini, *Opere*, Milan, Bompiani, 2002.

à la nécessaire refondation de l'Italie après vingt ans de fascisme et à un avenir politique et idéologique encore confus. En d'autres termes, il vise à **faire impression sur le spectateur**, à modifier en profondeur son rapport au monde.

Appeler à un avenir meilleur

Un cinéma de la réconciliation

Le contexte historique de la Libération, pendant lequel émerge le néoréalisme, est propice aux règlements de compte, à l'esprit de revanche, en un mot à la division. Le cinéma de Rossellini, empreint d'une certaine spiritualité, voire de mysticisme, prône au contraire la **réconciliation au nom de la communauté humaine**. *Rome, ville ouverte*, tourné en pleine Libération, offre un exemple frappant de cet esprit de fraternité. Le film se fonde sur un scénario classique de film de Résistance : traqué par la Gestapo, un communiste se cache et reconstitue un embryon de réseau de partisans. Or ce réseau tient essentiellement à un nombre réduit de militants communistes, auquel s'ajoute un prêtre. Le déroulement du film met ce personnage de prêtre sur le même plan que les autres, dans la mesure où la traque puis l'arrestation mènent à la mort la plupart des protagonistes, quelle que soit leur obédience. Comme on le voit, le film vise à rendre compte de l'alliance politique entre communistes et chrétiens dans les factions de Résistance, mais au-delà de cela, fait de cette convergence d'action le cœur même du film : Don Pietro, le prêtre, incarne un catholicisme politique qui considère que « [s]on devoir est d'aider » les opprimés, comme le répète le personnage lui-même. Les résistants s'unissent non seulement au nom d'un ennemi commun, mais en outre sur une commune vision du monde, qui défend l'égalité et la dignité. Le film passe en revanche sous silence la complicité de l'Église avec le régime de Mussolini, et montre les fascistes comme des fantoches un peu ridicules et peu zélés, à l'inverse des menaçants soldats allemands. Ce faisant, Rossellini plaide pour le pardon en direction des Italiens qui se sont égarés aux côtés du régime fasciste et offre à l'Italie l'image d'un pays sur la voie de réconciliation.

Un cinéma tourné vers l'avenir

Ainsi, préoccupés par les générations futures, les films néoréalistes mettent en scène de **nombreux personnages d'enfants**, dont le destin non encore tracé est en miroir de celui du pays. On pense bien sûr aux enfants qui hantent les immeubles et les rues des films de Rossellini, notamment dans sa « trilogie des ruines », mais aussi et surtout au fils du *Voleur de bicyclette* de De Sica et aux deux protagonistes de *Sciuscià*. Déjà, dans *Les Enfants nous regardent* (1944), tourné dans les dernières années du régime fasciste, De Sica avait traité du déchirement d'un couple à travers les séquelles psychologiques que subit l'enfant. Chez De Sica, les adultes ont le devoir de servir de modèle moral aux enfants, sous peine de menacer le fonctionnement de la société à venir. Mais la responsabilité morale ne pèse pas que sur la génération des aînés – ce serait trop commode. Dans la célèbre scène finale du *Voleur de bicyclette*, le fils voit son père voler une bicyclette et se faire humilier par la foule, mais lui tend toutefois la main, de sorte que le film s'achève sur l'image hautement symbolique du père et du fils marchant ensemble vers un futur incertain, mais main dans la main. Bazin ne voit dans ce geste « ni le signe d'un pardon, ni d'une consolation puérile, mais le geste le plus grave qui puisse marquer les rapports d'un père et de son fils: celui qui les fait égaux[1] ». Film d'apprentissage à sa façon, *Le Voleur de bicyclette*, à l'image de tout le cinéma néoréaliste, veut **faire grandir en accéléré toute une jeune génération qui, voyant la misère et l'injustice se nourrir mutuellement, se détermine à bâtir un monde meilleur.**

Le point de vue marxiste

Reste à trouver la méthode politique. Les néoréalistes les plus proches du communisme, comme Luchino Visconti et le scénariste Cesare Zavattini, renvoient explicitement à une **lecture marxisante du monde**, en la mêlant aux atours de la fiction. Dans le conte fantastique *Miracle à Milan* (1951) de De Sica, film écrit par Zavattini, la trame oppose plaisamment l'innocence bienheureuse des pauvres toujours sauvés par des forces magiques à la cupidité sans scrupule des hommes d'affaires abandonnés à leurs appétits. Dans la perspective sexualisée du triangle amoureux des *Amants diaboliques* de Visconti, la jeune Giovanna prend pour amant le prolétaire Gino, offrant à celui-ci une revanche sociale et sexuelle sur le mari, patron d'auberge fortuné et arrogant. C'est dans *La Terre tremble* que le propos marxiste est le plus développé. Visconti y met en scène un village de pêcheurs siciliens en proie à la précarité, tandis que la voix *over* détaille en contrepoint une analyse non dénuée d'emphase des mécaniques économiques à l'œuvre: « Douze heures de fatigue dans les os. Et ils ne rapportent pas même à la maison le peu qui suffirait à ne pas mourir de faim. Et pourtant, les filets remontés à la surface étaient pleins. », « tous les frais pèsent sur les épaules des pêcheurs, tandis que les grossistes s'enrichissent sans fatigue en achetant pour un rien ce poisson, fruit de tant d'efforts ». Filmer le prolétariat dans le détail de sa vie quotidienne vise donc clairement chez le spectateur une **prise de distance politique qui est aussi une prise de conscience**: la réalité du monde est à voir par le prisme de la lutte des classes.

Conduire à une nouvelle expérience du temps

Le spectateur pris dans la durée réelle

Dans un registre moins politique, la révolution cinématographique voulue par les cinéastes néoréalistes a une conséquence majeure sur la représentation du temps au cinéma. L'attention accordée à la réalité des conditions matérielles d'existence des individus implique d'**imposer le primat du contenu scénaristique sur la structure de mise en forme rythmique**, pensée jusqu'alors comme un préalable à

1. André Bazin, « Voleur de bicyclette », *Esprit*, novembre 1949, repris dans *Qu'est-ce que le cinéma ?*, *op.cit.*, p. 303.

toute narration. C'est ce que remarque Bazin, à propos d'*Umberto D.* : « Le cinéma se fait ici tout le contraire de "l'art de l'ellipse" auquel on se plaît trop facilement à le croire voué. L'ellipse est un processus de récit logique et donc abstrait, elle suppose l'analyse et le choix, elle organise les faits selon le sens dramatique auquel ils doivent se soumettre. De Sica et Zavattini cherchent au contraire à diviser l'événement en événements plus petits et ceux-ci en événements plus petits encore, jusqu'à la limite de notre sensibilité à la durée[1] ». De fait, lorsque le film suit, dans une scène célèbre, les gestes machinaux de la bonne (traverser le couloir, ouvrir la porte, chasser les fourmis de l'évier, etc.), le spectateur est confronté à une hyper-fragmentation de l'action, qui l'invite à prendre en considération la temporalité réelle du monde : nos vies sont faites de temps morts autant (sinon plus) que de temps forts, et tout réalisme est obligé d'en rendre compte. Alors que l'espace cinématographique, découpé par le cadre de l'écran, est toujours lacunaire, **le film peut nous plonger dans la temporalité réellement vécue par autrui.** Le cinéma, en tant que prolongement de l'observation ordinaire, devient « l'asymptote de la réalité[2] », c'est-à-dire qu'**il nous permet de nous situer non pas *à la place* des personnages à leur écran, mais *dans leur temps*.**

Une narration prête à accueillir l'arbitraire du monde

L'ellipse est cependant une figure de montage caractéristique du néoréalisme, pour peu que l'on se situe à l'échelle du film et non plus de la scène. En effet, elle est un moyen radical de **rejeter les stéréotypes de la construction narrative**. Ainsi, dans *Paisà*, les épisodes se succèdent par l'ellipse sans autre lien que l'arbitraire de la chronologie historique. C'est encore chez De Sica et Zavattini que la révolution est la plus nette, car la juxtaposition d'instants de la vie quotidienne filmés dans leur durée bouleverse notre soif d'intrigue téléologique. Les mésaventures des protagonistes du *Voleur de bicyclette* sont interrompues par une averse que De Sica filme dans sa durée ; le séjour à l'hôpital d'*Umberto D.* n'est pas la poursuite de la descente aux enfers du personnage d'Umberto mais une parenthèse relativement heureuse. Pour le dire avec Deleuze, **« il n'y a plus de vecteur ou de ligne d'univers qui prolonge et raccorde les événements[3] »**. Seule reste l'impression d'un monde de cinéma à la temporalité souple, en tant qu'elle s'adapte à l'arbitraire de notre sidération face au monde. Le néoréalisme fait ainsi la part belle à l'errance, au surplace, à l'épuisement devant la spectaculaire réalité du monde, ce qui ouvre la voie à de nouvelles expériences cinématographiques, notamment chez Fellini qui franchira encore une étape dans la modernité en dépeignant un monde confinant joyeusement à l'absurde et au chaos.

1. André Bazin, « Une grande œuvre : *Umberto D.* », *op. cit.*, p. 333.
2. *Ibid.*, p. 335.
3. Gilles Deleuze, *L'Image-Mouvement*, Paris, Les éditions de Minuit, 1983, p. 286.

Conclusion

Au sein du projet néoréaliste, cohabitent donc deux grandes missions assignées au cinéma. La première consiste à traduire, dans l'urgence et sans rien enjoliver, la crise de l'après-guerre en Italie et en Europe. Une telle injonction ne peut se faire sans gravité, ni bien entendu sans inventer de nouvelles formes esthétiques en rupture avec le confort matériel et idéologique de la période fasciste. **L'écran de cinéma est chargé de révéler ce que l'on pourrait appeler la mise en scène préalable du monde**, qui fait de la réalité une entité ordonnée et livrée à notre regard.

Si les cinéastes néoréalistes se tournent vers le cinéma de fiction et non pas vers le documentaire pour accomplir leur tâche, c'est qu'il existe une seconde mission, tout aussi urgente mais qui au premier abord peut sembler démentir la première: il s'agit de donner un élan politique à la nouvelle ère, en **orientant les événements vers un message de concorde et de justice**, ce qui signifie que la vision du monde transmise par les cinéastes néoréalistes s'appuie sur un constat préalable qui se veut indiscutable: c'est parce que notre humanité est heurtée par la misère issue du fascisme et de l'exploitation capitaliste que nous devons nous employer dans le monde réel à refuser toute forme d'injustice.

En somme, la logique néoréaliste affirme que **le cinéma et le monde communiquent réciproquement et continûment**, et par conséquent que le cinéma de divertissement distrait le public de la réalité – et de la possibilité de la changer. C'est ce que signalait Zavattini en 1949:

> « [Après-guerre], nous découvrîmes, au milieu des ruines, que le cinéma nous avait donné bien trop peu d'images propres à nous faire ouvrir les yeux sur notre prochain et l'aider à affronter, ou mieux à empêcher d'aussi monstrueux événements[1] ».

NOTION CLEF — **Documentaire**

Le cinéma documentaire se distingue du cinéma de fiction par l'objectif affiché de **« restituer les apparences de la réalité[2] »**, ce qui revient à considérer l'image comme une preuve de ce qui est advenu lors de l'enregistrement. Cela suppose une éthique du cinéaste documentaire, qui se doit de ne pas modifier la réalité en la filmant, sous peine de la fictionnaliser. Selon cette conception, on peut considérer que la mise en scène documentaire, qui tient au choix de cadrage, au texte éventuellement rédigé pour la voix off, au mixage des éléments sonores et surtout aux choix de montage, doit **servir l'appréhension de l'objet filmé** par le spectateur. Depuis les films des frères Lumière, pionniers en cette matière, le

1. Cesare Zavattini, Intervention au Congrès international de cinématographie de Pérouse de septembre 1949, cité dans René Prédal (dir)., *Le Néoréalisme italien*, revue CinémAction n° 70, 1994.
2. Vincent Pinel, *Dictionnaire technique du cinéma*, Paris, Armand Colin, p. 92.

primat de l'objet sur la forme coïncide chez les cinéastes documentaires avec une volonté de répertorier le monde observable afin de le porter à la connaissance du public. C'est ainsi que le cinéma documentaire voisine souvent avec l'essai ethnographique ou politique (Jean Rouch, Joris Ivens).

La modernité cinématographique a complexifié le genre documentaire de deux façons. Au sein même de la création documentaire, la mise est scène est apparue comme une donnée irréductible, ce qui a notamment conduit certains cinéastes de la Nouvelle Vague à affirmer le caractère subjectif du film documentaire en explicitant la présence de la mise en scène, notamment par l'intégration d'éléments poétiques (Alain Resnais, Chris Marker) ou par la mise en centre de l'artiste documentaire lui-même (Agnès Varda).

Quelques années plus tôt, les cinéastes néoréalistes avaient déjà entrepris une **tentative d'hybridation du genre documentaire**, en intégrant des séquences documentaires au sein du cinéma de fiction, notamment dans *La terre tremble* de Visconti et *Stromboli* de Rossellini, ou en enrôlant des inconnus dans leur propre rôle. Le néoréalisme revendique en effet parfaitement les attendus du cinéma documentaire (**subordination de la mise en scène à l'objet filmé, rencontre quasi ethnographique avec une population invisibilisée**) mais ne peut se passer du cinéma de fiction, car **les séquences documentaires guident aussi le spectateur vers un effet de sidération dont le protagoniste est le relais**. En outre, le néoréalisme ne renonce pas à explorer la psychologie des personnages. C'est pourquoi les scénaristes sont chargés d'imaginer des situations ou des répliques qui, paradoxalement, touchent à la réalité davantage que ne pourrait le faire l'improvisation d'un acteur. C'est que le film néoréaliste est le fruit d'une utopie de travail en collectivité, où **personne ne peut prétendre seul détenir la vérité du monde**, pas même un ouvrier filmé dans son propre rôle.

Analyse de séquence

Le **film *Paisà* de Rossellini** est découpé en six séquences distinctes, qui suivent du Sud vers le Nord, le trajet des armées alliées pendant la Libération. La cinquième de ces séquences se passe, à l'abri des combats, dans **un monastère franciscain** de Romagne.

La Libération de la région est annoncée au début de la séquence à son de cloche. Les moines se mettent à prier dans la cour, au milieu des poules que les villageois leur ont confiées pour empêcher qu'elles ne servent au ravitaillement des armées allemandes. Rossellini avance ainsi un premier élément de satire, en faisant cohabiter dans le même plan les moines en prière et, devant eux, les poules qui picorent. La population du monastère se montre de fait, au fil de la séquence, très encline à une série de peccadilles qui suscitent l'amusement. Les moines pèchent par gourmandise en présence de la moindre once de chocolat ou de saucisse et ne reculent ni devant les racontars ni devant les exclamations triviales. C'est que le monastère est ouvert aux enfants qui y circulent allègrement, suggérant une autre métaphore : **les moines, jeunes et vieux, sont de grands enfants** que l'isolement a empêché de grandir.

Leur quotidien est bouleversé par l'arrivée de **trois aumôniers américains** qui demandent l'hospitalité. Au contraire des franciscains, il s'agit de trois hommes vigoureux, dont l'action est ancrée dans le monde bien réel des combats militaires. L'un d'entre eux énumère même les étapes de leur avancée (la Sicile, Salerne, Rome Florence), qui sont les mêmes que les quatre premières séquences du film. Ces trois hommes apparaissent donc comme des éléments exogènes, des corps étrangers qui, comme le dit l'un d'entre eux, considèrent que le monde entier est leur paroisse. C'est donc **un affrontement de mondes** que filme Rossellini : les uniformes militaires jurent avec les robes de bures, la communication est malaisée avec le seul aumônier qui parle un italien hésitant, les gestes renvoient à des cultures différentes.

La différence la plus grave tient à la religion elle-même. Les moines s'aperçoivent bien vite que l'un des aumôniers est protestant et un autre est juif, ce qui déclenche une vague de panique. Rossellini pointe l'**intolérance de l'Église catholique** (« nous, nous savons qu'ils sont dans l'erreur ») en l'opposant à l'œcuménisme américain, qu'il juge plus proche des valeurs spirituelles. Cette opposition se traduit en particulier dans la scène où les moines, envahissant peu à peu le champ, cherchent à convaincre l'aumônier catholique de son devoir de prosélytisme envers ses camarades. Le champ-contrechamp instaure un rapport de forces qui semble jouer en défaveur de l'américain mais, tout à coup, les deux autres aumôniers apparaissent à l'arrière-plan sans vraisemblance, puis disparaissent brusquement dans un *cut*. Cette disparition s'apparenterait à un faux raccord si cette présence fantomatique ne signalait pas le caractère spirituel de la discussion : ce n'est pas une controverse sur une action de conversion à entreprendre ou non, c'est une incompréhension entre des religieux coupés du monde et Dieu et **un homme étranger qui agit au nom de l'amour de son prochain**, toujours présent derrière lui – et à son esprit.

Pour le catholique Rossellini, l'arrière-plan fait en effet signe vers la présence du divin, comme dans la peinture de la Renaissance. Le couvent est filmé comme un décor d'Annonciation, avec de longs couloirs qui mènent, dans la profondeur de champ, à un escalier ou un symbole religieux qui évoquent la transcendance. **Le Mystère divin plane ainsi sur le décor**, ce qui explique, malgré les dissensions, l'esprit de concorde qui conduit à un échange de dons entre moines et militaires et qui mène à la scène finale, qui est une scène de pardon sincère et de communion. Subtilement, Rossellini a ainsi opposé deux univers pour **plaider à l'union et à la réconciliation**, au nom de valeurs supérieures et au-delà des préjugés réciproques.

Mode d'emploi

Le cinéma néoréaliste permet de poser la question de la possibilité de **représenter le monde par l'art.** Les candidats pourront, si le sujet les y invite, retracer le **processus discursif** partant de la perception pour aller vers une adaptation du langage cinématographique et enfin vers la formulation d'enjeux qui relèvent de l'action politique. Il y aura donc lieu d'insister sur **l'ambivalence de l'expression artistique**, qui a le pouvoir de donner une forme condensée au monde et, par là même, le déforme.

En particulier, l'hybridation entre cinéma documentaire et cinéma de fiction permettra de se prémunir de toute naïveté et de rappeler que **la notion de monde est liée à une construction narrative et descriptive**, même si le propre du cinéma est d'enregistrer une portion du réel. Le cinéma offre un excellent moyen de renverser la méfiance que l'on peut nourrir vis-à-vis de la forme artistique : c'est parce que **le monde obéit à une mise en scène préalable** et souvent spectaculaire qu'il y a lieu de l'enregistrer, au besoin en reconstituant le spectacle.

On pourra de plus s'appuyer sur les textes de Bazin et de Deleuze mentionnés dans cet article pour étayer une réflexion sur **le rôle du temps dans la représentation du monde**, c'est-à-dire pour focaliser le raisonnement sur le monde vécu. Le cinéma, art de la durée, pourra être convoqué pour pointer la nécessité de **rendre compte des temps morts** de notre existence et pour **interroger la téléologie**, qui confère, trop parfaitement aux yeux des néoréalistes, un sens à notre monde.

Chapitre 2
Monde extérieur, mondes intérieurs : l'errance chez Wenders, Ozu et Ford

Frédéric Cousin

Le cinéma propose fréquemment une exploration de l'idée de monde en se servant de la question de l'errance. Errer, c'est mettre en correspondance l'appréhension physique et psychique de l'espace dans lequel l'être humain se trouve inséré avec la constitution d'un monde intérieur dans lequel s'entrecroisent les affects, les croyances ou bien l'imaginaire. Chez Wim Wenders, cette expérience de l'errance conduit des êtres isolés que rien ne préparait à effectuer un bout de chemin ensemble à construire une relation de partage de manière à rattacher leur être à un monde plus humain. Leur monde intérieur en sera à jamais bouleversé. Yasujirō Ozu dévoile, quant à lui, une autre facette de l'errance. Il filme un vieux couple venu à Tokyo visiter ses enfants, sans doute pour la dernière fois. Bien loin de trouver bonheur et quiétude dans la cellule familiale, ils se retrouvent à déménager sans cesse dans un univers qui ne leur offre pour l'essentiel qu'embarras ou indifférence. Au fond, en livrant une réflexion sur l'évolution du monde de la famille, le cinéaste japonais propose une réflexion lucide, mais douloureuse, sur la difficile coïncidence du monde intérieur des individus. John Ford, enfin, entend méditer sur le parcours d'un homme détruit par l'existence qu'il a menée. Ce dernier va s'engager dans une quête, à l'issue incertaine, qui va prendre la forme d'une errance autant mentale que spatiale. Il finira par aboutir à une sorte de rédemption désespérée au sein d'un univers crépusculaire qui semble ne plus pouvoir lui offrir aucun avenir. En définitive, chaque type d'errance fait dialoguer conscience du monde et conscience de soi.

« Le véritable monde intérieur est le véritable monde extérieur » affirme l'écrivain André Maurois dans sa *Lettre ouverte à un jeune homme sur la conduite de la vie* en 1966. Le septième art, tout comme l'art littéraire, s'est souvent proposé de représenter l'authenticité de notre intériorité sans forcément se contenter de la réduire à une simple psychologie. Le cinéma a ainsi régulièrement cherché, au moins dans plusieurs de ses grandes œuvres, à faire réfléchir le spectateur à propos de l'interaction entre monde intérieur et monde extérieur voire à concevoir une possible superposition ou même fusion de ces deux univers. De plus, il n'est pas rare qu'un même monde extérieur donne vie à une pluralité de perceptions intimes du monde, impressions potentiellement concurrentes ou complémentaires les unes des autres.

Ces questionnements sont au cœur de plusieurs films de l'allemand Wim Wenders qui a notamment fait de l'errance l'un de ses thèmes favoris. Ils sont également abordés dans certaines réalisations du Japonais Yasujirō Ozu et de l'Américain John Ford dans lesquelles « errer » prend une valeur existentielle. Tous les trois dépeignent l'épaisseur du rapport au monde en partant de l'effet-miroir qui peut exister entre le vécu intime, l'expérience subjective du monde, d'une part, et la réalité sociale et objectivée du monde, qu'il s'agisse de sa dimension physique, culturelle ou morale, d'autre part. **Comment penser l'articulation entre le monde extérieur et le(s) monde(s) intérieur(s) ? Pourquoi le thème de l'errance va-t-il servir à en dévoiler la dimension philosophique ?**

Nous commencerons par traiter de l'errance comme moyen pour un cinéaste d'explorer le monde intérieur de ses personnages (*Alice dans les villes*) chez Wim Wenders (I) ; puis nous analyserons la difficile coexistence des mondes intérieurs dans le cadre de la famille et d'une société en évolution (*Voyage à Tokyo*) chez Yasujirō Ozu (II). Nous terminerons en examinant la confusion entre mondes extérieur et intérieur chez le héros de *La Prisonnière du désert* de John Ford (III).

I. Coexistence des mondes intérieurs : *Alice dans les villes* de Wim Wenders (1973)

Philip Winter, un journaliste allemand qui parcourt les États-Unis, fait la rencontre d'Alice, une fillette âgée de neuf ans. Les circonstances vont les conduire à effectuer un bout de chemin ensemble. **Petit à petit, leur double errance va les conduire à révéler la nature de leur monde intérieur respectif. Philip y trouvera une raison de vivre et Alice les repères affectifs qui lui manquent.** De cette manière, le cinéaste allemand Wim Wenders va aborder dans *Alice dans les villes* la façon dont **les voyages et les rencontres constituent un moyen de retrouver son identité.**

Un homme à la recherche de lui-même

Le début du film est entièrement dédié au personnage de Philip. Chargé par un éditeur d'écrire un texte sur le paysage américain, il se contente de prendre d'innombrables photos, de rouler pendant des heures à écouter de la musique à bord de sa voiture, de passer d'un motel à un autre en consacrant le plus clair de son temps à regarder la télévision dont il ne supporte les images. Son errance américaine le conduit finalement dans le bureau de son « responsable » qui lui reproche d'avoir passé quatre semaines improductives à sillonner les États-Unis sans avoir écrit la moindre ligne. Embarrassé, **Philip confesse être très perturbé par le décalage entre le réel et sa représentation infidèle voire trompeuse par les images: « Quand on parcourt l'Amérique, les images qu'on voit vous transforment ».**

Un peu plus tard, il confie à une amie à propos de son périple: **« J'ai complètement bloqué, ce fut un voyage épouvantable... dès que l'on sort de New York, tout se ressemble » puis, pensif, il ajoute qu'il s'est senti « étranger » à lui-même: « J'étais dans un état second ».** Celle-ci, pas étonnée, lui répond: « Il y a longtemps que tu l'es. Il n'y a pas besoin de parcourir l'Amérique pour ça. On est dans cet état quand on a perdu le sentiment de soi-même. C'est pour cela qu'il te faut toujours des preuves de l'existence de toi-même. »

Philip est prisonnier de son monde intérieur qui n'est fait que d'angoisses existentielles et de doutes sur la vérité du monde. Son mal-être vire à la dépression. Son amie n'est pas dupe: « C'est pour cela que tu es venu, pour que quelqu'un t'écoute raconter tes histoires. Ces histoires, tu ne les racontes qu'à toi-même. Mais à la longue ça ne suffit pas ». Elle finit par l'éconduire en refusant de l'héberger tout en faisant état de sa propre solitude existentielle: « Je ne peux pas t'aider. J'aimerais te consoler mais je ne sais pas moi-même comment il faut vivre. On ne me l'a pas enseigné non plus. » **En quête de repères et de certitudes face à un monde extérieur mouvant, Philip repart sans savoir qu'une rencontre va tout changer.**

L'errance peut-elle avoir une fin?

Acculé par le manque d'argent, Philip décide de retourner en Allemagne finir son texte. Il fait la rencontre de Lise, une femme séparée, et de sa fille Alice. Lise disparaît en lui confiant la responsabilité d'accompagner Alice à Amsterdam où elle promet de venir la récupérer. Sur le lieu du rendez-vous, les heures passent mais Lise est invisible. Philip décide de tenter de conduire la fillette chez sa grand-mère qui résiderait à Wuppertal selon elle.

Une nouvelle errance débute alors pour Philip mais cette fois il est accompagné. Sensible, la fillette ressent le mal-être de Philip. Elle lui fait remarquer que ses photos représentent le « vide ». Au sujet du mot « rêve » que Philip a cherché à lui faire deviner lors d'un jeu, elle assène : « Ces mots-là ne comptent pas, seulement les choses qui existent ». Enfin, face à son refus de lui parler de lui, elle le prend en photo et ajoute : « Pour que tu saches au moins à quoi tu ressembles ».

Alice porte un regard innocent et, en même temps, intrusif vis-à-vis du monde intérieur de Philip. Nous percevons la gêne de Philip partagé entre l'éveil d'une forme d'affection pour Alice et son envie de se séparer d'elle afin de retrouver sa liberté. De son côté, Alice fait aussi face à des tourments. Elle pleure longuement, s'isole, se perd dans ses pensées. Pourquoi sa mère l'a-t-elle abandonnée ? Cela la conduit à s'attacher de plus en plus à ce père de substitution. Lorsque Philip finit par la remettre à la police, elle s'échappe pour le rejoindre. Il accepte alors de l'aider une nouvelle fois. Les recherches reprennent. **Philip au contact de la fillette révèle une humanité jusqu'alors dissimulée par les affres de sa conscience.**

L'errance devient partage entre ces deux êtres. Ils déambulent de ville en ville, arpentent inlassablement rues et jardins avec pour seul indice la photo d'une maison. La grand-mère reste introuvable et personne n'a d'informations à son sujet. La quête les rend de plus en plus complices et la tendresse affleure. **De plus en plus préoccupé par le devenir d'Alice, Philip se découvre un but qui rompt provisoirement le vide existentiel de son monde intérieur.** Il apparaît moins désabusé. La fillette, quant à elle, se montre jalouse quand elle découvre que Philip vient de passer la nuit dans le lit d'une jeune femme rencontrée la veille au parc. Le voyage bifurque une nouvelle fois lorsque la police dirige Alice et Philip vers Munich où la mère d'Alice a fait sa réapparition. Le policier s'étonne que Philip n'ait pas cherché une seconde fois à se séparer d'Alice. Philip rit tout en prenant conscience de son évolution spirituelle. Le policier ajoute que désormais : « il n'y a que vous et l'enfant qui avez disparu. » La fin de l'errance s'approcherait-elle ?

Bientôt, Alice et Philip sont dans le train pour Munich. Le journal lu par Philip titre « un monde perdu » au sujet de la mort du cinéaste John Ford. Cela fait écho à l'article que Philip doit produire sur le paysage américain dont Ford était l'un des grands esthètes dans ses westerns. Philip, silencieux, regarde en direction d'Alice. **« Que vas-tu faire à Munich ? » lui demande-t-elle. « Terminer cette histoire » répond Philip comme si la rencontre avec Alice et leur voyage lui avaient permis de trouver une partie de son identité et constituaient une renaissance.**

II. La désynchronisation des mondes : *Voyage à Tokyo* de Yasujirō Ozu (1953)

Shukichi et Tomi Hirayama, un vieux couple habitant le port d'Onomichi dans le sud du Japon avec leur fille Kyoko, décident de se rendre à Tokyo pour visiter leurs enfants Koichi et Shige ainsi que leur belle-fille Noriko, veuve de l'un de leurs fils mort à la guerre. En chemin, ils entendent passer un moment avec Keizo, un autre fils qui vit à Osaka.

Le point de départ de *Voyage à Tokyo* du cinéaste japonais Yasujirō Ozu pourrait laisser entendre le début d'une réflexion sur les joies du monde de la famille. Il n'en est rien. Au contraire, **Ozu va dépeindre par petites touches la désintégration de la famille japonaise et filmer l'errance de Shukichi et de Tomi.**

« Maintenant, nous sommes des sans-abris »

Parvenu à Tokyo, le vieux couple est d'abord accueilli avec égards mais sans véritable enthousiasme par Shige et son frère Koichi dans la maison de ce dernier. Noriko est absente. Koichi, très accaparé par son activité de médecin de quartier et de pédiatre, n'a très rapidement plus le temps de s'occuper de ses parents. Il les confie aux soins de son épouse qui est elle-même très prise par ses nombreuses tâches quotidiennes et par ses deux enfants lesquels se montrent dans l'ensemble peu intéressés par la présence de leurs grands-parents. Shukichi et Tomi sont alors amenés à quitter le domicile de Koichi pour trouver refuge chez leur fille Shige et son mari. Propriétaire d'un salon de coiffure, Shige est absorbée par son métier. De plus, son avarice la conduit à refuser de trop dépenser pour nourrir et distraire ses parents. Elle reproche, par exemple, à son mari l'achat dispendieux de pâtisseries pour leur faire plaisir. Elle voudrait que ses parents repartent au plus vite. Pour s'en débarrasser, elle finit d'abord par demander à Noriko de poser une journée de congé et de leur faire visiter Tokyo à sa place. Par la suite, elle contacte Koichi et lui propose d'envoyer leurs parents vers une station thermale éloignée afin de faire des économies et de ne plus s'en occuper avant leur retour vers Onomichi.

Désormais exilé, le vieux couple ne peut que constater le manque de chaleur de ses enfants et petits-enfants bien qu'il ne les juge pas trop sévèrement : « Ils sont moins gentils qu'auparavant mais plus gentils que la moyenne ». Eux qui voulaient passer le maximum de temps en compagnie de leurs enfants lors de ce qui ressemble fort, compte tenu de leur âge avancé, à un ultime voyage loin de chez eux, sans doute même à un voyage d'adieu, se trouvent éconduits dans un lieu inconnu dans lequel ils n'ont aucun repère. Même s'ils cherchent à profiter de ces moments passés dans la station thermale, convaincus, à tort, du sacrifice économique consenti par leurs enfants pour les envoyer dans cet endroit, **ils ne tardent pas à se sentir marginalisés au milieu d'un monde jeune et bruyant de vacanciers indifférents à leur présence. Leur monde ne peut s'accommoder de cet autre monde.** Las, ils veulent retourner chez eux convaincus qu'ils sont de trop. Ils retournent d'abord à Tokyo. Ce retour inopiné déplaît à Shige qui ne veut pas les accueillir. L'humiliation des deux vieillards est à son paroxysme, leur errance se renforce.

« Nous sommes des sans-abris » constate Shukichi qui doit se séparer de sa femme pour essayer d'aller dormir chez un ami tandis que cette dernière se rend dans le tout petit appartement de sa belle-fille Noriko. C'est comme si le monde de la famille auquel ils tenaient tellement, du fait de leurs valeurs et de leur éducation, n'existait plus réellement, comme si leur descendance n'avait plus rien à partager avec eux. Cette distance est accentuée par le gigantisme de la ville de Tokyo, sa modernité qui leur sont complètement étrangers. Ils ne se sentent plus à leur place dans la société moderne. Ils ressortent d'ailleurs épuisés de leur visite de la ville et font état de leur impression de parcourir un labyrinthe déshumanisé. **Nous assistons à une désynchronisation du monde intérieur de ces deux vieillards avec le monde social. Leur départ de Tokyo est autant un soulagement (pour eux comme pour leurs enfants) qu'un déchirement comme s'il s'agissait d'un point final à une partie de leur errance, sans pour autant que ce départ anticipé les apaise pleinement car, du point de vue affectif, ils repartent avec une frustration qu'ils masquent pudiquement.**

Celle qui a reçu le moins donnera le plus

Ozu entend éviter tout manichéisme. Avec finesse, il distille des éléments qui peuvent aider à comprendre, à défaut de la justifier, l'attitude de Koichi et de Shige à l'endroit de leurs parents. Le personnage de Noriko, et dans une certaine mesure de celui de Kyoko, vont l'aider à mieux faire comprendre la complexité de sa réflexion sur le monde de la famille et sur l'errance vécue par Shukichi et Tomi.

Noriko est une jeune femme dévouée à ses beaux-parents malgré la perte de son mari, leur fils, décédé huit ans auparavant. Son absence à la gare puis au domicile de Koichi lors de leur arrivée pouvait laisser penser le contraire au spectateur. Pourtant, ses beaux-parents vont rapidement trouver en elle la seule personne fidèle aux valeurs du monde de la famille. En outre, elle ne montrera jamais aucune indifférence pour eux. Leur errance, autant physique que morale, la chagrine. Malgré ses faibles revenus, elle accueille parfaitement sa belle-mère privée d'abri. Cette dernière confessera plus tard à son mari avoir passé pour l'occasion la meilleure nuit de tout son séjour. De même, les deux époux apprécieront sa gentillesse lors de la journée de visite de Tokyo. Ils finissent par remarquer le contraste entre son attitude et celle de leurs propres enfants. **D'où vient la proximité entre leur monde intérieur respectif ? Est-elle liée à l'idée de perte ? Perte de leur vitalité et éloignement de leurs enfants chez les beaux-parents, perte de l'espoir d'être heureuse et éloignement irréversible de son mari causé par sa mort chez Noriko ?**

La communication entre ces deux mondes atteint son apogée dans les dernières minutes du film lors du décès de Tomi à son retour à Onomichi. **Noriko va être la seule à accompagner son beau-père face au drame de la disparition de sa femme et à la solitude qui va devenir le quotidien de son monde intérieur.**

À l'issue des funérailles, Shige, Koichi et Keizo souhaitent rentrer au plus vite à Tokyo. Digne dans sa détresse, Shukichi constate fataliste : « Ainsi tout le monde s'en va ». Shige sollicite une fois de plus Noriko : « Tu peux rester quelque temps avec Papa ? » « Je m'arrangerai » répond-elle. Après leur départ, Kyoko se confie à Noriko : elle est consternée par l'attitude de ses frères et sœurs : « Ce sont de vrais égoïstes... Shige s'est précipitée sur les souvenirs, son attitude m'a vraiment blessée... même les étrangers ont plus de cœur... alors les proches... je ne veux pas être comme elle sinon la famille n'a aucun sens ». Au lieu d'accabler le reste de la famille, Noriko se montre indulgente. « Tout le monde devient ainsi petit à petit... on a tant de difficultés ». En faisant preuve de compréhension et d'humanité, Noriko cherche à maintenir l'idée de la force du monde familial malgré les turpitudes de la vie. Après avoir passé plusieurs jours à aider son beau-père, Noriko doit elle-même rentrer à Tokyo. Les adieux sont des plus émouvants. Chacun confesse ses fragilités. **Tandis que Shukichi encourage Noriko à achever son deuil et à se remarier, celle-ci confesse l'errance qui est la sienne face à une existence monotone et vide. Shukichi la remercie pour sa bienveillance envers sa femme et lui-même et finit par repenser à son échange avec Shige : « Papa, tu vas être seul désormais » ; « Je m'y habituerai ». Le vieil homme contemple désormais la mer à l'horizon, perdu dans son monde intérieur.**

III. La confusion du monde extérieur et du monde intérieur : *La Prisonnière du désert* de John Ford (1956)

Deux hommes cherchent pendant dix ans une petite fille enlevée par des Indiens Comanches. Tel est le point de départ du scénario de *La prisonnière du désert*. Le réalisateur américain John Ford retrouve pour l'occasion son acteur fétiche John Wayne qui interprète le rôle d'Ethan Edwards, héros crépusculaire au monde intérieur tourmenté. « C'est la tragédie d'un solitaire [...] un solitaire dans toute sa splendeur qui n'aurait jamais pu faire partie d'une famille » déclare John Ford à propos du personnage. **Le film interroge en effet la destinée d'un homme qui va fiévreusement chercher à effacer, au cours d'une véritable odyssée dans un monde extérieur hostile et obsédant, les nombreuses traces d'un passé douloureux. Monde intérieur et monde extérieur vont ainsi se mêler au cours de cette errance jusqu'à ne former qu'un même et unique monde.**

L'impossible réinscription dans le monde de la famille en tant que communauté idéale

L'action débute au Texas en 1868. Ethan Edwards arrive à la propriété de son frère Aaron après une longue absence durant laquelle il a pris part à la guerre de Sécession dans le camp des Sudistes avant de s'exiler pour combattre aux côtés des troupes de Maximilien au Mexique. Il retrouve, outre Aaron, l'épouse de ce dernier Martha, les enfants du couple dont la très jeune Debbie, ainsi que le fils adoptif de la famille, Martin Pawley, qui possède du sang indien.

Dans la scène d'ouverture du film, nous sommes, spectateurs, placés à l'intérieur d'une maison. Martha sort alors de celle-ci, elle est la première à apercevoir son beau-frère émergeant de l'immensité poussiéreuse. Peu à peu, chacun des membres de la famille prend place devant la maison pour accueillir ce parent si longtemps resté éloigné. Les retrouvailles entre Ethan, individu à la démarche fatiguée et lourde, et sa famille, petite communauté apaisée et bienveillante, sont émouvantes. **Pourtant une frontière semble encore à cet instant séparer ces deux mondes qui se font face. À Ethan, le monde extérieur et ses paysages arides et déshumanisés ; à la famille d'Aaron et de Martha, la quiétude de l'univers familial matérialisé par l'intérieur de la maison.** C'est Martha qui, en maîtresse de cérémonie, invite Ethan à entrer dans le lieu sacré et protecteur. Toute la famille suit les pas d'Ethan et pénètre à son tour dans la maison comme si symboliquement une parenthèse de l'existence d'Ethan marquée par l'errance s'achevait et que l'ordre des choses reprenait son cours immuable, autrefois interrompu par son départ.

L'individu solitaire semble ici ne faire plus qu'un avec sa communauté de sang qui vient de l'accueillir à bras ouverts. Ethan paraît alors pleinement satisfait comme si ces retrouvailles marquaient pour lui les prémisses d'une renaissance au sein du cocon familial, comme si également ce dénouement légitimait ses convictions sur le caractère supérieur des valeurs familiales. Tout concourt à cet instant à affirmer la primauté de la communauté familiale sur l'individu. Martha caresse affectueusement sa cape laissant percevoir de tendres sentiments relatifs probablement à un amour passé. Les enfants sont impatients d'échanger avec celui qu'ils perçoivent comme un authentique héros. Ethan offre son sabre à son neveu tandis qu'il dévoile une médaille militaire à la petite Debbie, symbole de sa gloire si chèrement acquise.

Malheureusement, ce bonheur retrouvé n'est que transitoire. Convaincu, peu de temps après son retour, par le révérend Clayton, un ami de la famille, de participer à la poursuite de voleurs de bétail, Ethan s'éloigne une fois de trop de sa famille. De retour, après avoir compris que les voleurs, qui ne sont autres que des Indiens, ont mystifié leurs poursuivants pour les éloigner de leur propriété, Ethan découvre que sa famille a été massacrée. **Le lieu du bonheur éphémère est devenu le lieu de la souillure et de l'ignominie. La communauté familiale est détruite et le projet d'une renaissance existentielle au milieu des siens semble brisé.**

Néanmoins, les cadavres de ses deux nièces restant introuvables, Ethan qui les croit enlevées par les Comanches se lance à leur poursuite, accompagné de Martin et d'un petit groupe d'autochtones conduit par le révérend Clayton. La quête débute et se révèle difficile. À chaque fois que le groupe croit surprendre les Indiens, ces derniers ont déjà quitté les lieux. Les tensions apparaissent, le groupe se divise. Ethan découvre le corps de Lucy morte après avoir été violée ; il est bouleversé et titube mais préfère un instant taire la vérité auprès de son fiancé. Martin et lui décident alors de poursuivre leur chemin dans l'espoir de retrouver Debbie. Ethan en fait une affaire personnelle, une croisade. Le film évolue peu à peu vers une exploration de l'intériorité de cet être en proie à une profonde souffrance.

La quête névrotique d'un homme amer

La recherche de Debbie tourne à l'obsession. La soif de vengeance d'Ethan le pousse à haïr les Indiens. Il n'hésite pas, par exemple, à tirer à plusieurs reprises sur les yeux de la dépouille de l'un d'entre eux pour le forcer à « errer à jamais dans le vent » et lui interdire l'accès au Paradis selon la croyance des Comanches.

Les mois défilent. Les ellipses s'enchaînent. On passe de l'étouffante chaleur de l'été aux grands froids et à la neige de l'hiver. Les paysages arpentés par les deux hommes, bien que grandioses, sont toujours les mêmes : monticules rocheux, déserts arides à la poussière rougeoyante, fleuves boueux… l'entreprise semble rapidement prendre des accents psychanalytiques pour Ethan. Ce dernier refait inlassablement le même trajet. Il paraît tourner en rond : son errance est totale. Peu à peu, nous comprenons que le monde extérieur dans lequel Ethan évolue figure son monde intérieur ; un monde de la désolation et du ressassement. C'est comme si le paysage et les déplacements circulaires d'Ethan dans cet espace étaient métaphoriquement la manifestation de ses névroses. **Il parcourt l'espace naturel comme s'il s'agissait en fait de parcourir son propre espace mental afin d'y trouver des réponses sur son identité et sa condition d'homme souffrant.** Monde extérieur et intérieur ne forment plus qu'un tout.

De plus, la persévérance d'Ethan afin de retrouver sa nièce Debbie avant qu'elle ne soit devenue une « Indienne » se heurte à l'absence de toute preuve de vie la concernant. Même le groupe d'Indiens qui l'a enlevée reste longtemps aussi anonyme qu'introuvable. Existe-t-il vraiment en dehors de l'esprit d'Ethan ? Après tant d'années, cette recherche a-t-elle encore un sens ? **Nous comprenons que cette mission relève en fin de compte pour Ethan d'un conflit intérieur. Continuer le maintient en vie alors qu'abandonner cette odyssée, aussi harassante qu'incertaine, signifierait une dissolution de son moi profond et l'impossibilité d'affirmer une quelconque positivité de son existence.** Toujours à la recherche du moindre signe, du moindre indice, même infime, le sentiment de culpabilité d'Ethan ne fait que grandir parallèlement à la manifestation d'une amertume sur la valeur de l'existence et d'une rage à peine contenue à l'encontre de tous les fossoyeurs des valeurs auxquelles il croit. **Le héros fatigué est un individu brisé par une vie solitaire. C'est un homme vulnérable qui cherche à dissimuler ses**

failles derrière son attitude fermée et fruste. Ethan a combattu pour le Sud mais son combat s'est révélé vain et s'est achevé du côté des vaincus. Il a aussi combattu pour des valeurs et pour une certaine idée de l'ordre culturel et racial de son pays. Cette existence d'homme d'action l'a conduit à sacrifier toute vie affective.

En définitive, Ethan est un « loner », un pur solitaire qui ne fait partie d'aucun groupe, d'aucun cadre, pas même réellement de sa famille. Son désenchantement est tel que la recherche de Debbie lui sert de prétexte pour exprimer son désir de vengeance illimité. Plus la quête se prolonge et plus son âme s'obscurcit toujours davantage ; plus Ethan cherche à se réhabiliter à ses propres yeux et à ceux des autres, plus il se soustrait au monde des hommes et devient bestial. Martin, témoin de ce phénomène, est progressivement convaincu qu'Ethan n'hésitera pas à exécuter Debbie si cette dernière a définitivement abandonné le territoire des valeurs de la civilisation pour devenir une « étrangère », une « autre ». Il se doit de l'accompagner afin d'empêcher ce crime « purificateur ».

Finalement, au bout du chemin Debbie est bien là. Mais est-ce encore la petite fille de la famille Edwards ? Debbie est devenue une adulte et vit avec le chef Scar. Les prémonitions d'Ethan se révèlent justes. « C'est mon peuple maintenant » déclare Debbie qui refuse de fuir avec lui. Martin avait raison. Ethan veut tuer Debbie après l'avoir reniée. Il la poursuit, la rattrape, la soulève comme il l'avait fait à son retour dans le ranch familial puis s'effondre incapable au dernier instant d'exécuter sa sentence. Ethan décide de ramener Debbie et de la confier à la famille Jorgensen. L'accueil silencieux est aussi émouvant que celui qui ouvrait le film ; des similitudes apparaissent entre les deux plans. **Cette fois-ci pourtant, Ethan décide de ne pas franchir le seuil de la maison et reste seul à l'extérieur avant de s'éloigner comme s'il avait compris qu'il n'avait plus de place dans ce « nouveau » monde et que son monde intérieur, malgré le succès de sa mission, resterait sa prison avec l'errance pour devenir.**

En conclusion, l'errance apparaît comme un moyen pour Wenders, Ozu et Ford d'explorer la manière dont l'homme habite le monde. **Cette expérience singulière dont le cinéma se veut être le témoin articule errance physique et errance psychique. Elle rend ainsi tangible la façon dont toute représentation du monde est avant toute chose une perception subjective de ce monde.**

Notion clef **L'errance**

Tantôt synonyme de cheminement vers un ailleurs, tantôt de déambulation sans but, voire parfois même de dérive douloureuse et traumatique, l'errance est un sujet récurrent abordé par le septième art. Art du mouvement, le cinéma se plaît à filmer la manière dont les hommes arpentent le monde physique tout comme le monde psychique. **Errer, c'est littéralement se déplacer sans s'établir nulle part.** L'errance a ceci de particulier qu'elle place le personnage « errant » dans la situation particulière d'un double rapport au monde. **D'un côté, celui qui erre se place hors du monde ou tout du moins à sa marge. D'un autre côté,**

l'errant, fort de cette position atypique, fait lui aussi partie du monde dont il représente une modalité subversive ou désenchantée. Son monde intérieur rend le plus souvent compte de cette tension existentielle entre difficulté d'intégration et besoin de reconnaissance. Le héros errant ne semble pas pouvoir s'accomplir tant il semble inadapté au monde dans lequel il évolue. Par exemple, dans *Into the wild* de Sean Penn, Christopher Mc Candless, le personnage principal, décide d'abandonner une existence conformiste afin de mener une vie aventureuse. L'expérience forcenée de la solitude au sein du monde sauvage le conduira à s'enfermer progressivement dans un monde intérieur aliénant. Il s'apercevra trop tardivement du bonheur que peut proposer l'amour de l'autre. Parfois, l'errance met en présence deux individus perdus dans leur monde intérieur comme dans *Lost in translation* où Sofia Coppola filme la rencontre de Bob et de Charlotte, deux êtres en souffrance, isolés, plongés au milieu du gigantisme de Tokyo. *Gerry* de Gus Van Sant où deux adolescents s'égarent sans but et sans motif dans le désert mais aussi *Paris, Texas* de Wim Wenders, *Panique à Needle Park* de Jerry Schatzberg ou un road-movie comme *Thelma et Louise* de Ridley Scott constituent d'autres approches pertinentes de l'errance.

EXTRAIT ET ANALYSE — ***Voyage à Tokyo*** **de Yasujirō Ozu (1953)**

Un couple âgé entreprend un voyage d'environ 700 kilomètres afin de rendre visite à plusieurs de ses enfants qui vivent à Tokyo. L'analyse porte sur la longue séquence des retrouvailles de la famille au domicile de Koichi de 6'44'' à 13'41''.

L'épouse de Koichi s'affaire : elle met de l'ordre dans l'intérieur familial pour préparer l'arrivée de ses beaux-parents. Nous découvrons une petite maison dotée d'un étage où l'espace domestique est très contraint et ordonné ; ce fort découpage n'empêche pas les pièces de sembler encastrées les unes dans les autres. Rien ne témoigne d'une quelconque aisance matérielle. Le couple a deux enfants. Tandis que le plus jeune s'amuse, l'aîné, de retour de l'école, s'enquiert auprès de sa mère de l'arrivée prochaine de ses grands-parents puis file au premier étage retrouver sa chambre. Il découvre alors que son bureau a été déplacé afin de faire de la place pour le couchage de ses grands-parents. Agacé, il s'en prend vertement à sa mère et, le regard dur, se montre insolent. À cet instant retentit le klaxon d'un taxi. L'épouse de Koichi se précipite. Koichi précède ses parents et sa sœur Shige. Ils pénètrent dans la demeure familiale et rejoignent la pièce principale. Chacun s'installe à une place déterminée. Le cérémonial semble bien huilé. Chacun connaît son rôle. Les gestes sont à la fois lents et précis. Les rites immuables du monde de la famille sont à l'œuvre.

Toutefois, des éléments viennent imperceptiblement perturber ce moment de reformation d'un monde harmonieux. Les échanges sont certes courtois mais les enfants ont peu de choses à dire à leurs parents ; ils passent leur temps à s'éventer ou bien à s'essuyer le visage. Le père, dans une forme de prescience de la suite des événements, demande à sa bru si leur visite ne « dérange pas trop ». Malgré sa dénégation, nous ressentons une gêne latente envahir ce moment de retrouvailles. Les petits-enfants restent à l'écart. Leur tante est obligée d'insister pour qu'ils viennent se présenter brièvement à leurs grands-parents. Noriko, l'autre belle-fille, n'a pas pu se libérer et est absente. Tandis que les parents sont conduits vers leur chambre, Shige et sa belle-sœur débattent du menu. Avec l'approbation de Koichi, elles se décident pour un « Sukiyaki », plat traditionnel servi pour des occasions spéciales. Néanmoins, Shige et son frère écartent l'idée de véritablement le sublimer, pour honorer leurs parents, en refusant d'y ajouter du poisson cru jugé trop onéreux.

Toute cette séquence a pour fonction d'installer par petites touches l'idée de la fracturation d'un monde autrefois homogène et organique, celui de la famille. Malgré l'ancrage des habitudes comportementales et la force de la tradition, le délitement est à l'œuvre. Chacun est enfermé dans un univers qui lui est propre. Prisonniers de leur quotidien, au sein d'une mégalopole qui impose l'accélération du rythme de vie, les enfants et petits-enfants envisagent la visite de leurs aînés comme un poids plutôt que comme une satisfaction. **L'égoïsme de l'aîné des petits-enfants qui refuse de voir son cadre de vie bouleversé, l'avarice des enfants en ce qui concerne le repas, le sentiment que chacun fait son devoir d'hospitalité sans aucune réelle empathie, le malaise des aînés face à cette situation, l'enfermement de chacun dans un espace précis du décor et dans le cadre, tout exprime l'idée que des mondes se côtoient sans qu'il y ait de véritable communication entre les êtres. La notion de monde commun, de communauté de destins paraît être inopérante dans une société japonaise en pleine mutation.**

Mode d'emploi

Pourvu que l'on évite les lieux communs sur l'idée de monde au cinéma (ou bien sur les différentes manières de le filmer), tout comme les mauvais choix de films (œuvres trop récentes et sans recul critique suffisant, films peu référencés ou exagérément confidentiels, film apprécié mais dont le contenu n'offre pas de réelle matière pour une réflexion), la mobilisation d'exemples cinématographiques est à l'évidence précieuse pour le concours. Il ne faut pourtant pas se tromper sur la nature de l'utilisation pertinente d'une telle référence dans votre copie. En effet, **il apparaît abusif de faire de l'analyse d'un film, ou d'une scène, un argument à part entière au sein d'un raisonnement. Vous devez plutôt chercher à en faire le point de départ d'un questionnement ou bien, dans une autre perspective, un moment illustratif à l'intérieur de l'économie d'une réflexion à la portée plus vaste.** Faire référence aux trois films étudiés plus haut (comme à d'autres films classiques sur la notion de monde chez Bergman, Renoir, Mankiewicz, Welles ou Hitchcock par exemple) peut se révéler très pertinent tant les œuvres de Ford, d'Ozu et de Wenders interrogent avec finesse plusieurs problèmes touchant à la nature humaine et à la difficulté d'appréhender, d'habiter ou bien de transformer le monde. *La Prisonnière du désert, Voyage à Tokyo et Alice dans les villes* peuvent permettre de discourir sur des intitulés comme : « L'autre monde », « Suis-je ce que le monde fait de moi ? », « Le partage du monde », « Peut-on changer de monde ? », « La conscience du monde », « Le monde est-il transparent ? », « L'ordre du monde », « Parcourir le monde, est-ce forcément errer ? » ou bien encore « Que faut-il pour faire un monde ? »

Chapitre 3
L'humanité au bord du monde : *La Jetée* de Chris Marker (1962)

Alice Letoulat

Un homme se souvient d'une image d'enfance : un visage de femme, sur la jetée d'Orly, quelques années avant la Troisième Guerre mondiale. Des années plus tard, alors que le monde a été ravagé, il est contraint de voyager dans ce passé à demi-rêvé. Le court film de science-fiction que réalise Chris Marker en 1962, *La Jetée*, est presque entièrement composé de photographies. Le personnage principal y incarne la condition humaine tout entière, reléguée hors d'un monde qui n'a plus besoin d'elle. La question centrale que pose le film est bien celle de la place que peut encore occuper l'humanité dans le monde. Comment être, véritablement, dans le monde, quand celui-ci ne se laisse plus connaître que par des images ?

Dans un premier temps, nous interrogeons la nature du monde de *La Jetée*, et plus exactement la manière dont il est vécu – ou non vécu – par l'humanité. Le monde s'avère en effet pluriel, et l'humanité, rejetée à sa marge, contrainte de ne le connaître que par l'intermédiaire de dispositifs de vision qui entravent le regard. C'est pourquoi nous observons, dans un deuxième temps, comment le film invite au « saut » dans le monde, échappant comme le personnage à sa propre contrainte (la fixité qui domine la forme filmique) pour acquérir un point de vue. C'est l'objet de notre dernière partie : le regard porté par le film témoigne du rôle que l'art peut jouer pour instaurer un être-au-monde de l'humanité ; dans le même temps, Chris Marker adopte un point de vue volontairement distancé, venu d'ailleurs, comme si la traversée de l'écran n'avait été possible que pour son personnage, condamné, certes, mais enfin libre.

Film le plus célèbre de Chris Marker, *La Jetée* n'en demeure pas moins singulier dans la carrière de son auteur, plongeant le spectateur dans une fiction d'anticipation qui voit l'humanité réduite à vivre dans des sous-sols insalubres en attendant de pouvoir voyager dans le temps. Pensé comme une variation autour du modèle hitchcockien *Vertigo* (1958), ce court film d'une vingtaine de minutes est (presque) entièrement composé de photographies : le récit naît de leur montage et d'un commentaire en voix *off*. Après une troisième guerre mondiale ayant rendu impossible la vie à la surface du globe, des scientifiques élaborent un dispositif leur permettant d'envoyer un prisonnier dans le passé puis dans le futur ; cet homme n'appartient plus à aucun monde, mais il est mû par le souvenir obsédant d'une image – image d'un monde passé où il est à la fois vivant et mort.

Entre « photo-roman[1] » et cinéma, quête intimiste et destin de l'humanité, *La Jetée* ne regarde pas tant le monde lui-même que les images que nous en produisons et qui font littéralement écran : **comment être dans le monde si celui-ci ne se laisse voir qu'à travers des substituts ?** Malgré son appartenance au genre de la science-fiction, *La Jetée* est bien un film de son temps, de *notre* temps : **l'humanité a pris conscience de son insignifiance dans un monde qui peut tourner sans elle.** Le film pose ainsi une véritable question existentielle : il s'agit d'**explorer la condition moderne d'une humanité rejetée au bord du monde, réduite à n'en être plus que la spectatrice passive et lointaine.** La réintégration dans le monde nécessite qu'advienne un point de vue, à l'issue d'un voyage en forme de traversée de l'écran : **être au monde, c'est savoir le regarder.**

I. Le fragment et la totalité

Dans *La Jetée*, un prisonnier fait l'objet d'expériences visant à lui permettre de voyager dans le temps. Une telle trame narrative invite à **interroger la nature exacte du monde ainsi vécu par l'humanité** : que vaut-il s'il n'est connu qu'à travers des dispositifs contraignants ? Constitue-t-il encore une totalité infinie dans laquelle l'humanité a sa place ?

Histoires de futurs

Le monde dans lequel se déroule l'action de *La Jetée* est démultiplié du fait de l'appartenance du film au genre de la science-fiction. Après une nouvelle guerre nucléaire, la surface de la Terre a été contaminée, obligeant les survivants à se réfugier en sous-sol. En explicitant, au début, les circonstances qui ont conduit cet avenir à devenir le présent, le film se livre à une « histoire du futur » : celle d'une première catastrophe (la guerre et ses destructions) donnant lieu à une seconde (la contamination radioactive) qui marque durablement le monde (l'humanité contrainte de se terrer).

1. C'est sous cette appellation que le générique présente le film.

Les passages du film se déroulant dans ce monde apocalyptique adoptent **les marqueurs de l'anticipation** : décors désolés, accoutrements singuliers, machines au fonctionnement indéterminé, miliciens et scientifiques aux motivations longtemps floues. Mais cette version de l'avenir n'est pas la seule que le film nous livre, puisque le personnage voyage aussi vers un futur encore plus lointain. Remarquons à cet égard des **changements importants dans l'imagerie futuriste** : l'avenir pacifié ne contient plus de décor du tout (les personnages se détachent d'un fond noir sans repère), la seule coquetterie physique de l'humanité future réside dans de curieux objets (des bijoux ?) placés sur leur front, et tous adoptent une attitude robotique inquiétante. La pacification future semble avoir nécessité **la disparition de toute incarnation, comme si la sauvegarde de l'humanité devait se faire aux dépens de son être-au-monde**.

« Le tragique qui habite désormais notre monde[1] »

Si le présent du récit de *La Jetée* est celui d'un univers transitoire, coincé entre la catastrophe et sa résolution, l'action du film se tient essentiellement dans **un monde qui ressemble au nôtre**, ou à tout le moins à celui des années 1960, correspondant à l'enfance du personnage. On le sait : même s'il impose une certaine distance temporelle, **le cinéma d'anticipation ne parle pas tant du futur que de sa propre époque**. *La Jetée* apparaît ainsi comme **le révélateur des angoisses contemporaines de sa réalisation**, puisque les années 1960 y sont présentées comme un court moment de répit avant le resurgissement de la guerre.

Le film annonçant dès son ouverture la destruction à venir, toutes les séquences qui reviennent à l'enfance du personnage sont assombries par ce savoir du futur fictif, lui-même commandé par la leçon du passé réel et de ses atrocités : le personnage « per[çoit] notre quotidien à travers sa destruction prochaine[2] » (en fonction de ce qu'il sait du futur) ; Chris Marker voit son propre présent comme un entre-guerres, qui menace à chaque instant de (re)basculer dans l'horreur. **Le monde de *La Jetée* est hanté par le passé** : les images de Paris détruite par la Troisième Guerre mondiale évoquent celles d'une précédente guerre bien réelle ; de son côté, le futur dystopique doit apprendre à renouer avec le passé avant de pouvoir voyager dans l'avenir.

Point de départ

L'« image d'enfance » qui nourrit l'obsession du personnage est issue d'une « scène », annoncée dès le deuxième carton du film qui en établit avec précision le lieu (la jetée de l'aéroport d'Orly) et le moment (« quelques années » avant la guerre). Cette ouverture concentre les enjeux du film en présentant **un espace et un temps littéralement fondateurs** auxquels il s'agira de revenir alors qu'ils ont

1. Barthélémy Amengual, « Le présent du futur. *La Jetée* », *Du réalisme au cinéma*, Paris, Nathan, 1997, p. 771.
2. Marcos Uzal, « L'œil du visiteur », *Vertigo*, 2013/2, n° 46, p. 46.

disparu, détruits par la guerre, détruits aussi en quelque sorte par le film lui-même, dont l'image liminaire – une photographie de la fameuse jetée – comporte un zoom arrière qui éloigne et déréalise le lieu en même temps qu'elle le fige en une carte postale d'un monde désormais enfui. **L'image est obsédante parce qu'elle fait véritablement monde**, cristallisant la totalité du parcours du personnage, à la fois son enfance et sa mort, son obsession et sa satisfaction, la paix fragile et la guerre passée.

Ce monde fondateur est donc profondément ambigu : il inaugure le voyage (le film), mais il en constitue aussi l'horizon. Point de départ et d'arrivée, ouverture et conclusion du film, lourde de deux vies vécues à la fois, la jetée d'Orly, malgré sa linéarité, impose au film une structure circulaire. **Le monde n'existe qu'à condition qu'il soit traversé par le trajet d'une vie, mais celui-ci s'enroule** : un enfant peut assister à sa propre mort, l'humanité replonger dans une guerre mondiale.

Impuissances

C'est le principe de répétition qui dicte sa logique au film, lui-même variation de *Vertigo* (évidente lors de la séquence du séquoia, dont la coupe symbolise le passage des années). **Le même monde est ainsi remis en jeu** (Hitchcock reconvoqué, période de l'enfance revécue) **et perd de ce fait son existence réelle** : même les instruments de mesure du temps sont impuissants (l'homme ne peut pas désigner d'où il vient sur l'arbre ; il ignore jusqu'à l'année exacte à laquelle il est envoyé, n'évoquant que des « moments différents » dans ce « monde sans date »).

Les repères manquent dans ce film où le monde n'existe que parce qu'un homme s'en souvient. On en veut pour preuve le texte du commentaire, dans lequel les temporalités des verbes s'avèrent fluctuantes : le récit se tient majoritairement au passé, mais il bascule au présent lorsque le personnage est avec la femme qu'il cherche. « Aujourd'hui » n'existe qu'en fonction de celui qui le prononce, mais dans le même temps **le personnage est dépossédé de toute capacité agissante dans le monde qu'il visite** : il y circule, mais ne peut y vivre. Prisonnier dans le présent, « spectre » dans le passé, il n'est pas libre.

Le problème du personnage est à l'image de la faillibilité humaine. **L'humanité est reléguée à la marge d'un monde dont elle n'est qu'un fragment.** Elle est une particule jetée dans l'insignifiance du monde qui tourne sans elle – et même *au-dessus d'elle* quand elle est contrainte, comme dans *La Jetée*, de se cacher pour échapper aux conséquences de sa propre brutalité. Le film présente **un monde à l'image des césures qu'a connues l'humanité depuis le XIXe siècle** : outre la brisure anthropologique qu'a représentée la Deuxième Guerre mondiale, essentielle pour un homme de la génération de Chris Marker, **l'humanité a dû faire le deuil de son invulnérabilité.** « Lucidité historique tardive qui enregistre la chose humaine sur le modèle d'une histoire naturelle : la civilisation est une combinaison d'efforts et de volonté qui finit un beau jour[1]. »

1. Jean Louis Schefer, *Du monde et du mouvement des images*, Paris, L'Étoile / Cahiers du cinéma, 1997, p. 8.

Un monde de dispositifs

Non seulement l'humanité est marginalisée dans ce nouveau monde, mais elle est même prisonnière d'un statut spectatoriel. *La Jetée* insiste en effet sur **la mise en abîme de son propre dispositif de projection**. Les expériences conduites par les scientifiques du futur consistent à appareiller leurs cobayes dont les yeux sont bandés : **puisqu'il n'y a plus de monde à regarder** (il a été détruit), **on ne peut se le représenter qu'au passé**, sous la forme d'un souvenir, image mentale dans laquelle une machine est capable de projeter un être humain. Si le film ne dit pas grand-chose du fonctionnement exact des voyages (au point que le personnage lui-même ignore leur statut : rêve, illusion, réalité ?), **ce dispositif appareillé rappelle celui du cinéma et du jeu vidéo**.

Dans de tels univers, la liberté est soumise à un contrôle strict. *La Jetée* imagine **un avenir assujetti aux dispositifs visuels mais aussi concentrationnaires**, l'homme étant prisonnier d'un camp où l'on mène des expériences meurtrières. Le temps dans lequel on l'envoie n'existe qu'à travers l'enchevêtrement de plusieurs dispositifs intermédiaires : l'image mentale du personnage ; son « traitement » par l'appareil ; le film de Marker lui-même. On peut ajouter le musée, lieu de l'ultime rendez-vous amoureux au cours duquel le monde se rend certes accessible, mais en recourant encore à une mise en scène qui médiatise ce contact. *La Jetée* prend acte de la condition humaine contemporaine : **il n'est plus question pour l'humanité d'accéder directement au monde ; elle ne peut que le regarder depuis la marge où l'a jetée son insignifiance**.

II. La vitalité et le figement

Cette marginalisation thématisée dans le film se manifeste aussi dans ses choix formels. La fixité domine dans *La Jetée*, malgré le montage dont l'accélération permet parfois de signifier le mouvement (de l'appareil de prise de vue ou du personnage) à défaut de le recomposer. Si ce choix est en partie dû aux conditions du tournage[1], il dit aussi quelque chose de **la place que peut occuper la vitalité humaine dans un monde désormais inhabitable : la reconquête d'un véritable être-au-monde de l'humanité dépend d'un saut hors du dispositif qui a transformé l'univers en image**.

Morceaux éternels

Pour échapper aux dispositifs qui lui interdisent l'accès au monde, le personnage de *La Jetée* doit « passer à travers la bande[2] », **traverser l'image fixe du souvenir pour reconquérir le mouvement et vivre dans le monde**. C'est là tout le sujet de

1. Chris Marker, « La pauvreté des moyens », livret du DVD *La Jetée, Sans Soleil*, 2002.
2. Frédéric Majour, « On ne vit que deux fois », *Vertigo*, 2013/2, n° 46, p. 29.

ce film qui prend pour point de départ et d'arrivée une même image dont la fixité la détache de tout contexte : l'enjeu, pour l'homme, est de redonner à ce visage de femme un monde dans lequel il puisse véritablement exister, c'est-à-dire échapper à l'isolement obsessionnel que confère la photographie à son objet.

La photographie, en effet, fige l'événement – un geste, un sourire, un regard – en un éternel instant. **L'événement est ainsi arraché au mouvement du monde et ne peut plus se déployer vers un devenir** : l'image photographique devient **le lieu de la remémoration**, et se conjugue dès lors toujours au passé dont elle est un « morceau ». C'est pourquoi elle peut faire l'objet d'une telle fétichisation, à laquelle répond pleinement un cinéaste comme Chris Marker, marqué par le pouvoir d'éternité de la photographie[1] et de la statuaire, y compris dans *La Jetée*. Un fondu enchaîné confond volontairement un visage sculpté et celui du prisonnier ; lors de la séquence au muséum, les animaux empaillés apparaissent comme autant de « bêtes éternelles ». **L'éternité, alors, c'est le figement, l'arrêt, le souvenir : une dévitalisation littérale.**

La naissance du monde

Le film renoncerait-il à mettre le monde en mouvement ? Ce récit où tout est remis à « plus tard » (répété trois fois dans le seul premier paragraphe du commentaire *off*) semble entériner l'idée que **le monde tel qu'on le regarde est déjà victime de la catastrophe à venir**, d'où le choix de construire le film à partir d'images fixes, toute photographie laissant voir « *une catastrophe qui a déjà eu lieu*[2] ».

Pourtant, le passage le plus célèbre du film est justement celui qui, renonçant à la tentation du souvenir fantasmatique, laisse la vie surgir de l'image fixe. Le portrait de la femme, figé pour l'éternité dans la mémoire du prisonnier, est l'image même du monde qui, immobile et déserté, existe hors de tout temps, c'est-à-dire hors de toute vie. **Pour revoir le monde s'écouler – le réinscrire dans le temps –, il faut le remettre en mouvement, l'animer littéralement : lui rendre son *anima*, son âme.** C'est ce qui arrive au bout de dix-huit minutes de film : des photographies de la femme assoupie se succèdent, montées en fondu enchaîné, jusqu'à ce que l'une de ces images bouge. La femme ouvre les yeux et regarde l'appareil qui enregistre son mouvement **comme un miracle** (cette impression est soutenue par le bruit presque assourdissant des chants d'oiseaux hors champ) tout en conservant **sa simplicité désarmante** : la femme cligne trois fois des yeux, puis le montage revient brutalement au scientifique du futur et au figement photographique.

1. « La photo, c'est la chasse, c'est l'instinct de chasse sans l'envie de tuer. C'est la chasse des anges... On traque, on vise, on tire et – clac ! – au lieu d'un mort, on fait un éternel. » Chris Marker, commentaire du film *Si j'avais quatre dromadaires*, 1966.
2. Roland Barthes, *La Chambre claire : note sur la photographie*, Paris, Cahiers du cinéma / Gallimard / Le Seuil, 1980, p. 150.

Le monde jusque-là arrêté s'est mû pour la première fois. Et **parce qu'il conquiert la mobilité, le monde intègre le temps, la durée, l'histoire**: l'image devient mortelle (elle apparaît et disparaît), mais c'est la condition nécessaire au déploiement de la vie.

Monde rêvé, monde vécu

Avec ce plan qui bat des cils, Marker dit la « puissance[1] » du cinéma qui, faussement raréfié dans *La Jetée*, y gagne l'une de ses plus belles manifestations – d'autant plus belle que **ce qui se joue dans cet instant doté d'une durée inédite, c'est le bonheur, clé de la quête du personnage et condition de son accès au monde**.

On a souvent commenté ce passage célèbre en en soulignant l'enjeu temporel au détriment de sa mobilité, alors que celle-ci est la condition d'un passage réussi en travers de la rigidité du dispositif adopté par le film lui-même. Il s'agit en effet de **l'unique moment où le personnage échappe à ses geôliers** car, à la fin, l'évasion n'est que de courte durée. On peut suspecter cette tentative manquée d'être nécessaire au récit, puisque c'est là que naît l'image obsédante, sur cette jetée qui est le lieu où se forge l'image du souvenir, donc **le souvenir lui-même, qui n'est pas autre chose qu'une manière de raconter le monde**, ainsi que le souligne Jacques Rancière: « la mémoire est œuvre de fiction[2] », **se souvenir, c'est raconter le monde vécu**. Il n'est à cet égard pas anodin que le personnage principal ne puisse voyager dans le temps qu'à condition d'ancrer ses projections mentales dans des événements heureux. Que ces derniers aient vraiment eu lieu importe peu; ce qui importe, c'est leur récit, véritable véhicule du voyage temporel qui commence d'ailleurs par une série désorganisée (en apparence du moins) de « choses vues » si ordinaires qu'elles pourraient être issues du musée personnel de chacun. Ces séries de photographies disent quelque chose de la manière dont l'humanité rend le monde habitable: **être dans le monde, c'est se raconter en le racontant**, banalité narrative à la fois universelle (ce « jour de bonheur » qui peut être celui de n'importe qui) et profondément singulière (il faut avoir vécu ce « jour de bonheur » pour le dire heureux).

Le cri et le regard

Symbole d'un bonheur passé, le visage féminin est le support de l'obsession nécessaire au voyage temporel. Or, ce visage est loin d'être inexpressif. Que montrent, exactement, les images de la femme au bout de la jetée, en début et fin de film? Elles la photographient criant face à la mort de l'homme, portant les mains sur sa bouche. Son geste étouffe le cri, mais c'est surtout le film qui refuse qu'on l'entende: peut-être est-il couvert par le son de l'avion qui décolle à ce moment, mais peut-être n'a-t-il jamais été émis, de même que le geste n'est

1. Barthélémy Amengual, *op. cit.*, p. 774.
2. Jacques Rancière, « La fiction documentaire: Marker et la fiction de mémoire » (à propos du *Tombeau d'Alexandre*, 1992), *La Fable cinématographique*, Paris, Le Seuil, 2001, p. 202.

jamais vu entièrement, éclaté en plusieurs plans. Le premier « moment-image » de cette femme est donc un cri sans son et sans cause (puisque la situation qui le provoque est le résultat d'un voyage permis par l'image elle-même).

Toutefois, de la première à la deuxième version de cette scène de la jetée, quelque chose change. Un autre « moment-image » de la femme a lieu lors du fameux plan mobile où elle se réveille. Le geste, ici, est celui de ses yeux: le battement de paupières est un mouvement d'une banalité telle qu'il acquiert la puissance d'une première fois, d'une apparition miraculeuse. Mais il est aussi plus que cela: il désigne un autre lieu d'expression pour la femme, **un autre moyen d'être dans le monde d'images de *La Jetée*** hors le cri et la tentation de son étouffement. Le battement de paupières souligne ce fait tout simple: **la femme regarde**. Et que regarde-t-elle? Directement le photographe / prisonnier / spectateur, qui ne peut pas éviter ces yeux qui l'invitent à **regarder en retour**. L'ouverture des yeux corrige la béance fondatrice du cri: **regagner le monde nécessitera, de la part du voyageur temporel comme du spectateur, l'acquisition d'un point de vue.**

III. D'ici et d'ailleurs

S'il existe une « leçon » que le personnage acquerrait à l'issue de *La Jetée*, ce serait bien celle du regard. **Adopter un point de vue sur le monde, c'est reconnaître qu'on ne se confond pas complètement avec lui**; c'est s'en éloigner pour mieux y inscrire sa vision, c'est-à-dire littéralement en fabriquer l'image. Être dans le monde signifie être en mesure de l'occuper du regard, et d'en produire l'image; c'est, au fond, **un besoin d'art**, adressé à l'humanité en même temps que né d'une intériorité regardante.

Intériorité et extériorité

Le fait que le cinéma puisse **mettre en images un monde individuel intérieur** a été compris et commenté très tôt, par exemple par le théoricien Béla Balázs en 1924: « L'instant fugitif se reflète dans l'instantané du regard. Par de gros plans sur de tels instants il est possible de montrer le monde sous les couleurs que lui donne un tempérament, dans l'éclairage où le voit un sentiment donné: lyrisme projeté, objectivé[1]. » Ainsi s'explique la force d'évocation qui sourd des portraits obsédants de la femme de la jetée: ils sont bien le produit d'un « tempérament » individuel, du regard porté sur la femme par l'enfant d'avant-guerre (qui ne sait pas encore qu'il observe un spectacle dont il est l'acteur, nous y reviendrons); dans le même temps, **la machine (photographique ou cinématographique) transforme l'image en objet partageable, en objet-monde**. Presque vingt-cinq ans après *L'Homme visible*, Balázs reformule cette idée: **l'art du cinéma consiste**

1. Béla Balázs, *L'Homme visible et l'Esprit du cinéma*, traduction de l'allemand par Claude Maillard, Belval, Circé, 2010.

à montrer le monde matériel *tel qu'il est perçu*, « [non] pas représenter l'âme dans le monde, mais le monde dans l'âme. [...] Non pas l'âme sur le visage, mais le visage de l'âme[1] ».

L'un des enjeux de la pensée du XXe siècle a consisté à **interroger le rapport entre monde extérieur et monde intérieur.** Bergson marque le siècle de sa révolution philosophique, dont Jacques Rancière résume le principe : « abolir l'opposition entre le monde physique du mouvement et le monde psychologique de l'image » ; les images sont intégrées au monde en tant que choses, ce qui permet à Rancière d'en tirer cette conséquence pour le cinéma : ce « n'est pas le nom d'un art. C'est le nom du monde[2]. » **Parce qu'il est constitué d'images qui sont elles-mêmes choses du monde, le cinéma se confond avec le monde – ou des mondes**, il est le monde tel que nous en connaissons désormais l'éclatement. Son enjeu fictionnel constant est de **permettre au monde d'être vu de nous** : sans le cinéma, « nous n'aurions à peu près rien su du monde (des autres) ni de nous-mêmes[3] ».

Raconter le monde intérieur

On comprend que les images – et le principe cinématographique en vertu duquel elles sont réalisées et organisées – jouent un rôle déterminant dans la manière dont nous vivons le monde. C'est pourquoi il convient d'en interroger la fabrique dans *La Jetée* : quel regard les rend possibles ?

Dans le film de Marker, on peut identifier **deux instances qui sont chargées de conduire le récit et d'en organiser les images.** La première de ces autorités narratives est aussi la plus « envahissante » : on se rappelle que le film est doté d'un commentaire *off*, seules paroles véritables dans *La Jetée* puisque les personnages sont muets (à l'exception notable des murmures en allemand prononcés dans les souterrains). La capacité à parler est donc dévolue à cette voix sans identité, dont les compétences varient selon les besoins du texte : omniscient parfois, ce narrateur connaît aussi le point de vue du personnage, décrivant les images mentales dans lesquelles il est projeté – et auxquelles nous avons accès en photographies. Quel est l'intérêt d'une telle répétition ? La confrontation entre l'image et la phrase n'est pas anodine : elle indique que l'image est le fruit d'une vision individuelle, celle du prisonnier voyageur.

Ainsi, le texte porte en lui la présence d'une deuxième instance narratrice, qui s'exprime par images ou, plus exactement, en *raccordant* les images. Bien que le film soit constitué dans son écrasante majorité d'images fixes, il n'en demeure pas moins que des logiques cinématographiques président à leur enchaînement. **Même dans ce monde figé par la photographie, un lien survit entre les images.** À la fin de la séquence du séquoia, une photographie cadre ensemble le couple. Le regard

1. *id.*, *Le Cinéma : nature et évolution d'un art nouveau*, traduction de l'allemand par Jacques Chavy, Paris, Payot & Rivages, 2011, p. 169-170.
2. Jacques Rancière, « D'une image à l'autre ? Deleuze et les âges du cinéma », *La Fable cinématographique*, *op. cit.*, p. 147-148.
3. Jean Louis Schefer, *op. cit.*, p. 6.

braqué sur l'objectif, l'homme « sent devant eux une barrière », matérialisée dès cette image par une ombre qui leur traverse le visage. Mais c'est le raccord qui, plus encore, désigne la « barrière » : l'image suivante est un gros plan frontal, en contre-plongée, du scientifique en charge des voyages temporels. L'enchaînement des deux images est fondé sur le regard du voyageur, de sorte que la deuxième photographie apparaît comme son point de vue. Le raccord ne fait toutefois pas complètement disparaître la béance temporelle qui sépare les images et dans laquelle gît tout le vertige du personnage, observé par le futur dès qu'il espère vivre dans le monde présent.

Sujet et objet du regard

La Jetée dit en cela **le paradoxe du regard**, que celui-ci s'exerce dans le monde ou au cinéma : **regarder, c'est aussi accepter – voire : prendre le risque – d'être regardé en retour.** Le cinéma, on l'a dit, rend le monde visible, il réinstaure un point de vue perdu sur le monde mais, ce faisant, il fait de chaque regardant un potentiel regardé.

La Jetée raconte ainsi l'histoire d'un homme à la fois sujet de son propre regard et objet du regard intéressé des autres (confondus avec le monde, puisque toute la survie de l'espèce humaine repose sur ces voyages). C'est pourquoi la seule image qui conditionne la cohérence du film n'est pas tant le visage de la femme que celle de la mort du personnage. Cette image restitue le point de vue de l'enfant, mais la vision individuelle est en fait le résultat d'un conditionnement futur : **le voyageur est à la fois l'auteur et la victime de l'image**, celui qui doit mourir pour en permettre l'apparition. **C'est là le paradoxe de l'humanité, à la fois actrice, spectatrice et créatrice du temps-monde dans lequel elle évolue**, temps-monde « saisi de l'extérieur » et « vécu de l'intérieur[1] ».

Le point de vue de l'extraterrestre

La précarité de tout regard humain sur le monde réside dans **la confrontation permanente entre sentiment d'appartenance sensible et étrangeté intellectuelle.** Face à la coupe de séquoia, l'homme désigne un point hors de l'arbre et dit « Je viens de là » : il est l'étranger le plus radical qui soit, celui qui arrive d'au-delà toute désignation possible.

Mais pourquoi dit-il cela ? On peut considérer que le personnage n'a pas compris à quelle époque il évoluait, mais il est curieux qu'il ne reconnaisse pas du tout le temps de son enfance. Pourquoi donc dire qu'il vient d'ailleurs, alors que le monde de la femme est *aussi* le sien ? Le choix de se rendre ainsi étranger au monde est sans doute l'une des manières de le rendre vivable ; c'est l'attitude de la modernité, puisque l'humanité est littéralement marginalisée dans un monde soumis aux lois des atomes. La seule manière de reprendre place dans le monde est

1. Frédéric Majour, *op. cit.*, p. 31.

de fabriquer, à partir d'**un point de vue radicalement autre**, des œuvres comme *La Jetée*. Chris Marker a adopté sur le monde **un regard venu d'ailleurs**, celui d'un « extraterrestre[1] » ou d'« un Dieu omniscient et sans oubli[2] », observant et collectionnant les images du monde à défaut de s'y livrer.

Conclusion

Il y a bien quelque chose d'irrémédiablement vertigineux dans *La Jetée* : l'idée que **le monde tel que nous le voyons est toujours déjà sur le point de disparaître**, et que **notre propre place ne peut y être qu'effroyablement précaire**. Le récit du film réactive un certain sens du tragique classique, le combat du personnage pour s'échapper le conduisant à sa propre perte sans que le destin du monde en soit changé.

Pourtant, quelque chose change, d'une version à l'autre de la scène au bout de la jetée : « entre temps », si l'on peut dire, l'homme a quitté le monde sous cloche du futur pour revivre le passé. **En traversant l'écran, il a gagné sa liberté et une place dans le monde.**

NOTION CLEF **Dispositif**

Le terme de « dispositif » connaît **trois acceptions** qui ont toutes en commun d'**articuler les éléments constitutifs d'un ensemble et cet ensemble lui-même**. Le terme a ainsi un sens judiciaire (le « dispositif » est l'énoncé final d'un jugement), un sens militaire ou policier (l'ensemble des moyens disposés conformément à un plan) et enfin un sens mécanique : la manière dont sont disposées les pièces d'un appareil ; par synecdoque, le dispositif peut désigner le mécanisme lui-même.

À ces trois définitions fondamentales, il faut ajouter tous les cas où **la notion a pu être reprise pour être appliquée métaphoriquement à d'autres domaines**. Ainsi, le « **dispositif psychique** » freudien conçoit la subjectivité comme un appareil dont on peut identifier les diverses instances. C'est par le biais de cet emploi psychanalytique que le terme « dispositif » a été **repris et appliqué au cinéma**. Le « dispositif » considéré est initialement celui de la **projection des images dans une salle de cinéma**. Aujourd'hui, la diversité des expériences spectatorielles (les images mobiles sont partout : musées, ordinateurs, téléphones, écrans publicitaires) confère aux théories du dispositif une importante actualité, **ces expériences composant désormais une partie de notre manière d'être dans le monde**.

1. Alain Resnais évoque une « théorie » « selon laquelle Marker serait un extraterrestre. Il a l'apparence d'un humain, mais il vient peut-être du futur ou d'une autre planète. » *Image et Son*, n° 161-162, avril-mai 1963, p. 53.
2. Marcos Uzal, *op. cit.*, p. 49.

Or, le terme « dispositif » conserve **un possible sens péjoratif** : celui de **l'exercice d'une contrainte**, d'**un contrôle sur le corps et / ou l'esprit**. On retrouve un tel sens dans les **dispositifs de privation de liberté** auxquels s'est intéressé Michel Foucault. Il n'est à cet égard pas anodin que *L'Armée des douze singes*, le remake de *La Jetée* réalisé par Terry Gillliam en 1995, ajoute à la prison déjà présente chez Marker un autre lieu d'enfermement, l'hôpital psychiatrique. Dans les deux films, le prisonnier envoyé dans le passé doit abandonner son corps à un appareil sur lequel il n'a aucun contrôle et qui le projette dans un monde d'images qu'il ne peut pas vraiment habiter.

Analyse de séquence : mouvements de l'appareil, mouvements du monde

Aux deux-tiers du film, un miracle se produit, celui de l'émergence d'un mouvement fluide dans des images jusque-là irrésistiblement fixes ; **une femme se réveille, et avec elle semble se réveiller le monde, tiré de sa torpeur photographique**.

On a beaucoup dit que *La Jetée* n'était composé que de photographies, à l'exception de cet unique plan mobile. Ce n'est pas tout à fait exact : **d'autres très rares moments laissent advenir un mouvement** : ni un mouvement dans l'image, ni un mouvement de l'appareil, mais **un mouvement *sur* l'image**. Certaines photographies sont en effet recadrées par un zoom. C'est le cas dès le plan d'ouverture sur la jetée : l'espace de promenade forme la diagonale de la photographie ; un zoom arrière, cadrant d'abord l'extrémité, la relie très rapidement, voire brutalement, à son contexte (le reste de la jetée et les pistes de l'aéroport). À cette image en répond une autre, qui fonctionne comme son envers : lorsque le personnage est envoyé dans le futur, nous voyons une série d'images au référent si indéterminé (la souche du séquoia, filmée de très près ?) qu'elles paraissent abstraites (l'imbrication de lignes et de formes évoque le schématisme d'une carte ou la déréalisation d'une vue aérienne). Ces images sont liées entre elles par des fondus enchaînés et un même mouvement de zoom vers l'avant qui contribue à « plonger » le spectateur dans ce couloir temporel. Si l'on dit que **ce zoom mime le trajet vers le futur**, il faut reconsidérer celui qui ouvrait le film en sens inverse : **il imite dès lors le voyage vers le passé**, suivant le trajet du personnage sur la jetée (vers la partie où l'attend la femme, en bas du cadre à gauche), mais l'artificialité du mouvement marque une certaine **prise de distance ironique**.

De l'un à l'autre de ces deux moments, le « miracle » de la séquence du réveil occupe un rôle crucial en donnant à voir **une mobilité non plus artificielle, comme l'est le zoom, mais physique**. C'est le mouvement de la vie qui surgit véritablement à cet endroit de la pellicule. **Pour que l'homme se projette dans le futur, il aura donc fallu plus qu'une machine mimant artificiellement un mouvement : qu'une femme ouvre les yeux**. La force symbolique de ce plan ne réside alors pas seulement dans sa puissance d'interrogation ontologique (qu'est-ce que le mouvement, qu'est-ce que le cinéma ?) ; elle consiste aussi, plus simplement, à marquer combien **l'accès au monde sensible dépend d'une animation des regards**.

Mode d'emploi

La Jetée de Chris Marker constituera un bon exemple pour la dissertation de culture générale. Parmi l'abondante production de science-fiction au cinéma, ce film-ci présente en effet l'avantage d'être **estimé et probablement connu du jury**, qui **valorisera la maîtrise précise d'un tel exemple**. Le récit du film (les thèmes qu'il aborde) et sa forme (les images et les sons choisis pour faire « vivre » cette histoire) permettent d'aborder la thématique au programme.

On pourra citer le film afin de traiter plusieurs aspects de la thématique :

1) *La Jetée* permet de s'interroger sur l**a condition moderne de l'humanité**, dont la place dans le monde est remise en question. On pourra donc nourrir des réflexions sur l'être-au-monde de l'humanité en s'appuyant sur **la mobilisation particulière que fait le film de ce thème**, anticipant un futur catastrophique à partir d'un passé qui a déjà connu la destruction.

2) Puisqu'il s'agit d'un exemple filmique, on pensera à **le mobiliser *en tant que film***, d'autant plus qu'il met en abîme son propre dispositif de projection et invite donc à réfléchir sur **la manière dont on connaît le monde à partir de ses substituts**.

3) Enfin, la référence à *La Jetée* pourra engager une réflexion plus vaste sur **le rôle de l'art** : quel(s) monde(s) les œuvres instituent-elles ? L'art permet-il de rendre le monde habitable ? *La Jetée* sera un exemple d'autant plus pertinent qu'il invite à **interroger des formes d'images mécaniques** (photographie et cinéma) dont on a pu dire qu'elles étaient de simples « prélèvements » du monde.

Chapitre 4
Penser le monde, croire au monde : l'apocalypse au cinéma

Jean-Philippe Chemineau

Souvent annoncée, la fin du monde hante nos imaginaires depuis la plus haute Antiquité. Il n'est donc guère étonnant que le cinéma s'en soit saisi pour en faire la matière de nombreux films. Le motif apocalyptique est même aujourd'hui plus que jamais présent au cinéma. On ne saurait là encore s'en étonner, tant la fin du monde est de retour, que ce soit dans les journaux, les livres, les séries ou, pour ce qui nous occupe ici, les films. Dans *L'obsolescence de l'homme*, Günther Anders montrait que le développement de l'arme atomique imposait à l'humanité la perspective d'une fin des temps. De même, le réchauffement climatique semble de nouveau imposer la perspective d'une fin possible du monde. Plus précisément, nous n'en sommes plus à interpréter d'éventuels signes de la fin du monde car nous savons que nous avons d'ores et déjà modifié le climat de manière irréversible, et sommes dès maintenant confrontés aux effets de ce processus que nous avons déclenché. Menace atomique, réchauffement climatique, pandémie… nous avons le sentiment d'être entrés dans le temps de la fin, et il semble à cet égard logique que le cinéma se fasse l'écho d'un tel sentiment. Or, si le cinéma pense à même les images, qu'est-ce que les films sur la fin du monde nous donnent à penser du monde ? Et se contentent-ils de nous donner à penser le monde ? Ou bien sont-ils également l'occasion pour nous de retrouver notre foi dans le monde ?

Nous essaierons de montrer dans cet article que **les films apocalyptiques peuvent non seulement nous donner l'occasion de penser le monde, c'est-à-dire sa structure ontologique, mais aussi de retrouver notre croyance dans le monde**. De ce point de vue, il s'agira de montrer que le monde ne pose pas seulement un *problème ontologique* (quel est l'être du monde ?), mais un *problème pratique ou éthique* : croyons-nous encore que le monde puisse accueillir de nouvelles possibilités de vie ? Il ne s'agit bien entendu pas de prétendre que tous les films apocalyptiques sont l'occasion d'une telle pensée et d'un tel regain de croyance. Beaucoup sont des divertissements qui se contentent de prolonger des recettes habituelles du cinéma (effets spéciaux plus spectaculaires, montage plus rythmé...) ; si bien qu'on peut douter qu'ils provoquent en nous une pensée neuve. Mais *certains* films apocalyptiques peuvent déclencher en nous une telle pensée. Nous verrons ainsi tout d'abord que si le cinéma en général entretient un lien privilégié avec le monde (I), les films apocalyptiques sont peut-être les plus à même d'instaurer un plan de dévoilement de la structure ontologique du monde (II). Mais ce monde-ci ne doit pas seulement être un objet de pensée : il faut que nous ayons foi en lui pour y établir de nouveaux modes d'existence. Or les films apocalyptiques peuvent précisément raviver notre foi dans le monde (III).

I. Le lien privilégié du cinéma avec le monde

Stanley Cavell : le film comme projection du monde

Nous commencerons par avancer une première hypothèse : **le cinéma est l'art qui entretient un lien privilégié avec le monde**. Pour justifier cette hypothèse de travail, nous pouvons tout d'abord nous tourner vers l'œuvre du philosophe américain Stanley Cavell, et plus particulièrement son ouvrage publié en 1971, intitulé *La projection du monde* (*The World Viewed*).

Dans cet ouvrage, Stanley Cavell **définit un film comme une succession d'images photographiques projetées et recueillies sur un écran**. Même si dans le cadre de cet article, il ne saurait être question d'exposer l'ensemble des analyses de Cavell liées à cette définition, nous pouvons retenir les quelques éléments suivants. Tout d'abord, le lien privilégié du cinéma avec le monde lui vient de son lien avec la *photographie*. En effet, l'image photographique nous donne la *certitude* d'être en présence d'une partie *du* monde. Bien évidemment, le photographe opère toujours un choix dans ce qu'il nous donne à voir du monde : que ce soit par le cadrage retenu, le jeu sur la lumière, le choix de l'objectif... De ce point de vue, on ne saurait affirmer que le but de la photographie est de représenter fidèlement le réel. Mais même si l'image photographique se donne comme une *transcription* du monde, elle garantit bien au spectateur d'être en présence d'une partie du monde (puisque la photographie opère toujours une découpe du monde par l'opération de cadrage). En effet, comme l'indique Cavell, les photographies ne sont pas faites à la main, mais sont les produits d'une fabrication. Plus précisément, il s'agit d'une fabrication *automatique* ou *mécanique* d'une image de la réalité effectuée par l'appareil photographique. Dès lors, si le photographe opère toujours une transcription de la réalité, il n'en reste pas moins que ce processus de fabrication automatique ou mécanique offre la garantie que les composants qui se trouvent sur l'image photographique, que les choses photographiées, sont issues de la réalité. Autrement dit, l'image photographique implique *nécessairement* qu'une partie du monde ait été photographiée.

De ce point de vue, **le cinéma est l'art qui nous garantit d'être en présence du monde** (ou plus exactement d'une partie du monde). Ce qui est ici en jeu, c'est cette puissance du cinéma comme art entretenant un lien privilégié avec le monde. Or, ce qui caractérise notamment la condition de l'homme moderne, selon Stanley Cavell, c'est le *scepticisme*. En effet, avec le tournant cartésien qui ouvre la modernité, l'homme moderne peut toujours douter que ses représentations soient en adéquation avec le monde, et même que le monde existe bien en dehors de sa pensée. Par son lien avec la photographie, **le cinéma semble ainsi nous permettre de sortir du scepticisme et de retrouver cette présence du monde**, cette liaison avec la réalité tant désirée.

Néanmoins, la nouveauté introduite par le cinéma par rapport à la photographie est le *mouvement*. **On peut ainsi dire du cinéma qu'il est l'art de la mise en mouvement des images photographiques**, ou encore l'art du mouvement dans les images photographiques. **Or ce mouvement renforce le sentiment du spectateur d'être en présence du monde** en soi, en tant qu'il se produit spontanément. Enfin, la projection du film sur un écran est importante puisque l'écran constitue, selon Cavell, le symbole de la séparation entre le spectateur et le monde ainsi projeté. **Ce lien privilégié du cinéma avec le monde tient donc au fait que le film offre au spectateur la garantie d'être en présence d'une partie du monde, dont il est simultanément absent ou exclu.** Le cinéma satisfait ainsi ce qui est, selon Cavell, notre désir de voir le monde sans être vu, d'être en présence du monde tout en en étant séparé. C'est en cela, selon Cavell, que le cinéma nous permet de sortir du scepticisme : non pas en nous garantissant que nos représentations sont en adéquation avec la réalité ou en nous prouvant que le monde existe, mais en nous permettant de *retrouver* l'expérience de notre présence à un monde dont nous sommes simultanément séparés.

Il nous semble pour autant que cette réflexion de Cavell sur le lien privilégié entre le cinéma et le monde pose *aujourd'hui* problème. En effet, aussi bien l'existence du dessin animé que les progrès des effets spéciaux et l'apparition et le développement des effets numériques rendent aujourd'hui difficile d'affirmer qu'un film est une projection du monde sur un écran. Pour reprendre les propos d'Éric Dufour (dans son ouvrage *Qu'est-ce que le cinéma ?*), l'existence cinématographique d'un personnage comme Jar Jar Binks semble réfuter les propos de Cavell. Car avec lui, ce qui disparaît, c'est la garantie d'être en présence d'une partie du monde. Or aussi bien le dessin animé que les effets spéciaux et numériques sont aujourd'hui pleinement reconnus comme étant du cinéma. Or, selon Cavell, c'est uniquement la reconnaissance collective qui constitue la validité d'une expression artistique *comme* expression artistique. Avec une telle reconnaissance, c'est donc peut-être l'objet cinéma lui-même qui a changé[1]. Mais perd-il pour autant son lien privilégié avec le monde ?

Gilles Deleuze : le film comme agencement d'un monde

Si le cinéma ne nous offre peut-être plus aujourd'hui la garantie d'être en présence d'une partie du monde, son lien privilégié avec le monde ne tient-il pas à ce qu'il déploie *un* monde dont la teneur ontologique est au plus près de celle *du* monde ? Pour cela, tournons-nous à présent vers les analyses développées par Gilles Deleuze dans ses deux ouvrages consacrés au cinéma : *L'image-mouvement. Cinéma 1* (1983) et *L'image-temps. Cinéma 2* (1985). Un film est agencé à l'aide du montage des plans tournés et des cadres choisis. Commençons par **l'opération de cadrage, qui concerne l'espace**. En fonction du cadrage retenu, un certain nombre d'éléments (accessoires, personnages, etc.) vont en effet être déployés dans une relation de co-présence au sein d'un même espace. La création de plans permet alors de mettre en mouvement ces images obtenues par le cadrage. À cet égard, **le plan, comme tout mouvement, est biface**. Sur une de ses faces, il modifie les rapports des parties d'un ensemble déterminé par l'opération de cadrage : un personnage sort d'une pièce, l'autre y reste et renverse un objet… **Sur cette face, le plan est un mouvement dans l'espace**, il établit des translations dans l'espace. Mais tout mouvement spatial n'a de sens que parce qu'il lie de manière indissociable une translation dans l'espace et un changement qualitatif dans le tout, c'est-à-dire une perspective temporelle. Comme l'écrit Deleuze dans *L'image-mouvement. Cinéma 1* : « Le mouvement, c'est une translation dans l'espace. Or, chaque fois qu'il y a translation des parties dans l'espace, il y a aussi changement qualitatif dans un tout. Bergson en donnait de multiples exemples dans *Matière et mémoire*. Un animal se meut, mais ce n'est pas pour rien, c'est pour manger. ». C'est pourquoi, **sur son autre face, le plan est une perspective temporelle en ce qu'il exprime un changement qualitatif dans le tout du film** : si un personnage sort de la pièce, c'est parce qu'il a décidé de se séparer de l'autre personnage qui, furieux, jette un objet de dépit… Le montage, enfin, consiste à agencer les plans tournés et retenus afin que – du début à la fin du film – quelque chose change qualitativement dans un tout, se transforme. **Avec le montage, nous touchons au temps comme forme du changement**. Mais ce temps n'est pas perceptible directement à même les images, il n'est présenté au spectateur qu'au travers de l'enchaînement des images. Autrement dit, le temps dépend ici du mouvement, de l'enchaînement des images, pour apparaître. C'est pourquoi Deleuze considère que le montage constitue une image *indirecte* du temps (là où l'image-temps fait apparaître le temps à même l'image).

1. Ce que Cavell semble admettre par avance lorsqu'il écrit « Mon propos n'est certes pas de nier qu'il puisse y avoir […] des possibilités […] pour un cinéma sonore non-parlant et peut-être visuel d'une façon non photographique. Mais en attendant, le cinéma a été ce qu'il a été. » (Stanley Cavell, *La projection du monde*, n. 1 p. 48).

N'a-t-on pas là un monde ? Des corps en relation dans l'espace, mis en mouvement, si bien que s'opère un changement qualitatif dans le tout ? **Le réalisateur n'est-il pas alors une sorte de démiurge qui agence espace, mouvement et temps pour créer un monde, le temps du monde étant alors la manière dont ce monde se transforme, change qualitativement ?** Mais, en outre, si on prend en compte le plan et le montage, il nous semble qu'il faut dire que l'image cinématographique rompt avec la perception naturelle. C'est ce que Dziga Vertov appelait en 1923 le ciné-œil, par distinction avec l'œil humain. Ce ciné-œil (lié à la caméra mobile, au plan et au montage) est libéré des contraintes de l'œil humain, en tant qu'il est lié au corps. Ce qui est ainsi ouvert, c'est la possibilité de passer immédiatement d'un point de vue à un autre, et d'atteindre des points de vue inaccessibles à l'œil humain. De ce point de vue, **le cinéma est une expérience de la démultiplication des points de vue, de leurs variations, déplacements**... Cela signifie qu'il s'agit, pour le spectateur, de voir les choses d'un autre point de vue que le sien, de faire entrer son point de vue dans une multiplicité d'autres points de vue (qui ne sont pas nécessairement humains). Or si un film déploie toujours un monde, et que simultanément il nous fait faire l'expérience de l'enchâssement de notre point de vue dans une multiplicité d'autres points de vue, cela ne revient-il pas à dire que c'est ce monde déployé par le film qui nous fait entrer dans ses différentes perspectives ou points de vue ? Et alors, **ce lien privilégié du cinéma avec le monde ne serait-il pas que le cinéma nous révèle que le monde a une structure perspectiviste, au sens où il se constitue ou se compose à partir de l'agencement ou de la rencontre d'une multiplicité de points de vue ?** En effet, le monde du film se constitue ou existe seulement parce qu'on passe d'un point de vue à un autre grâce au montage. Il n'y a donc pas *d'abord* un monde sur lequel existeraient ensuite différents points de vue, il y a plutôt un monde qui naît ou se constitue parce qu'il y a agencement ou rencontre d'une pluralité de points de vue qui enveloppent chacun un monde.

Mais si tout film déploie ainsi un monde, quel privilège accorder aux films sur la fin du monde ?

II. Le film apocalyptique comme dévoilement du monde

Le dévoilement

Nous associons aujourd'hui spontanément apocalypse et fin du monde, alors qu'à **l'origine, le terme grec « apokalupsis » signifie « révélation », « dévoilement ».** À cet égard, les premiers récits apocalyptiques ne décrivent pas l'apocalypse comme la fin de tout, la fin *du* monde, mais la fin de *ce* monde-ci, d'*un* monde, et le dévoilement et l'entrée dans un *autre* monde, marqué par une temporalité radicalement différente. **Ne peut-on pas alors conserver cette idée de dévoilement, tout en en modifiant l'objet, pour penser le film apocalyptique comme instrument de *dévoilement* de *ce* monde-ci (et non d'un monde à venir) ?** Mais alors, pourquoi ce monde-ci aurait-il besoin d'être dévoilé dans la mesure où nous y évoluons déjà quotidiennement ? Et pourquoi les films apocalyptiques seraient-ils plus à même d'effectuer ce dévoilement ?

Si nous voulons répondre à la première question, il faut introduire une distinction entre l'action au sens de l'action neuve et l'action habituelle. Tout individu est un faisceau d'habitudes qui concernent aussi bien la perception, la sensation, le jugement, la pensée que la conduite ou l'action et constituent ce qu'est un individu, ce qui fait son individualité. De ce point de vue, tout un pan de l'action se présente comme action habituelle : le corps est soumis à la régularité des habitudes (montages sensori-moteurs), tandis que la pensée est soumise à des chaînes d'association machinales. Tout individu se présente ainsi comme un composé d'habitudes qui se définissent au fond comme autant de mécanismes de réaction face aux situations rencontrées. Chaque individu dispose d'un ensemble de schèmes sensori-moteurs, de chaînes d'associations machinales de pensée qui lui permettent de répondre aux situations perçues, de s'adapter sans cesse et efficacement aux exigences du monde dans lequel il vit. Or, précisément, **tant que l'individu évolue dans cette sphère de l'habitude, le monde ne lui apparaît pas en tant que monde, tant il n'en retient que ce à quoi il est susceptible de réagir de manière habituelle.**

Dans ce cadre, **les films apocalyptiques permettraient un dévoilement du monde, dans la mesure où ils instaurent un plan qui *rend possible* la perception du monde**. Ils tracent un plan qui permet au spectateur de percevoir ce monde qui lui reste habituellement invisible, du fait même des habitudes dans lesquelles il est pris. En effet, la perspective de la fin du monde, ou bien la fin du monde effective, constitue cet événement qui vient briser les réactions habituelles, ne leur permet plus de s'exercer. C'est alors le monde en tant que monde qui peut apparaître, se faire remarquer, sur le fond de ces habitudes désormais impuissantes. Plus précisément, le film apocalyptique nous permet d'enchâsser notre point de vue dans le point de vue d'un personnage dont les habitudes sont brisées par la fin du monde. C'est en entrant dans le point de vue de ce personnage que nous voyons, en tant que spectateur, autrement ; que nous percevons ce que nous ne percevions pas avant, le monde. Si le film apocalyptique trace un plan de perception du monde, ce sont les personnages du film qui animent ce plan, au sens où ils nous font percevoir ce que sans eux nous ne percevrions pas (le monde), et ce parce qu'eux-mêmes sont devenus des voyants, dans la mesure où la fin du monde a brisé toutes leurs réactions habituelles qui les empêchaient de percevoir le monde.

La planète des singes

Le film de 1968 narre l'histoire de George Taylor, un astronaute qui débarque avec son équipage sur une planète inconnue. Fait prisonnier par des singes évolués, il découvre que ceux-ci règnent en maîtres sur cette planète et ont asservi les humains primitifs qui y sont présents. Mais c'est surtout la scène finale du film qui est restée dans les mémoires et qui nous intéressera ici. Alors que Taylor parcourt une plage déserte à dos de cheval, il découvre avec horreur les *ruines* de la statue de la Liberté. Il réalise alors que la planète sur laquelle il a débarqué n'est autre que la Terre, détruite par les humains et désormais dominée par les singes.

Mais, précisément, qu'est-ce qu'une ruine ? De quoi Taylor fait-il l'expérience quand les ruines de la statue de la Liberté lui apparaissent sur cette plage ? Dans *Être et temps,* Heidegger propose de faire la distinction entre ce qui est à portée de la main (*zuhanden*), et ce qui est sous la main (*vorhanden*). Ce qui est à portée de la main, c'est ce qui nous apparaît comme étant disponible pour un usage, tandis qu'est sous la main ce qui nous apparaît comme étant accessible au regard sans que nous sachions l'utiliser. Une ruine nous apparaît comme étant *sous la main* puisqu'elle ne nous apparaît pas comme étant susceptible d'un usage. C'est même précisément pour cela qu'une ruine nous apparaît comme une chose du passé, parce qu'elle ne possède plus le sens qu'elle avait dans le passé, sens qui faisait d'elle un étant disponible pour un usage bien précis. Autrement dit, ce qui fait la spécificité de l'apparaître d'une ruine, et explique que face à elle nous percevions un vestige du passé, et non un amas matériel ou un outil (Heidegger donne en effet un sens élargi à l'outil, puisqu'il désigne tout ce qui est susceptible d'un usage), c'est que **la ruine continue à témoigner *au présent* du monde ambiant (*Umwelt*) *passé* à l'intérieur duquel, appartenant à un complexe d'outils, elle possédait un sens et était disponible pour un usage.** Si Taylor s'effondre devant les ruines de la statue de la Liberté, c'est parce que, face à elles, il ne peut pas ne pas percevoir immédiatement une ruine, c'est-à-dire un témoignage de l'engloutissement de *son* monde ambiant (au sein duquel la statue de la Liberté avait pour lui un sens et un usage bien précis), et son remplacement par un autre monde, celui de ces singes dominants. **Ce que perçoit ainsi Taylor, et avec lui le spectateur, c'est une première signification possible du monde, un premier dévoilement du monde comme *monde ambiant* (*Umwelt*).**

Selon Heidegger, **le monde ambiant est une totalité de renvois ou de destination**. À l'intérieur de cette totalité, chaque chose renvoie aux autres et signifie par rapport à elles, se présentant ainsi comme un signe relié aux autres. Par exemple, à l'intérieur d'un bureau, le stylo renvoie à la feuille ou est en vue de la feuille, la feuille renvoie au document à venir ou est en vue du document à venir, etc. Si ce qui reste de la statue de la Liberté apparaît à Taylor comme une ruine, c'est parce qu'elle a cessé de renvoyer à toutes les choses qui lui conféraient son sens et son usage, et témoigne ainsi de ce monde ambiant disparu. À cet égard, il n'est pas étonnant que beaucoup de films apocalyptiques comportent des séquences où les outils se mettent à dysfonctionner les uns après les autres. Ainsi, dans *La Guerre des mondes* de Steven Spielberg (2005), la fin du monde s'annonce (la séquence en question commence à la 17e minute du film) par la découverte progressive par le personnage principal du dysfonctionnement de ses outils habituels : l'électricité qui ne fonctionne plus dans la maison, puis le téléphone, puis le téléphone portable, puis sa montre, puis les voitures... En effet, **Heidegger montre que tant que la totalité de renvois qu'est un Umwelt fonctionne, cet Umwelt n'apparaît pas en tant que tel.** En revanche, à partir du moment où un outil commence à dysfonctionner, non seulement l'outil apparaît pour lui-même, se fait remarquer comme tel au lieu d'avoir un sens et un usage parfaitement habituels, mais, en outre, le monde ambiant s'annonce en tant que tel, parce que le réseau de renvois qui le constitue dysfonctionne. N'est-ce pas ce que nous disions plus haut? Le monde ambiant n'est-il pas le monde de l'habitude, celui que nous ne remarquons pas tant nous nous contentons de passer d'un outil à un autre? **C'est bien cela que vient briser la perspective de la fin du monde: les outils ne renvoient plus les uns aux autres, nos habitudes se brisent, sont mises en échec, et le monde commence ainsi à se dévoiler.**

Néanmoins, pour Heidegger, **le monde ne se réduit pas à l'Umwelt, au monde ambiant**. Ce que nous révèle au contraire l'angoisse, c'est que le monde est le lieu sur lequel l'être humain (le *Dasein* pour Heidegger) projette les possibilités d'existence qui caractérisent son existence. **Il faut alors distinguer *les* mondes ambiants (comme autant de réseaux de renvois par lesquels des choses signifient les unes par rapport aux autres et acquièrent un usage), et *le* monde, que l'on peut penser comme ce principe d'ouverture par lequel les mondes ambiants ne sont jamais tout à fait clos**; autrement dit par lequel il est toujours *possible* d'établir de nouveaux mondes ambiants, de nouvelles configurations de sens et d'usage; de les réagencer, de les connecter les uns aux autres... *Le* monde vient alors nommer la *possibilité* de la nouveauté au sein *des* mondes.

III. Croire de nouveau au monde avec les films apocalyptiques

Croire au monde

Mais s'agit-il vraiment aujourd'hui de *penser* le monde, ou bien de *croire* de nouveau au monde? Car peut-être le problème du monde a-t-il aujourd'hui changé et est devenu celui du *constat* selon lequel nous ne croyons plus au monde, et celui de *l'enjeu* selon lequel nous avons à croire de nouveau au monde. Mais tout d'abord, que veut dire croire au monde? Au sens commun, on définit l'acte de croire comme le fait d'attacher une valeur de vérité à quelque chose. Je crois qu'il fera beau demain signifie alors que je pense qu'il est vrai qu'il fera beau demain. Ce sens n'est pas celui qui nous intéresse ici. **Quand nous disons que nous ne croyons plus au monde, cela ne signifie pas que nous n'attachons pas de valeur de vérité au monde**, c'est-à-dire que le monde nous apparaît comme faux, illusoire ou encore trompeur. Un tel problème est peut-être celui de Descartes, mais il ne nous semble pas qu'il est aujourd'hui le nôtre. **Peut-être faut-il alors définir la croyance, avec les philosophes du pragmatisme américain, comme Charles S. Peirce ou William James, comme une disposition à agir**, quelque chose sur la base de quoi un homme est prêt à agir.

Mais alors pourquoi ne croyons-nous plus au monde? **Ce qui a changé, c'est que nous ne croyons plus à l'action révolutionnaire des peuples pour transformer le monde en un monde meilleur à venir.** Nous ne croyons plus que des êtres humains liés sous la forme d'un peuple puissent rendre le monde meilleur par leur action révolutionnaire. C'est peut-être d'ailleurs un des sens qu'on peut donner à la phrase souvent citée de Fredric Jameson : « il est plus facile d'imaginer la fin du monde que celle du capitalisme ». Les raisons à cela sont multiples : nous avons vu des hommes œuvrer collectivement à détruire le monde, les révolutions ont mal tourné, et le peuple même nous semble désormais suspect tant il a pu être entraîné dans des propagandes nationalistes...

Peut-être tient-on là la raison de la multiplication des invocations apocalyptiques, notamment filmiques. C'est déjà ce que suggérait Kant dans son opuscule *La fin de toutes choses,* publié en 1794 (la fin de toutes choses étant équivalente, pour Kant, à la fin du monde). Kant se demande dans ce texte comment expliquer que l'être humain ait toujours invoqué l'apocalypse, que ce soit pour la redouter ou l'espérer. La réponse fournie par Kant consiste tout d'abord à rappeler qu'il est illégitime de prétendre connaître cet instant de la fin du monde. La connaissance ne peut en effet porter sur les choses telles qu'elles sont en soi, mais seulement sur les phénomènes, qui apparaissent nécessairement dans l'espace et dans le temps. Or, l'instant de la fin du monde serait ce moment du temps qui marquerait l'abolition du temps, et l'entrée dans l'éternité. Comment prétendre connaître ce passage hors du temps, alors même que nous ne pouvons légitimement connaître que ce qui apparaît dans le temps et dans l'espace ? Mais il n'en reste pas moins que la raison – de par sa nature même – nous entraîne inévitablement à franchir les limites de l'expérience. Autrement dit, s'il est illégitime de prétendre pouvoir connaître l'instant de la fin du monde, il n'en reste pas moins que la raison ne peut pas s'empêcher de rêver à la connaissance d'une telle abolition du temps, d'où la récurrence du motif apocalyptique. Mais si l'intérêt de la raison pour la fin du monde demeure illégitime d'un point de vue spéculatif, il devient légitime quand il prend la forme d'un intérêt pratique. Ainsi, si l'instant de la fin du monde ne peut constituer un objet de connaissance, il peut être pensé du point de vue de la raison pratique qui va en faire une instance de jugement : la perspective d'une fin du monde, d'un passage dans l'éternité, permet au sujet de tester la moralité de ses actions. Mais si cet intérêt pratique de la raison pour la fin du monde permet là encore d'expliquer la récurrence du motif apocalyptique, Kant va pourtant s'intéresser essentiellement à une dernière explication. **Si des individus s'attendent à l'apocalypse, l'espèrent au fond, c'est parce qu'ils désespèrent de l'état du monde et jugent au fond qu'il vaut mieux en finir avec le monde que de le voir perdurer indéfiniment dans l'injustice.** Ne peut-on pas faire l'hypothèse qu'aujourd'hui aussi le motif apocalyptique devient récurrent au cinéma parce que nous désespérons du monde ? Parce que nous ne croyons plus à la possibilité d'une action collective révolutionnaire à même de rendre le monde meilleur ? Nous désespérons d'autant plus que nous savons qu'il n'y a peut-être jamais eu autant besoin d'une telle action révolutionnaire pour éviter la catastrophe à venir du réchauffement climatique. Et pourtant il nous semble difficile de croire à la possibilité d'une telle action.

Mais alors, pourquoi les films apocalyptiques pourraient-ils nous redonner croyance au monde ? Peut-être parce qu'en nous donnant à voir la fin possible ou réelle du monde, ils nous *forcent* à nous interroger pour savoir ce qui peut expliquer que nous prenions plaisir à voir le monde se terminer ou au contraire être sauvé.

Melancholia

Le film de Lars Von Trier de 2011 narre l'histoire de deux sœurs, Claire et Justine. Alors qu'elle doit se marier, Justine s'enfonce dans la dépression, tandis qu'une gigantesque planète se rapproche de la Terre. À un premier niveau, le film peut être vu comme une exploration de la dépression, et de la manière dont l'état psychique d'un individu influe sur sa réaction face à un événement catastrophique. Lars Von Trier raconte ainsi que l'idée du film lui est venue à l'occasion d'une remarque du thérapeute qui traitait sa dépression et lui racontait que les personnes dépressives ont tendance à réagir plus calmement que les autres sous une forte pression, car elles s'attendent déjà à ce que de mauvaises choses se produisent. **Mais on peut aussi voir le film comme ce qui nous redonne croyance au monde**. Car ce que traverse Justine, n'est-ce pas une crise de confiance dans le monde ? Ne peut-on pas lui appliquer ce que William James disait des patients mélancoliques ? Quels sont les symptômes de cette crise de confiance selon James ? Premièrement, le monde ne signifie plus, l'individu n'arrive plus à donner de sens à ce qu'il perçoit. Deuxièmement, puisqu'il n'arrive plus à donner de sens à ses perceptions, il ne se sent plus rattaché ou connecté au monde. Et donc, troisièmement, il est impossible pour cet individu d'agir au sein du monde.

La scène du pain de viande (vers 1h12) est révélatrice à cet égard. Claire prépare ce plat à Justine parce qu'elle espère qu'il fonctionne pour elle comme un signe facile à interpréter : la saveur du pain de viande qu'elle lui sert étant semblable à celle qu'elle mangeait enfant, elle doit ressusciter le monde de son enfance. Normalement, Justine devrait donner ce sens au pain de viande : envelopper le monde de son enfance, et par là même la lier à ce monde passé. On comprend l'espoir de Claire : redonner à Justine du sens à partir duquel rétablir des connexions avec le monde et retrouver ainsi la force d'agir. Mais précisément, le pain de viande n'a pas de sens pour Justine, plus de sens, et elle n'arrive pas à lui donner la signification attendue. C'est pourquoi elle déclare à son propos qu'il a le goût de cendre. L'ambivalence de la cendre, c'est qu'elle peut à la fois signifier le passé dont il faut se souvenir et faire le deuil, mais aussi signifier ce qui est devenu illisible, irrémédiablement perdu. Quand Justine dit du pain qu'il a le goût de cendre, elle ne veut pas dire qu'il a pour elle le sens d'une ruine ou d'une trace d'un monde passé englouti dont il faudrait faire le deuil (son enfance). Elle signifie à Claire que ce pain ne signifie plus pour elle, qu'il est devenu illisible et qu'elle ne parvient pas à lui donner de sens, et donc notamment le sens attendu par Claire.

La progression du film va alors être le récit de la manière dont Justine retrouve progressivement confiance dans le monde. La scène importante à cet égard est la scène d'onanisme dans la nature. On peut y voir un signe de la jouissance que

Justine retire de la destruction à venir du monde, tant elle a perdu tout lien avec le monde. On retrouverait alors ce que nous disions avec Kant : on peut désirer l'apocalypse quand on désespère du monde actuel. Mais cette scène peut aussi être vue comme la revitalisation de Justine. Sa libido réinvestit le monde (rappelons que Freud pense la mélancolie comme un désinvestissement objectal de la libido qui est retournée et appliquée au moi, devenu ainsi l'objet perdu), elle renoue ainsi des connexions avec le monde et retrouve sa confiance en lui.

Mais pourquoi sommes-nous passés ainsi de la *croyance* au monde à la *confiance* dans le monde ? Est-ce la même chose ? William James distinguait deux formes de la croyance comme disposition à agir. Il y a tout d'abord la croyance fondée sur l'habitude. Mais il y a aussi une seconde forme de croyance qui, si elle se définit toujours comme une disposition à agir, n'est plus fondée sur l'habitude. Dans cette seconde forme, l'habitude n'est plus la source de l'action, car elle ne peut plus l'être dans la mesure où il s'agit de s'engager dans une action nouvelle, de créer quelque chose de neuf (les habitudes ne sont plus alors de mise). C'est alors précisément la confiance qui nous rend capable d'agir ainsi : **nous avons besoin de confiance pour croire que nous pouvons réussir à agir de manière neuve**. Nous avons autant besoin d'avoir confiance en nous-mêmes, dans notre puissance, que dans le monde. **Cette confiance dans le monde, c'est la perception de ce que ce monde-ci contient du possible, c'est-à-dire qu'il peut accueillir de *nouveaux* modes d'existence.** Justine connaît ainsi ce que William James appelle une seconde naissance, quand l'âme trouve une nouvelle confiance dans le monde.

C'est ce que la scène finale du film vient confirmer et donner à voir. Alors que la collision avec la planète – et donc la fin du monde – est désormais inéluctable, Justine est la seule à être finalement capable d'établir de nouvelles connexions, de nouveaux liens (sous la forme d'une « caverne magique » bricolée à partir de bouts de bois ramassés). À l'approche de la fin du monde, elle continue à avoir confiance dans le monde et à faire monde, même à l'instant de la fin du monde. Parce qu'elle croit de nouveau *au* monde, elle trouve la force d'agencer *un* monde avec son neveu et sa sœur.

Conclusion

À l'instant éblouissant de cette fin du monde[1] que nous donne à voir *Melancholia*, n'est-ce pas à la fois la teneur ontologique du monde qui se dévoile à nous, et notre foi dans le monde qui nous est redonnée ? Le monde comme résultat de la rencontre entre différents mondes (le monde est donc un plurivers, un multivers) qui sont à chaque fois un réseau de relations ou de connexions par lequel différentes entités hétérogènes acquièrent un sens, une fonction, un usage. **Le monde comme**

1. Peter Szendy, dans *L'apocalypse cinéma. 2012 et autres fins du monde*, fait remarquer que dans plusieurs films apocalyptiques le fulgurant éclat blanc de l'irradiation lumineuse est cet instant filmique où le monde s'apparaît à lui-même en disparaissant.

multivers perspectiviste : si chaque film déploie ou fait naître un tel monde, le film apocalyptique, parce qu'il brise nos habitudes, nous rend capable de percevoir ce monde qu'habituellement nous ne percevons pas. **Sur sa face temporelle, le monde est ce principe d'ouverture** qui fait que ces relations ne sont jamais figées, qu'elles peuvent toujours se transformer, et qu'ainsi les mondes et donc le monde changent, se transforment. Croire au monde, c'est précisément percevoir ce principe d'ouverture par lequel le monde est ouvert, jamais clos, c'est-à-dire toujours susceptible d'accueillir de nouveaux mondes, de nouveaux agencements, de nouvelles possibilités de vie.

Notion clef — Croire au monde

On ne saurait réduire le monde à un problème de connaissance, comme s'il ne s'agissait que de savoir ce que le monde est, ou s'il existe, ou encore s'il est bien en adéquation ou en correspondance avec nos représentations… L'intérêt de la philosophie de Deleuze, de ce point de vue, est de nous inviter à *déplacer* le problème : « Le problème concerne maintenant l'existence de celui qui croit au monde, non pas même à l'existence du monde, mais à ses possibilités en mouvements et en intensités pour faire naître de nouveaux modes d'existence. Il se peut que croire en ce monde, en cette vie, soit devenue notre tâche la plus difficile » (*Qu'est-ce que la philosophie ?*, p. 72). **Croire au monde, c'est être disposé à agir de manière *neuve* au sein du monde** (nous avons vu à cet égard qu'on peut définir la croyance comme disposition à agir) **parce que nous percevons celui-ci comme susceptible d'être transformé, comme contenant du *possible*, c'est-à-dire comme étant à même d'accueillir la création de nouveaux modes d'existence**. C'est même, toujours selon Deleuze, le pouvoir du cinéma *et* sa tâche : « Nous redonner croyance au monde, tel est le pouvoir du cinéma moderne (quand il cesse d'être mauvais). Chrétiens ou athées, dans notre universelle schizophrénie, nous avons besoin des raisons de croire en ce monde. » (*L'image-temps. Cinéma 2*, p. 223). Mais alors, peut-être ce problème de croyance au monde rejaillit-il sur le problème de la connaissance du monde. C'est tout le sens de la pensée de William James : **l'essentiel, quand on pense la nature du monde, est de savoir si les théories qu'on élabore nous rendent capables d'agir dans le monde.** La question n'est pas : avons-nous théoriquement raison sur la nature du monde ? Mais plutôt : ce que nous pensons du monde nous permet-il de croire au monde et d'y agir de manière neuve ?

Analyse de séquence : ouverture de *Melancholia*

La séquence d'ouverture de *Melancholia* (jusqu'à 7mn50 environ) est constituée d'une succession de plans fixes, jusqu'à celui de la collision entre la Terre et la planète Melancholia. **L'image est tellement ralentie** au sein de chacun de ces plans, les déplacements et gestes sont si lents, qu'on ne sait parfois plus très bien si on se trouve devant des images cinématographiques ou photographiques. **On a ainsi le sentiment que le temps est suspendu**. On peut pourtant être tenté de voir dans cette séquence un flashforward assez classique, au sens d'un saut en avant effectué dans une narration, c'est-à-dire un saut dans le futur permettant au spectateur d'avoir des informations futures tout en restant dans un récit au présent. Et effectivement, on assiste bien, à la fin du film, à la destruction de la Terre par la planète Melancholia. Le problème, en revanche, c'est qu'on ne reverra jamais tout à fait les mêmes images dans la suite du film. Ce qu'on voit est bien quelque chose qui aura lieu dans la suite du film, *mais pas tout à fait comme cela*. En outre, l'ordre des plans au sein de cette séquence initiale n'obéit pas à la structure traditionnelle du récit cinématographique. Le tableau de Brueghel qui brûle et le parc qui s'embrasent le font *avant* que la planète Melancholia n'entre en collision avec la Terre, la Justine de la seconde partie du film apparaît *avant* celle de la première partie (en tenue de mariée), la Claire de la fin du film apparaît *avant* la Claire du mariage... Quant au tableau de Brueghel – *Les Chasseurs dans la neige* (1565) – qui brûle, il renvoie au film *Solaris* de Tarkovski (1972) et à la fameuse scène dans laquelle Kris et Harey, enlacés, flottent en apesanteur dans la bibliothèque de la station spatiale. Mais alors que dans *Solaris* la contemplation du tableau de Brueghel permet à Kris de prendre conscience de son *attachement à la Terre*, ce même tableau ne fait que *brûler, se consumer* dans la séquence d'ouverture de *Melancholia*. Peut-être est-ce le signe qu'il n'est plus question d'attachement à la Terre, au monde. La Terre apparaît d'ailleurs comme inquiétante dans cette séquence : Claire s'enfonce dans le gazon et avance ainsi péniblement, Justine est retenue par des sortes de liens végétaux... L'apocalypse viendrait finalement nous libérer d'un monde dans lequel nous nous enfonçons. Pourtant, tous ces plans dégagent une indéniable beauté. Et dans plusieurs plans, les personnages semblent apaisés, sereins. L'avant-dernier plan nous donne même à voir Justine et son neveu qui ramassent ensemble des bouts de bois pour construire leur « caverne magique ». Peut-être, alors, est-ce le **temps de la fin du monde qui nous est donné à voir *à même* chacune de ces images**, grâce à l'usage des plans fixes ralentis, la dissolution de la linéarité temporelle... Car ce temps de la fin du monde, c'est ce présent pour qui le futur de la catastrophe est déjà là, et qui devient ainsi le présent du temps qui reste avant la fin. Mais si on sait ainsi où va ce présent, comment il va finir (avec la collision des deux planètes), il semblerait que l'image ne puisse être qu'angoissante. Et pourtant, Lars Von Trier double l'image d'une virtualité qui lui donne un autre sens qui vient ainsi coexister avec son sens angoissant : **le temps de la fin du monde n'est pas que le temps angoissant qui reste avant la fin, il est aussi le temps qui nous donne l'occasion de regagner le présent, de regagner le monde en retrouvant la force de faire monde**.

Mode d'emploi

Les films apocalyptiques peuvent permettre d'aborder le thème de cette année de façon *originale*, tout en restant en prise avec *l'actualité* du thème. De façon originale tout d'abord, en abordant le monde à travers le prisme de sa fin, telle qu'elle est représentée au cinéma. Un rapprochement est à cet égard possible avec certains philosophes qui mobilisent ce motif de la fin du monde : Descartes qui dans le cours des *Méditations Métaphysiques* doute que le monde existe véritablement ; Husserl qui aux §§ 47 et 49 du tome premier des *Idées* effectue l'expérience de pensée de l'anéantissement du monde afin de démontrer l'originalité du statut ontologique du vécu ; Nietzsche qui dépeint dans *Vérité et mensonge au sens extra-moral* une apocalypse par glaciation... En prise avec l'actualité du thème ensuite, car avec le réchauffement climatique, le monde est ce qui doit être plus que jamais pensé *et* ce qui constitue un objet d'angoisse tant la perspective de la fin du monde s'inscrit désormais dans notre présent. **La question est alors de savoir si cette angoisse apocalyptique peut donner lieu à la création de nouvelles formes d'existence ou si elle s'enferme dans l'inaction.** On retrouve ainsi la distinction faite entre penser le monde et croire au monde. Cette distinction peut permettre d'interroger de nombreux sujets et d'articuler la réflexion en ne réduisant pas le monde à un problème de connaissance (qu'est-ce que le monde ?), mais en montrant au contraire qu'il implique un problème pratique ou éthique : croyons-nous suffisamment au monde pour avoir la force – malgré notre angoisse – d'y inscrire des actes neufs ? Le percevons-nous encore comme contenant du possible ? Il sera enfin possible d'utiliser les films analysés dans cet article pour illustrer de manière originale l'argumentation d'une dissertation, ou proposer des accroches.

Bibliographie

Cette bibliographie / filmographie n'a évidemment pas pour vocation de vous engager à tout lire ou voir. Vous sont indiquées des œuvres dans lesquelles la notion s'installe et peut faire problème.

Dans le cas des références cinématographiques, il paraît essentiel, comme le rappellent les articles, de faire reposer votre propos sur des analyses de séquences précises : c'est à ce prix seulement qu'elles seront prises au sérieux par votre correcteur.

Les références littéraires peuvent quant à elles servir l'argumentation de façon autonome mais sont aussi à envisager comme d'habiles illustrations de certaines thèses. Il n'est donc pas inutile d'apprendre à les articuler avec d'autres arguments plus philosophiques afin de donner force à votre propos.

Soulignons enfin qu'il ne saurait être question de viser l'exhaustivité. La sélection proposée ci-dessous demeure inévitablement partielle voire partiale. En littérature, plus particulièrement en littérature étrangère, d'autres choix pouvaient être opérés, vers lesquels vous orienteront vos professeurs ou vos souvenirs personnels.

I. Philosophie & sciences humaines

- Aristote, *Métaphysique*; *Physique, Traité du ciel*
- Agamben, *L'ouvert*
- Augustin, *La Cité de Dieu*
- Autun, *Elucidarium*
- Berner, *Qu'est-ce qu'une conception du monde ?*
- Brague, *La Sagesse du monde*
- Carnap, *La construction logique du monde*
- Cauquelin, *À l'angle des mondes possibles*
- Clavier, *Le concept de monde*
- Deleuze, *Proust et les signes*
- Descartes, *Méditations métaphysiques*; *Le Monde*
- Descola, *Par-delà nature et culture*; *La Composition des mondes*; *Les formes du visible*
- Dilthey, *Conception du monde et analyse de l'homme depuis la Renaissance et la Réforme*
- Duhem, *Sauver les phénomènes*
- Épicure, *Lettres, maximes et autres textes*

- Fink, *Le jeu comme symbole du monde*
- Fontenelle, *Entretien sur la pluralité des mondes*
- Galilée, *Discours sur les deux grands systèmes du monde*
- Goodman, *Manières de faire des mondes*
- Hegel, *La Raison dans l'histoire*
- Heidegger, *Être et Temps*
- Housset, *Husserl et l'énigme du monde*
- Husserl, *Méditations cartésiennes; La crise des sciences européennes et la phénoménologie transcendantale; Leçons pour une phénoménologie de la conscience intime du temps*
- Hume, *Essais esthétiques*
- Kant, *Critique de la raison pure*
- Koyré, *Du monde clos à l'univers infini*
- Leibniz, *Monadologie; Théodicée*
- Lewis, *De la pluralité des mondes*
- Long et Sedley, *Les philosophes hellénistiques II* (Les Stoiciens)
- Maupertuis, *Essai de cosmologie*
- Merleau-Ponty, *Le Visible et l'Invisible*
- Minkowski, *Vers une cosmologie*
- Montaigne, *Essais*
- Nancy, *Le sens du monde*
- Nietzsche, *Ainsi parlait Zarathoustra*
- Platon, *Timée; Critias*
- Rabachou, *Qu'est-ce qu'un monde?*
- Schelling, *De l'âme du monde*; *Les Âges du monde*
- Schopenhauer, *Le Monde comme volonté et représentation*
- Spinoza, *Éthique*
- Uexküll, *Milieu animal et milieu humain*
- Whitehead, *Procès et réalité*
- Wittgenstein, *De la certitude*
- Wolff, *Dire le monde*

II. Littérature

- Balzac, *La Comédie humaine* (tout particulièrement *Le Père Goriot* et les *Illusions Perdues*)
- Barbéris, *Le Monde de Balzac*
- Barthes, *La Préparation du roman*
- Baudelaire, *Les Fleurs du mal*
- Bergerac (de), *États et Empires de la Lune et du Soleil*
- Blok, *Le Monde terrible*
- Bougainville, *Voyage autour du monde*
- Bouvier, *L'Usage du monde*
- Calderon, *Le Grand Théâtre du monde*

- Cendrars, *Prose du Transsibérien et de la petite Jehanne de France, Du Monde entier au cœur du monde*
- Chamoiseau, *Texaco*
- Claudel, *Le Soulier de satin*
- Depestre, *Rage de vivre*
- Garcia Márquez, *Cent Ans de solitude*
- Glissant, *Traité du Tout-monde*
- Goethe, *Les Années d'apprentissage de Wilhelm Meister*
- Homère, *L'Odyssée*
- Hugo, *La Légende des siècles, Les Contemplations*
- Joyce, *Ulysse*
- Lagarce, *Juste la fin du monde*
- Lorris (de) & Meung (de), *Le Roman de la Rose*
- Marco Polo, *Devisement du monde*
- Marlowe, *Tamerlan le grand*
- Molière, *Le Bourgeois Gentilhomme, Le Misanthrope*
- Montesquieu, *Lettres persanes*
- More, *L'Utopie*
- Neruda, *Résidence sur la terre*
- Novalis, *Le monde doit être romantisé*
- Pascal, *Pensées*
- Ponge, *Le Parti pris des choses*
- Proust, *À la Recherche du temps perdu*
- Sade, *Aline et Valcour*
- Supervielle, *Gravitations*
- Swift, *Les Voyages de Gulliver*
- Troyes (de), *Perceval ou le conte du Graal*
- Verne, *Le Tour du monde en 80 jours*
- Voltaire, *Micromégas, Candide ou l'Optimisme*
- Whitman, *Feuilles d'herbe*

III. Filmographie

- Akin, *De l'autre côté*
- Bergman, *Les Fraises sauvages*
- Bunuel, *Los Olvidados*
- Campion, *La Leçon de piano*
- Capra, *Mr Smith au Sénat*
- Carné, *Le Jour se lève*
- Carpenter, *They live*
- Coppola, *Lost in translation*
- De Oliveira, *Aniki-Bobo*
- De Sica, *Umberto D., Le Voleur de bicyclette*
- Eastwood, *Un monde parfait*

- Fellini, *I Vitelloni, Roma*
- Ford, *La Prisonnière du désert*
- Gilian, *Brazil, L'Armée des douze singes*
- Godard, *Alphaville*
- Herzog, *Aguirre ou la colère de Dieu*
- Hitchcock, *Fenêtre sur cour, Vertigo*
- Hong Sang-soo ; *Un jour avec, un jour sans*
- Howard, *Un homme d'exception*
- Joffe, *Mission*
- Kubrick, *2001, l'Odyssée de l'espace*
- Kurosawa, *Vivre*
- Lang, *Métropolis*
- Lonergan, *Manchester by the sea*
- Losey, *The Servant*
- Lynch, *Sailor et Lula*
- Malick, *The tree of life*
- Marker, *La Jetée*
- Niccol, *Bienvenue à Gattaca*
- Nolan, *Interstellar*
- Ozu, *Voyage à Tokyo*
- Pasolini, *L'Évangile selon Saint-Matthieu, Carnet de notes pour une Orestie africaine*
- Penn A., *Little big man*
- Penn S., *Into the wild*
- Renoir, *La Règle du jeu*
- Resnais, *Smoking / No smoking*
- Rosi, *Main basse sur la ville*
- Rossellini, *Paisà*
- Rouch & Morin, *Chronique d'un été*
- Sautet, *Nelly et Monsieur Arnaud*
- Schatzberg, *Panique à Needle Park*
- Scorsese, *Taxi driver*
- Spielberg, *Minority Report, Ready player one*
- Tati, *Mon oncle*
- Truffaut, *L'homme qui aimait les femmes*
- Van Sant, *Gerry*
- Varda, *Sans toit ni loi*
- Verneuil, *Un singe en hiver*
- Visconti, *La terre tremble, Le Guépard*
- Von Trier, *Melancholia*
- Wachowski, *Matrix*
- Weerasethakul, *Oncle Bommee, celui qui se souvient de ses vies antérieures*
- Weir, *The Truman show*
- Welles, *Citizen Kane*
- Wenders, *Alice dans les villes ; Paris, Texas*

Table des matières

Cet ouvrage a été achevé d'imprimer en juin 2022
dans les ateliers de Normandie Roto Impression s.a.s.
61250 Lonrai (Orne)
N° d'imprimeur : 2202477
Dépôt légal : juin 2022

Imprimé en France